国家社科基金
GUOJIA SHEKE JIJIN HOUQI ZIZHU XIANGMU
后期资助项目

组织、技术与效率：
浙江省手工业
社会主义改造研究

Organization, Technology and Efficiency: Socialist Transformation of Handicraft Industry in Zhejiang Province

陈 麟 著

社会科学文献出版社
SOCIAL SCIENCES ACADEMIC PRESS (CHINA)

国家社科基金后期资助项目
出版说明

后期资助项目是国家社科基金设立的一类重要项目，旨在鼓励广大社科研究者潜心治学，支持基础研究多出优秀成果。它是经过严格评审，从接近完成的科研成果中遴选立项的。为扩大后期资助项目的影响，更好地推动学术发展，促进成果转化，全国哲学社会科学工作办公室按照"统一设计、统一标识、统一版式、形成系列"的总体要求，组织出版国家社科基金后期资助项目成果。

全国哲学社会科学工作办公室

目　录

图表目录

绪　论

一　选题缘起

毛泽东在1949年3月的中共七届二中全会上指出，由于中国生产力落后，资本主义没有得到充分发展，手工业在工业中占有相当重要的地位，因而个体手工业应当是新中国五种经济成分中的重要组成部分。占国民经济总产值90%的分散的个体的农业经济和手工业，是可能和必须谨慎地、逐步地而又积极地引导他们向着现代化和集体化的方向发展，任其自流的观点是错误的。必须组织生产的、消费的和信用的合作社和中央、省、市、县、区的合作社的领导机关，这种合作社是以私有制为基础的在无产阶级领导的国家政权管理之下的劳动人民群众的集体经济组织。①

中华人民共和国成立初期，由于现代工业产品不足，机械生产落后，工农业生产和城乡人民生活资料很大一部分仍需依靠手工业来供应；同时，市场需求提高，产品种类多样化等，也为灵活多变的手工业提供了新的发展契机。② 但是，手工业所存在的行业多、生产分散、资金短缺、季节性强、生产不稳定等诸多问题，使其容易发生盲目生产、粗制滥造以及原料短缺等矛盾。因此，国家从1953年开始对手工业进行社会主义改造。中国共产党在过渡时期的总路线，是希望通过10年到15年的时间或者更多一点的时间，使中国稳步地从农业国转变为工业国，实现国家的工业化，对农业、资本主义工商业和手工业进行社会主义改造。③ 但是，之后的发展速度却快于预期设想，只用了短短的三年时间，就迅速完成了对农业、手工业和资本主义工商业的改造。在改造过程中采取的快速合社的方式，虽然完成了对手工业的组织改造工作，但是在处理如资金、技术、设备和劳动力等细节问题上，没有妥善安排，致使手工

---

① 毛泽东：《毛泽东选集》（第4卷），人民出版社，1991，第1429~1434页。
② 彭泽益主编《中国社会经济变迁》，中国财政经济出版社，1990，第230~231页。
③ 薄一波：《若干重大决策与事件的回顾》（上），中共党史出版社，2008，第152页。

业在改造之后的发展受到制约。

对手工业社会主义改造问题，过往研究多集中在整体分析、论述方面，对改造期间某个区域或者行业的微观研究还较少涉及，即使有也是简略地描述，对手工业者的心态变化、合作社内部的生产管理情况、与工农业之间的关系等，并没有深入研究。在国家"一化三改造"的背景下，合作社从个体分散经营为主的初级形态发展为集中生产的高级形态，其本身就是一个十分复杂的变化过程。与此同时，相对于手工业来说，学术界更加重视对农业、资本主义工商业社会主义改造问题的研究。在一定程度上，手工业本身的性质也影响了对其研究。首先，我国作为一个农业国，农业部分在国民经济中所占的重要地位，直接影响了当时中共中央的政策制定和执行，如农业合作化在三大改造中是核心部分。而资本主义工商业则作为国家工业化的潜在基础。手工业合作化更多地被认为是国营工业之前的"过渡性工业"阶段，新中国通过集体化方式将所有制引向社会主义方向，使得这一"短暂过渡"往往被忽视。其次，手工业和农业、资本主义工商业之间关系密切，在区分上有一定难度。例如手工业者中的流动手工业者以从事修补行业为主，随处走动，其中相当大一部分是利用农闲时间从事副业生产的农民，其经营具有极大的季节性；有些手工业在自产自销时所包含的商品流通职能与商业存在相互交叉的部分；工场手工业一般又是由商业资本或借贷资本的投入而形成的。再次，农业、资本主义工商业改造的相应文件、报刊、口述等资料较为丰富，使得对资本主义工商业和农业的社会主义改造研究变得极为便利。

如何客观地重现20世纪50年代手工业社会主义改造这段历史，并在此基础上对其过程中出现的问题进行深入的探讨，是本书主要的出发点。由于全国各个省份的手工业有其特殊性，如若在全国范围下展开讨论，无论是在资料的收集、准备上，还是对手工业的探讨视角选择上，都存在一定的困难，稍有疏忽，会陷于对手工业的泛泛而论。进入21世纪以来，对区域手工业社会主义改造问题，已有多名学者进行研究，如易新涛《试论湖北个体手工业社会主义改造的基本完成》①、柳作林《湖

---

① 易新涛：《试论湖北个体手工业社会主义改造的基本完成》，《当代中国史研究》2002年第6期。

北手工业的社会主义改造研究》①、范友磊《石家庄市手工业社会主义改造研究》②、刘胜男《北京城市手工业研究（1949—1966）》③、高文选《中国手工业社会主义改造研究——以江浙地区为样本》④。笔者选择以浙江省作为研究对象，既可以对手工业进行深入、翔实的研究，同时又能对手工业社会主义改造有新的延伸、拓展。

浙江省手工业种类繁多，地区分布广泛，原料资源丰富。农村小集镇多以就地取材、就地产销的土特产加工生产为主；较大的城镇则以生产建筑器材、生活资料为主，作坊较多；部分沿海城镇手工业还包括渔业及水上运输服务。⑤ 按行业划分，有为农业服务的铁器、木器、竹器制造等行业，有为工业服务的制革、造纸等行业，有为城乡服务的修补、缝制、食品等行业，也有为出口服务的各种工艺品制造行业。⑥ 正因为如此，浙江省手工业较其他省份而言有明显的优势，所以对浙江手工业社会主义改造的研究具有十分重要的意义。

首先，本书的研究可以最大限度还原浙江手工业社会主义改造过程。手工业社会主义改造看似只是简单地将个体手工业者组织起来，其实它内部是一个复杂的、非直线的过程。过往的论述多从手工业改造的意义、价值角度来阐释，使研究变得简单化、笼统化。研究者往往从"目的"出发，在事先设好结果的情况下，把过去所发生的事情都引向它，给人一种"只有这样才是正确"的错觉，将所有事件安排在一个时间架构上，很容易发生将前后的关系误认为因果关系的情况，扭曲了历史真正的演变过程。⑦ 近些年来，学术界对当代中国史，特别是 20 世纪 50 年代历史的研究日益重视，在研究方法、视角等方面日趋多样化，从过去单一的革命史观向外不断拓展，因此，笔者通过将手工业合作化与区域社

---

① 柳作林：《湖北手工业的社会主义改造研究》，硕士学位论文，三峡大学，2010。
② 范友磊：《石家庄市手工业社会主义改造研究》，硕士学位论文，河北大学，2010。
③ 刘胜男：《北京城市手工业研究（1949—1966）》，博士学位论文，首都师范大学，2011。
④ 高文选：《中国手工业社会主义改造研究——以江浙地区为样本》，硕士学位论文，安徽师范大学，2012。
⑤ 彭泽益主编《中国社会经济变迁》，中国财政经济出版社，1990，第 234 页。
⑥ 巫海燕：《临安县手工业社会主义改造研究》，硕士学位论文，浙江大学，2012。
⑦ 王晴佳、古伟瀛：《后现代与历史学——中西比较》，山东大学出版社，2003，第 165 页。

会变迁相结合，在借鉴前人研究成果和运用丰富的档案资料的基础上，通过实证研究、分析，将手工业改造的因果关系合乎情理地表述出来，为当代中国史研究提供新的案例和翔实的资料。

其次，为手工业社会主义改造研究提供一种新的方法。手工业作为社会商品生产的一个重要部门，它的发展变化，标志着社会经济的阶段性演进。但是，不少研究成果，仅局限于就事论事式的概括性研究，忽视了其与整个社会经济之间的密切关系。合作化过程中手工业生产关系的变化，实际上是与中国经济结构的转型相吻合的，而后者对前者起到了支撑作用，减少了合作化中的阻碍。相对于全国范围而言，将手工业社会主义改造问题置于浙江省这个区域之中，所带来的好处是数据、资料更加集中，能够以更为细致的定量分析代替以往研究中的定性分析。同时，可以将问题引向更深层次探讨，不再仅限于宏观层面。通过运用政治学、经济学等相关学科的理论和方法，将手工业社会主义改造研究与其他相关问题——与工农业的关系、生产方式、国家的组织动员、手工业者的心态等相结合。

再次，通过对手工业社会主义改造的反思，为浙江省乡镇经济发展模式提供新的思路。合作化以后，游离于城乡之间的手工业者被户籍制度固定下来，中断了农业人口向工业人口转移的渐进过程；而国家工业化和体制束缚又将农业剩余资金转移到工业部门，从而制约了农村自身的工业化进程。农村虽然尝试"兴办工厂"，但是收效甚微，甚至失败。城市现代工业的发展是以农村传统农业来维持的，但是现实却是农村和城市的差距被拉大，严重阻碍了国家工业化的进程，这就迫切要求一个二次工业化的过程。① 改革开放以来，中国经济体制发生了极为深刻的历史性变革。人们从传统的理论模式和"大共同体一体化"的经济体制中得到解脱，走上发展商品化的市场经济道路。在此过程中涌现出"苏南模式""温州模式"等典型代表。农村的乡镇集体经济依托密集型的手工劳动生产，通过来料加工、技术转让等形式发展壮大。不同于手工业合作化中单纯依靠机械化来提高劳动生产率，乡镇企业主要通过引进技术、提高竞争、培养劳动者技能等途径。因此，对手工业社会主义改

---

① 彭泽益主编《中国社会经济变迁》，中国财政经济出版社，1990，第268~269页。

造的研究，对浙江省乡镇经济的发展有着明显的现实意义。

综上所述，本书希望通过翔实的资料，以新视角、新方法客观、深入地剖析 20 世纪 50 年代浙江省手工业社会主义改造这一历史过程，并为区域经济建设和社会发展提供借鉴和帮助。

二　研究综述

对 20 世纪 50 年代手工业社会主义改造的研究，根据研究深度和研究广度，主要分为以下三个阶段。

20 世纪五六十年代：研究的初始阶段

对手工业社会主义改造的研究，尽管属于当代中国史范畴，但是在 20 世纪五六十年代，一些学者就已开始关注这个问题。如 1955 年赵春霖、凌德慧在《手工业合作化问题》中，从组织形式角度，对手工业与农业、商业之间的关系进行了区分，并考察了改造过程中个体手工业、工场手工业以及农民手工业的特征，认为手工业组织要秉承自愿、互利的原则，由供销生产小组、供销生产社、生产合作社逐步发展起来，要积极发挥领导骨干的作用。[①] 从社会分工上看，胡瑞梁、袁代绪认为，新中国成立后，社会对工业品的需求仍有相当一部分需要依靠手工业生产才能满足，因而要有计划、分门别类地进行各类手工业生产；同时，生产力决定生产关系，只有生产资料归属集体所有时，通过分工协作，生产力才能迅速发展壮大。[②] 寿进文也指出，在手工业合作化过程中，要对手工业的生产技术进行改造，提高社员的文化水平，以及进一步协调好社员之间，手工业合作社与农业、工商业之间的关系。[③] 从服务对象上，王爱珠认为，城镇手工业生产要面向农村，了解农民的实际需求，生产质优价廉的农具；同时，积极地对农具进行试制、革新，并开展农具修理业务。[④]

在合作社内部的经营管理上，胡瑞梁认为，合作社和社员之间对利润进行分配的时候，既要照顾社员的收入水平，也要注重合作社的

---

① 赵春霖、凌德慧编著《手工业合作化问题》，湖北人民出版社，1955。
② 胡瑞梁、袁代绪：《论手工业和手工业的经济形式》，《经济研究》1962 年第 7 期。
③ 寿进文：《手工业合作化后生产关系的变化》，《学术月刊》1957 年第 1 期。
④ 王爱珠：《集镇手工业生产要进一步面向农村》，《学术月刊》1966 年第 4 期。

积累。① 高秉坤认为，处理工资水平问题时，既应坚持"按劳分配、多劳多得"的原则，承认各个集体经济单位工资水平有所差别，也要与社会工资水平相适应，处理好国家、集体与个人三者之间的关系，同时还需平衡资金的生产、消费、流通与分配，这将直接关系到手工业合作社的巩固和发展。② 刘殿臣认为，对农村手工业生产的产品的价格应采取"优质优价、分等论价"的原则；产品由商业部门包销的，价格由双方协商；产品自产自销的，可以参照国营牌价，亦可参照同行价格；原材料由国家提供的计划产品，应由商业部门包销；由手工业经营单位自购或部分由国家提供的非计划产品，原则上自产自销为主，但也可以通过集市贸易、自设门市、基层商店进行销售。③

此外，还有赵艺文的《我国手工业的发展和改造》④、傅石霞的《我国手工业社会主义改造》⑤、邓洁的《中国手工业社会主义改造的初步总结》⑥、胡瑞梁的《论手工业生产供销合作社——关于一种过渡性的经济形式的初步研究》⑦ 等著作涉及相关内容。

同时，每个省份也积极整理自身手工业社会主义改造的资料，如《成都、鄂城、武汉手工业调查》⑧、《供销合作社怎样加强和手工业联系》⑨、《北京市手工业合作化调查资料》⑩、《辽宁省手工业的社会主义改造》⑪、《上海市手工业社会主义改造的伟大胜利：几个手工业合作社的典型调

---

① 胡瑞梁：《论手工业生产供销合作社——关于一种过渡性的经济形式的初步研究》，科学出版社，1959。
② 高秉坤：《试论城市手工业生产合作社的工资水平问题》，《江汉学报》1963 年第 6 期。
③ 刘殿臣：《关于发展农村手工业生产的几点问题》，《前线》1961 年第 16 期。
④ 赵艺文：《我国手工业的发展和改造》，财政经济出版社，1956。
⑤ 傅石霞：《我国手工业社会主义改造》，中国青年出版社，1956。
⑥ 邓洁：《中国手工业社会主义改造的初步总结》，人民出版社，1958。
⑦ 胡瑞梁：《论手工业生产供销合作社——关于一种过渡性的经济形式的初步研究》，科学出版社，1959。
⑧ 中华全国总工会政策研究室编著《成都、鄂城、武汉手工业调查》，财政经济出版社，1955。
⑨ 浙江省合作社联合社编《供销合作社怎样加强和手工业联系》，浙江人民出版社，1954。
⑩ 中央手工业管理局研究室、北京市手工业管理局合编《北京市手工业合作化调查资料》，财政经济出版社，1956。
⑪ 辽宁省手工业生产合作社联合社编《辽宁省手工业的社会主义改造》，辽宁人民出版社，1959。

查》①、《潍坊手工业十年》② 等，这些资料都论述了其各自省份或城市主要行业的改造情况，内容涉及生产经营、劳动雇佣关系、生产技术、劳动分工等方面，为之后的手工业社会主义改造研究提供了重要的历史资料。

值得特别一提的是彭泽益所编《中国近代手工业史资料》③，利用中外大量的史籍、报刊，按时间、按地区分门别类地集录了从1840年鸦片战争起到1949年中华人民共和国成立为止百余年间（鸦片战争、太平天国、民族资本主义工业兴起、第一次世界大战、帝国主义和官僚资本主义统治时期等重要历史转折节点）近代中国纺织、缫丝、造纸、制茶、冶炼等手工行业的重要史料和手工业发展演变过程，这为手工业社会主义改造的社会经济背景研究提供了参考。

总的来说，20世纪五六十年代时，学者已对手工业社会主义改造过程中的组织方式、生产管理等问题进行了研究，但是受时代局限性的制约，并不能对手工业改造问题进行深入的探讨，只能从某个角度进行初探性的分析。

20世纪八九十年代：研究的发展阶段

20世纪70年代末，随着"文化大革命"的结束，手工业社会主义改造的研究开始逐步复苏，该阶段的研究成果日益丰富，其中主要反映在以下几个方面。

第一，在专著方面，有《中国手工业商业发展史》④、《中国手工业合作化和城镇集体工业的发展》（第一卷）⑤、《中国社会经济变迁》⑥、《北京手工业社会主义改造资料》⑦、《苏州手工业史》⑧、《中国手工业简史》⑨、

①　上海市手工业生产合作社联合社编《上海市手工业社会主义改造的伟大胜利：几个手工业合作社的典型调查》，上海人民出版社，1959。
②　潍坊市手工业生产合作社联合社编著《潍坊手工业十年》，山东人民出版社，1959。
③　彭泽益编《中国近代手工业史资料》，中华书局，1962。
④　童书业：《中国手工业商业发展史》（校订本），中华书局，2005。
⑤　中华全国手工合作总社、中共中央党史研究室编《中国手工业合作化和城镇集体工业的发展》（第一卷），中共党史出版社，1992。
⑥　彭泽益主编《中国社会经济变迁》，中国财政经济出版社，1990。
⑦　中共北京市委党史研究室、北京市档案馆编《北京手工业社会主义改造资料》，中共党史出版社，1992。
⑧　段本洛、张圻福：《苏州手工业史》，江苏古籍出版社，1986。
⑨　季如讯编著《中国手工业简史》，当代中国出版社，1998。

《中华人民共和国工业经济史》①等。其中薄一波在《若干重大决策与事件的回顾》一书中，通过晚年对历史事件的回顾，肯定了手工业社会主义改造的作用和意义，同时对过程中的错误和问题阐述了自己的看法和认识。②

第二，在论文研究成果方面，以总结回顾为主，如朱矩萍在《对手工业改造的多种经济形式所引起的思考》中认为，在社会主义初级阶段实行"一大二公"，以公有制为基础的社会化分工劳动是不现实的。③ 顾龙生论述了手工业社会主义改造对促进国民经济发展和提高社会生产力的积极作用；同时他也指出改造中存在的缺点和偏差，尤其是1955年夏季后，对手工业的改造要求过急，工作过粗，改变过快，形式过于简单划一，以致在长时期内遗留了一些问题。④ 戎文佐对手工业社会主义改造的前因后果进行了总结和评价，既肯定手工业合作化对国民经济发展的作用，同时也指出了其中存在的阻碍生产力发展的情况，并在1958年转厂后造成了严重的不良后果。⑤

此阶段对手工业社会主义改造的研究成果大多是反思、总结性的论述，其中部分参与手工业改造的领导人通过回忆、访谈以及自传等形式，将改造过程展示给世人，推动了手工业社会主义改造问题的研究。但是这时的研究缺乏系统、深入的专题性研究，并且对档案资料、地方史料等也未充分运用，致使研究停留在初步发展阶段。

21世纪以来：研究的快速发展阶段

进入21世纪以来，手工业社会主义改造的研究开始进入快速发展阶段。这一阶段的研究中，虽然相关论著有所减少，但在研究深度上有所加强，如彭南生的《半工业化：近代中国乡村手工业的发展与社会变迁》⑥、陈庆德的《商品经济与中国近代民族经济进程》⑦等。相关论文

---

① 汪海波：《中华人民共和国工业经济史》，山西经济出版社，1998。
② 薄一波：《若干重大决策与事件的回顾》，中共党史出版社，2008。
③ 朱矩萍：《对手工业改造的多种经济形式所引起的思考》，《中南财经大学学报》1986年第2期。
④ 顾龙生：《中国手工业改造的理论与实践》，《中共党史研究》1990年第1期。
⑤ 戎文佐：《手工业社会主义改造的历史经验与教训——纪念手工业社会主义改造基本完成40周年》，《经济科学》1997年第1期。
⑥ 彭南生：《半工业化：近代中国乡村手工业的发展与社会变迁》，中华书局，2007。
⑦ 陈庆德：《商品经济与中国近代民族经济进程》，人民出版社，2010。

数量有了较快增长，这些论文主要包括以下几个方面。

从行业类型方面来看，李伟、常利兵通过对山西临汾县为民理发社职工档案资料的整理，考察传统手工业中剃头匠社会身份转变的过程，分析了理发业从改造前到集体化时代的发展变化，以及个体与国家间的关系。① 刘巍、苏荣誉以徽墨业为研究对象，认为徽墨业存在经营分散、生产方式落后、资金短缺等问题，国家对其实行改造是十分必要的，但同时，徽墨作为一种传统手工技艺，需要对其加以保护。② 叶继红则从新中国成立后苏绣业的发展来看手工业的政策和管理的变化。文章首先论述了苏绣业从加工订货的方式走向合作社生产，进而向刺绣国营工厂过渡的变化过程，反映了刺绣加工从手工加工向机械化、自动化的转变；同时，作者也指出苏绣业作为一种特殊工艺美术行业，其本身存在着与其他手工业的不同之处。因此，苏绣业在改造过程中所采取的笼统管理、混淆差别的做法，导致了一些传统手工业的衰落。③

从手工业改造研究的内容来看，有些学者对手工业主要领导者在改造过程中的作用进行研究，如杨小燕在《程子华与手工业的社会主义改造》一文中，论述了程子华在手工业改造中做出的巨大贡献④。陈永亮、王宁在《朱德手工业社会主义改造与发展谋略研究》一文中谈到朱德在组织手工业合作社时，坚持实事求是的态度，对抑制"左"倾错误有着积极作用。⑤ 此外，姚建平的《风雨八十年（1912—1992）——白如冰回忆录（选摘）》《逐步实现手工业社会主义改造——季龙回忆录（选摘）》⑥ 等，也都论述了领导者事后对手工业社会主义改造问题的看法。

---

① 李伟、常利兵：《被改造的剃头匠——以山西临汾为民理发社为例》，《山西大学学报》（哲学社会科学版）2008 年第 3 期。

② 刘巍、苏荣誉：《手工业改造时期的徽墨业》，《广西民族大学学报》（自然科学版）2008 年第 2 期。

③ 叶继红：《从建国后苏绣业的发展看手工业的政策和管理》，《当代中国史研究》2004 年第 6 期。

④ 杨小燕：《程子华与手工业的社会主义改造》，《辽宁师范大学学报》2001 年第 4 期。

⑤ 陈永亮、王宁：《朱德手工业社会主义改造与发展谋略研究》，《怀化学院学报》（社会科学版）2006 年第 4 期。

⑥ 姚建平：《风雨八十年（1912—1992）——白如冰回忆录（选摘）》，《中国集体经济》2004 年第 8 期；《逐步实现手工业社会主义改造——季龙回忆录（选摘）》，《中国集体经济》2004 年第 10 期。

　　同时，一些学者开始将着眼点转向区域性研究，易新涛通过对湖北地区的研究，不仅对个体手工业从手工业生产供销小组逐步发展为手工业生产合作社的过程进行了梳理，而且着重论述了合作化高潮后的调整，如何解决农业社与手工业社、集中经营与分散经营之间的关系，以及社员之间工资分配的问题。① 柳作林从生产力发展的角度阐述湖北手工业社会主义改造，在肯定手工业改造所取得的成就的同时，以现代语境审视改造中存在的问题。② 刘胜男选取北京市为研究对象，以个体私营手工业的消亡和合作组织的兴起、巩固为主线。手工业在被纳入"政府行为"轨迹之中的同时，从事手工业生产的"人"也被划分成了不同的阶级和阶层；在生产中，这些"人群"不仅在思想上发生巨大转变，在分工合作中产生了新的人际关系。最后，还特别提到了妇女这个群体，面对全新的生活方式，他们用自己的言行，回应对社会的认知、对自身的认知。③ 高维峰从经济制度变迁的角度，对北京手工业的生产经营进行了深入研究。④

　　在浙江省手工业社会主义改造问题中，巫海燕通过阐述临安县手工业社会主义改造的背景、政策及过程，剖析了手工业从生产资料私有制向集体所有制的转变。⑤ 严宇鸣认为，手工业社会主义改造可被视作基层政府对小生产者行政管理的介入行为。在改造前期，因其行业特性，政府主要偏向于用市场化手段来解决手工业存在的诸多问题；但随着中央"高潮"指示的提出，政府就这类合作社组织的管理逻辑转向政治化思维，并重新确立相应管理机制。这一管理机制的政治化转型左右了"合作社"组织的后期演变，并对中国城乡地区小工业企业的发展产生了深远影响。⑥

---

① 易新涛：《试论湖北个体手工业社会主义改造的基本完成》，《当代中国史研究》2002年第6期。

② 柳作林：《湖北手工业的社会主义改造研究》，硕士学位论文，三峡大学，2010。

③ 刘胜男：《北京城市手工业研究（1949—1966）》，博士学位论文，首都师范大学，2011。

④ 高维峰：《中国手工业社会主义改造研究：以北京为中心》，硕士学位论文，河北大学，2008。

⑤ 巫海燕：《临安县手工业社会主义改造研究》，硕士学位论文，浙江大学，2012。

⑥ 严宇鸣：《手工业社会主义改造与合作社管理的政治化转型——以慈溪县为例（1953—1956）》，《史林》2014年第1期；《国民经济调整时期基层手工业所有制问题研究——以浙江省慈溪县为例（1961—1964）》，《中共党史研究》2015年第8期。

　　此外，对手工业改造区域研究的文章还包括：杜士勇的《解放后梧州市手工业的发展历程》①，王雷平的《山西手工业社会主义改造评述》②，陈立英、杨乃坤的《沈阳市个体手工业社会主义改造的回顾与思考》③，范友磊的《石家庄市手工业社会主义改造研究》④，常明明的《新中国成立初期的城乡手工业发展》⑤，高文选的《中国手工业社会主义改造研究——以江浙地区为样本》⑥，等等。

　　综上所述，21 世纪以来，对手工业社会主义改造问题的研究，无论是研究成果数量还是质量，都比之前有了明显的提高。选取行业、区域来研究，使手工业改造研究从宏观的介绍性叙述转入微观的实证性分析。同时，在研究中尝试引入的经济学、社会学等跨学科理论、方法，有助于拓宽研究空间，为其他学者提供了新的视角。

　　除了国内学者的研究成果之外，国际学术界的一些学者也加强了对手工业合作化问题的研究。如黄宗智在《长江三角洲的小农家庭与乡村发展》中，对 1949 年之后乡村手工业与工业化的关系进行了论述。⑦ 王国斌在《过去和现在：关于中国的国家与经济的反思》中，从资源分配角度，探讨了中国城市工业化与农村经济发展的关系。⑧ 麦克法夸尔和费正清在合编的《剑桥中华人民共和国史》中指出，手工业社会主义改造是为了加强对城乡的政治控制。中国共产党通过组织网络，逐步发展合作社，把控制范围扩大到城乡基层，覆盖大部分的城市居民和部分农民。新中国的手工业改造政策，尽管给大多数手工业者带来了实际的好处，但是也使手工业者除了合作社外几乎没有其他的选择。国家对原材

---

① 杜士勇：《解放后梧州市手工业的发展历程》，《广西党史》2000 年第 4 期。

② 王雷平：《山西手工业社会主义改造评述》，《党史文汇》2003 年第 3 期。

③ 陈立英、杨乃坤：《沈阳市个体手工业社会主义改造的回顾与思考》，《辽宁大学学报》（哲学社会科学版）2009 年第 4 期。

④ 范友磊：《石家庄市手工业社会主义改造研究》，硕士学位论文，河北大学，2010。

⑤ 常明明：《新中国成立初期的城乡手工业发展》，《当代中国史研究》2010 年第 4 期。

⑥ 高文选：《中国手工业社会主义改造研究——以江浙地区为样本》，硕士学位论文，安徽师范大学，2012。

⑦ 〔美〕黄宗智主编《长江三角洲的小农家庭与乡村发展》，中华书局，1992。

⑧ 〔美〕王国斌："Naguere et aujour d'huui：reflexions l'Etat et l'economie en Chine"，*Etudes chinoises*，7.1：7 - 28；转引自王国斌《转变的中国——历史变迁与欧洲经验的局限》，李伯重、连玲玲译，江苏人民出版社，2010。

料实行的计划购销政策，限制了私有经济的发展机会，把经济资源有限纳入合作部门的渠道，增加了参加手工业生产合作社的吸引力，这也是手工业改造能够取得相对成功的重要原因。① 除此之外，吉尔伯特·罗兹曼的《中国的现代化》②、顾琳的《中国的经济革命——二十世纪的乡村工业》③ 等都涉及 20 世纪 50 年代的手工业合作化问题。近年来，随着中外之间在历史研究领域的学术合作、交流活动日趋活跃，海外学者越来越多地关注中华人民共和国成立后的历史，在涉及政治、经济、社会等方面不断涌现出来的研究成果中，也包括了对手工业合作化问题的研究。但是，综观这些研究成果，笔者也发现了其中存在的不足，如新史料的发掘需进一步加强，专题性的研究稍显缺乏，区域性的实证研究还有待加强，等等。

综上所述，尽管自 20 世纪 50 年代以来，对手工业社会主义改造问题的研究取得了相当数量的成果，但是依旧存在着一些不足之处。

首先，从研究内容来看，手工业社会主义改造研究有待深化。包括论文、论著在内的研究成果虽然涉及行业分布、演变过程、评价等，看似数量丰富，但是专题性的研究并不多，主要还是从宏观方面对手工业改造的回顾和反思。近年来，如刘胜男、高维峰等少数学者开始将研究视角着眼于区域性手工业研究，但是在这些成果中，依旧只是对问题进行初步的梳理，研究内容有待深化和拓展。

其次，从史料的整理、运用方面来看，由于之前学者多以党史研究为主，其使用的资料多集中于文件汇编、自传、访谈等，缺乏对地方档案文献的使用，因此，研究成果基本上侧重整体性的评价、论述。

最后，研究缺乏深度。作为"一化三改造"之一，手工业社会主义改造是国家、社会和个体三者的互动过程，因此，在国家的政策执行时，必然给社会带来一定的影响，个体手工业者从行为上也对此做出回应，以往的研究对这一重要环节并未多加关注。同时手工业社会主义改造中，

---

① 〔美〕麦克法夸尔、费正清编《剑桥中华人民共和国史（1949—1965）》，中国社会科学出版社，1998。

② 〔美〕吉尔伯特·罗兹曼主编《中国的现代化》，国家社会科学基金"比较现代化"课题组译，江苏人民出版社，2010。

③ 〔日〕顾琳：《中国的经济革命——二十世纪的乡村工业》，王玉茹、张玮、李进霞译，江苏人民出版社，2009。

原先分散经营的个体生产者逐渐被组织起来集中生产，生产关系、经营管理方式等方面发生了巨大的变化，而之前的研究更多地停留在生产力与生产关系这一既定前提下展开讨论，从而使研究陷于"从结论到结论"陷阱中，难以真正地还原历史真实情况。

三　研究史料

对于 20 世纪 50 年代浙江省手工业社会主义改造问题的研究，本书所用的资料主要包括以下几类。

第一是档案资料。主要指现存于浙江省档案馆及市（县）档案馆的资料。由于之前的学者并未对浙江手工业社会主义改造问题进行深入探讨、研究，因此，发掘、整理以及利用这部分史料显得十分有意义，并且相比其他 1949 年以后的档案资料，关于手工业社会主义改造的开放程度较高，文件保存的完整性也较好。浙江省档案馆所藏的这部分档案资料是本书研究的核心资料来源，主要包括：有关手工业社会主义改造的政策法规，如通知、意见、办法等；中共浙江省委、省政府针对改造问题的批复、函件通知；会议记录文件，如中共浙江省委、建德地委、浙江省手工业管理局、浙江省农业厅等部门的卷宗中涉及的报告、工作总结、会议简报等；另外，还有杭州、浦江等地方市（县）档案馆所存有关手工业社会主义改造的档案资料，在这部分档案资料中包括了一些典型事例，以及地方手工业管理机构日常工作的开展情况。

第二是资料汇编。包括《建国以来重要文献选编》（第七册至第八册）、《中共浙江省委文件选编》（1949 年 5 月至 1956 年 12 月）、《中国近代手工业资料》（第一～四卷）、《中国手工业合作化和城镇集体工业的发展》（第一卷）、《建国以来毛泽东文稿》、《陈云文选》（1949～1956）、《建国以来刘少奇文稿》、《当代中国的浙江》（上、下）等。

第三是报刊等出版物。主要包括《人民日报》（1949～1960）、《浙江日报》（1949～1959）、《杭州日报》（1956～1958）等。

第四是地方志。近年来，随着浙江省社会经济的发展，各市县都投入大量的人力物力编修地方志、部门志。尽管这些地方志对手工业社会主义改造问题的记载较为简略，但是其中各市、县地方志中的行业概况介绍，对本书研究有一定的帮助。地方志主要包括《宁波市志》《金华市志》《嘉兴市志》《台州地区志》《丽水地区志》《衢州市志》《绍兴市志》《湖州市志》《温州市志》等；部门志有《浙江省二轻工业志》《杭州市二轻工业志》《东阳二轻工业志》《义乌市二轻工业志》《兰溪市二轻工业志》《富阳市二轻工业志》《乐清县二轻工业志》等；除了上述志书外，还有中共地方党史中的手工业部分，如《中国共产党浙江历史（第二卷）》《中国共产党杭州历史（第二卷）》《中国共产党嘉兴历史（第二卷）》《中国共产党富阳历史（第二卷）》《中国共产党嵊县历史（第二卷）》等。

第五是与手工业社会主义改造相关的论文。如前述相关研究成果，特别是严宇鸣的《手工业社会主义改造与合作社管理的政治化转型——以慈溪县为例（1953—1956）》、范友磊的《石家庄市手工业社会主义改造研究》、刘胜男的《北京城市手工业研究（1949—1966）》等，这些论文对本书的研究提供了借鉴作用。

四 研究思路与本书框架

相对于资本主义工商业和农业的社会主义改造而言，对手工业社会主义改造的研究较少，因此本书选取1953～1956年的浙江手工业社会主义改造为研究的对象。本书以地方档案、报刊资料为基础，结合地方志、回忆录、文集等相关史料，通过对手工业社会主义改造的发展历史脉络进行梳理，分析手工业改造中生产关系、组织形式、经营管理等的变化情况，以及手工业与工农业生产、城乡等的关系。除绪论和结语部分外，本书主要包括七部分内容。

第一章，分析浙江手工业社会主义改造的背景。主要包括三部分：第一节是传统手工业的传承与发展，对手工业的历史发展脉络做了简要的回顾；第二节是工业化战略与社会主义方向，经过三年国民经济的恢复和发展，国家制订了第一个五年计划，为了支持国家工业化和逐步向社会主义过渡，国家对手工业进行社会主义改造；第三节是合作化理论及其实践，苏联作为当时世界上第一个无产阶级政权，其经验、模式对于刚刚执政的中共来说，具有借鉴学习的价值。

第二章，叙述手工业社会主义改造的进程。主要分为三个部分：第一节为手工业的特点及分布情况，即浙江手工业的行业特点、地区分布

情况；第二节为总路线与手工业社会主义改造；第三节是浙江省手工业
合作化的发展，在此还对改造前的历史发展脉络进行了梳理。手工业合
作化包括了对生产方式、组织关系等方面在内的改造过程，而集体化方
式主要是指对所有制形式的改变，因此，在本章标题处理上，用"集体
化"一词是想突出国家对手工业组织的目的性，而第三节用"浙江省手
工业合作化"更多的是想通过浙江省手工业合作化这一时段，来反映浙
江省是如何一步一步引导个体手工业者走向集体化道路的。

　　第三章，探讨浙江手工业的管理机构及其动员机制。为了确保能够
顺利将手工业者集中起来，必须有一套行之有效的管理体系。因此，本
章主要分为三个部分。第一节是手工业管理机构，在手工业管理局建立
之前，主要利用传统行会组织。行会作为一个过渡，有助于稳定、缓和
合作化带来的矛盾和问题；1954 年浙江省手工业管理局成立后，开始全
面接管个体手工业者的组织管理，行会被解散。第二节为高效的动员机
制，此部分论述了国家如何发挥宣传动员机制，将个体手工业者快速组
织起来。在该节中主要讨论了干部的动员、手工业者的动员、基层组织
的整顿、流动手工业者的控制四个方面，政府强有力的控制，既保障了
手工业者的服从，也进一步清除了基层潜在的阻碍力量。第三节为手工业
者的选择与出路，在政府的引导和组织下，个体手工业者所做出的应对。

　　第四章，探讨改造中的政策与制度。在完成对基层组织的控制之后，
国家开始对合作社进行改造。从整体上看，当时在手工业诸多生产要素
并未改变的情况下，为了提高生产水平，并向国营工厂看齐，一个主要
方式便是建立现代的经营管理制度。本章分为三个部分：第一节是手工
业政策的制定；第二节是合作社生产管理制度的建立；第三节是手工业
的制度变迁。在此尝试运用制度经济学理论对手工业改造进行研究。经
济制度的变迁从某种程度上，有助于生产要素的重新组合，使经济在原
有基础之上获得新的发展。

　　第五章，探讨手工业生产方式的变革。如何判定手工业合作化是否
成功，一个重要因素就是生产总值的变化，提高手工业的生产总值，是
国家对其进行社会主义改造的主要动力。而这一切都建立在对劳动力重
组的基础之上，也就是说，经济体制完成了从私有制向集体所有制的转
变。从规模、产量上看，手工业合作化明显提高了产品产量。为了进一

步促进手工业的发展，国家还在资金方面给予了一定的帮助。尽管在改造后期由于工业化而减少了对其的投入力度，但不可否认，国家在器械、资金等方面的扶助还是改善了手工业的生产能力。本章主要包括劳动力与产值、资金、变革的效率分析三节。最后一节运用经济模型，分析、对比合作化前后的生产效率。

第六章，理想与现实的差距，探讨手工业与相关问题之间的关系。主要分为三个部分：第一节是与工农业关系；第二节是市场因素，这里主要从商业流通的角度，阐述统购统销给手工业带来的变化；第三节是物资匮乏的隐患。

第七章，探析合作化后手工业的调整和发展。首先，讨论了师徒制度和技术传承问题。其次，对手工业所有制从整体上进行探讨，生产关系发生变化之后，固然不能一成不变地沿用原先个体手工业的管理制度，但是手工业从小生产发展成大生产，需要一个调整和适应的过程。最后，对社办工业进行分析，在国家的组织和引导下，合作社遵照国营工厂的模式，逐步建立起新的经营管理制度，为乡镇企业的蓬勃发展奠定了基础。

第一章 历史与时代：手工业社会主义改造的背景

长期以来，手工业在国民经济中一直占有重要的地位，它不仅是乡村中广大农民的主要副业，也是中小城市经济的重要构成部分。新中国成立以后，通过三年努力，遭受严重破坏的国民经济得到全面的恢复和发展，为大规模的经济建设创造了有利条件。由于国家工业基础薄弱，在满足城乡人民日常生产、生活方面，很大一部分仍要靠手工业生产来供应；尤其是机械动力大规模配备农业生产之前，在农具修理和制造方面，手工业的作用依旧很大；并且在国家实现社会主义工业化的过程中，手工业吸收和消化了城市和农村中数量庞大的剩余劳动力，为国家培养技术工人，是国营工业技术后备的重要来源之一。1953 年，国家在借鉴苏联经验的基础上，制订并开始实施国民经济第一个五年计划。作为"一化三改造"对象之一的手工业，不仅与农业、资本主义工商业保持着密切联系，而且还要接受国家的社会主义改造，如何维持和扶持手工业生产，使它走向合作化发展的道路，是新中国在恢复国民经济工作中所面临的重要课题之一。

第一节 传统手工业的传承与发展

作为社会商品生产活动，手工业是为市场流通而组织生产的重要部门。相对南方地区而言，中国手工业的重心曾长期处于黄河中下游地区，北方地区的手工业品不论在质量还是数量上，都占有明显的优势。经过魏晋南北朝和隋代的不断发展，这种状况在唐代发生了比较明显的变化，江南地区的优势开始发挥出来，及至中唐以后，南方地区的手工业经济超过北方，手工业重心逐渐向南移动，这与我国古代整个社会经济重心南移是基本一致的。[①] 宋元时期，随着商品经济的不断发展和内部分工

---

① 魏明孔：《隋唐手工业与我国经济重心的南北易位》，《中国经济史研究》1999 年第 2 期。

的不断精细，手工业从业人员的数量不断扩大，部分民间手工业甚至超过官营手工业；手工业者通过自身劳动获得经济收益，解决了大量失业者的生计问题，有助于维护社会稳定和推动经济的繁荣。马可·波罗在游记中对元代杭州手工业有这样的描述："此城有十二种职业，各业有一万二千户，每户至少有十人，中有若干户多至二十人、四十人不等。其人非尽主人，然亦有仆役不少，以供主人指使之用。"① 明代科技水平的进步更是给手工业注入新的发展动力。从瓷器、砖瓦的生产，石灰、矾石、硫黄、煤炭的利用，到五金的采冶、器皿的创制，再到农业机械工具的制造与使用，处处都反映出生产技术的提高对手工业发展的促进作用。②

明末清初，手工业虽然受到战乱的影响，但是农业生产的发展、匠籍制度的废除，以及清政府对手工业种种限制的进一步放宽，为手工业的恢复和发展打下了基础。③ 这个时期的手工业生产发展呈现出以下特点。第一，农村家庭手工业的发展。"白纻，苘属粗者为纻，吴地出纻独良，今乡园所产，女工手绩，亦极精妙也"，"比户勤纺织，妇女熬脂夜作，成纱线及布，侵城入市，易棉花以归，积有羡余，挟纩赖此，糊口亦赖此"。④ 农村家庭手工业在满足自身消费需求的同时，积极为市场商品性生产、流通提供服务。第二，工场手工业的发展。工场手工业发展得益于商人资本的经营扩张，"武安商人初皆贸易河北，以药材称，每年春季推车而往，岁终推车而归，习以为常，频年跋涉，不能大有成就，迨至乾、嘉之际，乃渐从行转为坐贾，同时，也扩大了武安商人的活动地区"。⑤ 在社会生产过程中，商人资本有助于促进手工业的专业分工，如丝织业，"苏城机户类多雇人工织，机户出资经营，机匠计工受值"，⑥ "茶厂既多，除（建）阳、崇（安）不计，瓯宁一邑，不下千厂，每厂大者百余人，小亦数十人，千厂则万人；兼以客贩担夫，络绎道途，充

---

① 〔意〕马可·波罗：《马可·波罗行纪》，冯承均译，东方出版社，2007，第398页。

② 王亚民：《明代手工业发展中科技成分的探讨与反思》，硕士学位论文，曲阜师范大学，2004。

③ 黄逸平：《近代中国经济变迁》，上海人民出版社，1992，第9页。

④ 转引自彭泽益《中国近代手工业史资料》（第一卷），中华书局，1962，第232页。

⑤ 傅衣凌：《明清社会经济史论文集》，中华书局，2010，第203页。

⑥ 江苏省博物馆编《江苏省明清以来碑刻资料选集》，三联书店，1959，第5页。

塞逆旅，合计又数千人"。① 手工业中使用雇佣劳动和手工工场的增加，在一定程度上反映了生产经营关系的改变，在原料发放、成品销售方面，割断了个体生产者与市场之间的联系，但这种农业和家庭手工业相结合的形式，仅是农民为了糊口而已，不足以改变其自给自足的性质。② 正如王亚南所说，"据一般统计的综合，中国农民的产品，仅有50%以下留给自用，其余都需售出。但是，就商品化程度到了这种程度的农产品，仍不易在它上面表现出资本主义的商品生产的迹象"。③ 另外，富商的资金除了继续从事商业外，绝大多数更倾向于投资土地，"广东十三行商吴绍荣、潘正炜等，也以其对外贸易所获巨额财富，购置大量地产"。④ 商业资本对农村土地的直接投资，加强了传统农村家庭手工业与农业的结合，固化了人口流动，制约了资本的扩大再生产能力，对手工业发展形成顽强的阻碍力量。

鸦片战争之后，外国资本主义对中国的产品倾销和原料掠夺，虽然有助于瓦解以耕织为主的农村自然经济结构，加快城乡之间的人口流动，但是它也抑制了传统农村家庭手工业的发展。"一种社会化新技术基础上的高层次商品经济，对囿于个体性手工技术基础上的低层次商品经济的冲击，首当其冲的并不是古老经济体中的'自给性'生产部分，而恰恰是它的商品性生产部分"。⑤ 如铁、针、火柴、煤油等行业，在外国同类商品竞争和排挤下，逐渐被洋货替代。"洋布、洋纱、洋花边、洋袜、洋巾入中国，而女红失业；煤油、洋烛、洋电灯入中国，而东南数省之柏树皆弃之不材；洋铁、洋针、洋钉入中国，而业冶者多无事投闲，此其大者。尚有小者，不胜枚举。所以然者，外国用机制，故工致而价廉，且成功亦易；中国用人工，故工笨而价费，且成功亦难。华人生计，皆为所夺矣"。⑥ 由于中国幅员辽阔，人口众多，洋货的销售还是十分有限，"只有约8个传统手工行业受到摧残，除了手纺纱外都非重要行业。

①　（清）蒋衡：《云廖山人文钞》卷2《禁开茶山议》。
②　吴承明：《中国资本主义与国内市场》，中国社会科学出版社，1985，第263页。
③　王亚南：《中国半封建半殖民地经济形态研究》，人民出版社，1957，第62页。
④　中国史学会编《中国近代史资料丛刊：鸦片战争》（一），上海人民出版社，1962，第270页。
⑤　陈庆德：《商品经济与中国近代民族经济进程》，人民出版社，2010，第49页。
⑥　（清）郑观应：《盛世危言》卷7《纺织》。

迄1920年，绝大多数手工行业都是发展的，手工业总产值也是增长的，并且，机制工业发展最快的时候，也是手工业发展最快的时候"。① 有些行业依托国际市场，使用机器设备而获得了较快的发展，如棉纺织业、丝织业、制茶业等。"手压机每日出产60篓，有25%的废品，而蒸汽压机每日出产80篓，只有5%的废品，并且因使用机器而节约的费用，每篓计银1两，按照以上产量计算计每日即达银80两或金20磅"。② 相比外来经济冲击，中国内部税厘制度、商业高利贷、战争等因素给手工业带来的冲击和影响更为严重。③

20世纪初，在"实业救国""抵制外货"等民族主义思潮推动下，大部分手工业不管是在产值，还是在人数规模方面都有较大的增长，尤其是因欧战关系，外贸中止，如棉纱、制皂、卷烟等行业获得了长足的发展。据统计，1915年25种手工工场数达到16140家，职工人数406222人。④ 并且在资本主义商品经济的刺激下，原先传统单一的商品交换，开始向发料加工的商人雇主制转变。从地域上看，中国的资本主义工场手工业逐步向全国延伸，到1933年，全国制造工业净产值1889026800元，其中手工业净产值1359374000元，占制造工业净产值的72%。⑤

抗日战争爆发后，日本在沦陷区对物价、原料、市场等方面实施严格的统制政策，严重危及手工业的生存和发展。"将蚕丝生产委之于中国，缩小日本的蚕丝生产，把劳力资材转用于粮食生产和时局产业"；"……江浙的蚕丝业受到很重的打击，特别是由于各大丝厂及茧商在战乱旋涡中不能收购蚕茧，加之产区普遍处于炮火之下，治安极其恶劣，农民想要卖掉自己的蚕茧是非常困难的"。⑥ 抗战胜利之后，外国商品的大量倾销、金融资本投机、农业的缓慢恢复，致使手工业处于停滞或衰退状态，至少未达到抗战前的水平。据统计，中国生丝产量，战前1933～1937

① 吴承明：《经济史理论与实证》，浙江大学出版社，2012，第249页。
② 彭泽益：《中国近代手工业史资料》（第二卷），中华书局，1962，第302页。
③ 彭泽益：《中国近代手工业史资料》（第二卷），中华书局，1962，第303～324页。
④ 《全国二十五种手工业作坊和手工工场统计》，载彭泽益《中国近代手工业史资料》（第二卷），中华书局，1962，第736页。
⑤ 《一九三三年中国手工业产值占工业总产值的比重估计》，载彭泽益《中国近代手工业史资料》（第二卷），中华书局，1962，第814页。
⑥ 彭泽益：《中国近代手工业史资料》（第二卷），中华书局，1962，第67、71页。

年的平均产量为297460担；战时因桑园遭到破坏，机器设备损失亦大，以致产量大跌，1938～1941年平均产量为30234担，仅及战前的10.2%；战后稍有起色，1947年为74200担，1948年为82400担，分别为战前的24.9%和27.7%。[①] 此外，家庭手工业由于人力、财力不足，出现了生产合作经营，"做木瓢也有分工合作者，这种工作单独一人不能胜任，农民凑合一起，有钱出钱，无钱出力，钱不够则托人借钱"；"冬闲时几家农民或凑一些本钱，或向富户及同村乡亲借一笔款，开办木厂，赚钱均分，赔钱均摊"。[②]

第二节 工业化战略与社会主义方向

关于工业化的概念，从不同视角看能得出不同认识，如从生产工具角度来看，工业化是以机械化生产取代手工业操作作为开端的现代工业发展过程；从社会生产方式角度来看，工业化是一场包括工业发展和农业改革在内的"社会生产力的变革"（从低级到高级的变化）；从资源配置角度来看，工业化是由农业向工业的转变过程。[③] 每个国家的国情不同，所以工业化的具体过程也有不同的特点。对于一个生产落后的农业大国，其经济建设任务主要是使落后的农业国向强大的工业国转变，而要达到这个目的，就必须首先着重发展冶金、燃料、电力、机械制造、化学等项重工业。[④] 为了促进重工业建设的迅速推进，国家必须投入大量资金，这些资金除了资本、机器、原材料外，很大一部分成为围绕着这些建设服务的工人工资支出，变成了巨大的社会购买力，因此，就出现了两个主要矛盾：一个是小农经济的生产赶不上工业发展的需要；另

① 彭泽益：《中国近代手工业史资料》（第四卷），中华书局，1962，第482～483页。
② 李金铮：《传统与变迁：近代冀中定县手工业经营方式的多元化》，《南开学报》（哲学社会科学版）2009年第1期。
③ 〔德〕鲁道夫·吕贝尔特：《工业化史》，上海译文出版社，1983，第1页；张培刚：《发展经济学通论：农业国工业化问题》，湖南出版社，1991，第191～192页；〔美〕西蒙·库兹涅茨：《现代经济增长》，北京经济学院出版社，1989，第1页。
④ 中共中央文献研究室编《建国以来重要文献选编》（第四册），中央文献出版社，1993，第2～3页。

一个是轻工业发展赶不上人民生活增长的需要。① 一方面，某些商品在市场上出现供不应求现象，为了适应社会主义工业化的发展，农业社会主义改造必须迅速前进；另一方面，要求手工业提供更多更好的产品，以弥补轻工业品的不足，生产出大量质量好、价格低的农机具，满足工业品对农村的供应，同时加快发展城乡物资交流，为国家积累建设资金。②

缺乏社会主义建设经验的中国共产党，其实 1945 年 4 月在延安召开的中共七大上，就对中国工业化问题有所论述，毛泽东指出，"没有工业，便没有巩固的国防，便没有人民的福利，便没有国家的富强"③；1949 年 3 月中共七届二中全会上，他又进一步指出，中国国民经济中工农业的比重，大约是现代工业占 10%，农业、手工业占 90%；由于中国经济还处在落后状态，在革命胜利后一个相当长的时期内，还需要尽可能地利用城乡私人资本主义的积极性，以利于国民经济的向前发展。④ 1949 年 6 月，刘少奇在论述新中国的财政经济政策时也指出："中国要工业化，路只有两条：一条是帝国主义；另一条是社会主义。历史证明，很多工业化的国家走上帝国主义的道路。如果在没有工业化的时候，专门想工业化，而不往以后想，那是会很危险的，过去日本和德国就是个例子。"⑤ 但是在 1949 年以前，中共考虑更多的是如何为工业化扫清障碍，并没有直接从正面回答如何去工业化。

从中华人民共和国成立到 1952 年底，我国通过土地改革、统一财政、统制外贸等重大经济改革，不但完成了民主革命的任务，而且为经济发展创造了一个良好的环境（如降低通货膨胀率、提高社会就业率

---

① 《省委农村工作部吴部长在全省第一次手工业干部会议上的报告》，浙江省档案馆藏，档案号：j112 - 001 - 002。

② 1953 年 4 月 4 日，苏联米高扬向李富春通报了苏共中央、苏联国家计划委员会和经济专家对我国"一五"计划的意见。参见刘国光主编《中国十个五年计划研究报告》，人民出版社，2006，第 57 页。

③ 毛泽东：《毛泽东选集》（第三卷），人民出版社，1991，第 1060 页；《毛泽东在七大讲话集》，中央文献出版社，1994。

④ 毛泽东：《毛泽东选集》（第四卷），人民出版社，1991，第 1430～1431 页。刘少奇指出，过渡时期是一个相当长的时期，也许全国胜利后少则 10 年，多则 15 年。中共中央文献研究室编《刘少奇论新中国经济建设》，中央文献出版社，1993，第 7 页。

⑤ 中共中央文献研究室《刘少奇论新中国经济建设》，中央文献出版社，1993，第 139 页。

等），这是其他发展中国家所无法比拟的。同时，社会主义经济因素也有显著增长，公有制经济的地位和作用大大加强。1952 年，工农业总产值达 810 亿元，比 1949 年增长 77.5%，比新中国成立前最高水平（1936 年）增长 20%，工业（包括手工业）总产值在工农业总产值中的比重，由 1949 年的 30% 上升到 1952 年的 41.5%，其中现代工业产值由 17% 上升到 26.6%，重工业产值在工业总产值中的比重由 1949 年的 26.4% 上升到 1952 年的 35.5%。① 随着民主革命的完成和经济形势的好转，自然要把社会主义改造和工业化建设提上议事日程——中共需要明确采取何种工业化模式。就当时的情况来看，世界上的成功模式基本上有三种：一是如英、法、美等老牌资本主义国家，在没有竞争对手和可借用的先进技术的情况下，利用对外商品输出和直接对殖民地、半殖民地进行经济掠夺，由轻工业到重工业，逐步实现工业化；二是如德、日等后起的资本主义国家，在面对强大竞争对手的情况下，利用国家力量，通过对外直接掠夺、国内的高积累以及学习他国先进技术，缩短由轻工业到重工业的发展时间，实现工业化；三是以苏联为主的社会主义国家，在面对外部军事威胁和经济封锁的情况下，通过内部的高积累和优先发展重工业，快速实现工业化。② 同时，20 世纪 50 年代初期，在国民经济恢复发展过程中出现的一些问题，也影响着工业化发展模式的选择。

第一，实施优先发展重工业战略所引起的供求关系紧张。这种以市场调节为主的私营经济与政府计划性为主的资源集中配置的不协调关系，主要表现在 1952 年的私营金融业社会主义改造和 1953 年的粮食统购统销方面。新中国成立后，尽管只用了三年时间就使国民经济恢复甚至超过了战前水平，但是由于资金积累率低，加之朝鲜战争爆发后西方的经济封锁，国家建设资金严重短缺。以我国对外贸易为例，尽管中国通过建立独立自主、平等互利为原则的统制外贸体制，结束了长期以来对外贸易关系上的不平等地位，但是西方经济封锁还是对新中国的对外贸易产生了较大影响。中国内地的贸易重心由过去以西方国家为主转向以苏联和东欧国家为主。在出口创汇中，手工艺品发挥了重要作用。通过将

---

① 宋爱茹、高军峰：《建国后国家工业化发展战略提出的历史背景》，《理论界》2009 年第 3 期。

② 朱佳木：《中国工业化与中国当代史》，中国社会科学出版社，2009，第 31～32 页。

其远销到国外，换回了国家建设所需的资金和器材。如我国 1955 年、1956 年出口手工艺产品换回钢板 150917 吨；对苏联和社会主义国家出口 1956 年比 1955 年增长了 75.84%，对资本主义国家出口 1956 年比 1955 年增长了 33.5%。[①] 由于当时我国还是一个经济发展水平相当落后的农业国，在进行出口贸易时，农副产品及其加工产品占相当大的比重，即使是工业品，大多数也是初级产品。大部分产品在出口时，只是为了获得外汇或换取国家急需物资和工业器材，并没有经济上的收益。

表 1 – 1　1956 年中国对资本主义国家重点出口商品的产量增长比例和盈亏情况

对资本主义国家重点出口商品		1956 年比 1955 年产量增加比例
花边类	黄白台布	93%
	万里斯	17%
	十字花	147%
草帽类	金丝草帽	8.3%
	麻帽	95%
草席		43%
玉石雕刻		28%
对资本主义国家出口中重点商品		1956 年比 1955 年盈亏情况
花边类	黄白台布	− 15% ~ − 12%
	万里斯	− 35% ~ − 25%
	十字花	− 10%
草帽类	金丝草帽一根芯	− 29%
	金丝草帽二根芯	− 20%
	麻帽	− 13%
花纸伞		− 12% ~ − 5%
檀香扇		− 35% ~ − 12%

注：檀香扇 1955 年的利润是 13.58%。
资料来源：本表根据《上海市工艺品出口公司王乐山科长大会发言》整理而成，《参考资料之六》，浙江省档案馆藏，档案号：j112 – 004 – 027。

[①] 《上海市工艺品出口公司王乐山科长大会发言》，《参考资料之六》，浙江省档案馆藏，档案号：j112 – 004 – 027。

上述资料说明尽管手工艺品的出口是亏损的，而且亏损率在不断增加，但是要换回更多的外汇和物资，来支持国家工业化建设，必须尽可能地压低手工艺品的成本价格，才能扩大市场份额。

表 1-2 1950～1956 年中国生产资料在进口总额中比重的变化

指标		1950～1952 年	1953 年	1954 年	1955 年	1956 年
总额（亿元）		94.1	46.1	44.7	61.1	53.0
其中	生产资料	81.9	42.9	41.5	57.7	49.0
	消费品	12.2	3.2	3.2	3.4	4.0
比重（%）	生产资料	87	93	92.8	94.4	92.5
	消费品	13	7.0	7.2	5.6	7.5

资料来源：本表根据国家统计局编《我国的对外贸易》的有关数据编制，苏星、杨秋宝编《新中国经济史料选编》，中共中央党校出版社，2000，第 427 页。

表 1-3 1950～1956 年中国工业成套设备进口情况

指标	1950～1952 年	1953 年	1954 年	1955 年	1956 年
进口总额（亿元）	94.1	46.1	44.7	61.1	53.0
成套设备进口额（亿元）	2.2	2.3	4.9	8.4	12.1
占进口总额的比例（%）	2.3	5.0	1.1	13.7	22.8

注：除了成套设备外，主要有金属切割机床、发电机、电动机、载重汽车、拖拉机、机车、黑色金属、有色金属、石油、天然橡胶等。

资料来源：本表根据国家统计局编《我国的对外贸易》的有关数据编制，苏星、杨秋宝编《新中国经济史料选编》，中共中央党校出版社，2000，第 428 页。

表 1-4 1950～1956 年中国出口情况

指标		1950～1952 年	1953 年	1954 年	1955 年	1956 年
总额（亿元）		71.5	34.8	40.0	48.7	55.7
其中	工矿产品	10.1	6.4	9.6	12.4	14.5
	农副产品加工品	20.5	9.0	11.1	13.8	17.5
	农副产品	40.9	19.4	19.3	22.5	23.7
比重（%）	工矿产品	14.1	18.4	24.0	25.5	26.0
	农副产品加工品	28.7	25.9	27.8	28.3	31.4
	农副产品	57.2	55.7	48.3	46.2	42.5

资料来源：本表根据苏星、杨秋宝编《新中国经济史料选编》的有关数据编制，中共中央党校出版社，2000，第 429 页。

　　浙江省的主要出口手工业品，有麻帽、绣衣、十字花台布、万里斯（花边）、金丝草帽、丝织风景片、绸扇等七个品种，由于其质优价廉，在国际市场上享有盛誉。上述手工艺品的产地分布于杭州、温州、黄岩、温岭、临海、玉环、乐清、永嘉、瑞安、萧山、绍兴、鄞县、慈溪、余姚、海门等十五个市、县。抗战前最高年产量麻帽40万打、绣衣168000件、十字花台布259000套、万里斯600万码，其中绝大部分是供给出口所需。历史上手工艺品的销售对象主要是美国，其次是加拿大、澳大利亚、英国及东南亚国家。但自抗战爆发以后，受到战争影响，外销阻滞；抗战胜利后，又遇通货膨胀，物价猛涨，农村经济破产，手工业生产一度停顿。中华人民共和国成立初期，随着国民经济的恢复发展和国际政治局势的缓和，除了同苏联和东欧社会主义国家进行贸易外，对资本主义国家的出口也有所恢复，因而若干产品出现了产不敷销的现象。但对于手工业品出口大省的浙江来说，在恢复生产方面，除个别产品外，一般产品恢复都比较缓慢，不仅在三年经济恢复时期如此，即使到社会主义改造时期，情况依旧不容乐观，如1954年麻帽计划任务为178000打，但仅仅完成80.9%；绣衣为44000件（除委托私商加工6400件），完成52.27%；十字花台布为136244套，完成76.2%；万里斯为300万码，完成96.4%。根据以上情况来看，主要产品都没有完成生产任务，绣衣完成情况尤差。[①]

表1-5　1955年浙江省出口手工艺品计划

种类	单位	要求任务数	比1954年增加	主要产区
麻　帽	打	250000	40.45%	温州专区的温岭产量占50%，黄岩占40%，临海、乐清、玉环为10%
万里斯	码	6500000	116.66%	萧山、绍兴600万码，乐清50万码
绣　衣	件	183000	315.90%	黄岩约占80%，海门占20%
十字花台布	套	180000	32.12%	乐清占60%，永嘉占20%，瑞安占15%，温州市占5%
金丝草帽	打	63500	69.62%	鄞县产量占30%，余姚、慈溪占70%

---

① 《关于本省出口手工艺品产销情况及组织货源的意见》，浙江省档案馆藏，档案号：j127-002-095。

续表

种类	单位	要求任务数	比 1954 年增加	主要产区
丝织风景片	片	120000		杭州市
丝织伟人像	片	80000		杭州市
绸伞	把	100000	28.2%	杭州市

注：以上产品的收购总值为 1400 万元，其中麻帽、万里斯、十字花台布、绣衣四种产品，可换回外汇 310 万~350 万美元（可换回钢材 29769 吨或拖拉机 564 部）。

资料来源：《关于本省出口手工艺品产销情况及组织货源的意见》，浙江省档案馆藏，档案号：j127-002-095。

按"一五"计划的设想，在五年时间里，全国在经济、文化教育方面的支出总额为 766.4 亿元（相当于 7 亿两黄金），其中工业占 58.2%。[1] 虽然苏联帮助设计和建设了一批项目，但是国家的工业发展主要还是依赖于原有工业体系。五年内能投入生产的只占工业总产值的 4%~6%（主要的项目要在第二个五年投入生产，有些甚至要到第三个五年才能起作用）。因此，国家在筹集生产建设所需的资金方面，存在较大的困难。[2] 同时，新中国成立以后，社会趋于稳定，人口增长速度较快，1953 年比 1949 年净增长了 4778 万人，人口自然增长率达到 8.7%。[3] 随着国民经济的恢复发展，大部分城乡居民都有提高物质消费的需求，因此，建设积累与生活消费之间的关系日益紧张，正如陈云在 1954 年所指出的："只要全国每一个人一年多穿一件衣服，一年就要多消费三千万到四千万匹布（当年产量为 15690 万匹）；多吃一斤肉，一年就要多消费六百万到七百万头猪（当年肉猪出栏头数为 7415 万头）；几万万人的消费水平提高，就会使增产了的消费品发生供不应求。"[4] 因此，中国的工业化只能走社会主义的道路，即自我积累、节制资本的道路。它需要一个长期的、由量变到质变的积累过程。

第二，由于大部分农民生产资料不足、农业剩余偏少，农业增长受到较大限制。我国当时还是一个落后的以农业为主的大国，无论是粮食

---

① 薄一波：《若干重大决策与事件的回顾》（上），中共党史出版社，2008，第 200~201 页。
② 陈云：《陈云文选》（第二卷），人民出版社，1995，第 236 页。
③ 国家统计局编《伟大的十年》，人民出版社，1959，第 6 页。
④ 陈云：《陈云文选》（第二卷），人民出版社，1995，第 259 页。

还是工业原料，都无法满足国家的需求。1952 年国家粮食总产量 3200 多亿斤，平均每人每年还不足 600 斤；如果按照农民常说的"大口、小口、三石六斗"来算，每人每年需原粮 850 斤，加上牲口饲料及其他需要，并考虑人口的逐年增长，1953 年的粮食生产需要在 1952 年的粮食总产量上再增加 70% 以上。① 尽管农业在经济发展中占有重要地位，但事实上，由于缺乏资金和技术，农业并没有改变靠天吃饭的状况，且劳动生产率很低，阻碍了工业经济的提速发展。

第三，国家文化教育事业落后，管理人员、技术人员严重缺乏，影响大规模的经济建设。1954 年 6 月 30 日，陈云在《关于第一个五年计划的几点说明》中指出，初步估算五年内仅工业和交通运输两项就需要国家技术人员 39.5 万人，而高等学校、中等技术学校的毕业生仅为 26.6 万人（其中中专毕业生占 2/3），相差近 11 万人。② 从基层方面来看，1954 年邓子恢指出，"区一级干部，不止是质量弱而且数量也少。好多区只有三五人可以办合作社，每人管三四十人，确实抓不起来"，"合作社是改造小农经济，比之土改要更复杂，更艰苦得多，没有专职干部，确实难以办好"。③ 这种劳动力文化素质普遍较低的不利因素，短期内是无法克服的，它为社会主义改造和经济建设带来了不利影响。

正是在上述背景下，1953 年底中共中央宣传部在编写的《为动员一切力量把我国建设成为伟大的社会主义国家而斗争——关于党在过渡时期总路线的学习和宣传提纲》中提出，中国必须走以优先发展重工业为特征的社会主义工业化道路，在过渡时期中，稳步地由农业国向工业国转变，引导国民经济向着现代化和集体化的方向发展，并逐步实现对其他经济成分的改造，保证国民经济中的社会主义比重不断增长。在工业

---

① 中共中央文献研究室编《建国以来重要文献选编》（第四册），中央文献出版社，1993，第 279～280 页。

② 据 1954 年全国干部资料（不包括党委系统、群众团体系统、合作社系统、公私合营企事业、军事系统、教育行政管理部门主管的中等师范学校和中、小学）统计，共有干部 3761448 人（内有工程师以上技术职称者 21365 人）。这些干部按文化程度分，具有大专以上文化者占 14.25%，高中文化者占 16.03%，初中文化者占 41.87%，小学文化者占 27.07%，文盲占 0.78%。国务院人事局：《1953 年—1956 年历年全国干部统计简要资料》，1957 年 12 月。

③ 中华人民共和国国家农业委员会办公厅编《农业集体化重要文件汇编（1949—1957）》（上），中共中央党校出版社，1981，第 307 页。

化的标准上基本沿用了苏联的标准，在工业化的速度上，则估计用 15
年，即三个"五年计划"的时间。①

第三节 合作化理论及其实践

合作制度理论主张用生产领域的分工合作，取代以阶级斗争为主的
社会改造，因其具有较强的适应性和兼容性，为中国提供了社会改革的
新思路。中国共产党在开展合作化运动过程中，受指导思想、社会基础
等因素的影响，选择了以马克思主义为主的合作制度理论，其中影响最
大的是苏联模式。

在 19 世纪中期以前，西欧各国的工人合作运动得到蓬勃的发展，工
人阶级在实践中创造了罗虚代尔合作社模式②，并获得了成功，因此，
蒲鲁东主义者认为通过合作社可以使无产阶级劳动者得到和平解放。但
马克思、恩格斯却对此提出了批评，认为：仅仅通过简单的合作劳动形
式就想达到解放工人阶级，这显然是不现实的，要通过合作制的形式逐
步过渡到共产主义。"为了把社会生产变为一个由合作的自由劳动构成的
和谐的大整体，必须进行全面的社会变革，也就是社会的全面状况的变
革。除非把社会的有组织的力量即国家政权从资本家和地主手中转移到
生产者自己手中，否则这种变革决不可能实现"。③ 马克思进一步指出：
"我们建议工人们与其办合作商店，不如从事合作生产。前者只触及现代
经济制度的表面，而后者则动摇它的基础。"④

---

① 《为动员一切力量把我国建设成为伟大的社会主义国家而斗争——关于党在过渡时期总
路线的学习和宣传提纲》，《社会主义教育课程的阅读文件汇编》（第一编），人民出版
社，1957。

② 罗虚代尔先驱者们吸取了欧文合作社失败的教训，从社会现实环境出发，创立了一
套适合市场经济要求的办社和经营原则—— 后来被称为"罗虚代尔原则"，主要有：
（1）自愿集股筹资，只分少量股息而不分红利；（2）社员平等，民主管理，不问股金
多寡，一人一票选举；（3）入社不受政治宗教信仰影响；（4）以市场平价作现金交易
买卖，保证准斤足尺；（5）按购货金额比例分享利润；（6）盈余中提取 2.5% 作为社
员教育费用。

③ 〔德〕马克思、恩格斯：《马克思恩格斯全集》（第二十一卷），人民出版社，2003，第
218～219 页。

④ 〔德〕马克思、恩格斯：《马克思恩格斯全集》（第十六卷），人民出版社，2003，第
271 页。

　　同时，在合作社理论的实践方面，马克思、恩格斯十分重视合作社制度在改造小农经济，使之向共产主义经济过渡中的作用，合作社制度作为无产阶级在资本主义内打开的一个缺口，可将股份制合作社视为由资本主义生产方式向联合的生产方式的过渡，"职能已经同资本所有权相分离，因而劳动也已经完全同生产资料的所有权和剩余劳动的所有权相分离"①，建立合作社有助于减少资本家的经济剥削，改善工人的工作生活条件。"至于在向完全的共产主义经济过渡时，我们必须大规模地采用合作生产作为中间环节，这一点马克思和我从来没有怀疑过"。② 1894 年 11 月，恩格斯在《法德农民问题》中强调了国家和社会帮助合作社的必要性，"当我们掌握了国家政权的时候，我们决不会考虑用暴力去剥夺小农（不论有无报偿，都是一样）。……我们对于小农的任务，首先是把他们的私人生产和私人占有变为合作社的生产和占有，不是采用暴力，而是通过示范和为此提供社会帮助"。③

　　受所处的时代条件限制，马克思、恩格斯未能去实践社会主义合作社制度，所以在认识上必然带有一定的局限性，但是不可否认的是，他们关于合作社制度的构想，对苏联产生了重要的影响。十月革命后，对合作制在社会主义条件下的实现形式，列宁认为："通过无产阶级政权把社会化的生产资料和土地直接收归国有，在生活资料公用制基础上消灭商品经济，实行有计划、有组织地分配，不劳动者不得食；对小农采取共耕制直接过渡到公共经济。"④ 通过将全社会的生产和消费都纳入"生产—消费"合作社之中，对其进行分配、统计和监督，社会主义社会成为一个为了消费而有计划生产的合作社；之前分散生产的个体经济被整合成公共经济，劳动生产率在分工合作之下得到有效提高。但实践证明，

---

① 〔德〕马克思：《资本论》（第三卷），人民出版社，2004，第 495 页。
② 〔德〕马克思、恩格斯：《马克思恩格斯全集》（第三十六卷），人民出版社，1975，第 416 页。刘桂慈认为，将恩格斯"合作生产"等同或变相地作为向完全共产主义过渡的中心环节的观点，值得商榷，它未必符合恩格斯、马克思的原意，因为合作生产更多地是指一种社会生产方式。引自刘桂慈《论"合作生产"与"向完全的共产主义经济过渡"——兼论合作经济的生产资料占有形式》，《安徽财贸学院学报》1985 年第 4 期。
③ 〔德〕马克思、恩格斯：《马克思恩格斯选集》（第四卷），人民出版社，1995，第 498~499 页。
④ 张绍俊：《与时俱进的马克思主义合作制理论——马克思关于资本主义社会中合作制实现模式的论述》，《广东合作经济》2004 年第 4 期。

在当时经济极端困难的情况下，不但共耕制无法实现对小农经济的社会主义改造，而且取消商品经济，实行余粮征集制后，在共耕制组织内出现了经营管理方面的诸多问题，导致政府与农民利益之间的矛盾。

为此，1920年底，在解决国内武装叛乱和外国武装干涉之后，列宁对国家和农民之间的关系进行适当的调整，"我们计划（说我们计划欠周地设想也许较确切）用无产阶级国家直接下命令的办法在一个小农国家里按共产主义原则来调整国家的产品生产和分配。现实生活说明我们错了。为了作好向共产主义过渡的准备（通过多年的工作来准备），需要经过国家资本主义和社会主义这些过渡阶段。不能直接凭热情，而要借助于伟大革命所产生的热情，靠个人利益，靠同个人利益的结合，靠经济核算，在这个小农国家里先建立起牢固的桥梁，通过国家资本主义走向社会主义"。① 1921年，列宁宣布实施新经济政策，不再过分强调"生产—消费"合作社的重要性。在工人阶级掌握国家政权，全部生产资料又属于国家政权的情况下，所要解决的任务就只剩下实现居民合作化了。因此，国家按照小农经济的特点，对私人买卖的农民做出了让步，承认小农经济的私有属性，废除了带有强制性和平均主义的原则，从流通领域入手，给予其在贸易方面一定的周转自由，激发农民生产积极性；并在社会化资本积累和限制小农私有制的基础上，逐步过渡到社会主义经济。② 这种买卖合作社模式，不仅有利于加强对小农经济的监督管理，而且也便于对他们的组织领导，列宁指出："幻想出种种工人联合体来建设社会主义，是一回事；学会实际建设这个社会主义，能让所有小农都参加这项建设，则是另一回事。"③ 通过五年的合作社实践，列宁不仅丰富了马克思、恩格斯的合作社思想，而且为之后的社会主义国家合作社建设，提供一个完整的理论体系。

作为把手工业者组织起来进行生产的机构，苏联工艺合作社是苏联共产党在列宁的指示下，从无到有、从小到大、从低级到高级，逐步地发展和成长起来的，为我国手工业社会主义改造提供了示范模板。因此，在研究手工业社会主义改造问题时，对苏联工艺合作社做简要回顾是十

①　〔苏〕列宁：《列宁选集》（第四卷），人民出版社，2012，第570页。
②　转引自张曼茵《中国近代合作化思想研究》，上海人民出版社，2010，第68~69页。
③　〔苏〕列宁：《列宁选集》（第四卷），人民出版社，2012，第768页。

分必要的。

　　沙皇俄国时期，手工业虽然有所发展，如沃洛梁达的花边带、乌拉尔的雕刻品、巴夫洛夫的皮革品等，在国外亦享有盛名。但是在沙皇专制统治下，工艺合作社也像其他类型的合作社一样，发展十分缓慢。根据 1914 年的统计，在俄国一共只有 2 个工艺联社和 610 个工艺合作社，社员 1.9 万人，这些合作社主要依靠商业资本生产或其本身即为资本主义企业。① 到"一战"前，沙俄有 400 万家庭手工业者，其中 75% 来自农村，全部工业中手工业占了 33%。沙俄时期手工业工人的生活是十分艰苦的，如俄国著名的作家科洛林在《巴夫洛夫概述》中所描述的："这些工匠们从早到晚制作着一把一把的洋锁，贫困处处笼罩他们，这些贫困，你只消随便在一个手工业村里都能看到。"②

　　十月革命之后，为避免富农和中间商人的经济剥削，苏维埃政府将手工业者组织起来，建立了分工协作性质的工业生产合作社，并帮助他们推销成品和购买原料。虽然有些合作社逐步发展成集体工作性质的小型工厂，但对大多数合作社来说，劳动组织是零碎、分散的，没有自己独立的中心联合社，有时需要与消费合作社一起工作。因此，为了促进手工业合作组织的发展，俄共在处理党政和手工业之间的关系上，明确规定："必须广泛地利用手工业，把国家订货交给手工业者的同时，将手工业与小工业列入供应原料、燃料的总计划中，给予财政上的援助；如个别手工业者、劳动组织、工业生产合作社及小企业已结成大生产单位或大工业，除给以经济上的优惠外，鼓励其平稳地向更高级形式的机械化工业发展。"③ 此外，苏维埃政府还相继发布了《关于促进手工业发展的措施》《关于政府对待小工业、手工业工业以及手工业合作社和农业合作的指示》《关于手工工业与工艺合作社的决议》等重要文件，④ 这对保护和扶持手工业合作社的发展，起到了良好的促进作用。

---

① 中国人民大学合作社生产企业底组织与计划教研室：《苏联工艺合作社参考资料》（一），中国人民大学出版社，1954，第 1 页。
② 《苏联工业合作社的组织机构》，浙江省档案馆藏，档案号：j126 - 003 - 141。
③ 《俄国共产党（布）党纲》（俄文版），第四节。转引自刘胜男《北京城市手工业研究（1949—1966）》，博士学位论文，首都师范大学，2011。
④ 详见中国人民大学合作社生产企业底组织与计划教研室《苏联工艺合作社参考资料》（一），中国人民大学出版社，1954。

之后，由于国内战争的影响，苏联的大工业遭受严重破坏，因此，在国民经济恢复期间，手工业的重要性凸显出来，列宁指出，社会主义建设的基本任务是恢复大工业；为了能够专心地、有系统地转向大工业方面，那就需要积极恢复小工业。手工业既不需要机器设备，也不需要国家大量原料、燃料和粮食储备，同时又能给予农民生产、生活提供必要的帮助，并提高他们的生产力①，因此，必须用一切方法支持和发展工艺合作社，予以各种帮助。苏维埃政府随后签署的《关于鼓励小生产者合作社的措施的指示》，②在扶持手工业合作社的发展方面起到了积极作用。

1922年成立了手工业的专门领导管理机构——苏联工艺合作社联合社。苏联工艺合作社联合社的组织体系，从纵向上看，主要有中央会议、加盟共和国会议、州（市）会议、联社、合作社等五个层次。为了便于领导，在合作社较少的地区，由共和国会议直接领导。布尔什维克各级党委皆设立机构（党内设有日用品生产部），专门负责日常工作，听取工艺合作社的报告，检查工艺合作社工作及计划完成情况，并选派干部参加工艺合作社工作，发展党的组织，保证党的政策在工艺合作社系统中贯彻执行。

在苏联党政的推动下，手工业迅速得到恢复和发展。斯大林在《联共（布）第十四次代表大会上关于中央委员会政治工作的总结报告》中提到，手工业和家庭副业的发展，一方面可以制造、加工半制成品，来帮助国营大工业，另一方面可以利用农村剩余劳动力，增加某些区域内农民的收入，因此，在将来很长一段时期内，手工业及各种家庭副业在整个苏联经济中仍具有特殊意义。③从1931年起，布尔什维克④要求所

① 〔苏〕普·瓦·叶夫谢也夫：《苏联工艺合作社发展简史》，财政经济出版社，1957，第11页。

② 在指示中提出：（1）发给合作社订货要优先于私人；（2）在拨给国家的订货和规定的国家任务时，将国家的原料和资金预付给合作社组织；（3）合作社组织在找寻必需的房屋及在购置工具等方面，较私人有优先权。引自中国人民大学合作社生产企业底组织与计划教研室《苏联工艺合作社参考资料》（一），中国人民大学出版社，1954，第5页。

③ 〔苏〕斯大林：《斯大林在联共（布）第十四次代表大会上关于中央委员会政治工作的总结报告》，人民出版社，1956，第49页。

④ 1952年改称苏联共产党，简称苏共。

有合作社都参加工艺合作社联合社，其中一些如木业、金属加工、食品等专业工艺合作社，还成立了中央直属机关，指导各地的公共工场和组织集体生产。到1932年1月1日，苏联工艺合作社公共工场中的社员人数已占61.6%，分散在家中生产的则下降到38.4%。① 工艺合作社在1922～1928年的六年经济恢复期内，产品数量增长了25倍。② 同时，得益于苏联工业化的发展，苏联工艺合作社的机械化水平日益提高，部分有条件的合作社基本实现了机械化生产，如基辅，装备1000个纱锭的纺织厂就有10个，从原棉整理到弹花、卷条、纺粗纱、纺细纱，再到制成品为止，都是在自动化、机械化生产下进行的。据统计，到1954年，苏联工艺合作社有189万社员，15700个基层社，14.1万个工厂和企业，生产总值达到525亿卢布。③

表1-6　1953年苏联主要手工业品在日用品工业中的比重

种类	家具	针织	缝纫	金属器皿及小五金	铁床	马拉大车	毡鞋	儿童车及儿童脚踏车
比例	35%	40%	35%	50%	35%	50%	35%	40%

注：其他如食品、麻绳、马车挽具、儿童玩具、文化用品、建筑器械等，也都大量发展。
资料来源：《苏联工艺合作社的成长与发展》，浙江省档案馆藏，档案号：j112-002-001。

在第五个五年计划期间，苏联地方工业企业和工艺合作社的工业品产量增加了60%。1950年苏联工艺合作社的生产总值为318亿卢布，1953年为470亿卢布，1953年较1950年增加了47.8%，1954年计划完成525亿卢布，较1950年增加65.1%。④

---

① 中国人民大学合作社生产企业底组织与计划教研室：《苏联工艺合作社参考资料》（一），中国人民大学出版社，1954，第11页。
② 中国人民大学合作社生产企业底组织与计划教研室：《苏联工艺合作社参考资料》（一），中国人民大学出版社，1954，第10页。
③ 《苏联工艺合作社的成长与发展》，浙江省档案馆藏，档案号：j112-002-001。
④ 《苏联工艺合作社的成长与发展》，浙江省档案馆藏，档案号：j112-002-001。

第二章　集体化的努力：手工业社会主义改造的进程

新中国成立后，随着国民经济恢复和发展，人民的生活水平得到了提高，尤其是"土改"后农民的购买力得到快速的提高，农民需要购买生产资料来扩大生产，同时也需要各种各样的日用品来改善生活，其中除一部分轻工业品外，手工业品亦占有很大比重。为了适应和满足城乡人民日常生活所需，提高手工业品产量，国家有意识地组织个体手工业者进行合作化生产。1953年国家开始对手工业进行社会主义改造，手工业被有计划地纳入整个国民经济之中，合作社也逐步由低级形式向高级形式转变。1955年下半年，随着农业合作化高潮的到来，手工业也加快了改造速度，到1956年上半年基本上完成了手工业社会主义改造的历史任务。浙江省在历史上就是一个手工业较为发达的地区，与全国其他地区一样，在某些方面具有一定的典型性和特殊性，在改造过程中，一方面需要积极贯彻和执行国家的手工业改造政策，另一方面又要根据各地的实际情况，开展手工业的改造工作。

第一节　手工业的特点及分布情况

我国手工业生产有着悠久的历史和广泛的群众基础，它不仅涉及的行业众多，产品种类也十分丰富，从简单细小的发卡、鞋眼，到桌椅板凳、各式农具、建筑器材，乃至不少在国内外都享有很高声誉的手工艺品，等等，数以万计。同时，手工业的生产经营具有灵活、适应性强的特点，既能在固定工场成批生产，也能进行零活加工、翻新补旧，甚至还可以走街串巷、流动服务，能够充分适应分散复杂、变化多端、季节不同、要求各异的社会需要。因此，在深入研究浙江省手工业社会主义改造问题时，除了需对手工业改造时代背景有所了解外，对浙江省手工业的类型、特点及地区分布也应有全面的认识。

一 手工业类型、特点

从手工业的自然属性上划分，主要划分为两大类：一类是制造性行业，另一类是服务性修理加工行业。

一般而言，制造性行业需要满足一定条件（包括厂房、设备、技术、辅助劳动力安排等），经过周密规划和充分准备后，方可集中生产，并且对手工业者的技术要求较高，在生产中互相有协作关系。中华人民共和国成立初期，国家为了尽快恢复和发展手工业生产，解决手工业者就业问题，对那些零星产品的生产加工行业，要求有条件者按工序、品种进行小规模的协作生产，或在原地继续进行分散生产。

服务性修理加工行业一般不以生产制造为目的，主要以分散流动服务为主。这些服务性行业没有或很少有生产协作关系，业务时忙时闲，劳动时间和收入都不固定，但又为人民日常生活所必需，如磨刀磨剪、焊铁壶、擦皮鞋、修理笼屉、修理雨伞等。服务性修理加工行业中，部分有固定的生产场所和协作关系，为周围的消费者提供修理服务，如修理自行车、钢笔、钟表、无线电、各种机器车辆等，但对某些行业的主要修理环节（如自行车的气焊、喷漆等），或修理高级用品的行业（如修理打字机、钟表、无线电、摩托车等），则无法满足消费者的实际需要。还有部分手工业者由于以走街串巷为主，没有固定生产场所，因此，在原料供应上存在一些问题。①

另外，从手工业品的销售情况上看，大致又可以分为以下几类。

产品畅销而供不应求的有草席、草帽、土麻袋、竹浆、各种皮纸、文化用纸等行业。其中文化用纸需要通过对生产技术进行适当改进，方能实现增产。

有市场但销售量不大的有雨伞、剪刀、陶器、冶炼、砖瓦、竹筷、渔网、皮革、红糖、土碗、农具等行业。这些行业虽有销路，但并未恢复到历史最高水平，需要改进规格、提高品质，才能打开销路。

滞销或销路不大的有金丝草帽、麻帽、花边、迷信香粉、化妆香粉、迷信用纸、锡箔、毛笔、青田石刻、翻簧竹刻、扇子、土布、土纱等行

---

① 《正确解决手工业集中生产和分散生产的问题》，《人民日报》1956年4月13日。

业。其中金丝草帽、花边、麻帽等行业，随着出口贸易的逐步恢复和扩大，产量也逐年提高；香粉、锡箔及迷信用纸等行业逐渐被淘汰，尤其是锡箔，国家为了节约资源，支援国家工业化建设，动员该业的部分劳动者转业；青田石刻、翻簧竹刻等，虽销路不大，但从业人员也不多，同时，这些行业作为传统手工业艺，政府鼓励和支持其发展。

上述所举系居民日常使用较广的行业，尚不包括酿造、蜜饯、腌腊等食品行业，以及自制自用或雇工制造等行业。据1951年对手工业的不精确推算，其经济产值占浙江省生产总值的18%（25亿斤大米），依靠或主要依靠手工业维持生活的人口，占浙江省人口总数的五分之一以上。由此可见，浙江省手工业对城乡居民生产生活影响巨大。[①]

二　手工业地区分布

从手工业地区来看，主要有以下几个特点：生产普遍性，如土纸、雨伞、家具、竹筷等，这些与人们的日常生产生活息息相关的行业，在浙江省大部分地区都有分布；地区集中性，如台州的麻帽、余姚的金丝草帽、宁波的草席、嘉善的砖瓦，都是集中在这些地区，或其他地区很少甚至没有；工艺的专业性，如东阳木雕、青田石雕等，带有很强的地域特性，是其他地区无法取代的。以下就浙江省各地区的手工业做一个归纳。

杭州地区手工业不但有历史悠久的传统行业，也有现代社会的新兴行业。计有工艺美术品制造业、家用电器制造业、皮革及其制品业、家具制造业、日用金属制品业、手工工具制造业、建筑用金属制品业、文教体育用品制造业、灯具制造业、木竹藤制造品业、服装鞋帽制造业以及与手工业相配套的针织、电镀、冶金、纸制品等行业。近代以来，杭州地区手工业生产有比较大的发展，当时为与洋货抗衡，手工业者都千方百计提高质量，改进技术。主要产品有杭剪、杭扇、杭线、杭粉、杭烟、皮革、织锦等。特别是剪刀，当时有"小泉满街巷"的景象。[②] 抗战爆发之后，受战乱破坏、经济萧条、通货膨胀等影响，手工业逐渐萧

---

① 《浙江的手工业情况介绍》，浙江省档案馆藏，档案号：j112－013－034。
② 浙江省二轻工业志编纂委员会编《浙江省二轻工业志》，浙江人民出版社，1998，第450页。

条。尽管抗战胜利后手工业得到短暂复苏，但之后物价上涨、国内战乱，使刚刚有所转机的手工业生产再次受到沉重打击。新中国成立之初，杭州地区手工业在行业分布上相当集中，丝织、棉织、服装、木器家具、竹器等五个行业的从业人员，占杭州市手工业从业人员总数的46%；尤以丝织业最为突出，占26%。① 据统计，1949年杭州地区有手工业户18231户，从业人员42904人，总产值2473万元。② 在政府的扶持下，手工业有了较快的发展，据1953年统计，仅仅杭州一个市就有57个手工行业，手工业户3377户，手工业者10366人。③ 但从具体行业来看，专为农业生产服务的较少，绝大多数服务于城乡居民的生产生活。

温州地区手工业仅次于杭州，1950年共有手工业4486户，有五金铜锡、竹木棕藤、针织丝织、制革皮件、服装鞋帽、制扇草席、刺绣雕塑、糕饼食品等八个大类123个自然行业，从业者8715人，产值467万元。在诸多主要产品中，温州的五金工具生产，1949年前，仅有木工用的斧、锉刀和农具锄头、犁头等小型手工铁器产品；1949年以后，随着工农业生产的发展，相继增加了锤类、钳类等新产品，而且在产品出口创汇方面也有较大发展。④ 温州的皮纸有大小厂坊30余家176槽，1951年产量约为76万张，为了满足国内外的需求，将蜡纸坯的生产方向转向美浓纸。温州的皮革、皮毛以及制品行业有着悠久的历史，1949年之前最高年产量为8万张，新中国成立初期，生皮来源断绝，生产陷入停顿状态，1950年从业人员为126人，年产值40.34万元，后经政府的积极扶持，1951年从业人员增至149人，年产值为51.81万元。⑤

台州地区诸多手工行业中，五金、铁器、家具、铸造、榨油、酿造、制伞、织布、印染、油漆、雕刻等手工作坊集中于县城、集镇，编织、刺绣、石、木、竹、泥水等手工业户则分散于乡村。1949年，全地区有

① 《杭州市二轻工业志》编纂委员会编《杭州市二轻工业志》，浙江人民出版社，1991，第50页。
② 浙江省二轻工业志编纂委员会编《浙江省二轻工业志》，浙江人民出版社，1998，第450页。
③ 《杭州市手工业情况综合报告》，杭州市档案馆藏，档案号：j001-009-038。
④ 浙江省二轻工业志编纂委员会编《浙江省二轻工业志》，浙江人民出版社，1998，第483页。
⑤ 《浙江的手工业情况介绍》，浙江省档案馆藏，档案号：j112-013-034。

手工业户 14 万户，约占全地区总户数的 22%，其中个体手工业者约 5 万人，农兼手工业者 30 余万人。[①] 生产的产品主要有麻帽、渔网、豆麦、淀粉、草席、碗窑、麻袋、土纸、油脂、土铁等十余种，其中麻帽、渔网所占比重较大。麻帽生产遍及台州辖下的温岭、黄岩、临海等县，历史上最高产量为 285 万顶。新中国成立以后，产量逐年增加，1949年为 275 万顶，1950 年为 288 万顶（每顶麻帽的成本约为 1 斗米）。渔网种类较多，产地主要以临海、温岭各县为主，其中以捕虾网、黄鱼网为大宗，小航网次之。历史上全盛时期仅黄鱼网年产就达到 2 万扣，以每扣 45 元计算，净值 90 万元。草席历史上最高产量为 27 万条，但 1949 年以后产量逐步减少，1950 年仅 5 万条，不及宁波地区的二十分之一，同时由于品质较宁波地区差，销路亦窄。其他如碗窑、麻袋、土纸、油脂等，均有相当规模的产量，但就经济价值而言，则无法与上述几种产品相比。[②]

宁波地区生产的产品主要有以下 21 种：泥金彩漆、描金漆器、骨木镶嵌、刺绣、软席、金丝草帽、淘箩、竹筷、草席、金漆马桶、蓝印花布、姜山马尾布、三法卿并盆篮、钉打桥菜刀、翻簧竹雕、娄美声龙头胡琴、夏天兴锉刀、大字号竹工快刀、童阿二绕刨、禾字号木工斧头、王宝元蛋翁锄头。据统计，1949 年底，宁波地区有手工业企业 5022 家，从业人员 32329 人，总产值 1110.83 万元。[③] 其中余姚的金丝草帽 1950年年产量为 30 万顶，鄞县的草席 1950 年年产量为 70 万条。奉化的土纸数量不多，但是技术水平很高，其所制的毛边纸及土报纸，品质都高于富阳、衢州各地，因此，宁波地区积极扶持该行业的发展。[④] 此外，据统计，1952 年宁波地区以从事"四匠"（竹、木、铁、泥水）、编织（草帽、草席、刺绣）、土纺土织等为主的农民兼营商品性手工业从业人员有 70395 户 89440 人，产值 569 万元。[⑤]

---

① 台州地区地方志编纂委员会编《台州地区志》，浙江人民出版社，1995，第 115、382 页。
② 《一九五一年全省乡村工业调查报告》，浙江省档案馆藏，档案号：j112 - 013 - 034。
③ 浙江省二轻工业志编纂委员会编《浙江省二轻工业志》，浙江人民出版社，1998，第468 页。
④ 《一九五一年全省乡村工业调查报告》，浙江省档案馆藏，档案号：j112 - 013 - 034。
⑤ 《宁波市乡镇工业志》编纂委员会编《宁波市乡镇工业志》，浙江人民出版社，1996，第 250 页。

丽水地区生产的产品主要有云和的土铁，松阳的松香，庆元的土纸，龙泉的陶瓷、锯木和油脂。1949 年前，丽水地区的城镇手工业向前店后坊或工场方向发展，有纺织、造纸、雕刻、陶瓷、砖瓦、土烟、缝纫、制鞋、草席、雨伞、弹棉、传棕、酿造、肥皂以及竹、木、铁、石、泥水"五匠"等行业。[①] 新中国成立之后，该地区的手工业生产获得了新的发展。据 1951 年乡村工业调查报告可知，云和的土铁年产量为 4000 担，大部分制成农具，在积极组织和动员下，产量不断地增加；油脂总产量为 17700 担，其中桐油 9000 担、茶油 7000 担、柏油 1000 担、青油 700 担，但油脂生产主要用土法制造，因此品质低劣。丽水地区木材丰富，区内锯木厂生产出现供不应求的现象，但由于该区处于山区地带，交通不便，运输成本极高。另外，庆元毛边纸的质地虽然高于奉化、临安等地，但由于新中国成立初期纸张价格一直低于成本价格，工人生产情绪不高，顾虑观望情绪严重。[②]

金华地区的手工业技艺精湛，种类极多，有皮革制品、五金制品、家具制造、工艺美术、缝纫、土纸、红糖、草席、草扇、雨伞等行业。近代以来，在诸多行业中以油类为最多，抗战前最高年产桐油 83600 担，柏油 44000 担，青油 22000 担；其次为火腿，抗战前最高年产量达到 52 万只。新中国成立之后，金华地区大部分手工业获得了恢复和发展，如家具制造行业，1949 年金华地区的 10 个县有 72 家木器家具店，产值 178.4 万元，生产木制家具 134712 件，木制农具 211293 件，生产规模比较大的为金华市区的"胡茂兴木作坊"，雇工最多时达 52 人。[③] 据统计，1952 年全区有手工业户 24861 户，从业人员 52975 人，工业总产值达 1698.98 万元。[④] 但同时，有些行业由于技术水平落后、成本高，产量逐年下降。如土纸行业，近代以来，土纸需求旺盛，所属永康、武义、汤溪、寿昌、遂安、浦江等县为浙江省重要产纸县，大多数为屏纸，历史最高年产量为 20 万担。由于土纸业生产方式沿用家庭槽户手工操作，因

① 丽水地区地方志编纂委员会编《丽水地区志》，浙江人民出版社，1993，第 207 页。

② 《一九五一年全省乡村工业调查报告》，浙江省档案馆藏，档案号：j112 - 013 - 034。

③ 金华市二轻工业志编审领导小组《金华市二轻工业志》（内部文件），浙出书临 (1990) 第 92 - 3 号，1996，第 91 页。

④ 浙江省二轻工业志编纂委员会编《浙江省二轻工业志》，浙江人民出版社，1998，第 530 页。

此，新中国成立后，随着造纸工艺的改进、纸张质量的提高，以及政府的政策引导，土纸生产逐步地萎缩，特别是迷信纸，产量仅为历史最高年产量的十分之一。①

绍兴地区的手工业分布面广，行业复杂，俗有"百作"之称。据1952年调查可知，全区共有手工业户25074户，从业人员59681人，年产值3364万元，行业主要包括木材加工、竹制品、锡箔、建筑、缝纫、铁业等；手工业使用原料来源包括铜、铁、锡、铅、竹、木、藤、棕、麦、豆、棉、麻等。② 近代以来，绍兴地区以产锡箔、绍酒著称，然而这两个行业1949年后均有大幅度地减产，如绍酒抗战前行销全国及东南亚等地，平均年产6万缸（每缸580斤），最多年产为14万缸，1949年为2万缸，到1950年仅仅为1500缸。抗战前锡箔业从业人员为20余万人，月产19万块，1949年后年产量仅为抗战前的一半。③

嘉兴地区历史上缫丝、织布、制麻、酿造、榨油等传统手工业都较发达，民间的木工、窑业、铁作、漆作等手工业亦因技艺精湛而闻名于世。在传统手工业中较为有名的是嘉善砖瓦，占有较大的经济比重。新中国成立前，嘉善县从事砖瓦业的从业人数占该县总人口的三分之一，有大小窑口800余座。新中国成立后，为了尽快恢复和发展砖瓦业，政府采取了一系列扶持政策，如国家银行发放低息贷款，纳税上采用定期定额优惠政策，等等。1950年产砖1亿块、瓦680万片（1951年市价每块砖0.0175元、每片平瓦0.15元）。但部分行业却随着替代品的出现，产量逐渐地减少，如毛笔1950年的年产量仅70万支。另外，该区旧时盛产蚕丝，桑树亦多，可产桑皮23万担，因此该地区开始将桑树皮用作皮纸的生产原料，以解决皮纸原料短缺的问题。④

湖州的陶器、竹制品、木制品、麻织品、丝织品等手工业都颇为有名。但抗日战争期间，湖州手工业遭受严重破坏，匠人流落乡间；抗战胜利后，由于资金紧张和产品无销路，尤明显恢复趋势。⑤ 1949年，湖

---

① 《一九五一年全省乡村工业调查报告》，浙江省档案馆藏，档案号：j112 - 013 - 034。
② 绍兴市地方志编纂委员会编《绍兴市志》，浙江人民出版社，1996，第651页。
③ 《一九五一年全省乡村工业调查报告》，浙江省档案馆藏，档案号：j112 - 013 - 034。
④ 《一九五一年全省乡村工业调查报告》，浙江省档案馆藏，档案号：j112 - 013 - 034。
⑤ 浙江省二轻工业志编纂委员会编《浙江省二轻工业志》，浙江人民出版社，1998，第507页。

州地区有丝织、圆木、铁器、竹器、缝纫、雨伞、湖笔、羽扇、制绳、白铁、家具、造船等30多个行业，10192名从业人员。其中，吴兴县有手工业工场122家、个体手工业者3502人，德清、武康两县共1270户1969人，长兴县1053户1579人，安吉、孝丰两县共1473户3142人。①

衢州地区的主要手工业产品有纸张、烟丝、雨伞、藤器、鞭炮、蜡纸、牛皮箱等。民国期间，衢县、龙游均设有贫民习艺所，开办竹藤棕草、木工、油漆、雕刻、印刷、纺织等科目。1942年，浙皖工业合作协会在常山县设立皮革生产研制所。次年，在"工合"②常山事务所指导下，创办了衢州印刷生产合作社、衢州工厂、衢县工合肥皂社、江山织袜社、常山印刷生产合作社等6个工业合作社。1949年，衢州地区手工业户有12871户，从业人员17293人，年产值569.77万元，其中缝纫业99.96万元，竹藤棕草业86.75万元，木材加工业80.32万元，建材业17.19万元，造纸业64.2万元，食品业108.04万元，金属加工业51.43万元，陶瓷业4.39万元，其他工业56.9万元。③在诸多行业中最为重要的是造纸业，其产量约占浙江省的四分之三，抗战前历史最高产量为60万担，抗日战争爆发之后，造纸业受"洋货"冲击和运输受阻，纸价大跌而几乎全部陷于停顿。抗战胜利之后，由于通货膨胀、社会动荡，一些城镇手工业作坊倒闭歇业。新中国成立后，造纸业逐渐恢复和发展，1950年产量为20万担。同时，该区为土纸辅导重点区，乡村手工业改进所帮助其改进削料、定制竹浆工艺，改进文化纸品质，并将一部分迷信纸生产转变为文化纸生产；由于市场对皮纸的需求，衢州的皮纸供不应求。④

三　手工业行业分布

浙江省是一个综合性的经济作物地区，竹、木、棉、麻、丝、棕、皮毛等十分丰富，为"就地取材、就地生产、就地销售"的手工业提供

---

① 湖州市地方志编纂委员会编《湖州市志》，昆仑出版社，1999，第574页。

② "工合"：工业合作协会的简称。抗日战争期间，由国内爱国分子和支持中国革命的海外友人共同建立的，一个专门用于提供军事物资和民用物资的组织。

③ 浙江省二轻工业志编纂委员会编《浙江省二轻工业志》，浙江人民出版社，1998，第544页。

④ 《一九五一年全省乡村工业调查报告》，浙江省档案馆藏，档案号：j112－013－034。

了生产所需的原料。新中国成立之后，绝大部分手工业都得到了恢复和发展，除了满足城乡人民生产生活所需外，还积极支援工农业生产，是国民经济中不可缺少的重要部分。据 1955 年统计，在全部手工业产品中，以地产地销为主的产品占 70.3%，销往省外的占 26.1%，销往国外的占 3.6%。[①] 从生产经营方式上看，浙江省手工业主要可以分为制造、修理服务、特种手工业三大类，如对行业加以细分的话，又可以分为金属制品、木器加工、纺织、缝纫、食品加工、造纸、陶瓷、建筑材料、皮革制品、矿产开采及冶炼业、化工、竹藤棕草加工、文体科教和日用品、特种手工艺品以及修理等主要行业。[②] 以下对浙江省手工业的主要行业做一个梳理。

金属制品业

金属制品业，亦称五金制品业，主要是指使用有色金属和黑色金属为材料制成的日常生活用品（不包括机械制造）。在整个国民经济中，金属制品业一直占有相当重要的地位，其产品均为城乡人民生产生活所必需，尤其是对农业生产来说，意义重大。自清以来，铜器业和锡器业以杭州、鄞县、永嘉、绍兴等地比较发达，铁器业遍布城乡各地。金属制品业一般分为固定作坊与流动铁匠两大类，固定作坊多以城镇"连家店"的形式存在，在制造金属物件时，观察火候全凭经验，技术要求较高。而广大农村地区则以流动工匠为主。

新中国成立初期，浙江省金属制品业按自然行业分，主要包括铁器业、铁锅业、剪刀业、铜器业、锡器业、钢丝制品业、黑白铁制品业和其他五金小商品类。其中最主要的是铁器业、铁锅业和剪刀业。生产规模较大和较有名声者，如李德顺、潘顺兴、王合兴、吕福兴等户，其中潘顺兴专制剃刀，吕福兴专制刨刀。按红炉（设备）和匠工掌握的技术

---

① 《浙江省手工业基本情况、存在问题及今后意见的报告》，浙江省档案馆藏，档案号：j112 – 003 – 004。

② 另根据 1954 年秋季调查，全国金属制品、木材加工、棉纺织、针织、缝纫、食品、造纸、陶瓷、建筑材料、皮革制品、煤炭开采、土铁冶炼、化学矿开采及化学加工、竹藤棕草软木制品、文化教育科学用品、特种手工艺品以及各种修理业 17 个行业，从业人员占手工业总人数的 81.49%，产值占手工业总产值的 81.86%。《关于手工业社会主义改造的初步规划的报告（初稿）——白如冰在第五次全国手工业生产合作会议上的报告》，浙江省档案馆藏，档案号：j112 – 003 – 002。

不同来区分，大红炉主要生产如弹花机、轧花机、吹风机、水泵、车轮、铁制水车等；中红炉专制匠作工具；小红炉主要生产如水暖器及其零件、门拉手、泥瓦匠手工具、滚珠轴承等建筑、运输用铁器和日用品；另外，还有一种小红炉生产如剪刀、菜刀、壶、罐、水盆、火炉等生活用品。据统计，1952 年浙江省有金属制品业从业人员 33263 人，工业总产值 1339 万元。①

随着整个国民经济的恢复与发展，大部分金属制品业有了较快发展，但也有一些行业受原材料来源的限制和产品落后而趋于淘汰。手工业社会主义改造过程中，金属制品业的重要性越发突出，它一方面继续发展传统产品的生产，另一方面又积极为农业合作化服务，适应农业技术改造的需要，通过国家的扶持，边添置机械设备，边开发试制新式农具。根据 1955 年统计资料可知，浙江省向金属制品业投入 158 万元，占机械制造及金属制品业全部投资总额的 64.53%。该行业从业人员有 41676 人（其中专业社、组员 11120 人），占全部从业人数的 26.68%；产值 2588 万元，占浙江省手工业总产值的 6.11%。该行业虽然是浙江省手工业最大、最重要的行业之一，但在生产过程中，仍以使用简单手工工具进行分散生产为主，已机械化、半机械化生产的只有 32 个社，社员仅 1238 人，占该行业社、组员人数的 11.1%，占该行业从业人员的 3.0%，而且这些社的机械装备精密程度较差，设备利用率很低。同时某些地区从业人员的增加和劳动生产缺乏计划性，因而造成了供求不协调的现象。②

木器加工业

浙江省木器加工业是手工业中一个较大的行业，其产品以服务于城乡人民的木制家具为主。《浙江省二轻工业志》记载："浙江木作业出品之精巧，久已驰誉，故其营业亦极兴盛，省外各地之木作业者，常以宁式木器为号召。"③ 素有"百技之乡"之称的东阳、永康的木器业尤为发

① 浙江省二轻工业志编纂委员会编《浙江省二轻工业志》，浙江人民出版社，1998，第 25 页。

② 《浙江省机械制造金属制品业生产方向初步规划简要说明》，浙江省档案馆藏，档案号：j112 - 003 - 002。

③ 浙江省二轻工业志编纂委员会编《浙江省二轻工业志》，浙江人民出版社，1998，第 120 页。

达。其所产木雕家具制作精细，别具一格，被誉为我国传统家具的明珠。

木器加工业有方木、圆木之分，圆木工又称为箍桶匠，主要从事圆形或腰圆形木器（桶、盆类）制作。方木分为大木、小木等，大木以修房造屋为主，小木以家具制造为主，但亦有大、小木兼做的。一般情况下，大木、圆木的流动性较大，常常几个人一起上门加工，内部亦有分工，有作头、作匠、学徒等。作头负责承接业务、分工和收益分配，遇闲时亦有供饭之义务；作匠是师傅，一般带一两个学徒，学徒以童工居多，其收入归师傅，由师傅供饭及给少量零花钱，所谓"三年学徒，四年半作"即指此。从主要产品类型上看，有农业所需的水车、风车、大车、各种船具等用品，有工业所需的包装木箱、模型、弹花机、纱锭、筒管等用品以及各种办公桌、椅、床、沙发、板凳、盆、桶、木箱、木梳、书架等生活用品。木器加工业的主要特点是分散面广、生产资金较少、工具简单等。据1952年统计，浙江木器加工业有21501个（户），其中合作社、组51个，个体21450户，从业人员38342人，其中社、组员678人，个体37664人。[①]

竹藤棕草加工业

手工业中的竹藤棕草加工业，自然行业繁多，这里所指竹藤棕草加工业系除木材制品、工艺美术品以外的其他生产、生活用木、竹、藤、棕草等制品。浙江省盛产竹子，给竹器生产提供了丰富的原料。近代以来，竹器业是木器、铁器、五金诸业后从业人员最多的一业。产品主要有竹器、竹篩、竹筷、茶篓、混竹、蒸笼、网篮、伞柄、花竹、纺织竹器、竹帘、船篷等。[②]制造竹器的匠人被称为"篾匠"，这些人多无固定生产场所，来往于城乡之间，带人编制或修补，旺季为秋冬两季。新中国成立之初，一些在城镇定居下来的外地匠人开始组成了一些以家庭作坊形式出现的小型竹器店铺，店主为师傅，雇工为学徒，忙时上门加工，闲时则加工成品出售，这些店铺往往本微利薄。

---

① 浙江省二轻工业志编纂委员会编《浙江省二轻工业志》，浙江人民出版社，1998，第120页。

② 此中的竹器是指匾、席、筛、箩、篮等农具，专事其生产的人称"刀中师傅"，有别于编制箬、筐、土箕等粗放产品的"大刀师傅"；混竹指专事制作竹椅、竹床、竹榻等大件日用品生产的行业；纺织竹器则指竹筘、打手棒。《杭州市二轻工业志》编纂委员会编《杭州市二轻工业志》，浙江人民出版社，1991，第224页。

藤器业分为藤料加工和藤器制作两部分。藤料业又称藤工，系将原始的毛藤经加工制成藤条、藤皮出售；藤器业则将藤条、柳条等以手工编制加工成藤、柳产品。总体来说，藤器业规模较小，各店号均为家庭作坊，雇用工人甚少。

棕草业，由于棕业取材便利，棕制品具有弹性强、拉力大、抗腐蚀、保温、防潮等特点，人民较为喜爱。新中国成立前，浙江省虽有专业生产棕制品的手工业艺人，但以兼业者居多。棕制品主要有棕衣、棕绳、棕垫、棕棚、棕刷、蒲团、棕鞋、棕包等。

纺织业

浙江省的纺织业主要包括棉纺织业和针织业两大类。1949 年之前，棉纺织业虽然已出现了一些以机械动力为主的工厂，但大部分还是以乡村中传统手纺手织的土布业为主，生产的本色平布经过加染后，制成服装、被单和被套。使用的织布工具主要是土摇车、土布机，之后逐步使用铁机。农户织成土布后，由城里的布商收购出售。抗战爆发后，受战事、机制布的影响，销路不佳。新中国成立后，在政府扶持下，城乡居民的生活水平有了较大的提高，对土布的需求也相应增加。市场上出现了平布、条纹花布、格子花布、人字形花布等各式花布品种，其质量可与国产卡其布相媲美。

浙江省针织业始于 1909 年，由于浙江省的个体手工业不能生产棉毛衫裤、卫生衫裤，因此产品主要以生产毛巾、袜子、棉毛衫裤、卫生衫裤、汗衫背心等为主。第一次世界大战中，为了供应市场需要，针织业逐渐发展起来，到 1930 年前后，达到全盛时期。1936 年以后，针织业出现分化情况，在县城针织业产量逐渐下降的同时，宁波市、嘉兴市等地的针织业却有了较好的发展。抗日战争爆发后，因原料采购困难，针织业趋于衰落。抗战胜利后，又遭受美国等西方国家的商品倾销，阻碍和限制了针织业的复苏。新中国成立初期，中共浙江省委加强了对针织业的扶持，通过百货公司委托私营工厂加工的方式，使针织业得到恢复和发展。据 1954 年统计，针织业有从业户数 508 户，从业人员 2013 人，总产值（不包括毛巾产值）为 2057800 元，共生产袜子 379715 打，毛巾196353 打，汗衫背心 5295 打，针织汗裤 13887 打。生产袜子的手工业者主要分布于浙江省 44 个市县和 4 个直属市，汗衫背心产地主要以杭州、宁波、温州等地为主。[①] 1954 年以后，由于原料供应不能满足生产要求，该行业受到了一些影响。

表 2 - 1　1950～1955 年浙江省针织手工业户数、人数、产值历史发展情况

经济类型		1950年	1951年		1952年		1953年		1954年		1955年上半年	
			实际数	为1950年比例（%）	实际数	为1951年比例（%）	实际数	为1952年比例（%）	实际数	为1953年比例（%）	实际数	为1954年比例（%）
合计	从业户数	512	484	95	611	126	641	105	508	79	479	78
	从业人数	1209	1145	95	2011	176	2198	109	2013	92	1870	89
	总产值	705442元	767619元	109	1579278元	206	142409元	90	2057800元	144	1081746元	75
个体手工业	从业户数	512	483	94	518	107	546	105	408	75	386	70
	从业人数	1209	1134	94	1275	112	1413	111	1193	84	1012	71
	总产值	705442元	762428元	108	756793元	99	1170340元	154	957378元	82	438023元	37
其中：个体手工业合伙组织	从业户数	8	13	163	15	115	25	167	18	72	20	80
	从业人数	55	104	189	112	108	208	186	146	70	112	53
	总产值	20607元	30626元	149	43857元	143	92722元	211	173542元	187	68781元	74
生产合作社	从业户数		1		2	200	2	100	6	300	8	400
	从业人数		11		55	500	91	165	199	219	249	272
	总产值		5191元		11301元	218	137849元	122	238684元	173	185201元	134

---

① 《针织业文字分析报告》，浙江省档案馆藏，档案号：j130 - 002 - 493。

续表

经济类型		1950年	1951年		1952年		1953年		1954年		1955年上半年	
			实际数	为1950年比例（%）	实际数	为1951年比例（%）	实际数	为1952年比例（%）	实际数	为1953年比例（%）	实际数	为1954年比例（%）
私营十人以下小型工业	从业户数		91		93	102	94	101	85	91		
	从业人数		681		694	102	621	89	609	87		
	总产值		811184元		1205219元	148	861738元	72	458522元	38		

资料来源：《针织业文字分析报告》，浙江省档案馆藏，档案号：j130 - 002 - 493。

缝纫业

缝纫业，旧时称为"女红"。在机器引入之前，都是靠手工操作，一针一线地缝制，遇到雇请办嫁妆、做寿衣的人家，只要带上剪刀、木尺、烙铁等工具，即可上门加工，做十天半月不限，或者用户送布进门加工。

旧时裁缝地位低下，生活清苦，淡旺季相差较大，旺季常开夜工，尤其是中秋至年底这段时间。①

食品加工业

新中国成立之前，浙江省食品加工业主要有碾米、制糖、榨油、酿造、制枣、制茶、卷烟以及豆制品等行业。以制糖业为例，新中国成立初期，制糖业主要分布在温州、金华及宁波三个地区，以瑞安、平阳、永嘉、义乌、金华五个县的产量为多，占浙江省红糖产量的85%以上，其中义乌、瑞安两县的红糖最为著名。抗战期间，由于外省运往省内的红糖减少，糖价日趋高涨，促进了浙江省红糖业的发展。1946年产量达到历史的最高点1.8万吨；后因外省红糖的大量输入，浙糖价格随之下降，销路也逐渐缩小，各地蔗农见此状纷纷改种其他作物，到1949年浙江省红糖产量仅为5500吨。1950年在人民政府的扶持和帮助下，红糖生产有所恢复和发展，到1951年产量增至14250吨，甘蔗种植面积达90428亩。由于市场对红糖需求量过大，以致1952年浙江省将甘蔗种植

① 兰溪市二轻工业局编志组编《兰溪市二轻工业志》（内部资料），浙江省图书馆藏，1987，第39页。

面积扩大到 154779 亩，产量达 32146 吨。但正值广东省红糖获得丰收，产量高、成本低、上市又早，售价低于浙糖，优先占领了上海等地市场，以致浙江省红糖销路不畅，糖价大跌。1953 年糖农因受上年的价格影响，生产情绪低迷，加上育苗期间天气寒冷，蔗苗受冻，因此种植面积减少为 72719 亩，单位面积产量 288 斤，年产量下降为 12354.5 吨，比 1952 年减少了 62%，以致红糖市场供应又趋于紧张。①

表 2－2　1950～1954 年浙江省制糖业发展情况

经济类型	项目	1950 年	1951 年	1952 年	1953 年	1954 年		
						合并	城镇	乡村
一、全部个体手工业合计	糖车数	2	2	4	7	3		3
	从业人员	8	10	22	55	21		21
	总产值（元）	6818299	8336134	11842659	4896286	703260	22401	7020859
1. 固定个体手工业	糖车数	2	2	3	5	1		1
	从业人员	8	10	15	38	7		7
	总产值（元）	960	1200	1800	2500	2200		2200
2. 流动个体手工业	糖车数							
	从业人员							
	总产值（元）							
3. 个体手工业合作组织	糖车数			1	2	2		2
	从业人员			7	17	14		14
	总产值（元）			1700	1510	1930		1930
4. 农民兼营商品性手工业	糖车数			3857	3087	7870	10	2860
	从业人员			31045	25144	21770	111	21659
	总产值（元）	6817339	8334934	11839159	489276	7039130	22401	7016729
二、农业生产合作社兼营商业性手工业	糖车数				2	302	6	296
	从业人员				26	3099	57	3033
	总产值（元）				3271	700266	19115	681131

资料来源：《浙江省制糖业重点行业调查文字分析报告》，浙江省档案馆藏，档案号：j130－002－493。

---

① 《浙江省制糖业重点行业调查文字分析报告》，浙江省档案馆藏，档案号：j130－002－493。

造纸业

浙江省的手工造纸历史悠久，近代以来，纸业生产更为兴盛，武义、浦江、东阳、龙游、临安等地均为浙江重要的产纸县。"浙江制纸业，产地最盛之处，一向以严州、衢州、金华三县为巨擘"。[①] 产品大致可以分为文化纸、杂用纸、特种纸、迷信纸四类。其中以书写用文化纸、卫生纸等杂用纸为主，如浙江省 1954 年全部产量中文化纸占 29.8%，杂用纸占 52.2%。由于手工纸就地取材、价格低廉，在传统的国内外市场中，为广大城乡居民和国外华侨所习惯使用，且与机器纸有一定分工，矛盾不大。随着人民生活水平的提高，市场需求量也日益扩大，机制纸的增长速度逐渐赶不上需求的增长速度。[②] 杂用纸由于经济通用，在新中国成立后的一个时期内，还保持着一定的需求量，但其中粗劣的杂用纸被逐步淘汰。特种纸由于特定用途和出口的需要，一直供不应求。迷信纸由于国内市场逐步缩小，产量也在减少。[③]

新中国成立初期，浙江的手工业造纸主要以个体手工业为主，特别是对满足人民群众生产、生活所必需的用纸，具有不可替代的作用，如1955 年富阳县土纸生产中，个体手工业产量是农业社产量的 4 倍以上；在诸多产品中，又以坑边纸的产量最大，包括农业社兼营的在内，总共生产 12299 吨。[④]

表 2 - 3　1955 年富阳县土纸生产量情况

名称	单位	个体手工业产量	农业社营产量	农业社兼营商品性手工业产量
文化纸	吨	1928	1167	29
日用纸	吨	1968	657	174
卫生纸	吨	798	161	16

① 彭泽益：《中国近代手工业史资料》（第三卷），中华书局，1962，第 47 页。
② 虽然全国机械造纸业有了较快的发展，但是仍然满足不了人民的日常生产生活需要，到 1957 年土纸生产量占全国纸张生产量的 30%，也就是说，在手工业改造期间，比例可能更高。《张主任在省土纸会议上的报告》，浙江省档案馆藏，档案号：j112 - 004 - 016。
③ 《关于十七个主要行业的初步规划的说明》，浙江省档案馆藏，档案号：j112 - 003 - 002。
④ 《一九五五年富阳县手工造纸业资料》，浙江省档案馆藏，档案号：j112 - 004 - 016。

续表

名称	单位	个体手工业产量	农业社营产量	农业社兼营商品性手工业产量
坑边纸	吨	6823		5476
迷信纸	吨	1935	1169	126
皮　纸	吨	92	30	
合　计	吨	13544	3184	5821

资料来源：《一九五五年富阳县手工造纸业资料》，浙江省档案馆藏，档案号：j112 - 004 - 016。

造纸业对产纸区人民的生活影响极大，其中仅稻草制纸一项就要占农家农桑收入的40%左右，由于山区的资源优势，造纸业在山区更成为地方人民的一项主要收入，故民间有谣"山里人挑一担，畈里人种一畈"。[①]

陶瓷业

浙江省陶瓷生产，远在一千多年前就已开始，但均以满足农民自己生活所需；经过生产上不断改进，产品逐渐商品化，农民兼营逐渐向个体手工业和小型工业发展。瓷器生产以温州、丽水地区的龙泉、平阳、温岭、泰顺等县为多，其中以龙泉县最为有名，1954年其产量占浙江省产量的20%~30%；其次如永嘉、东阳、江山、遂安、绍兴、兰溪等县亦有出产，但为数不多。陶器因主要原料是陶土（金丝烂泥），使之在生产地区分布上十分广泛，遍及浙江省大部分地区，其中以诸暨、义乌、永嘉等地为多。新中国成立前，由于物价不稳定，人民生活水平低，加上连年战乱、交通封锁、运输困难、产品销路不畅等原因，不少陶瓷窑陆续倒闭，从业人员纷纷转业务农。新中国成立后，政府加强了对手工业的领导，物价趋于稳定，城乡人民生活逐渐得到改善，产品销路亦有所好转，陶瓷业生产得以恢复和发展，如平阳县1954年陶器产值比1950年增加20倍。据统计，1955年浙江省陶瓷业从业人员共3801人（不包括农业社兼营和农民兼营），其中个体手工业（合伙组织）310户，2388人；农业社兼营有23个，121人；生产合作社16个，970人；供销生产社1个，59人；生产小组9个，214人；十人以下私营工厂20家，170

① 富阳市二轻业局编《富阳市二轻工业志（初稿）》（内部资料），浙江省图书馆藏，1990，第65页。

人。全省 1954 年产量为 44055376 只，产值为 1833024 元。①

建筑材料业

浙江省建筑材料业主要分为砖瓦业和石灰业，不管是砖瓦业还是石灰业，原料丰富且方便获取，促进了砖瓦、石灰二业的发展。"浙江省之石灰石分布极广，取之以烧石灰，为民间重要工业之一。金华之北乡洞前及东北乡曹宅镇，兰溪之诸葛及东乡洞源等处，所产尤为著名"。② 但这些行业多以手工业作坊性质的小型砖瓦窑、石灰窑、采石场为主，设备简单、生产季节性大，如砖瓦是春分开工、冬至停产，生产时间仅为 6 ~ 8 个月；并且因属原始操作，技术要求很高，特别是火候的掌握方面，如掌握不好，往往整窑的砖瓦都要报废，风险极大。

新中国成立后，随着国家经济建设的迅速发展和人民生活水平的不断提高，在兴修水利、修建公用事业和私人住房等方面，对砖瓦、石灰的需求量增加较快，因而建筑材料业出现供不应求的现象。据统计，1955 年浙江省内有砖瓦业从业者 4268 户 10491 人，产值 6655053 元；石灰业从业者 768 户 1582 人，产值 195 万元。③ 在支援广大农村和重点地区的建设过程中，除充分利用已有设备之外，各地从业者还新建和扩建了厂房，增加了烘干设备。为了加快手工业合作化速度，该行业利用国营大工业替换下来的机器设备（如砖瓦业用的挖掘机、传送机，石灰业用的风钻、空气压缩机），逐步通过半机械化、机械化生产来提高其产品的质量和数量。1956 年，建筑材料业又新发展了水泥、玻璃、油毡等行业，特别是利用地方石灰石为主要原料的水泥业，迅速发展成为建筑材料业的支柱行业。

文体科教和日用品业

浙江省文体科教和日用杂品包括文教体育用品、衡器制造以及日用杂品业三大行业。文教体育用品分为文化用品、体育用品、乐器及其他娱乐用品。文化用品主要有毛笔、墨水、糨糊、算盘、印泥等；体育用

---

① 《陶瓷业文字分析报告》，浙江省档案馆藏，档案号：j130 - 002 - 493。
② 金华市二轻工业志编审领导小组编《金华市二轻工业志》（内部资料），浙江省图书馆藏，1996，第 157 页。
③ 浙江省二轻工业志编纂委员会编《浙江省二轻工业志》，浙江人民出版社，1998，第 185、186 页。

品包括运动器具和康复健身器材；乐器的品种有琵琶、三弦、月琴、二胡、京胡等。其中乐器生产机械化程度不高，使用刨板机、铣边机、圆锯机等设备的工厂只是极少数，特别是民族乐器、西洋乐器中的高档产品，相当部分的工序为手工制造，工艺性较强。[1] 衡器自古就有衡、量、度、亩、数"五量"之说。新中国成立初期，衡器制造业产品主要以杠杆衡器为主，通称杠称、秤。日用杂品业分为制伞、制镜、制刷、拉链等制造行业，制伞是其中最大的行业。伞作为人们日常生活必需品，分为纸伞、油布伞、阳伞三种。20 世纪 50 年代初期，受益于城乡居民生活水平的提高，加之国家出口需求，制伞业日渐兴盛，产值也随之增长。

皮革制品业

浙江省皮革制品业是一个古老的行业，由于投资少、利润大，该业在较短时间内得到快速发展。20 世纪 20 年代末，西方制革工艺技术经上海、武汉等地传入浙江，新式鞣法逐步推行，轻革采用矿物鞣，重革仍为植鞣，开始采用进口烤胶。[2] 总的来说，当时的皮革制品业"大厂少、小厂多"，大的工厂企业主要集中在杭州、温州、宁波三市以及嘉兴专区，尤其以温州最为发达；除此之外，分布浙江省各地的基本上以个体小作坊为主，只有少数制革厂有简单动力设备，大部分只有缸、刀等原始设备；并且个体作坊还存在生产任务不足、人员过剩、资金短缺、设备简陋、技术落后、质量低劣等问题，除嘉兴专区生产的出口羊皮质量较好外，杭、宁、温等地所产猪革质量普遍低劣。[3] 皮革制品业一个重要的特点就是产品繁杂，其中有为工业服务的轻革、重革、各种轮带等；有为农业生产服务的皮绳、套具、搭腰、肚带以及车马挽具等；有为人民日常生活服务的皮鞋、皮箱、皮包、皮袋等。新中国成立之后，浙江省工业用革需要量随之增加，尤其是农业合作化使皮革制品的需求量更加旺盛，因此，皮革制品业在充分利用杂皮及替代品的同时，积极

---

[1] 《杭州市二轻工业志》编纂委员会编《杭州市二轻工业志》，浙江人民出版社，1991，第 252 页。

[2] 浙江省二轻工业志编纂委员会编《浙江省二轻工业志》，浙江人民出版社，1998，第 100 页。

[3] 《浙江省制革皮革制品工业规划（草案）》，浙江省档案馆藏，档案号：j112 - 003 - 016。

提高技术，扩大生产来满足人民群众的日常生产生活需要。

表2-4　浙江省皮革制品业生产情况对比

地区		改造前情况		改造后情况			1955年上半年总产值（千元）	备注
		户数	从业者	户数	从业者	编余	2284557	
制革业全省合计		72	641	5	1005	67	260477	包括个体
皮革制品业全省合计		40	431	1			220741	
杭州市	制革	26	154	1	145		481218	
	皮革制品	14	227		227		31	包括个体
	合计	40	381		372		72192	皮箱
宁波市	制革	24	118	1	105	13		
	皮革制品	3	13		26	-13	103182	
	皮鞋	11	92		92		635583	
	合计	38	223		223		912993	
嘉兴专区制革		10	150	2	150			
温州市	制革	12	228	1	150	78	151578	
	皮箱	3	24		24			
	皮鞋	4	39		80	-11		
	皮球	5	6		6			个体
	合计	24	297		260	67	151578	

资料来源：《改组改造前后情况对比表》，《浙江省制革皮革制品工业规划（草案）》，浙江省档案馆藏，档案号：j112-003-016。

矿产开采及冶炼业

浙江省是一个自然资源相对缺乏的省份，难以提供满足浙江省重工业发展所必需的原料。因此，一直以来，除了简单修补之用以外，用于物件加工生产的原料都须依靠省外的调运。浙江省的铁矿一般都是杂窝矿，蕴藏量少，以山涧河流中的铁砂形式存在。如浙江的云和土铁，自然分解的铁矿，随着山洪雨水冲刷下流，沉积溪坑中，再将铁砂淘取，以泥煤、木炭等为燃料提炼而成，因此，这些铁矿不适合国家大规模开采。同时在冶炼方面，由于技术落后、设备陈旧、生产季节性大、运输困难等问题，数量少、质量低、成本高。在以往的手工业生产中，由于接受国家剩余物资和钢铁厂供应废次钢铁，土铁销售积压，随着国家建设和农业合作化的发展，钢铁需求量增加，情况有所改变。为了提高土铁产量，有重点地进行分散开采、集中冶炼，以弥补大工业生产的不足，如 1956 年省工业厅为了提高生产量，利用长兴县、景牛山和余杭县闲林埠的铁矿，在杭县半山地区筹建浙江钢铁厂，年产钢锭 25000 吨、生铁 6458 吨。[①]

化工业

浙江省化工业主要有爆竹、制皂、榨油、制香（棒香、寿香、盘香）、石粉等行业。其中制皂业最为有名。浙江省制皂最早始于 1914 年，生产主要集中于温州市及金华专区的兰溪县，除杭州市公私合营东南化工厂具有一定规模与较先进的动力设备外，其余工厂规模普遍较小，均为小型手工业，技术水平低，设备落后，尤其是兰溪的几家仅能生产冷型肥皂。私营厂中以温州家庭肥皂厂设备较为完善，技术较为先进，其产品"幸福牌"肥皂质量较高，在市场上有一定的信誉，其他小厂质量较低，产品销售有积压现象。在抗日战争期间，大中城市相继沦陷，工业受到战争破坏，交通受阻，机制肥皂来源减少，地方肥皂工业因而迅速发展起来。抗战胜利之后，受市场通货膨胀影响，"工不如商，商不如囤"，大部分工厂生产都无法维持，纷纷倒闭。新中国成立后，政府采取发展民族工商业的政策，1952 年起加强了市场物资交流，因此肥皂业得到迅速的恢复和发展，到 1953 年该业产值达到最高峰，全业共有 34 户，职工 439 人。1953 年后随着政府对市场管制的加强，特别是油脂统购统销后，原料供应紧张，代用油（青油、柏油）产量下降，致使规模较小的私营企业的生产发生困难，相继停业。1953 年后肥皂业生产是逐步下降的，1953 年产值为 6636500 元，1954 年下降为 5690560 元，1955 年上半年为 3151910 元。但从公私企业的比例来看，地方国营与公私合营的工厂却得到了较快发展，以历年公私生产发展情况来看，1953 年产值中，地方国营厂占 7.35%，公私合营占 55.63%，私营占 37.02%；1954

①　长兴县铁矿储量 2837.3 吨，余杭县闲林埠铁矿储量至少 1800 吨，这些铁矿石的品位都较高，可以直接用于炼钢。《请全国总社协助解决炼钢设备的报告》，浙江省档案馆藏，档案号：j112 - 004 - 014。

年地方国营上升为 11.74%，公私合营上升为 69.06%，私营下降为 19.17%；1955 年上半年地方国营占 8.55%，公私合营占 74.96%，私营占 16.20%。私营工业产量的下降，在一定程度上受公私合营工业的影响，但主要原因还是私营工厂质量比公私合营低，而价格却比公私合营高，因而产品销售不出去，产量逐年下降。①

特种手工艺品业

浙江省的民间工艺美术有着悠久的历史和优良的传统，其创作技艺之精，品种之多，运用材料之广，从业人员之众，经济、艺术价值之大，在全国范围来说，也拥有相当重要的地位。浙江省手工艺品包含雕塑、陶瓷、棉织、刺绣、印染、彩绘、剪贴、镶嵌、金属制品等各种类型，如青田石雕、东阳木雕、龙泉瓷器等，远在宋代就较为有名；尤其是"浙江三雕"（乐清黄杨木雕、东阳木雕、青田石雕），其工艺精致，被誉为"天衣无缝"之作。这些优美质朴的民间工艺品分布在浙江省的各个地区，带有浓厚的地方特色和风格，积累着历代优秀艺人的经验，充分体现出劳动人民的智慧。同时它是从人民日常生活中产生的，所以最亲切、最真实地反映着人民的情感和爱好。因而，不仅在国内受到广大人民群众的欢迎，而且在国际上不断获得好评，享有相当高的声誉。但抗战爆发之后，大部分行业生产逐渐萎缩，很多优秀艺人由此失业或改行，甚至人亡艺绝。②

新中国成立后，随着国民经济的恢复发展与社会主义合作化事业的推进，浙江省的工艺美术事业相对于过去，有了明显的变化。其中较明显的是，在政府的领导和扶持下，手工业生产得到了逐步恢复，一些行业甚至有了快速发展。如金丝草帽、麻帽、绣衣等几个主要行业，其从业人数从 1950 年的 20 万人，发展到 1956 年的 45 万人，增长了 1.25 倍，年产值由 460 万元增长到 1770 万元，增长 2.85 倍。从一些专业性较强的行业来看，除少数未恢复外，绝大部分都已得到恢复和发展，如青田石雕，1950 年从业人数为 379 人，到 1956 年底已恢复到 1300 余人，增长 2.4 倍以上，其中培养学徒 40 余名。温州的十字花产品在国营公司的

---

① 《浙江省私营肥皂业调查报告》，浙江省档案馆藏，档案号：j130 - 002 - 493。

② 《关于工艺美术基本情况与 1957 年工作初步意见》，浙江省档案馆藏，档案号：j112 - 004 - 007。

扶持下，不但在产值上有了较快的增长，而且通过出口创汇，直接支援了国家的经济建设，1953 年产量为 50044 套，产值 420651 元；1955 年产量为 198246 套，产值达到 1455339 元。① 此外，翻簧木雕、竹编、绸伞等行业的从业人数与产值，都超过了历史全盛时期。

与此同时，手工艺人不仅在经济生活上有所改善，而且政治地位也有了显著提高。手工业合作化中，手工艺人的收入比新中国成立初期有所增加，如 1953 年前副业生产人均日工资为 0.2 元左右，到 1956 年底提高到 0.3 元；专业性行业人均月平均工资，由新中国成立初期的 17 元提高到 35 元，部分老艺人的工资甚至达到每月 60 元以上。在政治上，浙江省大部分地区做了适当安排，有些艺人当选为人大代表、政协委员、省文联会员及合作社的领导干部，如东阳木雕老艺人杜云松②被提名当选为省人大代表，黄紫金、黄凤祚等人被选为省政协委员，东阳木雕艺人楼水明③还被邀出国（蒙古人民共和国）传授技艺，这些都提高了他们生产创作及传授技艺的积极性。④ 在对比不同时期艺人地位的变化情况时，艺人吴如乾说：“过去在旧社会，石雕在三百六十行之外，把艺人看‘烂咸菜’，如今却不同了，政府对艺人关心，对技术重视，非但增加工资，还得到上级奖励，我们艺人真算是翻身了。”⑤

此外，在技艺提高方面，文化部门还举办民间艺人训练班，开展辅导工作，通过展览会，组织艺人观摩学习，提高了艺人的创作水平。如在选取题材方面，过去取材内容较为单调，人物题材多为观音、济公、罗汉、关公等；通过交流活动之后，尝试选用《白蛇传》《水浒传》《西厢记》等神话及古典名著题材。同时在创作过程中，有少数艺人开始从

---

① 《温州区花边生产基本情况及当前存在问题和今后解决意见》，浙江省档案馆藏，档案号：j130-003-034。
② 杜云松（1884—1959），东阳市上湖乡人，擅长人物、走兽、花鸟的雕刻技艺，是东阳木雕厂的创始人之一。东阳市二轻工业志编写组编《东阳二轻工业志》（内部资料），浙江省图书馆藏，1990，第 223 页。
③ 楼水明（1898—1983），东阳市横店人，擅长冷作木雕、木工小样设计，被同行誉为“雕花状元”。东阳市二轻工业志编写组编《东阳二轻工业志》（内部资料），浙江省图书馆藏，1990，第 223 页。
④ 《浙江工艺美术基本情况与今后工作意见》，浙江省档案馆藏，档案号：j112-004-028。
⑤ 《青田石雕艺人代表会议的总结报告》，浙江省档案馆藏，档案号：j112-003-034。

现实生活中吸取题材，在造型、透视、比例方面，对原有风格进行突破、创新，正如东阳木雕艺人反映："……互相学习机会增多，一般小学程度可提高到初中，初中可提高到高中。"青田山口石雕社反映："由于传授和被传授双方在经济上都得到适当照顾，因此学徒进步较快，在几个月时间中，就可学会过去两三年还学不到的技术。"①

表 2－5　1956 年浙江省特种手工艺行业及从业人员地区分布情况

类别	业别	从业人员	分布地区
雕刻	东阳木雕	150	东阳
	黄杨木雕	55	乐清、温州
	青田石雕	850	青田、温州
	温州石嵌	9	温州
	篾丝镶嵌	5	温州
	翻簧竹雕	17	黄岩、奉化
	砖　雕		嵊县、宁波、杭州、绍兴
	石　雕		宁波、温州等
塑造	彩　塑		温州、绍兴等
	油泥塑	5	温州、乐清
	米粉塑		温州
	瓷　器	15	龙泉、平阳、温岭
	漆　塑		
编织	竹　编	128	东阳、嵊县、绍兴、宁波
	草　编	50	温州
	金华麦秆扇		金华地区
	金丝草帽	65292	余姚、慈溪、鄞县、宁波、象山
	麻　帽	200000	温岭、临海、黄岩、乐清
	织　锦		杭州
	毛线编织		杭州

①　《浙江工艺美术基本情况与今后工作意见》，浙江省档案馆藏，档案号：j112－004－028。

续表

类别	业别	从业人员	分布地区
刺绣	刺绣	254	杭州、温州、宁波、绍兴、金华等
	机绣	182	杭州、温州、宁波、绍兴、金华等
	绣衣	14139	海门
	十字花台布	58194	乐清、瑞安、永嘉、青田、温州、玉环等
	万里斯	67698	萧山、绍兴、乐清
	抽纱		
印染	印花蓝布		金华、浦江
	套色印花		宁波、平湖
剪贴	剪纸		金华、浦江、温州
	麦秆贴		浦江
彩绘	绸伞	143	杭州
	花伞	289	杭州、温州
	裱画		杭州、宁波等
	儿童玩具		杭州、温州等
	灯彩	16	硖石
	年画		宁海
	绢纸花		杭州、温州、金华
	白骨伞	17	杭州
	檀香伞		杭州
	画扇		杭州
	宫扇	20	杭州
	纹工	107	杭州
金属工艺	金		杭州、温州、宁波、金华等
	银	25	杭州、温州、宁波、金华等
	铜		杭州、温州、宁波、金华等
	锡		杭州、温州、宁波、金华等

资料来源：《本省特种手工艺行业及从业人员地区分布情况》，浙江省档案馆藏，档案号：j112 - 003 - 031。

第二节　总路线与手工业社会主义改造

早在 20 世纪 30 年代，就有一些学者提倡建立手工业合作组织，以避免中间商的经济剥削，提高农民的竞争能力。① 土地革命时期，由于中共的革命根据地多处于偏僻落后的乡村或山区，商业极不发达，因此为了促进商品流通，保证根据地军需民用，根据地政府积极鼓励机关、人民团体和农民兴办以供销为主的合作社。如在中央苏区，各种事务都通过合作社来办理，其中生产商品主要依靠手工业部门。② 但合作社大多以"官办"或"民办公助"的为主。抗日战争开始后，各根据地的合作社则成为对敌经济斗争的一种重要组织形式，如陕甘宁边区政府 1941年就建立了大小 100 多个手工业工场、合作社；山东解放区 1941 年也建立了近百个手工业供销合作社，到 1946 年这种合作社发展到 8000 多个。③ 1949 年在中共七届二中全会上，毛泽东指出："占国民经济总产值百分之九十的分散的个体的农业经济和手工业经济，是可能和必须谨慎地、逐步地而又积极地引导它们向着现代化和集体化的方向发展，任其自流的观点是错误的。必须组织生产的、消费的和信用的合作社，和中央、省、市、县、区的合作社的领导机关。这种合作社是以私有制为基础的在无产阶级领导的国家政权管理之下的劳动人民群众的集体经济组织。"④ 从上述可知，中央对手工业的设想就是通过合作化的生产方式，使个体手工业逐步地适应和满足社会主义现代化建设。在随后 9 月召开的中国人民政治协商会议上，中国共产党进一步将关于合作社的思想和政策写入了《中国人民政治协商会议共同纲领》，其中明确指出：合作社经济是以私有制为基础的群众自发组织而成的集体经济，它作为半社

---

① 张世文：《定县农村工业调查》，四川民族出版社，1991；吴知：《乡村织布工业的一个研究》，商务印书馆，1936；千家驹：《中国农村经济论文集》，中华书局，1936；彭泽益：《中国近代手工业史资料》，中华书局，1962。

② 《谭政委在经济作物地区合作社手工业会议上的报告》，浙江省档案馆藏，档案号：j002 - 51 年 1 卷 - 008。

③ 顾龙生主编《中国共产党经济思想史（1921—1997）》，山西经济出版社，1999，第394 页。

④ 毛泽东：《毛泽东选集》（第四卷），人民出版社，1991，第 1432 页。

会主义性质的经济，和国营经济一样，是整个人民经济的一个重要组成部分；作为是国家领导，教育、组织与改造小生产者的主要形式，应该鼓励和扶助广大劳动人民，根据自愿原则发展合作事业。在合作社的组织方法上，采取自上而下的国家领导机构，与自下而上组织群众基层合作社相结合的形式来发展和巩固合作经济。①

但有些地区在进行土地改革过程中，错误地将地主经营的手工业等同于封建剥削来处理，严重破坏了手工业的恢复和发展，如浙江省萧山县，由于当地干部的工作经验不足，在处理地主经营的手工业问题时，采取"一刀切"的方式，直接将其划入封建剥削的范畴中，限制和阻碍了当地手工业的发展。为此，中共中央在处理意见中要求，在新区准备实行土改的党委，对手工业的政策，应是扶助、改进、推广的保护政策，而不是乱划阶级、乱斗争、乱征税的破坏政策，应将消灭地主的封建剥削与保护地主经营的手工业严格区别开来，对农村、墟镇等地的各种手工业，如造纸、榨油、纺织、轧花、缲丝等，必须严格保护，不得侵犯。② 为了保护手工业的发展，1950 年 7 月，在中华全国合作社工作者第一届代表会议上通过了《中华人民共和国合作社法（草案）》，草案提出，为了避免剥削、改进生产技术，以及扩大产品市场，将独立生产的小手工业者和家庭手工业劳动者组织起来，建立起商业的、生产的组织，这样在推销手工业品的同时，能较为廉价地购买到生产资料。③ 12 月，中共中央合作事业管理局、中国人民银行共同做出《关于国家银行扶助合作社的决定》，决定要求国家银行在放款及其业务上，给合作社（包括手工业生产合作社）以各种优待。

1951 年 5 月 22 日，中华全国手工业合作总社召开的会议提出，为了加快合作社组织的发展，除了已经建立和逐步发展的城市消费合作社和农村供销合作社外，还要尽快地在全国范围内组织手工业生产合作社，其中包括整顿旧社和建立新社在内的组织工作。只有从社员经济利益和

① 《中国人民政治协商会议共同纲领》，《建国以来重要文献选编》（第一册），中央文献出版社，1992，第 7～10 页。
② 中共中央文献研究室编《建国以来重要文献选编》（第一册），中央文献出版社，1992，第 282～283 页。
③ 中共中央文献研究室、中央档案馆编《建国以来刘少奇文稿》（第二册），中央文献出版社，2005，第 499 页。

改善生产经营出发，才能调动社员的积极性，使合作社不断地获得发展、壮大。① 7 月 20 日，陈云在全国工商联工作汇报会上指出，手工业作坊原则上应该加入工商联，并根据大、中、小城市的具体情况，有步骤地进行。

　　1952 年是国民经济恢复时期的最后一年，全国手工业从业人员由 1949 年的 5855000 人增加到 7364000 人，产值由 1949 年的 32.3 亿元上升到 73.2 亿元，达到历史上最高年产值（1936 年）的 96.6%，其中手工业合作社发展到 2678 个，社员 25 万人，年产值达 2.5 亿元。② 总的来说，通过三年的恢复和发展，除个别品种以外，手工业的产值均超过了战前的水平。在我国农业获得现代机器装备以前，手工业在农具修理和制造方面，发挥着不可替代的作用，在广大农民所需的生产和生活资料中，手工业产品占 60% ~ 70%，有的产品甚至高达 80%。据 1950 年对河北省的调查可知，华北地区农业丰收，农民的购买力显著提高，迫切需要购买和修理生产资料，添补一些生活用具，如石家庄市郊区农民的实际购买力提高约 65%，手工业品则占农民所购工业品的 80% 左右；由于农民的需求量增加，部分农具的销售出现供不应求的现象，如河北单县百货大会上，农具、柳编、木器、窑业等手工业品，上市半日即抢购一空。③ 但同时也有不少地区和部门，在发展生产过程中没有按照市场的实际需求，盲目地热衷于对轻工业的投入，造成了生活资料的快速增长，造成产品供求关系失衡、大量积压的现象，不仅浪费了国家大量的人力、物力，而且使得地方背上了沉重的经济包袱，妨碍了重点项目的建设，如华东区很多轻工业产品（如丝绸、麻袋、纸张等）超过了市场需求，麻袋 1952 年就积压了 189 万条，价值 379 万元，丝绸积压了 4500 万元，纸张积压了 1100 多万元。④

一　手工业合作化的初步开展：1953 ~ 1954 年

　　1953 年，我国进入全面的国民经济建设时期，根据过渡时期总路

---

① 据统计，1950 年全国有生产合作社 1300 个，社员 26 万人，股金 151 亿。《把分散的手工业逐步组织起来》，《人民日报》1957 年 8 月 5 日。
② 《我国手工业社会主义改造的伟大胜利》，《人民日报》1959 年 9 月 17 日。
③ 《有计划地发展手工业生产》，《人民日报》1951 年 6 月 3 日。
④ 中共中央文献研究室编《建国以来重要文献选编》（第四册），中央文献出版社，1993，第 189 ~ 190 页。

线、总方针，国家制订了第一个五年计划。手工业社会主义改造作为"一化三改造"的重要组成部分，进入了普遍发展阶段。

3月31日，中共中央在《应当重视手工业的指示》中指出：在很长一个时期内，手工业是不可缺少的经济形式，虽然少数行业已被现代工业所代替，无法维持下去，但对大多数手工业来说，尚有存在的价值和发展余地。由于农民的生产资料（如农具、肥料等）与生活资料（如布、手巾等）是依靠城乡手工业品供应，同时很大部分农产品作为手工业原料进行销售，因此，手工业的发展与否，不但直接影响手工业者的生活问题，而且还会影响农民的生产，并涉及商业市场的稳定。对待手工业者，应如同对待农民一样，主要依靠价格政策、市场产销关系，辅以必要可行的政治工作和经济工作教育，引导他们纳入国家计划经济轨道。① 4月23日，《人民日报》发表《必须重视手工业》的社论，进一步要求："各级财政部门、商业部门、银行和合作社从税收、贷款、加工订货、原料采购等方面，给予手工业必要的扶助，各地供销合作社，应建立与手工业的密切联系，订立供销合同。"② 9月8日，周恩来在谈及过渡时期的总路线时指出，过渡时期中，对农业、手工业、资本主义工商业都要实行社会主义改造，但这种改造不是最后的改造，而是逐步过渡式的改造，要逐步限制生产资料私人所有制，引导其向国家所有制或集体所有制发展。③

为了引导广大手工业劳动者自觉地组织起来，中共中央提出了"积极领导、稳步前进"的方针，除了坚持自愿互利原则和说服、示范、国家援助等方式外，根据群众觉悟程度和生产需要，采取三种组织形式——手工业供销生产小组、供销生产社和生产合作社，由小到大、由低到高，逐步地把手工业劳动者组织起来。④ 11月20日，朱德在中华全国手工业合作总社召开的第三次全国手工业生产合作会议上指出，"手工业者一方面是劳动者，同时又是私有者，如果不对他们进行改造，就有

---

① 中共中央文献研究室编《建国以来重要文献选编》（第四册），中央文献出版社，1993，第122~224页。
② 《必须重视手工业》，《人民日报》1953年4月23日。
③ 中共中央文献研究室编《建国以来重要文献选编》（第四册），中央文献出版社，1993，第356页。
④ 《我国手工业社会主义改造的伟大胜利》，《人民日报》1959年9月17日。

可能向资本主义发展"，因此，对个体手工业进行社会主义改造，是党在过渡时期总路线和总任务不可缺少的组成部分。在组织形式上一般由低级到高级，由简单到复杂，避免盲目地集中生产；在组织的类型上放宽尺度，根据实际需要采取不同形式。① 12 月 8 日，刘少奇在听取程子华关于会议情况汇报后，就手工业合作社的技术标准、工作等级、基本工资等几个方面，做了详细的阐述。② 另外，在《关于第三次全国手工业生产合作社会议的报告》中还提到，手工业机械化必须在实行了分工协作，手工工具有了改进，技术有了提高等前提下，才能实现；任何准备不够，条件不成熟，而盲目机械化都是错误的。为了保存和发扬民族艺术传统，要爱护特种工艺，防止"人亡艺绝，绝技失传"。③

为了加强对手工业和手工业合作化工作的领导，1954 年 6 月 22 日，中共中央在《〈关于第三次全国手工业生产合作会议的报告〉的指示》中要求：各级省委要安排专门的工作部门（城市工作部、农村工作部或商业部）负责手工业的领导工作，地、县委指定一个委员负责；各级人民政府应将手工业视为地方工业的一个重要组成部分，并设立相应的管理机构；中央设立中央手工业管理局，省市设立手工业管理局或处，地、县可视具体情况设立手工业管理科兼管；各级党委和政府在帮助建立各级手工业生产合作社联社的同时，加强党的政治领导，有步骤地发展党（团）员，有计划地培养干部。④

9 月 15 日，第一届全国人民代表大会第一次会议通过了《中华人民共和国宪法》，其中规定，合作经济是劳动群众集体所有制的社会主义经济或劳动群众部分集体所有制的半社会主义经济，国家应保护合作社的财产，鼓励、指导和帮助合作经济的发展，并以发展生产合作为改造个体手工业的主要道路。国家依照法律保护手工业个体劳动者的生产资料所有权，指导和帮助他们改善经营，并鼓励他们根据自愿原则组织生产

---

① 朱德：《朱德选集》，人民出版社，1983，第 320～324 页。
② 中共中央文献研究室编《建国以来重要文献选编》（第四册），中央文献出版社，1993，第 649～655 页。
③ 中共中央党校史研究室编《中共党史参考资料（八）》，人民出版社，1980，第 34～35 页。
④ 中共中央文献研究室编《建国以来重要文献选编》（第五册），中央文献出版社，1993，第 321～322 页。

和供销合作。①

12 月 31 日，在全国公私合营会议上，陈云谈及手工业改造问题时指出，对手工业合作社生产的发展，要加以管理和控制，防止其产量超过需要，并保证原料的供应；防止新的手工业基地排挤老的基地，防止组织起来的手工业工人排挤未组织起来的手工业劳动者。手工业合作化宁可慢一点，使天下不乱，如果发展太快了，就会出毛病。②

由于中共中央对手工业改造的重视，合作化运动获得较快发展。据统计，1953 年底全国共有手工业生产合作社社员 306609 人，而 1954 年第一季度内就发展了 311525 人；相当于过去四年的社员总数的 101.6%。1954 年第一季度完成生产总值 2 亿元以上，约相当于 1953 年全年生产总值 40%。③ 到 1954 年底，全国组织起来的手工业生产合作社、供销生产合作社、供销生产小组达 4.1 万多个，人数达到 113 万余人，比 1953 年增加 2.7 倍，其中手工业生产合作组织的总产值达 11 亿元，比 1953 年增加 1.1 倍。全国已有 14 个省（市）和 60 多个省辖市建立了手工业生产合作社联社（或筹备委员会），已有 12 个省（市）建立了手工业管理局。④ 1953 年以后，华东区在手工业比较集中的地区建立 18 个生产合作社联社，其中包括上海、安徽等地的省（市）级生产联社筹委会有 3 个，济南、福州、杭州等地的省辖市级生产联社有 7 个，潍坊、武进等地的县（市）级生产联社有 8 个。这些生产联社所设的供销业务机构，帮助基层手工业合作社解决供应原料、推销产品等问题，发挥了重要作用。部分地区的生产联社还和国营商业建立了较固定的产销关系，从而提高生产的计划性，克服了分散生产时淡旺季不正常的现象。

1954 年全国 3100 多个铁、木、竹农具生产合作社（不包括供销生产合作社和生产小组）17 万多名社员，共生产了 5800 多万件大、小农具，有力地支援了农业生产，充分发挥了国营工业的助手作用。⑤ 这些

---

① 中共中央文献研究室、中央档案馆编《建国以来刘少奇文稿》第六册，中央文献出版社，2008，第 371~373 页。

② 陈云：《陈云文选》（第二卷），人民出版社，1995，第 270 页。

③ 《切实办好手工业生产合作社》，《人民日报》1954 年 8 月 9 日。

④ 《中央手工业管理局关于第四次全国手工业生产合作社会议的报告》，浙江省档案馆藏，档案号：j101-006-104。

⑤ 《手工业生产合作社要为农民需要服务》，《人民日报》1955 年 4 月 21 日。

农具及时地支援了农业生产，如安徽省各地农民在开荒扩大耕地面积时，全省铁木农具生产合作社、生产小组和部分个体手工业者为农民赶制了大批开荒工具，仅安庆专区即生产条锄、钉耙及其他木、竹农具36万多件；夏季淮河流域防汛紧张时，安庆、芜湖专区木业生产合作社、生产小组又赶制了1万多部水车帮助农民排水抢种。黑龙江、安徽、河南、山东等省的农具生产合作社，为了适应农村互助合作运动的发展，研制生产马拉播种机、手提播种机、牛拉双洞水车、打稻机、玉米脱粒机等新式农具。[①] 有些地区的手工业生产合作社为了便利农民修补农具，在农业生产合作社和互助组集中的地区建立了农具修配站，派人担炉到山区或偏僻的农村，为农民打制和修补农具。有的手工业生产合作社为使生产出的农具更加适合农民需要，通过召开产销会议，更好地了解农民的要求。如1954年第四季度，山西省十几个县、市举行了基层供销合作社、手工业合作组织和农业生产合作社的产销结合会议。会上，手工业合作组织陈列出各种农具，详细介绍产品的规格、质量、用途和价格，征求农业生产合作社和供销合作社代表们的意见；手工业合作组织和供销合作社在会上签订了一些原料供应和产品推销等合同。[②]

由于我国的手工业合作社（组）大部分是在个体的、小私有的手工业独立劳动者的基础上组织起来的，有些基层社存在偷工减料、粗制滥造、任意破坏合同、不守信用等问题，影响了产品的信誉和销路。如山西省铁业生产合作社积压熟铁及铁货达1700吨；北京市棉织生产合作社积压的布匹价值达15万元；还有些基层社因产品积压、资金周转迟滞，乃至无法正常维持生产。[③] 上述这些问题，不但造成了手工业基层社供产销关系的紧张，而且还影响了社员的经济收入。因此，为了促进手工业合作化的发展，需要通过领导和教育手工业生产者，逐步改变手工业中的生产关系，把个体手工业者生产资料的私人所有制向集体所有制转变，并对手工业进行一些技术改革，促进其生产力的发展，实现手工业生产的机械化或半机械化。集体化合作生产成为对手工业逐步实行社会

---

① 《全国农具手工业生产合作社和生产小组今年给农民生产五千多万件农具》，《人民日报》1954年12月8日。
② 《山西手工业社生产大量农具》，《人民日报》1955年3月21日。
③ 《手工业生产合作社应当努力提高产品质量》，《人民日报》1953年7月5日。

主义改造、引导手工业者逐步过渡到社会主义和逐步走向机械化的必经之路。①

二　手工业合作化快速推进：1955～1956 年 2 月底

1955 年 3 月 22 日，《关于批准中央手工业管理局、中华全国手工业生产合作社联合总社筹备委员会〈关于第四次全国手工业生产合作会议的报告〉的指示》指出："手工业的社会主义改造，必须同地方的工业发展，与农业、私营工商业的改造统筹兼顾、合理安排。手工业的生产方向，主要是为农业生产服务，为城乡人民生活需要及国家工业建设和出口需要服务。"但由于手工业管理机构在很多地区未建立或尚不健全，干部工作经验不足，对有关政策方针的认识还比较缺乏，在处理所有制改造、人的改造、行业的改造以及三者之间互相联系上存在一些问题，特别是在处理手工业者和农民、城市和乡村、集体手工业者和个体手工业者、地区与地区等关系时，问题尤为突出。为此，报告进一步要求地方手工业管理局和手工业联社在自愿原则下，引导手工业者逐步由个体私有制向集体所有制发展；并在手工业集中的乡村，积极组织手工业和农业的混合社（社员可以跨社），并加强对手工业管理干部的培养和训练。②

7 月 30 日，在第一届全国人民代表大会第二次会议上，通过了《中华人民共和国发展国民经济的第一个五年计划》，明确了手工业的发展计划，根据国家在过渡时期的总任务，采用说服、示范和国家援助的方法，贯彻"积极领导、稳步前进"的方针，加强计划性、减少盲目性，逐步把手工业引向合作化的道路；同时照顾个体手工业，使合作手工业和个体手工业得到统一合理的安排。生产合作社在为城乡人民，特别是农民，生产所需的生产资料和日用消费品的同时，根据自身条件，改善生产管理和改进生产技术，来提高产品质量，减少废品，降低成本。③ 据 1955 年上半年统计，全国手工业社、组发展到 4.98 万个，与 1954 年底相比，增加

---

① 《中华全国合作社联合总社关于第三次全国手工业生产合作会议的报告》，《人民日报》1954 年 7 月 13 日。

② 中共中央文献研究室编《建国以来重要文献选编》（第六册），中央文献出版社，1993，第 204～219 页。

③ 中共中央文献研究室编《建国以来重要文献选编》（第六册），中央文献出版社，1993，第 477～478 页。

了 8100 个，社、组员人数达到 143.9 万人。① 从整体上来说，手工业合作化朝着一个稳定的、积极的方向发展。

7 月 31 日到 8 月 1 日，在中共中央批判右倾保守主义思想的影响下，很快掀起了对农业、资本主义工商业的社会主义改造的高潮。在这种形势下，原先所预定好的手工业社会主义改造计划也做出了调整和修改，加快了组织发展的速度。

11 月 24 日，陈云在手工业改造速度的问题上强调，对手工业的社会主义改造，要有一个全面规划的方案，不能做得太慢。农业合作社发展很快，私营工商业改造速度也加快，手工业的改造要赶上。②

1955 年 12 月，毛泽东在《中国农村的社会主义高潮》序言中批判了所谓右倾保守主义思想，"中国的手工业和资本主义工商业的社会主义改造，也应当争取提早一些时候去完成，才能适应农业发展的需要"；"手工业的社会主义改造的速度问题，在 1956 年上半年应当谈一谈……"③这不仅为原先就已提速的手工业合作化再一次注入了强大"助燃剂"，也给地方的手工业干部带来了巨大压力。12 月 9 日，中央手工业管理局、中华全国手工业生产合作社联合总社筹备委员会在全国重点地区手工业组织检查工作座谈会上检讨了"与总路线要求不相适合的保守思想"，提出"加快发展，迎接高潮，全面规划，计划平衡"的新任务。④12 月 21 日至 28 日，在全国第五次手工业生产合作会议上，又着重批判了"怕背供销包袱而不敢加快手工业合作化步伐的右倾保守主义思想"，并确定了在第一个五年计划期间内基本完成全国手工业合作化的组织任务，并以发展完全社会主义性质的生产合作社为目标，积极推动低级形式的合作组织向高级的生产合作社过渡。对于合作化基础较好的地区以及同农业生产、人民生活、国家建设有密切关系的行业，如金属制品、木材加工、棉纺织、针织、造纸、陶瓷、皮革等行业，合作化的发展速

① 中共中央党史研究室：《中国共产党历史（第二卷）》（上册），中共党史出版社，2011，第 238 页。

② 中华全国手工业合作社、中共中央党史研究室：《中国手工业合作化和城镇集体工业的发展》（第一卷），中共党史出版社，1992，第 318 页。

③ 毛泽东：《中国农村的社会主义高潮》，人民出版社，1956，第 2 ~ 3 页。

④ 中共中央党史研究室：《中国共产党历史（第二卷）》，中共党史出版社，2011，第346 页。

度还应当加快。在合作化发展过程中，相应地进行手工业的技术改造，逐步实现半机械化、机械化生产，从根本上改变手工业生产的落后状态。会议要求各地订出全省（市）、全专区（市）、全县（市）和全区（以集镇为中心）手工业社会主义改造的全面规划。在迅速建立和健全各级手工业领导机构，大量训练建社骨干和会计、计划、统计等专业干部的同时，改变之前零打碎敲的建社方法，进行全行业分期、分批、分片的改造。①

　　1956 年 1 月 5 日，中央手工业管理局、中华全国手工业生产合作社联合总社筹备委员会发出《关于在集镇和农村发展手工业合作社的通知》，要求："为了加快农村手工业合作化，农村手工业改造必须与农业合作化紧密配合进行，通过合同制或协议，首先将铁、木业和建筑业组织起来，进行新旧农具的修配、制造，以及小型修建工作。集镇办社与以县为中心的办社相结合，尽快将分散的建筑和修缮手工业者组织起来，发展地方建筑业。"11 日，邓洁②在《积极发展，迎接手工业合作化高潮》一文中指出，"手工业社会主义改造的速度，已落后于农业和资本主义工商业的改造。其原因在于领导的积极性不高、强调困难、稳步不进、怕背包袱、不敢发展。领导落后于群众，甚至发生拒绝手工业者入社要求，出现没有领导的自发组织现象"。因此，要求全国各省、市、地区的手工业合作组织，遵照"全面规划、加强领导"的方针，进行多层次的全面规划，确保手工业合作化的健康发展。③

　　1956 年 1 月，手工业出现了一个声势浩大的合作化运动高潮。以北京市为例，该市在 1955 年底组织起来的 17 个手工业生产社专业联合社，为该市手工业者进行社会主义改造工作提供了组织基础。北京市各区又

---

①　《全国第五次手工业生产合作会议，确定两年基本完成手工业合作化》，《人民日报》1955 年 12 月 31 日。

②　邓洁（1902—1979）：中华人民共和国成立后，历任中共中央直属经济建设部部长兼新中国经济建设公司（从事机关生产的机构）总经理、中央人民政府机关生产处理委员会办公室主任、中华全国合作总社副主任、中央手工业管理局副局长、轻工业部副部长、中华全国手工业合作总社代理主任、中央手工业管理总局局长、石油工业部副部长、第二轻工业部副部长等职。

③　全国这种自发组织的成员共计 100 多万人。赵德馨主编《中华人民共和国经济专题大事记（1949—1966）》，河南人民出版社，1989，第 309 页。

相继成立了手工业劳动者协会，并从会员中选拔了 3970 名积极分子，经过训练，成为手工业社会主义改造的骨干力量。1956 年 1 月 11 日、12 日，北京市共有 53800 多名手工业者参加了各种不同形式的手工业生产合作社，加上在之前已入社的 36000 多名手工业者，全市手工业者全部加入合作社，手工业社会主义改造任务完成。① 13 日，《人民日报》发表以《手工业社会主义改造的伟大胜利》为题的社论，在文中介绍了城市建社的改造经验，要求全国各大中城市改变原先以区为单位，按行业分期、分批、分片改造的方法，而采用以全市为单位，按行业逐业、逐行组织起来的办法，进行手工业社会主义改造。由于手工业比较集中，生产工具又较为简单，这就使跳过低级形式、直接过渡到高级社成为可能，从而加快了手工业社会主义改造的速度。

高潮后，全国许多城市对手工业的社会主义改造都采取了一次批准、全行业合作化的办法，但由于时间过短，有关供产销的安排和企业改造等各项工作未及时进行，从而出现了供产销脱节的现象。因此，2 月 8 日，国务院第二十四次全体会议做出的《关于目前私营工商业和手工业的社会主义改造中若干事项的决定》中要求："凡参加合作社的个体手工业户，必须保持原有的供销关系，不要过早过急地集中生产和统一经营；对某些适合个体经营而本人又不愿参加合作社的手工业户，则继续保留原有的单独经营方式，方便群众的生产生活。"周恩来在会议的发言中着重强调，经济工作要实事求是，不要只看到热火朝天的一面，还应该注意已经出现的急躁的苗头。对改造中超过现实可能和没有根据的事，不要乱提、乱加速。要做到"瓜熟蒂落、水到渠成"，有利于提高劳动生产力。② 尽管中共中央要求手工业的改造速度需要符合实际生产情况，但是基层干部的"工作热情"还是将这种生产集体化推向顶峰，到 2 月底，包括天津、南宁、上海、武汉等城市在内的 143 个大中城市（占城市总数的 88%）和 169 个县基本实现了手工业合作化，参加合作组织的手工业从业人员达到 300 万人。③

---

① 《手工业社会主义改造的伟大胜利》，《人民日报》1956 年 1 月 13 日。
② 周恩来：《周恩来选集》（下卷），人民出版社，1984，第 190~191 页。
③ 中共中央党史研究室：《中国共产党历史（第二卷）》（上册），中共党史出版社，2011，第 346 页。

三 手工业合作化高潮后的巩固

1956 年 3 月 5 日，毛泽东在听取中央手工业管理局汇报情况时指出，三个五年计划期间，手工业总产值的年平均增长 10.9%，这个计划数字订得低了一点，需要加快手工业的改造速度；但在谈及修理和服务行业时，他又认为："需要满足群众需要，过于集中、撤点过多容易造成群众生产生活不便。"[①] 16 日至 26 日，中央手工业管理局、中华全国手工业生产合作社联合总社筹备委员会召开了全国城市手工业改造工作座谈会，会议着重研究和谈论了城市手工业合作化工作中集中生产与分散生产的问题，"在有利于人民生产生活的原则下，结合制造、修理、服务等行业的具体情况，分别采取集中生产或分散生产的形式。对原先'走街串巷'的手工业，要继续保持流动上门服务，方便群众的优点，防止和纠正盲目、过早、过大地集中生产"。针对供产销问题，"以生产丰富多样、价廉物美的产品满足人民需要为原则，提高生产技术和改善经营管理，做好原料供应和产品推销工作"。[②] 4 月 3 日，中共中央要求各地："除城乡集中生产的手工业者和单独组织的合作社之外，允许乡村中分散的、以木业为主的兼营手工业者加入农业生产合作社。"[③]

6 月 18 日，在第一届全国人民代表大会第三次会议上，针对手工业生产合作社社员的工资收入问题，陈云指出，在努力生产、改善经营的基础上，使社员的工资收入比合作化之前的劳动收入有所增加；对某些合作社因提取公积金过多，而使社员收入比加入生产合作社以前的劳动所得减少的，要减少公积金，增加社员的工资。在手工业社会主义改造中，应根据实际需要进行合并，不能人为地割裂了原来工商业的供销关系和协作关系。[④] 7 月，中共中央批准了中央手工业管理局、中华全国手工业生产合作社联合总社筹备委员会党组《关于目前手工业合作化中的

[①] 中共中央文献研究室编《毛泽东年谱（1949—1976）》（修订本），中央文献出版社，2013，第 542 页。

[②] 赵德馨：《中华人民共和国经济专题大事记（1949—1966）》，河南人民出版社，1989，第 312 页。

[③] 《中共中央、国务院关于勤俭办社的联合指示》，《人民日报》1956 年 4 月 4 日。

[④] 陈云：《在第一届全国人民代表大会第三次会议上的发言》，载《陈云文选》（第二卷），人民出版社，1995，第 317～320 页。

几个问题的报告》，该报告要求：地方党委和政府设立专门机构在依照行业特点、社员自愿、不降低社员收入以及有利于方便群众的原则，处理集中生产和分散生产问题；纠正社员中工资平均主义的倾向，贯彻"按劳分配、多劳多得"的原则，技术工人、熟练工人和老师傅的工资不能低于原来水平。[①] 28 日，在《国务院关于对私营工商业、手工业、私营运输业的社会主义改造中若干问题的指示》中规定：手工业生产合作社社员的收入应比入社前的劳动收入有所增加；对于所需原料和生产的产品，在政府批准和服从市场管理的前提下，手工业生产合作社可以自销自购。在处理某些手工业企业的隶属关系上，进行必要的调整，使企业的组织管理适应生产经营的需要，便利于人民群众的消费。[②]

9 月 12 日，由于手工业合作化中所存在的分工协作问题，中共中央、国务院调整了手工业合作社与农业合作社之间的关系，规定：城镇和乡村的手工业者根据自愿原则，分别进行组织，城镇手工业者参加手工业合作社，乡村手工业者一般参加农业社；对乡村中技艺较高或专业较强的手工业者，在农业社内组成单独专业小组，单独计酬，自负盈亏。在城乡兼顾、兼业照顾专业、互相支援的原则下，由政府主管部门协商解决城镇与乡村手工业之间的供销矛盾，实现城乡手工业生产的分工协作。[③]

9 月 16 日，周恩来在关于手工业合作组织的改组问题上指出，手工业合作组织一般不宜过分集中，根据发展生产、适应社会需要、增加社员收入的原则，大社、小社、小组同时并存。某些制造性行业，特别是修理、服务性行业，都应该继续保持分散经营的特点，以便于直接为居民服务和吸收家庭辅助劳力参加生产。有些手工业可以在手工业合作组织的领导下，继续独立生产，其产品可以自产自销，不必要勉强组织起来。[④] 20 日，陈云在发言中指出：手工业社会主义改造中过多地实行合

---

① 赵德馨：《中华人民共和国经济专题大事记（1949—1966）》，河南人民出版社，1989，第 313 ~ 314 页。

② 中共中央文献研究室编《建国以来重要文献选编》（第八册），中央文献出版社，1994，第 455 ~ 460 页。

③ 中共中央文献研究室编《建国以来重要文献选编》（第八册），中央文献出版社，1994，第 27 ~ 29 页。

④ 中共中央文献研究室编《建国以来重要文献选编》（第八册），中央文献出版社，1994，第 204 页。

并和统负盈亏，不利于手工业的生产经营，造成了一部分手工业产品质量下降、品种减少的问题，引起城乡居民的许多不便。因此，为了克服因盲目合并、统负盈亏而产生的产品单纯化、服务质量下降的缺点，将大社改为小社，全社统负盈亏改变为各合作小组或各户自负盈亏。同时，手工业具有分散性、地方性的特性，因而在供销关系上，以基层社自购自销为主，中央、省、市的手工业领导部门不直接经营供销业务，只做方针政策上的指导。①

随着手工业社会主义改造的不断深入，手工业生产合作社无论在数量上还是总产值上都有了快速增加。到1956年底，全国手工业合作社（组）发展到10.4万余个，社（组）员达到603.9万余人②，占全部从业人员的91.7%，其中高级形式的手工业生产合作社7.4万余个，社员484.9万人，占全部从业人员的73.6%。③全国手工业合作社（组）的总产值为76亿元，比1952年增长了60%，超过新中国成立前最高产值（1936年）的54.6%。在第一个五年计划的前四年中，手工业生产平均每年增长了12.4%，如以1956年的产值与1952年相比较，生产资料增长93%，消费资料增长51%。1956年全国手工业总产值达117亿元，比1949年的32.3亿元增长了2.6倍，比1952年的73.1亿元增长了60%；占全国工业总产值的16.6%，其中手工业生产合作社每人平均产值为2086元，比1952年提高了47.9%，四年中每年平均增长10.35%。④

手工业合作化使个体劳动者完成了从私营经济向集体所有制经济的转变的同时，还在支援农业生产、国家工业建设，以及满足城乡人民日用消费品的需要方面发挥了积极作用。据全国18个省、市统计，1956年手工业合作社（组）的主要产品产量中，大小农具1.7亿件、兽力车

---

① 中共中央文献研究室编《建国以来重要文献选编》（第八册），中央文献出版社，1994，第278~281页。

② 季龙（1917—2008），历任中华全国合作总社办公厅主任、轻工业部副部长等职。根据他的回忆，1956年底，全国组织起来的手工业社（组）9.91万个，人数509.1万人。季龙：《中国集体工业辉煌的45年》，《中国集体工业》1994年第10期。

③ 中共中央党史研究室：《中国共产党历史（第二卷）》（上册），中共党史出版社，2011，第346页。

④ 《动员一切积极因素，为进一步发展生产、巩固和提高手工合作组织而奋斗！——白如冰在中华全国手工业合作社第一次社员代表大会上的报告摘要》，《人民日报》1957年12月17日。

48000 辆、木船 33000 只、原煤 29.8 万吨、砖瓦 37.3 亿块、土纸及纸浆 58000 吨、日用陶瓷 5.7 亿件、棉布（包括土布）2700 万匹、毛巾 753 万打、袜子 1184 万打、服装 2.3 亿件、皮鞋 578 万双、刺绣 455 万件、挑补花 245 万件以及各种雕刻 141 万件。① 从出口创汇上看，1956 年手工艺品出口总额比 1955 年增长了 35.8%，工艺美术品 1950 年到 1956 年的出口总额即达 3.3 亿元（可购钢轨约 100 万吨）。此外，在第一个五年计划期间，手工业合作组织除减免优待外，向国家缴纳的税款共计 7 亿多元。②

　　除了提高产品质量、增加花色品种、降低生产成本外，各地合作社也相应地提高社（组）员的工资水平、福利待遇，改善了劳动条件。1955 年底，白如冰③在第五次全国手工业生产合作会议上提出："在工资待遇方面，一般合作社在最高不超过同行业国营工厂的前提下，从 1956 年到 1962 年的七年时间内，工资收入增加 70%～80%，每年工资平均增长 5%～8%。"④ 合作化高潮之后，合作社在发放工资福利时，大部分社员都基本上达到，有些甚至超过了原来的计划（约有 85% 的社员增加了收入，如果加上劳动分红和福利，则有 90% 以上的社员增加了收入），工资增长幅度一般都在 10%～15%，有的社多达 30%。⑤ 如果说之前的合作化解决了手工业者单干时的原料供给、产品销售等问题，那么此时在工资收入上较快增长，则进一步提高了原先犹豫徘徊、消极应对的手工业者加入合作社的意愿。毕竟在工资收入不低于单干，劳动强度却有所降低的情况下，手工业者还是愿意接受国家的集体化安排的，如广西田阳县经过工资调整，不但合作社的产值有所增加，该县产值 11 月比 10 月增长了 9%，而且之前退社出去单干的社员，又重新要求回社了；桂

① 《妥善安排供产销——大力开展增产节约运动》，浙江省档案馆藏，档案号：j112 - 004 - 031。

② 《动员一切积极因素，为进一步发展生产、巩固和提高手工业合作组织而奋斗！——白如冰在中华全国手工业合作社第一次社员代表大会上的报告摘要》，《人民日报》1957 年 12 月 17 日。

③ 白如冰（1912—1994）：1954 年 11 月至 1958 年 3 月，历任全国手工业合作总社筹备委员会主任，中央手工业管理局局长、党组书记，全国手工业合作总社主任、党组书记等职。

④ 《关于手工业改造问题的几点意见——白如冰主任在省、市、自治区手工业改造座谈会上的总结发言》，浙江省档案馆藏，档案号：j112 - 004 - 031。

⑤ 《手工业社调整工资以后绝大部分社员收入增加》，《人民日报》1956 年 11 月 18 日。

平县群星竹缆社社员徐某某说："工资调整前，我想退社另找活路，现在用木棍赶我我也不走了。"①

在医疗卫生方面的提高对吸引个体手工业者加入合作社起到了促进作用。全国大中城市及部分县（市）手工业合作组织，都实行了医疗补助政策，在病假、产假期间还有工资补助，如上海市1600多个手工业生产合作社（组）和附近的联合诊所、保健站订立了医疗合约，11万社（组）员遇到一般疾病，可以到指定的医疗机构去诊治，医药费由合作社负担。这笔医疗费用主要从各基层社每月的公共积累中，按社（组）员工资总额的1%～6%提取支付；对于一部分公共积累较少或尚无积累的新社（组），由市手工业联社补贴；同时对社员重病转诊、住院和购买贵重药品所需的费用，联社和基层社适当地给予经济上的补助。② 有些地方的合作社甚至直接实行公费医疗，如山东省潍坊市95.7%的社员实行了公费医疗，并规定因公负伤工资照发；女社员生育期间给假56天，工资照发；年老丧失劳动力的，每月可享受生活补助；社员死亡，也根据其家庭经济情况给予丧葬费。宜昌市制绳社的社员说："现在生老病死都不怕了。"③

另外，在文化教育方面，据1956年上半年的不完全统计，全国手工业合作社（组）中有文盲、半文盲约352万人，占全国现有社（组）员总数的75%左右。全国手工业群众文化工作会议指出："扫盲工作要按照行业特点和各社的实际条件，以有利生产、便利社员的原则，采取多种多样的形式开展。"④ 对于一般的社来说，主要以合作社联合办学或职工、农民、城市居民混合办学的方式进行；对无法坚持到校学习的社员，则采用上门教学和包教包学等形式。同时，为了提高手工业合作社的扫盲工作效率，在"以社员教社员"的教学方针指导下，动员合作社中有一定文化程度、热心扫盲工作的人担任扫盲教师，来提高社员的文化程度。到1956年底，全国已经入学的社员约有218万人，其中有70%在扫

---

① 《在发展生产的基础上做好工资福利工作》，浙江省档案馆藏，档案号：j112 - 004 - 031。

② 《上海市手工业社员医疗问题得到解决》，《人民日报》1956年8月19日。

③ 《手工业社调整工资以后绝大部分社员收入增加》，《人民日报》1956年11月18日。

④ 《根据有利生产和便利社员的原则，逐步扫除手工业合作社社员中的文盲》，《人民日报》1956年6月18日。

盲班学习，26% 读高小，4% 读初中。①

对以往生活窘困的手工业者而言，这种建立在集体制基础上的医疗、教育等方面的福利待遇，显然是得到他们极大欢迎和认可的。工资收入未减少，生活质量却在逐步提高，这让手工业者对合作社的生产集体制抱有一种期望，这也是在短期内手工业合作化运动得到人民群众支持而迅速推进的重要原因。

第三节　浙江省手工业合作化的发展

浙江省手工业种类繁多，包括农副业在内约有九百余种，主要可以分为两类。一类是为农民生产、生活服务的手工业，就地产销，全省到处都有，此类手工业在城乡大多设有作坊，在乡村则大多系农民直接临时雇用手工业工人制作。另一类为特种手工业，如土纸、草席、皮革、渔网、花边等，产区集中于一地或数地，产区广阔，销往外县、外省，乃至国外。手工业生产在全省国民经济中占很大比重，据 1950 年统计，手工业产值占全省生产总值的 18.5%（农业占 72%，近代工业占 9.5%），从业人数众多，单单造纸工人，全省就约有 20 万人。②

一　新中国成立前浙江手工业合作事业发展情况

中华人民共和国成立前，浙江省手工业生产合作事业历经了创办、工业合作运动（"工合"）两个阶段。

创办阶段。1928 年 7 月，浙江省政府颁布《浙江省农业信用合作社暂行条例》，翌年 12 月，又颁布《浙江省合作社规程》，据此创办了各种合作社。1931 年以前，多为信用合作社，1932 年以后，生产、运销、消费、兼营等合作社渐有发展。表 2－6 是抗日战争以前浙江省生产合作社发展情况。

---

① 《动员一切积极因素，为进一步发展生产、巩固和提高手工业合作组织而奋斗！——白如冰在中华全国手工业合作社第一次社员代表大会上的报告摘要》，《人民日报》1957年 12 月 17 日。

② 《省委农委会关于浙江手工业生产情况及今后工作意见的报告》，浙江省档案馆藏，档案号：j126－003－072。

表 2 - 6　1932 ~ 1937 年浙江省生产合作社统计

年　份	生产合作社数（个）	社员数（人）	股金数（元）
1932	13	250	1191
1933	150	3556	12873
1934	238	6100	27204
1935	395	10281	52426
1936	635		
1937	702		

资料来源：《浙江合作》3 卷 23 ~ 24 合刊，《浙江经济》5 卷 3 期，浙江省档案馆藏。转引自浙江省二轻工业志编纂委员会编《浙江省二轻工业志》，浙江人民出版社，1998，第 350 页。

1935 年 12 月至 1936 年 5 月，南开大学经济研究所考察浙江兰溪后，在《中国合作事业考察报告》中写道："浙江省之兰溪，有织布生产合作社，多为自备织布机之农民组成，兰溪畈口村一带称之曰土布合作社。桐油生产合作社浙江兰溪提倡甚早，该县已组成 11 社，每社有榨油车 1 部，社员大多为榨油工人，间有自种桐树者。"[1]

"工合"运动阶段。抗日战争爆发后，沿海工业相对发达的地区相继沦陷，由于交通阻滞，生活用品来源匮乏，各地迫切希望动员当地的人力、物力，发展日用工业品和简单武器的生产，供军需民用，于是就产生了工业合作运动。1938 年 2 月，浙江省政府为了适应战时环境的需要，公布《浙江省战时合作社暂行办法》，并于 1939 年成立了浙江工业合作协会领导机构。同年 3 月，国民政府行政院技术顾问、中国工业合作协会东南办事处主任路易·艾黎[2]到金华建立了中国工业合作协会浙皖办事处，并在兰溪、永康、云和、临安、常山、衢县等地设立事务所和指导站。兰溪事务所先后组织了钢盔、被服、皮革、肥皂等 10 多个工业生产合作社，生产军需民用产品，直至抗战胜利。1940 年，在日军进逼宁波的情况下，浙皖工合兰溪事务所在中共宁波地下党的支持下，从

---

[1]　转引自浙江省二轻工业志编纂委员会编《浙江省二轻工业志》，浙江人民出版社，1998，第 350 页。

[2]　路易·艾黎（1897—1987）：抗日战争爆发后，他与埃德加·斯诺、佩格·斯诺等人发起了"工合"运动，1938 年 8 月，中国工业合作协会成立，艾黎担任行政院咨询"工合"工作的技术顾问。

资本家手中购得各种机床设备 100 多吨，这批设备运抵兰溪后即组织合作社进行组装生产，并在淳安也开设了一个机器合作社。[①] 1941 年，温州下属的永嘉、平阳、瑞安、乐清、玉环、泰顺六县，在战时状态下依然获得了发展，其中平阳有蛎壳、木器、制绳、薯刨生产合作社，瑞安有造船、方木器生产合作社等。平阳县秀溪薯刨生产合作社，1935 ~ 1941 年，社员人数从 202 人增至 264 人，合作社股金额从 2420 元增至 48000 元，七年间生产薯刨 985413 张，销售收入 724158.76 元。社员工资收入得到增长的同时，合作社的福利待遇也有所提高，子弟学校、合作食堂、合作诊所等无不具备，为浙江省光荣合作社之一。[②] 1941 年，出于战时业务考虑，中国工业合作协会浙皖办事处将兰溪事务所改为指导站，增设衢县事务所及临海指导站。表 2 - 7 是 1941 年工业生产合作社的概况。

表 2 - 7   1941 年浙江省工业生产合作社概况

指导所站	社数（个）	社员数（人）	认股金额（元）	已交股金额（元）
丽水事务所	9	77	10735	3012
衢县事务所	2	27	2270	572
兰溪指导站	15	134	11630	7162

资料来源：浙江省二轻工业志编纂委员会编《浙江省二轻工业志》，浙江人民出版社，1998，第 351 页。

"工合"运动开始后，工合组织一直与中国共产党保持着密切的联系，不但组织兰溪、永康、屯溪等县的事务所生产根据地所需的军需民用物资，克服经济封锁所带来的困难，"在浙西的遂安建立机械工场，为新四军制造了大约 4 万枚手榴弹，并修理机关枪等"[③]；而且主动与中国共产党联系，邀其派人参加和领导"工合"运动。1943 年 10 月 27 日，中共浙东区党委在根据地内推动合作社运动，解决群众生产、生活问题。

---

① 浙江省二轻工业志编纂委员会编《浙江省二轻工业志》，浙江人民出版社，1998，第 351 页。
② 《合作前锋》1941 年第 11 期。
③ 路易·艾黎研究室：《艾黎自传》，甘肃人民出版社，1987，第 144 ~ 145 页；路易·艾黎：《在中国的六个美国人》，徐存尧译，新华出版社，1985，第 204 页。

同年，浙东革命根据地慈溪观海卫东山头办起了妇女纺织生产合作社，纺纱织布，做袜制鞋，支援部队。①

抗战胜利之后，"工合"运动的发展逐渐衰弱。一方面，"工合"运动是以手工业为主的生产方式，根本无力与现代工业生产相抗衡，尤其是面对英、美等资本主义国家的商品倾销时，竞争劣势更加明显。另一方面，受到国民党的抵制和破坏。"皖南事变"之后，国民政府停止了对"工合"的贷款，并且陆续逮捕"工合"的工作人员。路易·艾黎在回忆"皖南事变"时说，"浙皖区办事处的工作人员在撤退过程中，陆续因'危险'思想而遭到逮捕"；"国民党第三战区司令顾祝同宣布，在东南区我是不受欢迎的人"。② 此外，外援中断、国统区通货膨胀、物价飞涨等，都压制了"工合"运动的发展。③

表 2 - 8　1945 年浙江省工业生产合作社地区分布概况统计

事务所、指导站	1945 年未开工工合社		1945 年开工工合社	
	社数（个）	社员（人）	社数（个）	社员（人）
常山	6	56	1	9
丽水	6	58	4	48
临海	1	110		
兰溪				
合计	13	224	5	57

资料来源：游海华：《抗战时期中国东南地区的工业合作》，《抗日战争研究》2015 年第 1 期。

二　恢复发展阶段：1949～1952 年

中华人民共和国成立以后，浙江省面临着全面的政治改革和经济建

---

① 浙江省二轻工业志编纂委员会编《浙江省二轻工业志》，浙江人民出版社，1998，第 352 页。

② 路易·艾黎：《工合运动记述》，载《文史资料选辑》第 71 辑，中华书局，1980，第 103～105 页。

③ 侯德础：《论抗日战争时期的"工合"运动》，《四川师院学报》（社会科学版）1983 年第 4 期；范圣予、吴晓军、毛永胜：《"工合"运动探析》，《西北师大学报》（社会科学版）1986 年第 1 期。

设任务，但国营工厂与私营小生产者之间缺乏一道经济上的桥梁，因此小生产者不得不继续依赖商人，造成农民及手工业者生活并未有实质性的改变。① 为了使小生产者和国营经济相互衔接，促进城乡之间的物质交流，增加他们的收益，逐步引导这些分散、无组织的独立劳动者朝着集体生产方向转变，1949 年 10 月 23 日，浙江省政府颁布了《关于当前开展合作社工作的指示》，要求"各地有计划地开展合作社工作，在广大农村地区（首先是以县为单位）、商品集散中心市场或主要特产集散地建立供销商店"。② 为此，浙江省成立了合作社事业指导委员会和省供销合作总社，来加强业务上的指导。到 1949 年底，浙江省建立起供销总社 1 个、专区供销总社 5 个、县供销总社 43 个、基层合作社 81 个。③

　　1950 年，浙江省成立了隶属于省工矿厅的浙江省乡村工业改进所④（1951 年改为浙江省手工业改进所），通过供应原料、收购成品、加工订货等形式，帮助手工业者克服生产上的困难。为了提高手工业的技术水平，降低生产成本，对部分重要行业设立专门的技术研究、指导机构，颁布各种操作流程、原材料配备和产品性能、规格等标准。⑤ 如土纸生产，由于遭受战争、自然灾害等影响，1950 年浙江省土纸产区陷入生产困境，大部分纸槽处于停产状态。为了能度过生产困难期，解决生产原料问题，在地方政府和国营商业的扶持下，各产区在提高品质、改进规格的同时，还对土纸价格进行了调整，纠正了售价低于成本的不合理现象，既打开了土纸的销路，又提高了生产者的积极性，土纸产量由 1949 年的 49 万件增至 1950 年的 100 万件。⑥ 浙江省其他手工业如草席、麻袋、土丝、红糖、雨伞、剪刀、竹筷等行业，在政府的帮助下，也有了较快的发展。

---

① 《关于当前开展合作社的指示》，浙江省档案馆藏，档案号：j101 - 003 - 0593。
② 《关于当前开展合作社工作的指示》，《浙江政报》1949 年 11 月 1 日。
③ 浙江省供销合作社史志编辑室编《浙江省供销合作社史料选编》，浙江人民出版社，1990，第 258 页。
④ 乡村工业改进所内设有技术指导股、业务股、会计股及总务等部门。下属单位有：衢州、丽水、嘉善、台州、余姚 5 个办事处，温州、临安、奉化 3 个工作组和上海、济南 2 个联络站，工作人员 240 人。
⑤ 《浙江的手工业情况介绍》，浙江省档案馆藏，档案号：j112 - 013 - 034。
⑥ 《两年来本省手工业生产恢复状况》，浙江省档案馆藏，档案号：j112 - 013 - 034。

表 2 - 9 1949 ~ 1951 年浙江省主要手工业品产量变化情况

		1949 年	1950 年	1951 年	1951 年比 1949 年增长（%）
土纸（万件）		49	100	141	188
麻袋（万只）		100	300	420	320
砖瓦（万块）	砖	10428	14354	40000	284
	瓦	50	335	1800	3500
草席（万条）		98	255	300	206
红糖（万担）		13	26.7	35	169
雨伞（万把）		70	126	400	471
剪刀（万把）		20	50	96	380
竹筷（万双）		40	100	360	800
平均产值					351.9

资料来源：《两年来本省手工业生产恢复状况》，浙江省档案馆藏，档案号：j112 - 013 - 034。

表 2 - 9 中的几种产品只是手工业恢复和发展的一个缩影，在国家"加工订货、统购包销、经销代销"政策的扶持下，土纸、石灰、雨伞、平瓦、剪刀等产品的产值都恢复到甚至超过了历史最高水平，据浙江省14 个主要市、县的统计，1951 年 1 月至 4 月工商户数增加 3978 户，其中就有 2813 户是手工业户。[①] 手工业在恢复和发展过程中，其中一些私营手工业主也开始自发地走上合作生产的道路，如富阳县城关镇协盛昌锅厂、义和锅厂和 3 名小商人联合组建的富阳富春联营锅厂，就是比较典型的"私私"联营形式。[②]

到 1953 年，个体手工业从业户数达到 46 万余户，从业人数 90 余万，加上农业兼营的人数则达 146 万余人；如果连同工场手工业的职工以及辅助劳动的家庭人口在内，人数更多。同时，10 人以下私营小型工业在浙江省也占相当大的比重，据 1953 年调查，共有 6800 户，职工人数 3.6 万余人，总产值 1.6 亿多元。[③]

---

① 《省委农委会关于浙江手工业生产情况及今后工作意见的报告》，浙江省档案馆藏，档案号：j002 - 51 年 3 卷 - 008。

② 浙江省富阳市史志办编著《中国共产党富阳历史（第二卷）》（上册），中共党史出版社，2006，第 232 页。

③ 《全省手工业调查参考文件》，浙江省档案馆藏，档案号：j112 - 001 - 004。

　　但手工业在恢复和发展过程中，依然存在着亟须解决的问题，其中之一便是产销的季节性、盲目性。手工业生产往往受市场需求（主要是农民需要）与原料来源的季节性影响。一般来说，农村手工业生产分散，其中做农具、家具的手工业者直接受雇于农民，生产忙闲视农民需要而定；城镇手工业大多设作坊，老板大部分是独立生产者，规模、资金都很小，雇工也不多。据统计，1951 年金华市铁、木、竹等三个行业 230 户中，老板亲自参加劳动的达到 225 户，而雇工人数仅 425 人，资金短缺，原料不能成批采购，成本因此增高。① 由于手工业生产资金短缺，只能接受订货或加工，无力进行大批量产品生产。在生产旺季，资金、劳动力不足致使产品粗制滥造，如新昌农民抱怨说"现在的锄头、铁耙一用就弯或断了"，余姚农民反映"市场上所售的竹器不牢固，没有自己买毛竹雇工做的好"②；而在淡季则出现产品滞销，手工业陷于停工或半停工状态。由于手工业生产者缺乏对市场需求变化的了解，盲目生产，导致产品积压。如杭县临平镇周成兴木器店，因不知市场需求，1950 年有 20 部木盘滞销，200 多元资金积压，影响后续生产。③

　　同时，随着手工业生产的好转，加之部分产品的供不应求，有些地方出现了工资收入过高的现象，如 1951 年新昌县木匠工资为每天 8 升米，当地农民对此有意见，认为："六亩地辛苦一年也就只有 12 石米，而木匠一年空闲 160 天，却有 16 石米，太不合适了！"同时行业工资有过高或过低的现象，如同为铁业中的刀炉，金华工资每工只有四斤米（少则两斤），而杭县临平镇则为一斗米。④

　　"工合"运动，不仅为手工业合作化起到了一个很好的过渡作用，而且也为后者培养了经验丰富的基层干部。在手工业恢复和发展过程中，基层干部通过积极努力的工作，减少了供产销之间的矛盾，并使手工业生产逐步纳入国家计划中。对于大多数手工业者而言，面对战

① 《两年来本省手工业生产恢复状况》，浙江省档案馆藏，档案号：j112 - 013 - 034。
② 《省委农委会关于浙江手工业生产情况及今后工作意见的报告》，浙江省档案馆藏，档案号：j126 - 003 - 072。
③ 《省委农委会关于浙江手工业生产情况及今后工作意见的报告》，浙江省档案馆藏，档案号：j002 - 51 年 3 卷 - 008。
④ 《省委农委会关于浙江手工业生产情况及今后工作意见的报告》，浙江省档案馆藏，档案号：j126 - 003 - 072。

后物资原料短缺、市场萧条的局面，他们也愿意接受共产党的指导，不管怎么说，至少他们在生产未受到影响的情况下，在产品销售、原料供应等方面还获得了政府的扶持，这就为手工业者接受并适应合作化生产做好了准备。

三　初步开展阶段：1953～1954 年

1953 年，在国家公布过渡时期总方针、总路线之后，手工业合作化运动转入一个新的发展阶段。根据中共浙江省委十四次扩大会议公布关于手工业生产的若干政策，省政府对手工业制定了如下方针："加强对手工业生产的领导，并给予必要的援助，使其提高产品质量、降低成本，逐步地适应和满足人民需要。对有销路、将来无发展前途的行业，应维持生产并进行改造；对无销路、无前途的行业，劝说其进行转业，总体上，对手工业生产的改造掌握'重点实验、稳步前进'的原则。"[①] 在中共浙江省委及相关经济部门的配合下，手工业合作化有了快速发展，到1954 年底为止，浙江省组织起来的手工业生产合作社、组达 3751 个，社、组员 149564 人，比 1953 年增加了将近 5.5 倍（其中专业的 91778人，占全省手工业专业从业人员的 16.9%），其中：生产合作社 1281个，社员 37815 人，比 1953 年增长了 1.48 倍；供销生产社 108 个，社员81637 人；生产小组 2362 人，组员 30112 人。同时，手工业的社会主义经济成分也不断增长，合作社经济在整个手工业经济的比重由 1953 年的3.26% 增加到 1954 年的 8.42%。从产值上看，1954 年生产社、组的全年产值比 1953 年增长了 1.82 倍，达到 33745544.98 元。[②]

在适应和满足农业生产方面，1954 年浙江省组织起来的"为农村经济服务"的铁、木、竹业生产社、组 2182 个（其中：生产合作社 746个，供销合作社 25 个，生产小组 1411 个），占全省生产社、组（3739个）的 58.4%；社、组员 42395 人，占全省社、组员总人数（14.8 万）的 28.6%；产值为 1351.9 万余元，占全省生产社、组总产值（3443 万

---

①　《关于解决当前手工业生产中若干政策和领导问题的报告》，浙江省档案馆藏，档案号：j002－53 年 5 卷—019。

②　《一九五四年手工业工作总结及一九五五年工作意见——李茂生同志在全省第三次手工业工作会议上的报告》，浙江省档案馆藏，档案号：j112－002－001。

余元）的 39.3%。① 对浙江省 48 个县、市的统计，合作社、组供应农具
522 万件，生活资料 100 万件，部分地区为满足农民对新式农具的需要，
在旧式农具基础上进行了试制、改良，如中共嘉兴地委供销手工业合作
部组织 200 多个合作社、组的 6000 多人，研制新式打稻机、自动转向风
力水车、深耕犁、单人脚踏水车等农具。改良后的农具提高了农民劳作
的工作效率，深受他们的欢迎，如余杭、嘉善等县改进的单人脚踏水车，
比原先四人踏的水车节约了 3 个劳动力。②

　　在支援国家经济建设方面，浙江省不仅有草席、雨伞、剪刀等行销
全国的手工业品，更有丝绸、特种手工艺品、猪鬃等世界知名的产品，
通过组织这些产品出口，可以从国外换取国家工业化所需要的设备。从
1954 年下半年开始，中共浙江省委加强了对外销手工艺品行业的领导，
尤其是对花边、麻帽、青田石刻、东阳木刻等行业。到 1954 年底，组织
起来的手工艺品供销生产社 30 多个，发展社、组员 64245 人，其中生产社
17 个，社、组员 670 人；生产小组 2 个，组员 30 人。1954 年出口创汇共
计达到 5543300 余元（包括个体手工业），支援了国家工业化建设事业。③

　　在组社过程中，大部分合作社通过与国营商业、供销合作社以及与
农业生产社建立各种贸易上的合同关系，解决了合作社所存在的供产销
困难问题，如 1954 年浙江省各地供销合作社供应钢铁达 4700 多吨，有
效地缓解了生产原料短缺的问题。同时银行也给予生产社、组低利息优
待的长期贷款，仅 1954 年第四季度浙江省手工业贷款额就达 135 万元。
以上经济方面的措施，帮助合作社、组克服了生产上的困难，稳定了社
员的情绪。据对浙江省 898 个生产社的调查，产销基本正常的占 64.6%。
在扶持合作社、组发展生产的过程中，浙江省还适当地对老社进行了整
顿、巩固，初步改善了社内的经营管理制度；经整顿后的生产社，不仅
社员过去粗制滥造、偷工减料的经营作风有了较大转变，而且通过分工
合作和机械设备的使用，还提高了社员的生产效率，如宁波专区 49 个老

---

①　《浙江省一九五四年及当前农具生产情况的初步总结及今后工作意见》，浙江省档案馆
　　藏，档案号：j112 - 002 - 010。

②　《手工业社帮助农民改良农具》，《人民日报》1955 年 3 月 13 日。

③　《一九五四年手工业工作总结及一九五五年工作方案》，浙江省档案馆藏，档案号：
　　j112 - 001 - 001。

社，有 38 个社在实行分工协作后，产量平均提高了 26%，其中慈溪县狮桥竹器社通过整社，不但提高了生产定额，降低了产品价格，而且社员的实际收入亦相应有所增加。[1]

虽然手工业合作化运动取得了较快发展，但在其过程中也出现了一些问题，如领导机构不健全，干部缺乏管理经验，群众觉悟不高等。首先，在手工业合作化过程中，大部分合作社虽然在原料供应和产品销售方面，被逐步纳入国家计划经济中，但部分合作社在原料采购和产品销售上的自主性使国家的统购包销方式无法彻底解决供产销不平衡的问题，如温州市地方国营制革厂虽然停止对合作社提供生产原料，但是当地的制革生产社并未受到影响，还从福建购买到原料，其生产的产品依旧与地方国营厂的皮件存在竞争关系。

其次，有些地区在组织手工业生产时，对手工业的特点认识不足，存在贪多求快、追求高级形式的急躁情绪，较突出的问题是供产销不平衡、排挤个体户以及违反自愿互利原则，造成个体手工业者生产困难。[2]在组社时，有些干部为了加快组社速度，提出"过社会主义关""割资本主义尾巴""不入社就是不想走社会主义"等带有强迫性的口号。如杭州市丝绸业在组社时，为了追求高级形式，要求手工业者将生产工具折价充公，进行集中生产，并在工具折价、多余资金存社等方面处理不合理（如第一丝织生产社 790 多元资金存社无利息），而造成了一些不良影响。有不少个体手工业主，对走合作化道路发生了疑虑。另外，有些地区的合作社以包揽生产、压低价格等方式，排挤个体手工业者。这些合作社非但没有带动个体手工业者走向合作化道路，反而表现出传统行会的陋习和垄断行为的倾向。[3]

最后，手工业合作化运动不仅在地区发展上，在合作社自身发展上也极不平衡。1954 年下半年，为了加快手工业合作化的发展速度，浙江省手工业管理局倾向于组织高级形式的生产合作社，致使在组织发展上

---

[1]　《中共浙江省手工业管理局党组小组关于全省第三次手工业工作会议的总结报告》，浙江省档案馆藏，档案号：j002 - 55 年 8 卷 -013。

[2]　《中共浙江省委关于一九五五年手工业工作的指示》，浙江省档案馆藏，档案号：j002 - 55 年 8 卷 -012。

[3]　《一九五四年手工业工作总结及一九五五年工作意见——李茂生同志在全省第三次手工业工作会议上的报告》，浙江省档案馆藏，档案号：j112 -002 -001。

存在盲目发展、转业的现象，如金属制品、木、竹、篾、雨伞、砖瓦、牙刷、缝纫等八个主要行业（包括地方国营、劳改队、民政部门所属的合作社），1954 年组织起来的从业人员数达 292801 人，比 1952 年增加了31224 人。[①] 特别是第四季度以后，将主要工作重心集中于组织新的合作组织，忽视和放松了对老社的巩固。据 1954 年统计，虽然浙江省组织起来的个体手工业者达到 20% 以上的有 26 个县、市（区），占县、市（区）数的 29.2%；达到 10% ~ 20% 的有 43 个县、市（区），占县、市（区）数的 48.3%；不到 10% 的地区共有 20 个县、市（区），占 22.5%。但从合作社的质量来看（根据 572 个社的类型统计）：供产销正常、生产管理较健全的有 169 个社，只占 29.55%；供产销基本正常、生产管理方面问题较多的有 321 个社，占了 56.12%；供产销不正常、生产管理混乱的则有 82个社，占 14.34%。[②]

四　合作化运动的快速推进：1955 ~ 1956 年 2 月底

与全国其他地区情况类似，1955 年浙江省手工业合作化运动在快速推进中，也可以分为两个阶段。

首先，1955 年上半年对合作社、组进行的调整和巩固。1954 年手工业在贯彻"为农业生产服务"的方针下，积极组织合作社进行农具的生产，在一定程度上促进了农业合作化的发展，但是大部分地区在没有考虑市场供求关系的情况下，一味盲目生产，导致产品销售和原料供应发生困难，不仅直接影响了手工业生产合作社、组的巩固，还造成了社员退社、退组情况的发生。据嘉兴、建德、金华三个专区 1955 年 4 月底对510 个社的产销月报表统计，所积存的产品价值达 798081 元，其中以铁、木、砖瓦业最严重，铁器为 216798 元，占该业总产值的 37.60%；木器为 215287 元，占该业总产值的 30.24%；砖瓦为 13825 元，占该业总产值的 43.39%。永嘉县 1955 年 5 月共积存铁、竹、木农具 147217 件，价值 132209 元。另据浙江省供销社 1955 年 4 月统计，积存铁、木、竹旧

---

① 《浙江省关于整顿巩固提高现有手工业生产合作社、组工作的初步总结》，浙江省档案馆藏，档案号：j112 - 002 - 002。

② 《一九五四年手工业工作总结及一九五五年工作意见——李茂生同志在全省第三次手工业工作会议上的报告》，浙江省档案馆藏，档案号：j112 - 002 - 001。

式农具总计价值 1395467 元，这些积存产品中虽然包括部分合理的季节储备，但总体上来看，积压情况十分严重。并且合作社所产的农具中，粗制滥造的现象十分严重，如杭州市木器业，为了追求农具的产量，农具质量问题突出，不但直接造成合作社的经济损失，还影响了农业的生产。① 从具体行业的供销情况来看，1955 年上半年浙江省手工业生产合作社大致可分为以下四类。

第一类：产销基本平衡的有土铁、石灰、陶瓷、燃料加工、造纸、鞋帽、制糖、修理、花边及特种手工艺等行业，从业人员占总人数的 18.9%，产值占总产值的 19.1%。

第二类：原料供应不足的有棕制品、草席、油布、麻帽、金丝草帽、棉织、针织、印染、丝绸、麻织品、榨油、轧花等行业，从业人员占总人数的 25.4%，产值占总产值的 37.8%。

第三类：销路有困难或人员、设备过剩的有铁、木、竹、服装、制革及皮革制品、雨伞、牙刷、砖瓦、文具等行业，从业人员占总人数 54.1%，产值占总产值的 36.7%。

第四类：已逐步淘汰的有土丝、土绸等行业，从业人员占总人数 1.6%，产值占总产值的 6.4%。②

从上述统计可知，产销基本平衡的行业不足 20%，超 80% 的行业或多或少有不平衡问题。另外，从地区来看产销不平衡的情况，平原甚于山区，城市（镇）甚于农村，灾区甚于一般地区。从经济类型来看，由国家统购包销、加工订货的行业比一般行业的情况要好。

为了解决手工业品供销紧张的问题，1955 年 3 月中共浙江省委在全省手工业工作会议上提出："在供产销平衡的原则下，大力巩固已有手工业生产社、组，积极领导供销生产社、组，统一安排手工业生产，继续贯彻为农业服务。"③ 为此，各地首先召开了干部会议、手工业代表会议，采取由上而下的方式来纠正贪大求快、盲目发展的急躁情绪。并在

---

① 《杭州市手工业供产销情况简报》，浙江省档案馆藏，档案号：j054 - 002 - 005。

② 《关于一九五五年上半年手工业工作情况与下半年的工作意见》，浙江省档案馆藏，档案号：j112 - 002 - 002。

③ 《关于一九五五年上半年手工业工作情况与下半年的工作意见》，浙江省档案馆藏，档案号：j112 - 002 - 002。

此基础上，有重点地调整、巩固自发合伙组织。6 月，中共浙江省委在
《关于下达和贯彻执行本省一九五五年度国民计划的指示》中，将合作
社、组的人数调整为 264236 人（国家批准计划的 119.15%），增长速度
只有 1954 年的 78.5%（不包括花边、麻帽、金丝草帽三项的 161823
人）。① 其中工作重点是对"中间部分"供销生产合作社的巩固和提高。
表 2 - 10 是组织发展的具体要求情况。

表 2 - 10　1955 年浙江省手工业三种组织形式计划完成情况

组织形式	组织达到人数（人）	完成国家批准计划比例（%）	完成修编计划比例（%）	较 1954 年增长速度（%）
生产合作社	46782	101.7	95.5	20.97
供销生产社	187011	164.9	129.2	133.3
供销生产小组	30443	70.6	108.7	4.35

资料来源：《关于下达和贯彻执行本省一九五五年度国民计划的指示》，浙江省档案馆藏，
档案号：j112 - 002 - 005。

到 1955 年 9 月，浙江省 51 个县、市 812 个手工业合作社、组中，
经过整顿后，符合中共中央四个条件②的健全社为 310 个，占总社数的
38.18%（整顿前占 22.09%）；中间社有 404 个，占总社数的 49.75%
（整顿前占 55.03%）；不健全的社还有 97 个，占总社数的 11.95%（整
顿前占 22.88%）。③ 1955 年 1 月至 9 月，浙江省生产合作社、组员人数
达 259544 人，超国家批准年度计划的 28.72%、浙江省修编年度计划的
17%。其中合作社社员 41617 人，完成国家批准计划的 92.25%、浙江省
修编计划的 84.97%。④

---

① 《关于下达和贯彻执行本省一九五五年度国民计划的指示》，浙江省档案馆藏，档案号：
　　j112 - 002 - 005。
② 中共中央根据 1951 年全国供销合作总社发布的《手工业生产合作社社章草案》提出四
　　个条件作为衡量的标准：（1）组织纯洁，有一定的民主管理制度；（2）生产正常，比
　　较有计划；（3）财务制度不乱，没有贪污；（4）产品质量至少不低于合作以前的正常
　　标准。《中央手工业管理局关于第四次全国手工业生产合作社会议的报告》，浙江省档
　　案馆藏，档案号：j101 - 006 - 104。
③ 《浙江省关于整顿巩固提高现有手工业生产合作社、组工作的初步总结》，浙江省档案
　　馆藏，档案号：j112 - 002 - 002。
④ 《关于贯彻执行全国手工业生产总社筹委会关于为保证完成和争取超额完成一九五五年
　　计划的指示》，浙江省档案馆藏，档案号：j112 - 002 - 005。

表 2 – 11　1955 年 1 月至 9 月浙江省各地区社、组员发展年度完成情况

地区	组织起来总计完成年度计划的比例（%）	生产合作社完成全年计划的比例（%）	地区	组织起来总计完成年度计划的比例（%）	生产合作社完成全年计划的比例（%）
温州专区	142.52	77.60	宁波专区	91.52	94.86
嘉兴专区	103.30	93.46	金华专区	95.21	81.12
建德专区	89.35	79.06	舟山专区	87.52	69.73
温州市	89.51	89.84	宁波市	99.12	105.05
杭州市	73.83	77.60	绍兴市	94.70	93.03
金华市	87.71	74.24	湖州市	100.66	100.96
嘉兴市	78.22	88.00	萧山县	161.73	65.88
杭县	91.65	87.88	专区数字包括四个专区直辖市		

资料来源：《关于贯彻执行全国手工业生产总社筹委会关于为保证完成和争取超额完成一九五五年计划的指示》，浙江省档案馆藏，档案号：j112 – 002 – 005。

在生产总值方面，6 月的《关于下达和贯彻执行本省一九五五年度国民计划的指示》要求，总产值到年底达到 453979000 元，完成国家批准计划的 109.6%，在 1954 年总产值基础上增产 65.36%，其中合作社、组产值达到 78841000 元，完成国家批准计划的 119.42%，完成浙江省修编年度计划的 100.65%，是 1954 年增长速度的 128.89%，占手工业总产值比重为 17.37%。[①]

表 2 – 12　1955 年浙江省各地区产值要求完成情况及占总产值比重

地区	产值要求完成情况（%）	比重（%）	地区	产值要求完成情况（%）	比重（%）
温州专区	106.3	15.6	宁波专区	102.4	12.1
嘉兴专区	98.9	15.8	金华专区	95.4	22.4
建德专区	92.4	14.1	舟山专区	143.4	18.8
温州市	99.5	40.4	宁波市	98.8	28.7
杭州市	99.3	18.4	绍兴市	99.1	4.5
金华市	101.3	42.5	湖州市	100.0	29.9

---

① 《关于下达和贯彻执行本省一九五五年度国民计划的指示》，浙江省档案馆藏，档案号：j112 – 002 – 005。

90　　组织、技术与效率：浙江省手工业社会主义改造研究

地区	产值要求完成情况（%）	比重（%）	地区	产值要求完成情况（%）	比重（%）
嘉兴市	85.2	31.3	萧山县	106.4	16.1
杭县	102.7	13.3	专区数字包括四个专区直辖市		

资料来源：《关于下达和贯彻执行本省一九五五年度国民计划的指示》，浙江省档案馆藏，档案号：j112 - 002 - 005。

表 2 - 13　1955 年浙江省手工业三种组织产值计划完成情况

组织形式	完成数（元）	完成国家批准计划比例（%）	完成浙江省修编计划比例（%）	较 1954 年增长速度（%）
生产合作社	46377000	110.2	100.0	133.9
供销生产社	10664000	145.1	104.9	463.1
供销生产小组	21800000	131.5	104.8	71.8

注：个体手工业产值计划完成 375138800 元，完成国家批准计划的 108%，较 1954 年下降 5.46%。

资料来源：《关于下达和贯彻执行本省一九五五年度国民计划的指示》，浙江省档案馆藏，档案号：j112 - 002 - 005。

　　1955 年上半年，浙江省手工业管理局为了保证产供销平衡，对发展计划适当地做了限制（对有些发展条件相对薄弱地区，即使有组织发展条件的，也仍采取以巩固为主的措施），各地区的手工业产值相应地有所降低。

表 2 - 14　1955 年 1 月至 9 月浙江省各地区手工业产值完成年度计划情况

地区	组织起来总计完成年度计划的比例（%）	生产合作社完成全年计划的比例（%）	地区	组织起来总计完成年度计划的比例（%）	生产合作社完成全年计划的比例（%）
温州专区	73.56	71.06	宁波专区	61.35	63.50
嘉兴专区	73.36	69.54	金华专区	57.65	56.24
建德专区	64.10	65.69	舟山专区	96.61	85.31
杭州市	73.55	74.11	温州市	89.74	86.12
宁波市	69.51	71.33	嘉兴市	66.44	67.81
湖州市	77.01	79.09	金华市	75.54	59.37
绍兴市	77.61	77.87	萧山县	80.41	55.15

续表

地区	组织起来总计完成年度计划的比例（%）	生产合作社完成全年计划的比例（%）	地区	组织起来总计完成年度计划的比例（%）	生产合作社完成全年计划的比例（%）
杭　县	67.73	66.91	专区数字包括四个专区直辖市		

资料来源：《关于贯彻执行全国手工业生产总社筹委会关于为保证完成和争取超额完成一九五五年计划的指示》，浙江省档案馆藏，档案号：j112 - 002 - 005。

此外，从1955年下半年起，在批判农业合作化中右倾保守思想的形势下，浙江省进入了合作化加速发展阶段。

1955年在农业获得大丰收后，农民的潜在购买力有所提高，要求手工业供应更多、更好的产品。据嘉兴专区调查，农民收入比1954年增长了10%～40%，在经济作物的主产区，增长幅度更大，市场普遍出现了"生产赶不上市场需要"的情况。在浙江省一些地区，甚至积压两三年的货物都售光了，如杭县把之前积压的价值10多万元的货物销售一空，社员从一开始抱怨"到社会主义实现了都卖不了"，到后来"产品销光了，可以到社会主义了"的转变，间接反映出市场需求增加给手工业所带来的变化。1955年下半年农业合作化高潮的到来，更是增加了农具的需求量，据崇德县灵安乡的典型调查，1956年所需农具数量，要比1955年增加74.82%，其中铁器增长28.4%，木器增长8.1%，竹器增长120.9%。① 不仅生产资料如此，生活资料也出现了类似现象。宁波地区从1955年下半年开始，原先积压严重的圆木出现供不应求的情况，有的预付定金，有的人甚至坐等现买。在产品销售过程中，有些手工业产品因品种、规格不符合农民需要，有些农民投诉说："手工业光为城市服务了，不是为农村服务的。"② 浙江省各地在打稻机、喷雾器、水泵、双轮双铧犁等新式农具方面出现供不应求现象的同时，因技术人员的缺乏，售后的维修工作面临巨大的压力，如富阳、孝丰、安吉等具，虽然买到了打稻机、播种机、抽水机等新式农具，但因当地铁器社不会修配，农

① 《关于一九五五年手工业合作化改造工作总结与一九五六年的工作意见（草案）》，《浙江省第四次手工业工作会议简讯（第四号）》，浙江省档案馆藏，档案号：j112 - 003 - 002。

② 《浙江省第四次手工业工作会议简讯（第一号）》，浙江省档案馆藏，档案号：j112 - 003 - 002。

民对此极为不满，要求退回供销合作社。①

在手工业合作化运动趋于高潮的同时，浙江省各地的生产联社却处于初建或未建阶段，到1955年底，浙江省只有38个县、市建立了生产联社（筹委会），其中包括23个在第四季度匆忙建立起来的，尚有半数以上的县、市未建立生产联社。对建立联社的地区来说，由于机构不健全，缺乏系统的领导，其在原料供给、产品推销等业务上，并没有发挥实际作用。1955年上半年以后，尽管暂缓了合作社向高级形式发展，并对老社进行了调整和巩固，依然有大量自发组织迅速发展，据1955年10月建德专区10个县的统计，有自发组织249个1793人，占社员总数的80%。自发组织中成立时间超过半年的有118个，其中超过一年以上有77个517人，有些甚至3年以上的。在这些自发组织中，部分具备了一定的生产管理制度和公共积累（积累150元以上的有38个）。如开化县1954年经过当地手工业科组织起来的合作社只有32个，自发组织则有42个；1955年该县只发展了4个生产小组，而自发组织却增加到76个。事实上，在贯彻"巩固、调整为主"方针的同时，大部分地区将重点放在了对老社的巩固方面，忽视了对自发组织的领导，甚至有些县在1955年上半年还解散了部分自发组织，引起了自发组织的反对。如桐庐县三和乡铁业合作组，通过合作生产的方式逐渐产生一定的公共积累（包括股金在内共400多元），并制定了生产管理制度。为了向高级形式方向发展，该合作组曾三四次到县社生产科提出申请，但在1955年5月当地手工业生产科却解散了该合作小组，他们为此写信给国务院，要求其批准成为正式的合作组织。②

上述问题也是毛泽东在《关于农业合作化问题》的报告中和中共七届六中全会上批判的重点。在供产销平衡与合作社发展、基层社干部与组织发展速度以及计划安排与现实需求等方面，不管是中共高层还是浙江省地方领导，都对组织中存在的困难有所了解，只不过地方领导倾向

---

① 《关于一九五五年手工业合作化改造工作总结与一九五六年的工作意见（草案）》，《浙江省第四次手工业工作会议简讯（第四号）》，浙江省档案馆藏，档案号：j112 - 003 - 002。

② 《批判右倾保守思想，加速手工业合作化》，《建德地区代表宋秀村同志发言》，浙江省档案馆藏，档案号：j112 - 003 - 002。

于按照实际情况和自身条件，逐步地解决出现的问题，而中央则担心因压制组织速度影响手工业者的积极性，阻碍手工业朝着社会主义方向发展。"供销生产社（组）要对'连家铺'的辅助劳动力作出适当的安排，对业主和雇工、师傅与徒弟要一起过渡，过渡的时间不得超过一年"；"长期停留在低级形式，而不积极进行过渡是错误的"；"对各地建立较久的生产小组，需要帮助他们适当扩大或合并，转为生产合作社"。① 从中我们看出，中央更加希望尽快完成手工业社会主义改造任务，使其成为完全意义上的集体化生产，并在此基础上进行现代化建设。

为了配合农业合作化，加快手工业改造的速度，中共浙江省委及浙江省手工业管理局对行业改造政策做了调整。

（1）主要原料、产品由国家控制或加工订货的行业（即统购统销），优先进行组织；（2）与大工业并存且有密切协作关系的行业，与相关工业部门同时进行改造；（3）与农业生产关系较大的行业，其改造速度适应农业合作化的要求；（4）出口需求较大且有发展前途的行业，优先组织；（5）手工业行业之间有密切协作关系的，一起进行改造。此外，除个别与资本主义工商业中相同部分一起进行改造外，绝大多数的行业都在各级主管部门的引导下，积极地走上社会主义道路。②

同时，中共浙江省委要求各地手工业主管部门在组织发展过程中，采取"边调查、边安排、边发展、边整顿"方式，使"安排和改造、发展和巩固"密切结合，并相应地进行技术上的改造。在城镇或集中产区，根据群众的觉悟程度和要求，按行业性质、协作关系分批逐业地进行改造，有的一次改造完，有的分批改造完；对其中有条件的合作组，直接跨过低级形式，发展组织生产合作社。在吸纳社员问题上，以吸收贫苦和觉悟程度较高的手工业劳动者为主，对较富裕的手工业者，在他们思想觉悟符合要求后组织起来。③ 为了加快手工业的发展速度，不少县、市领导干部亲自主管手工业规划，指导合作社的生产工作。如中共余杭

---

① 《关于当前手工业合作化进程中关键几个问题的函》，浙江省档案馆藏，档案号：j112 - 003 - 002。

② 《关于十七个主要行业的初步规划的说明》，浙江省档案馆藏，档案号：j112 - 003 - 002。

③ 《关于当前手工业合作化进程中关键几个问题的函》，浙江省档案馆藏，档案号：j112 - 003 - 002。

县委书记亲自参与之后，仅用一个月左右时间，就基本上完成了整个县的手工业合作化组织任务。江山县在领导干部的亲自指导下，在 1955 年 8 月至 12 月修改了六次组织发展计划；并在 1956 年初的短短 20 天时间里，发展了 2 个社和若干小组，超过了 1956 年原定发展计划的 96% 。①

　　到 1955 年底，在所属的手工业改造范围内，组织起来的专业手工业者共 580500 人（包括小城镇及农村建筑业），兼营商品性手工业者 144 万多人；其中为农渔业生产服务的铁制农具、木制农具、造船、竹制农具、棕制品、渔网、黄麻制品、石灰、煤灰、蜊灰、生产资料修理等行业的从业者为 201410 人；为城乡人民生活服务的日用金属品制造、木制家具、砖瓦陶瓷、纺织工业、食品工业、皮革工业、造纸工业、修理业及建筑业等行业的从业者为 376904 人；为出口外销服务的麻帽、金丝草帽、花边等特种手工行业（大部分为兼业）的从业者为 316661 人。②

　　1956 年 1 月，为了配合农业、资本主义工商业社会主义改造，迎接手工业社会主义改造高潮的到来，浙江省召开第四次手工业会议，在会上进一步批判了右倾保守思想，为手工业的组织发展扫除了"思想障碍"。1 月 19 日，杭州市举行了手工业合作化大会，会上宣读了批准个体手工业者入社名单，并当场发给批准书。19 日被批准成立的共有 253 个生产合作社（组），人数达 12800 人，加上原有的 163 个生产合作社（组），杭州市组织起来的合作社（组）为 416 个，人数 19298 人，占个体手工业从业人数的 97.22% 以上。③ 浙江省其他地区如宁波、湖州、金华、台州、丽水等专区，也相继完成手工业合作化任务，如嘉兴市的 2062 名手工业者于 21 日组织了 47 个合作社（组），绍兴市 4500 多名手工业者于 22 日全部组织起来。④ 到 1956 年 2 月 15 日，浙江省组织起来的社、组员 573670 人，占手工业部门改造范围从业人员的 51.7%（专业人员占组织起来从业人数的 59.1%），其中手工业生产合作社 5427 个，社员 242112 人；供销生产社 325 个，社员 289992 人；生产小组 3252 个，

① 《克服右倾保守思想，保证一九五六年基本完成手工业社会主义改造》，《第四次手工业干部会议各县市代表的发言资料》，浙江省档案馆藏，档案号：j112 - 003 - 001。

② 《浙江省手工业社会主义改造的规划方案——李茂生同志在浙江省第一次手工业生产合作社代表会议上的报告》，浙江省档案馆藏，档案号：j112 - 003 - 002。

③ 《杭市手工业全部实行合作化》，《浙江工人报》1956 年 1 月 20 日。

④ 《本省七个城市已全部进入社会主义社会》，《浙江工人报》1956 年 1 月 24 日。

组员 41566 人。到 4 月底，浙江省组织起来的人数达到 627846 人，[1] 包括杭州、宁波、温州等 7 个市、32 个县和绝大部分城镇在内，相继实现了手工业合作化。[2]

从各行业的发展趋势来看，为弥补大工业生产不足，以逐步实行机械化、半机械化生产为目的的从业者为 542399 人，占总从业人数的 93.44%；为国计民生所需，与大工业并存的从业者为 25935 人，占总从业人数的 4.47%；因技术设备落后，逐步被工业所代替，或因社会风俗习惯改变而不适合社会需要，逐步转业的有 12166 人，占总从业人数的 2.1%。[3]

从产值上来看，1955 年手工业总产值为 423884420 元（不包括渔、盐、建筑、屠宰、木材采伐业及十人以下小型工业产值），比 1952 年增长了 37.0%，占浙江省地方工业总产值的 37.13%。[4] 浙江省 2856 个社、组共积累资金 11037625 元，其中股金 1967914 元，基本基金 3244676 元，并向国家缴税 645 万元。[5]

浙江省手工业在支援农业生产、满足城乡人民物质文化生活需要及出口创汇等方面，也发挥了重要作用。如在城乡人民生活方面，5 万名建筑社社员和 1 万名砖瓦社社员承担了浙江省 2400 万居民大部分房屋建造、修理任务；在日用品生产方面，除满足浙江省内需求之外，还组织

---

① 《中共浙江省委工业交通部、省手工业管理局党组关于地、市委手工业部长会议的情况的报告》，浙江省档案馆藏，档案号：j002 – 56 年 8 卷 – 011。

② 《关于把手工业合作化高潮就是推向生产高潮的指示》，浙江省档案馆藏，档案号：j112 – 003 – 007。

③ 《浙江省手工业社会主义改造的规划方案——李茂生同志在浙江省第一次手工业生产合作社代表会议上的报告》，浙江省档案馆藏，档案号：j112 – 003 – 002。同工业有密切联系的棉针织、丝织、制革、榨油、冶炼、造纸、化学工业、肥皂、牙刷等行业的 91450 人，划归工业部门管理；同商业部门有密切联系的理发、食品、钟表、照相、洗染、弹花、迷信纸等行业的 54409 人，划归商业部门管理；同农业有密切联系的农兼手工业及部分串门游乡的服务、修理性行业的 1363782 人，归农业部门管理（其中农村流动手工业 140972 人）。除此之外，金属制造修理、木器、竹器、棕草制品、麻制品、砖瓦、石灰、陶瓷、雨伞、服装、鞋帽等行业的 215600 人（除金属制造外），划归手工业部门进行统一管理。《浙江省手工业基本情况、存在问题及今后意见的报告》，浙江省档案馆藏，档案号：j112 – 003 – 004。

④ 《浙江省手工业基本情况、存在问题及今后意见的报告》，浙江省档案馆藏，档案号：j112 – 003 – 004。

⑤ 《关于一九五六年手工业生产情况与一九五七年工作意见的报告（初稿）》，浙江省档案馆藏，档案号：j112 – 004 – 002。

生产一部分土纸、雨伞、剪刀、草席、竹器、木器等产品支援省外；[①]
在农业生产服务方面，1955 年生产农船 7048 条、肥料 24 万余吨、渔网
27 万余张、打稻机 1700 台。据宁波、嘉兴两个专区 1955 年 1～4 月的统
计，修理拖拉机 10 余台、抽水机 677 台、双铧犁打稻机 321 台，配制各
种农具零件 44000 余件，保证了农业生产的需要。[②] 同时，各地为了节约
原料，还积极地广泛利用废物料、代用品，如温州市木业、竹筷、布伞、
箬帽等行业，以油漆、青油、洋油等混合物制成桐油代用品，每月为国
家节约桐油 7410 斤；方木、棕棚等社，通过利用废木料，节约木材 20
余万斤，这在某种程度上缓解了原料供应紧张的困难。[③]

五　合作化高潮后的巩固

改造高潮后，为了及时将群众热情引向日常生产中去，浙江省手工
业管理局要求各地生产合作社开展以"提高质量、厉行节约、降低成
本"为中心的劳动生产竞赛。在此过程中，绝大多数合作社在提高质量、
增加产量的同时，通过利用废物料、代用品，克服了原料供应不足的困
难，降低了生产成本，提高了社员的收入。据统计，1956 年浙江省手工
业产值达 37046 万元，比 1955 年增长了 38.6%，完成年度计划产值的
114.17%（农副业产值在内为 43892 万元，比 1955 年增长 20.3%，完成
年度计划的 99.09%）。各地的合作社在降低废品率的情况下，产品种类
增加了 600 余种，成本比 1955 年下降 2%～9%；同时，在生产发展的基
础上，绝大部分社、组相应地增加了公共积累，改善了社、组员的物质
文化生活。据 1956 年 9 月的统计，全省有 80% 以上社、组员比入社前增
加了劳动收入，其中社员的平均工资比 1955 年同期增长了 10%，70%～
80% 的合作社得到巩固、加强。[④] 依靠合作社的积累和国家资金扶持，

---

① 《关于发展手工业生产和当前的整风整社与社会主义运动的意见》，浙江省档案馆藏，
　档案号：j112 - 004 - 002。
② 《浙江省手工业基本情况、存在问题及今后意见的报告》，浙江省档案馆藏，档案号：
　j112 - 003 - 004。
③ 《关于一九五六年手工业生产情况与一九五七年工作意见的报告（初稿）》，浙江省档
　案馆藏，档案号：j112 - 004 - 002。
④ 《一至四月份手工业工作总结及对下半年的工作意见的报告》，浙江省档案馆藏，档案
　号：j112 - 003 - 004。

各地还新建了一大批小型的基础设施。浙江省 1956 年仅 500 元以上的基建单位就有 278 个，投资金额 3581922 元，其中厂房的投资额为 2457855 元，占基建单位投资金额的 68.62%（其中非生产需要房屋的投资占 12.61%）；机器工具设备的投资额为 1562903 元，占总投资额的 31.38%；购置各种车床 300 多台，为进一步发展生产、技术改造创造了良好条件。① 并且通过专业会、产品展览会、组织参观、总结评比等形式，对涌现出的优秀生产者（据 22 个市、县统计有 5940 人）进行了表彰，不但提高了手工业生产者的积极性，而且有利于先进经验的推广。

在为农业生产服务方面，生产包括打稻机在内的新式农具 6 万余件，基本上满足了农民对新式农具的需求；建立新式农具修配站 388 个，为农民提供农具修理服务，仅嘉兴专区的铁、木、竹业，就为农民修理农具 24 万余件。在为城乡人民生活和国家工业化服务方面，浙江省恢复和增加了 1700 余种花色品种，部分产品质量有了显著提高，并抽调了 2000 余名手工业者支援新安江水电站建设。在出口创汇方面，1956 年特种手工艺的产值超全年计划的 17%，比 1953 年增加了一倍以上；其中翻簧竹器、黄杨木刻、竹编、绸伞等行业的产值甚至超过了历史最高值。② 这对国际文化交流、换取外汇、支援国家建设和美化人民生活起到了重要作用。同时，手工艺人的政治地位及劳动报酬亦有了显著的提高，花边、金丝草帽等行业的工资报酬，1956 年比 1955 年同期平均提高 40% 左右；一些地区的艺人被选为政协委员、人民代表等。③

但在手工业社会主义改造快速推进中，由于准备工作做得不够充分，对手工业的特点认识不足，也出现了不少问题，特别是在对待个体手工业上，问题尤为严重。在合作化高潮后，各地手工业管理机构放松了对个体手工业者的管理工作，认为组织工作已经完成，不用继续发展合作社、组，许多地区甚至撤销了劳协会。一些个体手工业者还趁机以高工资诱导社员退社、退组，并且在生产经营中偷工减料、哄抬价格、偷税

---

① 《一至四月份手工业工作总结及对下半年的工作意见的报告》，浙江省档案馆藏，档案号：j112 - 003 - 004。

② 《关于一九五六年手工业工作总结与一九五七年工作意见的报告》，浙江省档案馆藏，档案号：j112 - 004 - 003。

③ 《关于一九五六年手工业生产情况与一九五七年工作意见的报告（初稿）》，浙江省档案馆藏，档案号：j112 - 004 - 002。

漏税，扰乱了市场秩序，影响合作社的发展。

同时，由于合作社的管理水平远远赶不上生产发展的需要，部分合作社的产品质量低劣，贪污浪费现象严重，各项经济政策处理不够妥善，特别是分配政策中的平均主义严重影响了社员的生产积极性、技术传授和内部团结。如花边、金丝草帽、土纸等行业，由于所定的工资较低，不但直接影响了社员生活，还挫伤了社员生产积极性，影响了国家出口任务的完成。有些地区不恰当地强迫手工业者缴纳绿化费、电影费、农田水利费、肃反调查费等，直接增加了手工业者的额外负担。如开化县建筑社，合作化中积累了4000多元，其中为肃反调查就支出了2000多元；并且不少社员反映："入社后会议、制度条文增加了，工资收入反而减少了。"① 此外，在手工业合作化的后期，存在要求过急、改变过快、形式过于单一等缺点，原本分散流动、游乡串门的服务业也集中起来统一经营，这就使一些合作社经营管理发生困难，生产秩序陷入混乱，同时也影响了城乡居民的日常生产生活，使其甚感不便。

---

① 《一至四月份手工业工作总结及对下半年的工作意见的报告》，浙江省档案馆藏，档案号：j112-003-004。

第三章 组织的力量：管理机构及其动员机制

在手工业合作化过程中，要使国家政策、方针得到及时有效的贯彻和实施，就需要通过基层组织来完成这一任务。对中国共产党而言，为了实现其社会主义工业化目标，就需要在发展和恢复国民经济的同时，对原先的小农经济进行彻底的改造。手工业合作化不仅是引导个体手工业者逐步走向协作生产的道路、传统的生产方式被集体化生产方式所代替的过程，更是通过社会主义教育提高个体手工业者思想觉悟，加强和巩固基层治理的过程。

第一节 手工业管理机构

任何一个新的政权或组织要想得到巩固和发展，就需要自上而下地建立新的治理结构和管理机构，同时对原有的组织系统加以利用和改造，以满足自身对基层控制的需求。新中国成立初期，为了保证手工业平稳地过渡到社会主义集体生产方式，首先接管、利用了传统手工业行会组织，并在商会、同业公会等的基础上建立工商联系统。随着国民经济的恢复和政权的巩固，国家开始逐步地建立新的、自上而下的手工业管理组织，其中包括了垂直领导的手工业管理机构，市、县横向领导的手工业劳动者协会；通过横向、纵向之间环环相扣的密切联系，全面控制整个手工业组织体系。而原先的手工业管理机构——行会组织，则不断对自身进行改造，逐步适应并融入新的组织系统中。

一 过渡时期的手工业管理机构

在中国传统的一体化社会结构中，国家的官僚机构并未控制县以下的基层组织，对手工业来说，行会制度下的行规对其成员在商业或生产行为上都有约束作用。作为一种非正式的规则，行规限制了市场的垄断，保证了交易过程中的公平和秩序。同时行会还及时处理同行业中产生的各种复杂的业务纠纷和矛盾，可以说手工业行会作为一种基层的自律性机构，它代替了官僚机构来协调手工业者的日常生产生活。旧时手工业者均需参加同业公会，但公会却无法代表大多数手工业者的利益，领导权主要掌握在商人或资本家手中；在经济上通常是"大鱼吃小鱼"，尤其是生产淡季，资本家采取低买高卖或高利贷的方式，剥削独立劳动者。①

中华人民共和国成立初期，由于国民经济尚处于恢复阶段，专门的手工业管理机构尚未建立，为此国家需要利用传统行会组织来领导手工业朝合作生产的方向发展，并逐步改变经营管理习惯。但是同业公会在被准许自由组织发展时，前提条件是必须接受中共的领导和监督；② 对走私、漏税等违法行为，尽检举并协助税务机关纠查的义务，但不能直接对其进行处理与苛罚。在吸收会员时，除了依照自愿参加的原则组织活动外，国家还规定公会不能兼理商行及征收佣金（政府不得分授佣金），对其所需办公费用的开支，允许酌情收取微薄会费进行弥补。③

与此同时，国家还在原有商会、同业公会基础上建立工商联系统④，和同业公会一起对手工业进行管理。1950 年李维汉在《人民民主统一战线的新形势与任务》中指出，工商联是重要的人民团体，是私营工商业

---

① 杨宇清：《中国近代手工业的演变与反思》，《赣南师范学院学报》1991 年第 3 期。

② 魏文享认为，在新中国成立初期的党政—工商联（同业公会）—私营企业三者权力架构中，同业公会居于行业中介地位。但这一中介作用并非通过同业公会独立的行业自治来实现的，而是通过政治控制来实现的。这与国民党统治时期同业公会在商会网络及政企关系中的角色有着较大差异。1929 年后，在《商会法》及《工商同业公会法》的规范下，国民党政府建立起政府—商会（同业公会）—企业的经济调控体系，但商会与同业公会均属社团法人，具有相对独立性；同业公会由公司、行号组成，同业公会主要对企业负责；同业公会需接受政府之指导，协助政府推进财经法令，但也经常因税收、行业政策问题与政府博弈。抗战时期，国民政府将商会及同业公会纳入统制经济体制，并力图通过职业团体书记来加强对同业公会的控制，但未达到目的，同业公会之人事及经费仍基本保持独立。魏文享：《专业与统战：建国初期中共对工商同业公会的改造策略》，《安徽史学》2008 年第 2 期。

③ 《为履示关于同业公会组织必须注意事项》，浙江省档案馆藏，档案号：j101 - 003 - 1161。

④ 关于建国初期工商联和同业公会改造的问题，朱英、崔跃峰、魏文享等学者已从不同角度对其有所研究。详见朱英主编《中国近代同业公会与当代行业协会》（中国人民大学出版社，2004）、崔跃峰《1949—1958 年间北京市同业公会组织的演变》（《北京社会科学》2005 年第 1 期）、魏文享《专业与统战：建国初期中共对工商同业公会的改造策略》（《安徽史学》2008 年第 2 期）等。

中进行统一战线工作的重要环节之一；党和政府要通过它团结教育工商业者执行共同纲领和人民政府的政策、法令。① 陈云在摊贩和手工业作坊是否加入工商联的问题上，指出："……把他们组织到工商联中，是有利无害的。'管'总比'散'好。让摊贩自己组织起来比由公安局管理好。全市统一组织又比分区组织好。"②

手工业者虽然与手工业资本家在本质上有所不同，但他们都归属于资产阶级工商业者的范畴，故要求其参加同业公会或工商联，"凡过去已参加者，不必要其脱离，未参加者可动员其参加，以便统一领导，并由政府工商部门负责进行管理与登记"；"各地未成立手工业协会的城镇，手工业者可直接建立工商联，而不必再参加同业公会；已建立者可暂时作为工商联的团体会员，待政务院颁布工商联组织通则后，根据该通则精神加以改组"。③ 国家为了积极稳妥地组织手工业者，规定："对国家经济有作用的行业，可继续保留同业公会，较小行业设同业委员会；区的行业小组受同业公会及区工商联或区分会双重领导。""在有区一级组织的大、中城市，同业公会主要负责如组织各种加工订货、执行产销计划、评议税负、同业议价等经济活动；在工商业户数不多的小城市，则在工商联下设立同业委员会及同业小组，工商界一切政治的经济的活动，除全市（县）的和通业性的应由工商联直接推行外，都通过同业委员会来推行"。④ 但在此过程中也存在一些问题，如同业公会作为代表工商业者利益的独立组织，在经费收支、人事安排上不仅不受工商联的领导，工商联反而必须通过它来吸收工商业户。⑤

随着手工业合作化的深入，其所存在的"社会基础"不断地消解，加之同业公会本身所具有的"资本主义""封建行会"的特性是新政权所不能容忍的，因此，在中共所领导的工商联、手工业劳动者协会等组

① 孙晓华：《中国工商业联合会五十年概览》，中华工商联合出版社，2003，第2~6页。
② 陈云：《陈云文选》（第二卷），人民出版社，1995，第151页。
③ 《中、小城镇对手工业者与小商贩分别成立手工业协会与小商贩协会的指示》，浙江省档案馆藏，档案号：j002－52年5卷－010。
④ 《工商业联合会组织通则说明》，载《中国资本主义工商业的社会主义改造·中央卷》（上册），中共党史出版社，1992，第348页。
⑤ 《工商业联合会组织通则说明》，载《中国资本主义工商业的社会主义改造·中央卷》（上册），中共党史出版社，1992，第348页。

织逐步完善后，同业公会的使命也随之结束，大部分同业公会或紧缩，或失去作用（一部分资本家转为区工商联会员后，同业公会予以撤销；一部分资本家较多的行业，同业公会进行紧缩）。在同业公会的干部安排上，部分直接转为劳动者协会干部，部分则由工商联适当安排工作。① 在国家实现统购统销之后，钢铁、粮食、油料作物等主要物资改由国家负责收购和直接供给，手工业与同业公会的业务联系不断削减，政府或国营公司逐步取代了同业公会的角色。

二　合作化阶段的手工业管理机构

（一）手工业劳动者协会

中华人民共和国成立后，随着政治局势的稳定和国民经济的恢复，中共中央提出了"由供给财经向建设财经转变"，国家开始有计划地发展工业、手工业及农业。国家工作重心的转移，给这个新生政权带来了诸多挑战，正如谭震林②所说："土改运动、抗美援朝、镇压反革命等都是政治任务，我们搞惯了，搞的来，有经验，……我们是搞这一套打下天下的，但是如果把一个农业国家建设成工业国家，巩固建设好国家，如果还停留在过去搞政治任务的一套，就无法完成任务。"③ 在手工业合作化初期，国家依靠的主要是在根据地时期积累的经验，在合作社基础比较薄弱的地区，大力开展劳协工作，并进一步建立健全领导机构，积极发展会员，在短时间内将个体手工业劳动者（不包括五类反革命分子④及手工业资本家）全部吸收入会，⑤ 借此对其进行指导与安排生产。

手工业劳动者协会作为政府和广大手工业劳动者密切联系的纽带，

---

① 《关于杭州市上城区服装业劳动者协会组织工作的初步总结》，杭州市档案馆藏，档案号：j001 - 011 - 087。
② 谭震林（1902—1983），新中国成立之初任浙江省委书记、省人民政府主席、省军事管制委员会主任，并主持华东局工作；1954 年调任中央副秘书长兼书记处第二办公室主任，1956 年当选为党的八大中央委员、书记处书记、政治局委员、国务院副总理。
③ 《谭政委在经济作物地区合作社手工业会议上的报告》，浙江省档案馆藏，档案号：j002 - 51 年 1 卷 - 008。
④ 这里的五类反革命分子指：地主、恶霸、反革命分子、坏分子以及特务。
⑤ 《关于当前手工业合作化进程中关键几个问题的函》，浙江省档案馆藏，档案号：j112 - 003 - 002。

其主要任务是从组织上划清手工业劳动者与资本家的界限，并对手工业劳动者进行社会主义教育，加强其内部团结，改善雇佣、师徒关系，提高劳动者的生产积极性。浙江省部分地区通过组织劳协会，揭发了资本家及潜伏在手工业中的逃亡地主、恶霸、反革命分子、坏分子的破坏活动，据统计，1954 年杭州市上城区服装业通过组织劳协会揭发了五类反革命分子 26 人，占该业从业人员的 7%；① 有些地区对独立劳动者会员进行了"劳动光荣、剥削可耻"的教育后，其经营作风有了明显的转变，并表示要在思想上与资产阶级划清界限；部分手工业者纠正了"搞好生产、好了老板""搞好生产、增加税收"的思想，提高了收徒传艺的积极性，如黄岩县城关区铁业等行业通过劳协会，制定了以"尊师爱徒、包教包学"为宗旨的师徒协议。②

手工业劳动者协会成立前，个体手工业处于多头领导或者无人负责的自流状态，以致在组织发展上比较缓慢。成立之后，加强了对他们的组织领导，逐步克服了互相排挤的行为，加强劳动者之间的团结，不少手工业劳动者参加协会后反映："参加协会有了自己可靠的组织，不像过去有苦没处讲，有事没商量。"③ 同时，劳协会还积极组织手工业者进行技术交流，提高产品质量、节约成本，如嘉兴市何顺兴铁器店，针对个体生产者"手工业不是机器，次货是难免的"的思想，在劳协会帮助下进行技术改进，不仅产品质量有所提高，而且通过改良炉灶，每日用煤比原先节约了 23.4%。④

手工业劳动者协会的具体职责主要包括以下两个方面。第一，会费的收取。在手工业劳动者协会成立前，国家的税收任务，主要由同业公会来执行；劳协会成后，归属于劳动者协会的会员不再向同业公会上缴税费，而是直接由协会代征。为了吸引个体手工业者积极加入手工业劳动者协会，相比同业公会，其所需缴纳的会费额有所降低，如木器业同业公会的会费缴纳标准是收入额的 0.8%，而手工业劳动者协会的标准

---

① 《关于杭州市上城区服装业劳动者协会组织工作的初步总结》，杭州市档案馆藏，档案号：j001 - 011 - 087。
② 《手工业劳动者协会草案》，浙江省档案馆藏，档案号：j112 - 002 - 007。
③ 《关于一九五五年上半年手工业工作情况与下半年的工作意见》，浙江省档案馆藏，档案号：j112 - 002 - 002。
④ 《关于手工业劳动者协会问题的报告》，浙江省档案馆藏，档案号：j112 - 002 - 014。

为 0.4%。

表 3 – 1 　新中国成立初期手工业劳动者协会与同业公会之间
收纳业主会费率比较

业别	同业公会收纳会费标率		劳动者协会收纳会费标率（占收入额比例）
	占收入额比例	占收益额比例	
木作	0.65%		0.4%
木器	0.8%		0.4%
竹器	0.55%		0.4%
铁器	0.4%	0.45%	0.4%
白铁	0.8%	1%	0.4%
丝织	0.4%	0.85%	0.4%
染织布	0.4%	0.75%	0.4%

资料来源：《手工业劳动者协会拟采用收纳业主会费率与工商联现行标率比较表》，杭州市档案馆藏，档案号：j054 – 002 – 007。

在实际征缴过程中，各地区存在一定的差异，独立劳动者的会费是根据每户每月营业额 1% 缴纳，工人会费按每月工资收入的 1% 缴纳，生产合作社、组团体会员按每月社、组员工资总额的 0.5% 缴纳，学徒免缴会费。会费由各地分会征收，统一上缴县、市劳动者协会管理，分会所需的日常开支在送县、市协会审批后拨给使用。[1] 由于缴纳会费没有统一标准，加之部分劳协会干部任务不明确，工作职责范围不清，手工业劳协会在处理与工商联等部门关系上衔接不好，出现关系紧张的情况[2]，没能帮助个体手工业者解决生产困难，因而有些地区手工业者抱怨说："协会光收会费，不替会员办事，远不如参加工商联好。"[3]

---

① 《关于统一答复手工业劳动者协会有关问题的通知》，杭州市档案馆藏，档案号：j001 – 011 – 090。

② 因手工业劳动者协会是群众性的政治团体，故手工业劳动者协会会员不必参加工商联（已参加的可以退出），不再缴纳会费，但有关税收、原料供应计划、报表、市场管理等行政业务，则委托工商联负责办理；工商联通过与手工业劳动者协会协商，可以向独立劳动者收取少量行政管理费用。《关于手工业劳动者协会问题的报告》，浙江省档案馆藏，档案号：j112 – 002 – 014。

③ 《浙江省手工业社会主义改造的规划方案——李茂生同志在浙江省第一次手工业生产合作社代表会议上的报告》，浙江省档案馆藏，档案号：j112 – 003 – 002。

第二，培养和发展中共所需积极分子。培养对象以手工业工人及独立劳动者优秀分子为主，在人员选择上符合以下三个条件：（1）政治历史清楚；（2）手工业的劳动者；（3）政治觉悟较高。[①] 到1955年6月底，浙江省61个县、市479个区镇，建立了手工业劳动者协会，有会员17.8万余人；并且配备了专职干部312人，兼职干部468人。通过手工业劳动者协会，对广大的手工业劳动者进行社会主义教育，提高他们的思想觉悟，加强内部团结。[②] 但同时根据1955年第三季度手工业劳动者协会干部训练班上反映的问题来看，除劳动者协会的性质、任务、组织对象、财务管理及工商关系不够明确外，干部教育方面也存在不少问题。

手工业合作化高潮后，由于大部分个体手工业者被吸收入社，手工业劳动者协会作为对手工业者进行社会主义教育，引导其走向合作化道路的组织和纽带的任务基本结束。[③] 根据中央手工业管理局的要求和浙江省手工业合作化的实际情况，浙江省规定："对基本完成手工业改造任务地区（即组织人数已占改造范围人数的90%以上）的劳协组织可以撤销。"在撤销时为了避免引起混乱，在向会员说明理由的同时，需经劳协会代表会议或劳协会干部会议做出决议，报县、市党委手工业部批准。协会的脱产干部、财产随之转入县、市生产联社（或基层社）。对未参加合作组织的个体手工业者，仍可保留其协会会员的称号；个体手工业者的劳协会员仍照旧缴纳会费，但合作社（组）的劳协会员不再缴纳；当劳协会办公费用不够开支时，县、市生产联社给予辅助。[④]

劳协会撤销后，浙江省部分地区出现了个体手工业者趁机以高工资诱导社员退社，偷工减料、哄抬价格、偷税漏税等现象。如杭州市第三竹器社监事主任胡某某退社后，雇工达20余人，每月盈利千余元。这在

---

① 《关于杭州市上城区服装业劳动者协会组织工作的初步总结》，杭州市档案馆藏，档案号：j001-011-087。

② 《关于手工业劳动者协会干部管理和编制的请示报告》，浙江省档案馆藏，档案号：j002-55年8卷-015。

③ 《关于撤销手工业劳动者协会的报告》，浙江省档案馆藏，档案号：j112-003-007。

④ 《对有关手工业劳动者协会问题的处理意见》，浙江省档案馆藏，档案号：j112-003-007。

一定程度上影响了合作社的巩固。① 因而，为了加强对少数个体手工业者进行教育领导，引导他们逐步加入合作社，浙江省手工业管理局要求，在原有基础上重新恢复手工业劳动者协会，加强对个体手工业的领导、管理和教育。"劳协会没有解散的地区应停止解散；已解散的地区根据实际需要加以恢复，并适当配备专职或兼职干部，手工业劳动者协会的编制以每 500 个会员配备脱产干部 1 人，来充实干部队伍。"② 并根据上级党委的要求，地区市、县的手工业科或联社，由专门指定的干部负责；区、镇一级的基层组织，设立手工业劳动者协会分会，配备半脱产或不脱产的干部。③

由于手工业劳动者协会实际上已成为手工业联社下属的一个重要机构，原劳协会的干部基本都转为联社干部。干部的开支费用主要由县联社负责，一部分以个体手工业者缴来的会费作为劳协会的辅助开支。在日常生产中，劳协会除了配合县联社对个体手工业进行社会主义教育，监督偷工减料、偷税漏税等不良行为之外，主要是在经济上帮助合作社、组安排生产、采购原料、推销产品，并督促其提高产品的质量和改进服务态度。在生产社、组得到发展的基础上，使社、组员从切身利益中认识合作社的优越性，从而树立"爱社如家"思想，坚定办好合作社的信心，吸引个体手工业者走向合作化道路。④

（二）手工业管理局

尽管浙江省乡村工业改进所在解决手工业生产分散、技术落后方面起到了一定作用，但由于其工作局限于农村手工业，对城市手工业和手工业作坊未进行指导和帮助。因此，为了促进手工业经济的发展，1952年 5 月，浙江省乡村工业改进所并入浙江省合作社联合社⑤（简称"省

---

① 《关于一九五六年手工业工作总结与一九五七年工作意见的报告》，浙江省档案馆藏，档案号：j112 - 004 - 003。

② 《关于手工业劳动者协会干部管理和编制问题的请示报告》，浙江省档案馆藏，档案号：j112 - 55 年 8 卷 - 015。

③ 《关于对个体手工业领导和管理讨论意见》，浙江省档案馆藏，档案号：j112 - 004 - 007。

④ 《本省个体手工业的发展情况与管理意见》，浙江省档案馆藏，档案号：j112 - 004 - 036。

⑤ 1951 年成立浙江省合作社联合社，统一领导全省供销社、消费社和手工业合作社。

联社"）；同年 12 月在省联社内设立生产合作处，管理手工业工作。① 乡村工业改进所在各地的办事处、分处、工作组也分别合并于所在地（区、县）的合作社，并在各级县、市设立生产科（股），负责手工业的组织辅导、技术改造以及行政管理等工作。②

1954 年 3 月，为了适应手工业社会主义改造的需要，配合国家对手工业生产的指导，中共浙江省委决定建立专门的管理机构——浙江省人民政府手工业管理局，其主要工作任务是组织与领导手工业的生产和改造，"对个体手工业的开、转、歇业及其统计报表、核发营业证照等工作，由省、市、县各级手工业管理部门具体掌握管理；对于原料采购、成品出售等方面，在各级工商行政部门的统一领导下，由各级手工业管理部门具体负责处理"。③ 到 1954 年 10 月底，浙江省 50% 以上的县、市成立了手工业管理局、处、科，同时六个地委下辖的 89 个县、市（除泰顺、洞头、海门三县外）还成立了手工业供销合作部，并配备部长 158 人。④

在机构人员配备方面，浙江省手工业管理局要求一般的县、市社配备手工业专职干部 3 人（稍大的县 5 人，最大的县 7 人），"在防止滥竽充数的情况下，配备干部过多者，做适当调整，不足的进行补充；原有从事手工业工作外调干部，尽可能调回原工作岗位"⑤。1954 年 6 月至 10 月，中共浙江省委、各地委集中训练干部 2701 人（到该年底增至 3200 人），专区以下县、市举办各种业余训练班，训练干部 9058 名。训练班不但提高了手工业干部的业务水平，而且逐步完善了手工业组织体系，对日后加快手工业合作化发展起了很大作用。⑥

---

① 省联社除设计划、财会、组织检查、技术、物资供应、推销、干部等处及办公室外，另设纺织工业、特种工艺、建筑生活、废物料利用、食品与日用品、劳动工资等 14 个处室，为加强专业领导打下了基础。《浙江省手工业社会主义改造的规划方案（草案）——李茂生在浙江省第一次手工业生产合作社代表会议上的报告》，浙江省档案馆藏，档案号：J112 - 003 - 002。

② 浙江省二轻工业志编纂委员会编《浙江省二轻工业志》，浙江省人民出版社，1998，第 364 页。

③ 《关于手工业管理科、局与工商课、局工作划分的规定》，浙江省档案馆藏，档案号：j101 - 006 - 094。

④ 《五年计划编制说明（草案）》，浙江省档案馆藏，档案号：j112 - 001 - 004。

⑤ 《一九五四年手工业生产组织发展意见》，浙江省档案馆藏，档案号：j126 - 001 - 179。

⑥ 《李茂生同志在全省第二次手工业干部会议上的报告记录摘要》，浙江省档案馆藏，档案号：j112 - 001 - 003。

表 3 - 2　1954 年浙江省专区总社（办事处）、县（市）总社生产干部配备情况

单位：人

地区		原有干部数	后配备干部数	地区		原有干部数	后配备干部数
嘉兴专区	嘉兴办事处		7	宁波专区	宁波办事处		6
	嘉兴市		5		绍兴市		6
	湖州市		5		绍兴		5
	嘉兴		5		鄞县		7
	平湖		8		余姚		6
	长兴		5		慈溪		5
	海宁		5		镇海		5
	桐乡		3		奉化		4
	崇德		4		象山		4
	嘉善		6		上虞		4
	海盐		4		新昌		4
	德清		4		嵊县		8
	临安		5		宁海		4
	余杭		5		合计	87	68
	孝丰		3	金华专区	金华办事处		7
	武康		3		金华市		8
	于潜		3		金华		6
	安吉		4		兰溪		6
	昌化		4		义乌		5
	吴兴		5		永康		6
	合计	86	93		东阳		7
台州专区	台州办事处		7		武义		4
	临海		5		浦江		4
	天台		5		汤溪		4
	三门		5		建德		5
	温岭		5		磐安		3
	黄岩		6		淳安		5
	仙居		3		遂安		4
	合计	45	36		寿昌		4

续表

地区		原有干部数	后配备干部数	地区		原有干部数	后配备干部数
舟山专区	舟山办事处		5	金华专区	缙云		4
	定海		4		桐庐		5
	嵊泗		3		分水		4
	岱山		4		诸暨		8
	普陀		3		合计	122	99
	合计	1	19	温州专区	温专		9
衢州专区	衢专		6		永嘉		7
	衢县		6		平阳		5
	遂昌		4		泰顺		3
	开化		4		乐清		7
	龙游		5		青田		4
	江山		5		瑞安		7
	常山		5		文成		3
	宣平		4		玉环		4
	松阳		4		云和		4
	合计	38	43		龙泉		4
	杭州市		12		景宁		3
	温州市		12		庆元		4
	宁波市		8		丽水		6
	杭县		10		洞头		3
	萧山		6		合计	34	73
	富阳		5	总计		503	489
	新登		5				
	合计	90	58				

资料来源：《一九五四年手工业生产组织发展意见》，浙江省档案馆藏，档案号：j126 - 001 - 179。

1955 年上半年，浙江省手工业管理局将原先供销社的生产科（股）和管理手工业的领导干部，以及各级手工业劳动者协会的干部一并转移到手工业联社中去。① 据统计，3 月份手工业管理局下辖的干部总数达到 591 人，其中生产联合社 158 人，供销社、生产合作处 433 人。

表 3 - 3　1955 年 3 月浙江省手工业管理局干部人数统计

单位：人

项　　目		生产联合社	供销社、生产合作处（科、股）	合　　计
干部总数		158	433	591
主　　任		8		8
处（科）长				
科（股）长		22	111	133
一般干部	财务会计			
	计划统计			
	技术人员			
	其　　他	128	322	450

资料来源：《浙江省手工业管理局一九五五年第一季度干部人数统计表》，浙江省档案馆藏，档案号：j112 - 002 - 003。

随着手工业社会主义改造高潮的到来，在组织发展方式上，过去的零敲碎打被全行业"分期、分片、分批"的整体改造所取代，这对手工业的组织管理水平提出了新的要求。为此，浙江省手工业管理局提出："……对没有建立手工业管理机构和生产联社的地区，要求在 1956 年 3 月底前全部建立起来，对机构虽已建立但尚不够健全的地区，迅速调配干部充实之；并且为了适应行业改造要求，省（市）级联社根据工作需要，增设专业管理部门。"②

第二节　高效的动员机制

社会主义革命的实质是逐步将生产资料的私人所有制转变为全民或

---

① 《关于加强对手工业领导与健全手工业机构的通知》，浙江省档案馆藏，档案号：j112 - 55 年 3 卷 - 022。

② 《关于当前手工业合作化进程中几个关键问题的函》，浙江省档案馆藏，档案号：j112 - 003 - 002。

集体所有制，为了尽快完成手工业社会主义改造任务，不仅需要充分调动手工业干部的工作热情，还要通过动员机制，逐步将个体手工业者纳入社会主义体系中。

一 干部的动员

浙江省在加强对手工业的领导、完善其组织机构的过程中，为了保证手工业干部能执行国家的政策、计划，除了对干部的思想认识进行引导和教育之外，还在基层社中不断充实、扩大党（团）组织，相对前者而言，后者的意义更大，毕竟党（团）员才是其实现手工业社会主义改造的核心力量。

根据 1954 年浙江省第一次手工业干部会议文件材料可知，基层干部大致可以分为以下三类。

第一类：思想觉悟较高，明确手工业重要性，并能积极主动工作。这类干部大约占 30%，但他们有的也存在盲目自满的情绪。如温州市手工业干部中，有的认为"合作社办得不差""生产也改进得差不多了"。

第二类：认识到手工业的重要性，但对手工业工作缺乏经验，存在畏难情绪。这类干部数量最多，约占 50%。如吴兴县手工业干部反映："手工业好比汪洋大海，复杂难搞！"有的干部认为："手工业工作生疏，本钱太少，不如农业好搞。"龙游、浦江等县的部分干部则直接要求省、市局开办手工业训练班，进行干部轮训、学习手工业管理经验。

第三类：对手工业的认识十分模糊，计较个人名誉、地位、患得患失，工作不安心甚至蔑视手工业工作。这类干部大约占到 20%。在温州市上报的材料中，有的干部认为"手工业不如其他行业，政府工作第一，工厂第二，合作社第三"；杭州市工业局干部华某某（手工业业务科长）认为"做手工业工作不光彩，当业务科长就像商人做买卖，不体面、不愿做，甚至连合作社证章都不愿挂，出去工作时将证章藏起来"；于某某认为"只有犯了错误、没地方安插的人，才做手工业工作"，并说："连勤工都不愿选择手工业。"①

由上可知，大部分基层干部的思想认识与手工业合作化的实际需求

---

① 《手工业干部思想情况》，浙江省档案馆藏，档案号：j126 - 001 - 179。

之间，还是有明显差距的，尤其是第三类干部所存在的问题，并不只是个别情况，而是在浙江省大部分地区都存在。如温州市手工业总社把能力低、素质差、犯错误的干部调配到生产科工作；该科 10 名干部中，原为国民党党员、三青团团员的有 5 名，被开除团籍的 3 名，开除党籍的 1 名。甚至在浙江省级机关中也存在轻视手工业的情况，1955 年对浙江省手工业系统干部政治历史组织情况统计可知，省手工业管理局的干部中，有原国民党党员、三青团团员 3 名，帮会分子 2 名，特务 1 名，社会关系复杂的 7 人，参加其他组织的 8 名，政治不清分子 1 名。[①] 这些曾经犯错误、受处分的人员或旧职人员，在工作中抱着一种安分守己、得过且过的心态，"不求挂劳模奖章，但愿保牢机关证章"；有的干部甚至消极怠工，如生产科长黄某某（开除党籍）看到社员闹矛盾，也不进行劝阻、纠正。同时政府其他部门还经常随意指派、调动他们，使其无法安心工作，如长兴县手工业联社生产科有科无人，虽配了三个干部，科长与一个科员抽去搞其他工作，一个生病在家，以至于有的干部反映："手工业生产科就是招待所。"[②]

表 3 - 4　1955 年浙江省手工业系统干部政治历史组织情况统计

单位：人

	现有干部	政治情况				来源					其中					
		党员	团员	民主党派	群众	南下干部	原根据地	部队转业	新参加	旧职人员	国民党、三青团	帮会分子	特务	社会关系复杂	参加其他组织	政治不清分子
管理局	64	22	25		17	10	1	1	49	3	3	2	1	7	8	1
科级以上干部	12	12				9	1		2						1	1

资料来源：《浙江省手工业系统干部政治历史组织情况统计表》，浙江省档案馆藏，档案号：j112 - 002 - 003。

---

① 《浙江省手工业系统干部政治历史组织情况统计表》，浙江省档案馆藏，档案号：j112 - 002 - 003。

② 《手工业干部思想情况》，浙江省档案馆藏，档案号：j126 - 001 - 179。

　　针对上述干部中存在的实际问题，一方面，中共浙江省委要求各级党委加强对手工业干部的思想教育，使其明确手工业的特点、作用及其前途方向，克服干部不安心工作的畏难情绪，以及各种骄傲自满、个人主义的思想。另一方面，浙江省手工业管理局为了适应手工业社会主义改造发展需要，还制订了相应的计划，"到第二个五年计划完成时，积极培训干部和技术人才2125人（1951年干部为1081人），各种技术人才1429人"；其中对干部中党员要求，初级以上干部（516人）的政治学习，在五至十年内由省委、华东、中央党校负责轮训一次，在业务学习方面还要求全国生产联社干校和省行政学院进行培训；初级以下干部（1609人）的政治学习，在七年内由县委、地委、省委党校培训一次，业务学习由省手工业干校负责培训；基层社理监事主任、会计等人员分别由省干校，各专区、市、县临时训练班培训一次。①

　　同时，基层组织的建设也加快了速度，尤其是加快基层组织中党（团）员的培养和发展。早在1949年6月15日，中共浙江省委在发展党员的问题上就明确指出，"吸收雇贫农、贫苦中农成分的，有斗争考验、对革命事业忠诚、大公无私并能联系群众的先进分子成为共产党员"②；1951年12月25日，省委又进一步要求各地："各地手工业必须与建党工作密切结合起来，除部分党员较多的地区外，应以建党为重点，并将整党作为建党的准备保证。"③浙江省手工业管理局根据"积极慎重"的方针，在整社过程中经过考察、甄别，吸收部分积极分子加入党（团），扩大了党（团）组织，到1955年9月底，浙江省整个手工业系统有党员1818人，党支部145个，党小组164个；团员5873人，团支部58个，团小组56个；④党、团员数比1954年增长了5563人，其中党员增长1228

---

① 《浙江省手工业基本情况、存在问题及今后意见的报告》，浙江省档案馆藏，档案号：j112 - 003 - 004。

② 《省委关于今后工作方针与任务的决议》，载《中共浙江省委文件选编（1949年5月—1952年12月）》，浙出书临（88）第141号，1988，第91页。

③ 《浙江省委整党计划》，载《中共浙江省委文件选编（1949年5月—1952年12月）》，浙出书临（88）第141号，1988，第509页。

④ 《关于一九五五年上半年手工业工作情况与下半年的工作意见》，浙江省档案馆藏，档案号：j112 - 002 - 002。

人，团员增长 4335 人。① 浙江省手工业管理局还进一步要求基层合作社的党支部书记担任理事会副主任，负责社内人事、政治思想工作，保证了党在合作化运动中的领导核心地位。从浙江省县、市党（团）员发展情况来看，各地发展党（团）员数比省手工业管理局所制订的计划数要多，如嘉善县 1955 年底有党员 35 人，党支部 5 个，10 个小组；团员 155 人，团支部 10 个，20 个小组；并且还在 15 个合作社内配备了以政治工作为主的副职，训练骨干 400 人，其中在 3 个直属镇还进行了业余政治训练。②

在合作化高潮之后，为了加强基层合作社党（团）支部的建设，中共浙江省委、省手工业管理局要求：1956 年发展党团员数占专业人数 2.5%，占组织起来兼业人数的 1%；1957 年底发展党员数占专业人数的 5%，占组织起来兼业人数的 3%，1955 年以前发展的老社达到社社有党支部（至少有党的小组）。在团员方面，要求 1956 年发展的人数占专业社（组）员数的 20%；1957 年发展数占专业社（组）员总数的 35%。③ 其中手工业干部主要从基层合作社、劳协、自发组织、加工订货小组的积极分子中选拔，并吸收部分复员军人和小学毕业生。④

手工业社会主义改造的本质是为了解放生产力，在不断改进与提高技术的基础上，生产更多、更便宜的产品，来满足人民日益增长的物质文化需要。因此，在指导手工业改造时，需要根据客观情况变化做相应调整，也就是说，改造工作只有与国家建设发展水平和群众的思想觉悟程度相适应，且在领导管理上积累了一定的建设经验之后，才能往更高级形式发展。对于基层合作社的规模而言，主要根据实际工作中干部领导水平、厂房设备等条件进行相应安排，"对领导能力较强，厂房设备较完善，且当地从业人员较多的行业，安排上可以相对大一些；反之，则

① 《李茂生同志在全省第二次手工业干部会议上的报告记录摘要》，浙江省档案馆藏，档案号：j112 - 001 - 003。
② 《嘉善县第六次手工业代表会议总结的报告》，《大会参考资料四》，浙江省档案馆藏，档案号：j112 - 003 - 002。
③ 《浙江省手工业社会主义改造的规划方案（草案）——李茂生在浙江省第一次手工业生产合作社代表会议上的报告》，浙江省档案馆藏，档案号：j112 - 003 - 002。
④ 《关于当前手工业合作化进程中关键几个问题的函》，浙江省档案馆藏，档案号：j112 - 003 - 002。

要求小一些为宜（一般以 30～50 人为宜）"。①

　　面对 1955 年突如其来的手工业产品需求旺盛的现象，各级手工业领导干部普遍顾虑重重，担心与 1954 年情况类似，只是暂时的"市场繁荣"。同时，在组织起来的合作社中，依然存在着盲目生产、粗制滥造、产品质量差、技术落后、规格不合市场需要、供产销安排不妥等经营管理问题。一些地区的新建社（组）偏向于组织生产，忽视了对社员的思想教育，因而社员的政治觉悟不高、小生产者的自发生产思想浓厚，社内领导机构不健全、干部经验不足等组织问题较为突出，据 1955 年浙江省 205 个社的统计，雇工超过社章规定的占 28%，于潜县陈冠中铁器生产社雇工数竟占社员总数的 3.09%。乐清县大荆铁器生产社在与供销社订立的合同中虚报成本，土铁每担实际价格为 1.5 元，却谎报 1.8 元；次铁、零铁、炭末灰每年销售利润很高，纯利达 20%；为渔民打锚，用旧铁做柄（每斤 0.2 元，新铁 0.66 元），生产成本 10 元，售价却高达 18 元。② 一些合作社还直接从事商业活动，如龙游县铁器生产社贩卖汽车轮胎，每双赚取 30 多元。③ 最严重的是，部分地区甚至还发生了公开或暗中的破坏行为。1955 年浙江省手工业管理局的统计报告表明，当年被排挤自杀手工业者 2 人，烧毁合作社（组）12 个，损失 35884 元。④ 因此，部分手工业干部畏难情绪较重，担心大规模地组织合作社"吃不消"，认为"组织虽易、巩固难"，"摊子大、干部少、管不了"，"怕产

----

① 在农村中，为了便利消费，有利于生产与改造，要求："对过大的社进行分拆，以一两个乡合并建社或小组；反之，如区内从业人员不多，则可以把附近几个乡内的行业进行合并，建立综合性合作社，同时以分散生产、各计盈亏来处理各行业之间的经济关系。"建筑业在建社时，城镇组社以不超过 100 人，农村集镇以不超过 30 人为宜，过少则难以完成承包建筑任务，过多则难以领导，亦不便为消费者服务（特别是农村，如过分集中，农民需要修理房屋要跑几十里路）。《对手工业生产社（组）组织形式的初步意见》，浙江省档案馆藏，档案号：j112 - 004 - 002。

② 《手工业生产合作社（组）内自发资本主义倾向（二）》，浙江省档案馆藏，档案号：j126 - 001 - 179。

③ 《省委农村工作部吴部长在全省第一次手工业干部会议上的报告摘要》，浙江省档案馆藏，档案号：j112 - 001 - 002。

④ 《金华地区代表谢仁符同志的发言》，《第四次手工业干部会议各县市代表的发言资料》，浙江省档案馆藏，档案号：j112 - 003 - 001。

销不平衡，组织起来背包袱"。① 如金华地区有些干部认为"超过计划不好，完不成计划没关系"，1955 年有 7 个月停止了合作社的组织工作。②

有些地区尽管对组织起来的合作社进行了巩固，但整体效果不佳，往往是"等干部一走，制度随之垮台"，嘉兴地委手工业干部训练班学员反映说："我们的社可以说整过了，也可以说没整过。"有些地区的干部对政策要求模糊不清，整社目的不明确，连合作社属于哪一类都说不清楚；有个别地区的整社干部领导水平低下，在处理具体问题时甚至发生了依靠思想落后分子来整社干、积极分子的严重问题，如义乌县佛堂镇篾业社，只因副主任曾贪污了几元钱，就对他进行反复批判，结果逼得他上吊自杀；整社工作毫无结果，社员思想混乱，造成了恶劣的政治影响。③还有些干部只愿搞经济基础较好、生产集中的行业，把那些经济基础差、产销困难的行业看成包袱，据富阳县城关镇 14 个社的调查，部分社干存在"分散生产，干部当不成了"，"摆摆怕摆傻，放手怕飞掉"（集中管不了，分散难掌握）等各种思想顾虑。④ 在建立起联社的地区中，有不少由于机构不健全、缺乏系统领导、干部对方针任务不明确，而没有起到联社应起的作用。同时，还有 20 多个县未建立手工业管理机构，即使建立起来的，也只有一个干部（个别县有 2 个），难以满足工作需要。⑤

因此，在"巩固一类社、提高二类社、整顿三类社"⑥ 的方针下，

---

① 《关于杭州手工业社会主义改造的宣传教育工作》，杭州市档案馆藏，档案号：j001 - 015 - 056。

② 《金华地区代表谢仁符同志的发言》，《第四次手工业干部会议各县市代表的发言资料》，浙江省档案馆藏，档案号：j112 - 003 - 001。

③ 《浙江省关于整顿巩固提高现有手工业生产合作社、组工作的初步总结》，浙江省档案馆藏，档案号：j112 - 002 - 002。

④ 《对手工业生产社（组）组织形式的初步意见》，浙江省档案馆藏，档案号：j112 - 004 - 002。

⑤ 《关于一九五五年手工业社会主义改造工作总结与一九五六年的工作意见（草案）》，《浙江省第四次手工业工作会议简讯（第四号）》，浙江省档案馆藏，档案号：j112 - 003 - 002。

⑥ 据 1955 年的统计，浙江省手工业从业人员组织到 20% 以上的地区共有 26 个县、市（区），占县、市（区）数的 29.2%；组织到 10% ~20% 的地区共有 43 个县、市（区），占 48.3%；组织不到 10% 的地区共有 20 个县、市，占 22.5%。从合作社的整社效果来看，根据浙江省 572 个社的类型统计：第一类：供产销正常，社员成分纯洁，自愿互利政策贯彻较好，以及生产管理较健全的有 169 个社，占 29.55%；第二类：供产销基本正常，社员成分基本纯洁，但生产管理问题较多的有 321 个社，占 56.12%；（转下页注）

浙江省手工业管理局选择一种较为稳妥的、相对保守的方式，有条件、有步骤地引导生产小组向生产合作社过渡，"采取以点带面、领导与群众相结合的办法来进行整顿，做到发展一批、整顿一批、再发展一批……在整顿工作中，要以生产为中心，加强对社员的社会主义教育，不断地克服资本主义经营思想和作风，巩固和扩大社会主义要素"①；并且对盲目要求组社的手工业者进行了适当批评，强调"以生产为中心，要社员慢慢来；不顾实际情况的贪多、贪快、贪高，是不可取的"。②与此同时，国家对农业合作社也实施收缩发展的政策，致使部分手工业干部思想产生了混乱，有的地区的干部甚至提出"入社自愿、退社自由，留着安心、去者愉快，入社欢迎、出社欢送"的口号，造成社（组）员大量退社、退组。据金华专区 17 个县市统计，1955 年上半年有 497 人退出社、组，11 个小组垮台散伙，其中磐安县 482 个社、组中，垮台散伙的有 33 个，合计 111 人。宁波专区第二季度也有 216 人退社、退组。之前某些利益"受损者"则乘机造谣说："共产党做错了，在纠偏呢！"③此外，在计划安排、物资供应、技术支持等方面，对资本主义企业的照顾超过了对手工业生产合作社的支持，不但使各级领导干部在工作中陷于被动，也让不少社干在工作中缺乏信心，甚至产生迷惑、怀疑情绪，影响了工作热情。④1955 年上半年，浙江省手工业组织发展速度大大落后于全国手工业组织发展的平均速度（25.47%），特别是第二、三季度甚至直接停止了发展，有 22 个县、市比 1954 年减少了 763 个社、组。⑤

（接上页注⑥）第三类：供产销不正常，组织不纯洁，生产管理混乱的有 82 个社，占 14.34%。《一九五四年手工业工作总结及一九五五年工作意见——李茂生同志在全省第三次手工业工作会议上的报告》，浙江省档案馆藏，档案号：j112－002－001。

①　《关于当前手工业合作化进程中关键几个问题的函》，浙江省档案馆藏，档案号：j112－003－002。

②　《省委农村工作部吴部长在全省第一次手工业干部会议上的报告摘要》，浙江省档案馆藏，档案号：j112－001－002。

③　《浙江省关于整顿巩固提高现有手工业生产合作社、组工作的初步总结》，浙江省档案馆藏，档案号：j112－002－002。

④　《苏联专家叶夫谢耶夫同志视察报告》，《大会参考资料一》，浙江省档案馆藏，档案号：j112－003－002。

⑤　《省委农村工作部吴部长在全省第一次手工业干部会议上的报告摘要》，浙江省档案馆藏，档案号：j112－001－002。

1955 年下半年，随着农业合作化高潮的到来，尤其是对右倾保守思想的批判和中共七届六中全会的召开，浙江省手工业管理局根据中共中央的指示精神，开展了从党内到党外、从上到下的思想教育活动，并对之前工作中的保守思想进行了批判。为此，各级手工业干部都对工作中存在的"思想落后于形势发展，形势认识不足"等问题进行了检讨和自我批评，如黄岩县手工业部部长在做出检讨时说："由于我们还是小农经济的观念，害怕手工业产品销不出去，因而不敢大胆领导组织群众，打击了群众的积极性。"① 金华地区的手工业干部在做自我批评时说："由于工作中的右倾保守思想，对指示精神领会不全，主观地把实际能增长的行业当作不能增长的处理，把'开展手工业增产运动'改为'生产运动'，把巩固现有社和发展组织分割开来，把个别产销困难的行业，看成是一般行业的产销不平衡，把季节性的困难看成为长期不可克服的困难，因此在手工业合作化运动中没有将整社与发展工作密切结合。"②

通过批判领导干部的右倾保守思想，合作化的发展速度明显加快了。如中共余杭县委领导干部在接受批评教育之后，大多数提高了认识，对手工业生产进行了重新规划。在规划过程中，干部不再存在缩手缩脚、担心工作任务完不成的问题，仁爱区干部说："之前办社总是偷偷摸摸的，合作社几个字提都不敢提，现在听到刘政委的报告，现想过去真像做梦一样！"③ 甚至还有不少县的县委书记（余杭、平湖、嘉善等县）亲自负责手工业的规划，向手工业干部、代表做报告，支持合作社建设厂房等。

为了解决手工业干部短缺的问题，浙江省总工会还调派部分经验丰富的基层工作者充实各级手工业管理机构。"工会干部一般都经过了一定时期的工作锻炼，具有丰富的群众工作经验及较高的政治觉悟，并且手工业工会干部大多数是手工业工人出身，他们对手工业工作是内行，过

---

① 《浙江省第四次手工业工作会议简讯（第二号）》，浙江省档案馆藏，档案号：j112 - 003 - 002。

② 《金华地区代表谢仁符同志的发言》，《第四次手工业干部会议各县市代表的发言资料》，浙江省档案馆藏，档案号：j112 - 003 - 001。

③ 《关于加速手工业合作化和提高老社、巩固新社的初步总结》，《大会参考资料五》，浙江省档案馆藏，档案号：j112 - 003 - 002。

去在手工业合作化的宣传教育方面做了很多工作，同手工业劳动群众有密切的联系，在手工业合作化高潮中，充分发挥他们的工作积极性，对促进手工业发展具有非常重要的意义。"[1] 1956 年浙江省总工会对干部的安排如下。

（1）手工业工人、独立劳动者在同一生产单位进行合作生产后，手工业工会将被取消；各级工会组织将负责手工业工作的干部调转给各级手工业管理部门、生产联社或基层生产合作社。

（2）从城镇工会干部中适当抽调一些干部到当地手工业管理部门或生产合作社。

（3）对各级工会领导机构及基层组织实行精简机构，紧缩编制时，从编余人员中调整出一部分干部，输送给手工业生产合作社。[2]

但同时，部分干部不顾行业的特点和客观条件，一味地求大求快，盲目合并小社、发展高级社，不仅给消费者带来不便，也给手工业生产造成严重破坏。如杭州市某些社社干没有根据实际情况，要求在九年内发展到杭州通用机器厂那样的规模，因而要求造厂房、添设备，使合作社后期陷入资金短缺、生产停顿的状态；部分干部还忽视了对有民族特点的手工艺的保护、发扬和恢复，新增品种很少，如杭州的锦绣、张小泉剪刀、绸伞等，由于其与国家所要求的大规模的机械化生产不相符，在制订规划时，行业发展受到限制，产品的产量降低。[3]

还有部分地区在选用干部上，把标准限制得过死、过严，将一些原本经验丰富、技术精湛的手工业者划入"待考察人员"行列或排除任用名单，从而影响了合作社组织和发展。如黄某某、杜某某两人都是东阳县木雕业著名的手工艺人，且黄、杜本人在政治上都没有问题，但是杜的大儿子新中国成立后为非作恶，被执法机关逮捕，同时他本人对政治不太积极，在统购统销上表现出一些不满情绪。因此，在选举政协代表

---

① 《各级工会选派干部，充实各级手工业合作社领导机构》，浙江省档案馆藏，档案号：j112 - 003 - 015。

② 《各级工会选派干部，充实各级手工业合作社领导机构》，浙江省档案馆藏，档案号：j112 - 003 - 015。

③ 《关于杭州手工业社会主义改造的宣传教育工作》，杭州市档案馆藏，档案号：j001 - 015 - 056。

时，杜某某被以年纪大、兼职过多、有碍工作等理由排除在政协候选代表之外，黄某某进而获得了名额。①

二　手工业者的动员

在手工业中，绝大部分从业者都是以独立生产为主的个体手工业者，只有较小部分是依靠雇佣工人的手工业资本家，由于受传统小农经济的影响，各阶层对手工业合作化抱有不同态度。因此，为了满足手工业社会主义改造的实际需要，广泛动员个体手工业者的积极性，浙江省手工业管理局的首要任务是根据手工业特点和中共中央的阶级政策，对其进行具体区分，为接下来引导个体手工业者逐步走上合作化道路做好准备工作。

在手工业社会主义改造中，中共中央有明确阶级政策要求："依靠手工业工人，联合手工业独立劳动者，积极发展合作组织，以及利用、限制、改造手工业资本家。"② 根据阶级政策，可以进一步将手工业者细分成以下几类。

第一，手工业工人。他们一般没有或很少占有生产资料，主要以受雇于人或代客加工修旧的方式来获取工资收入，并以此为主要生活来源。在组织和巩固合作社过程中，他们被视为手工业战线上社会主义最可靠、最积极的力量，但他们需要接受社会主义教育，逐步克服保守落后思想和自发的资本主义经营作风。③

第二，个体手工业者。他们占有一定数量的生产资料，一般情况下不雇用工人，主要依靠自己劳动进行加工生产。有时他们的家庭成员参与劳动，或雇用辅助其生产劳动的助手（学徒为主），但人数不超过三人。④ 如城镇铁、木、竹等行业的独立劳动者，农村中专门从事手工业

---

① 《选择省政协代表杜云松拟改为黄紫金》，浙江省档案馆藏，档案号：j112 - 001 - 002。
② 《李茂生同志在全省第二次手工业干部会议上的报告记录摘要》，浙江省档案馆藏，档案号：j112 - 001 - 003。
③ 《对手工业独立劳动者和小业主界限划分的意见》，浙江省档案馆藏，档案号：j112 - 003 - 035。
④ 《全省第一次手工业干部会议的总结报告》，浙江省档案馆藏，档案号：j112 - 001 - 002。

生产的劳动者，均属于个体手工业者。① 他们尽管在生产上有摆脱高利贷的剥削与控制的诉求，因而有赞成社会主义革命的一面；但与产业工人相比，由于这些手工业者生产分散、技术落后，在思想上保守落后、自由散漫，特别是农村流动手工业者大多并未与土地完全断绝联系，在农忙时还与土地保持着密切联系，因而较容易受到小农经济思想的影响，对合作化的态度动摇性较大。据 1954 年对余杭、临海两地城镇手工业的调查，"由工人掌握主要领导权的，生产制度均较正常、健康；而由独立劳动者掌握的社、组，则出现动摇犹豫、追求高额工资、从事商业投机等资本主义倾向，甚至发生劳动者联合资本家，一起排挤、打击工人的情况。② 为此，在对待个体手工业劳动者的问题上，除了在经济上继续贯彻互利互惠原则，保障他们的经济利益外，要通过供销合作社、国营公司掌握原料、控制销路，切断小生产者与自由市场之间的联系；并向同行业的合作社学习经营管理方式，改进生产、提高质量、降低成本。由于个体手工业者面广、户多、行业复杂，需要通过劳协会或其他组织将其组织起来；在独立劳动者中培养骨干积极分子，逐步将其引向合作化发展的道路；并在合作社（组）的领导成员中，保留一定数量的独立劳动者（在原则上要求占 1/4）。③

第三，个体手工业合作组织。个体手工业合作组织是由不属于同一家庭的若干工人、独立劳动者或学徒自愿联合起来的生产组织（类似合作社），生产资料为个体劳动者所有或为个体劳动者合伙所有。他们在生产上进行共同劳动而不存在雇佣关系，或只雇用自己劳动的助手或学徒，具有互助合作性质。如三门县海游镇印刷生产小组，由新瑞丰（个体手工业合伙）与恒源印刷厂合并组成，有组员 12 人，印刷机 6 台；其中恒

---

① 在城镇中为别人加工，其产品虽不在市场出售，但个人全部或主要生活来源依靠自己劳动收入的，如农村有一定生产设备的打铁行炉（属流动个体手工业者），城市妇女自己购有缝纫机，专门为客户做衣者，也均为个体手工业者。此外，专为国营商业、合作社商业、商业资本家加工的家庭手工业工人，不论资产、人数都列入个体手工业。《有关个体手工业调查界限划分问题的几点说明》，《全省手工业调查参考文件》，浙江省档案馆藏，档案号：j112 - 001 - 004。

② 《李茂生同志在全省第二次手工业干部会议上的报告记录摘要》，浙江省档案馆藏，档案号：j112 - 001 - 003。

③ 《邓洁在第一次全国手工业生产合作社供销会议上的总结报告（草案）》，浙江省档案馆藏，档案号：j112 - 003 - 002。

源印刷厂老板周某某是小资本家，在未组织生产小组前经常雇用3人，本人亦参加生产。①

第四，小业主。一般雇用工人4~9人，本人不参加主要劳动，或者本人参加主要劳动，但雇用工人超过3人。② 虽然小业主在整个手工业中所占比例不大，却是"抵抗"合作化最为强烈的，杭州市手工业管理局在给中共杭州市委的意见中指出："……小业主对合作化意愿冷淡，基础较差，不便划入合作社范围内改造。"③

第五，手工业资本家。占有大量的手工业生产工具、厂房、原料、资金等生产资料，依靠雇佣工人进行生产，以经营管理所得为主要生活来源。他们是手工业社会主义改造的对象，但在生产方面也包含了有利于国民经济发展的部分。④ 因此，在手工业资本家问题上，对有利于国计民生的，加以利用和发展；反之，则进行限制并揭发、惩办其不法行为。⑤

在明确了手工业的阶级政策之后，中共浙江省委及手工业管理机构就开始着手进行一系列的思想动员工作。对于新政权而言，手工业合作化运动与其说是生产方式的变革，还不如说是一场彻底的"除旧迎新"运动。小农经济思想所带有的资本主义色彩，显然是与社会主义相违背的，因此需要通过宣传教育，获得基层普遍认可。在手工业合作化过程中，统一的思想意识有助于减少社会摩擦，更快地帮助党建立基层组织。

由于一般的手工业者文化程度都很低，其中绝大部分是文盲，除了采取常规的政治报告、形势分析以外，最主要的是通过回忆、诉苦、对

① 根据中共中央相关方针，雇工10人以下的小型手工业企业可划归手工业进行社会主义改造，因而将恒源印刷厂的职工和周某某吸收到印刷生产小组作为组员；对周某某入组时的设备折价入股，抵缴股金，多余部分还本付息（共计743元，每年还两期，每期还93元，分四年还清，拟定年息2厘）。《为请示有手工业资本家参加的合作组织要否改组及其资本处理问题》，浙江省档案馆藏，档案号：j112-001-003
② 《对手工业独立劳动者和小业主界限划分的意见》，浙江省档案馆藏，档案号：j112-003-035。
③ 《关于四至九人的手工业户组织公私合营的初步意见》，杭州市档案馆藏，档案号：j054-001-019。
④ 需要指出的是，对那些本人参加主要劳动，即使雇用若干手工业者（4人以上）的资本家，仍可吸收其加入合作社。参见《全省第一次手工业干部会议的总结报告》，浙江省档案馆藏，档案号：j112-001-002。
⑤ 《全省第一次手工业干部会议的总结报告》，浙江省档案馆藏，档案号：j112-001-002。

比、算账①，以及参观工厂、示范社等简单易懂的方式，来提高他们的思想觉悟。

通过对个体手工业者的引导，让他们回忆过去商人、资本家的高利贷给手工业者带来的种种弊端，将不满和怨恨的情绪，都推向资本家一边；使他们认为其所遭受的贫苦完全是由资本家所造成的，从而加深阶级对立的紧张情绪。如手工业者林某某控诉说："过去帽贩之间串通起来，过节时杀价，还要用铜洋钱当银洋钱欺骗妇女，全家人熬夜辛苦赶织的帽，想第二天卖掉去买米，谁知被骗，只卖了一块铜洋钱；过去的苦头是伤透心，讲也讲不尽；如今人民政府领导的合作社收购，卖一顶帽能做一件衣服，这在过去是无法想象的。"② 余杭县章茂兴钉店老板章某某诉苦说："从十三岁当学徒起，先后开过六次店，都因借高利贷（日利五分）而关门倒闭；解放后，生意才一天天好起来，现在自己就有 120 元的流动资金，比解放前增加了一倍。"同时，手工业生产经营季节性强，致使"旺季来不及做，淡季亏本卖"，如某铁业手工业者所说："油菜花黄，铁匠称霸王；黄芽菜黄，铁匠像蚂蟥。"因此个体手工业者虽然努力干活，"天天想发财"，但结果却是"受穷、受苦、受难"。③

同时，为了把合作化带来的好处呈现给广大个体手工业者，吸引其加入合作组织，树立榜样典型是最直接、最有效的方法，并且它还有提高干部领导水平、教育社员等积极作用。大部分新建社（组）一开始都会面对资金短少、技术不高、淡季不旺等困难，为此需要社干来发挥示范作用，从而减少工作中的阻力。杭州市红星皮鞋社的干部一方面主动兼任会计、检查等工作，以减少资金开支；另一方面又积极地外出推销产品。社干尽管工作辛苦，但是考虑到合作社还处于困难阶段，主动放弃津贴，如理事潘某某在社员提出要为他增加补贴时说："一个人艰苦没

---

① 算账：主要引导手工业者从本镇、本社、本业、本人着眼，以政治、经济、生产、技术、文化等方面，来清算政治翻身账、生产经营扩大账、改善生活账、工资与工业品比价及物价稳定账。

② 《黄岩县城关镇草帽供销生产社建社工作总结》，浙江省档案馆藏，档案号：j112 - 001 - 003。

③ 《关于余杭县城关镇向手工业进行总路线、总任务宣传教育的初步总结报告》，浙江省档案馆藏，档案号：j007 - 005 - 019。

什么，大家好，我也好了。"① 干部这种自我奉献精神，有很强的渲染、提振效应，即使合作社不能按时发工资，社员也不会有过多的怨言，有的社员说："我们看到社干累得满头大汗，心里是很感动的，虽然工资不能按时拿到手，也没有意见。" 又如宁波市第一竹器社因原料供应困难，需要调派部分社员到深山里去采购；但由于正值寒冬季节，社员害怕辛苦，要求返回宁波。因此理事主任主动到山中与社员共同劳动、共同生活，并进行说服教育，社员深受感动，"主任和我们一样吃苦，我们还害怕什么"；理事主任返社后，一方面动员在社人员节约粮食支援在山中生产的社员，另一方面又从福利基金中拨出部分款项购买手套、棉帽送到山中去。基层干部的以身作则，不仅获得了社员的爱戴和拥护，还直接提高了社员的生产积极性，从而保证了生产的有序进行。②

在为农村生产服务过程中，大多数社员普遍都不愿下乡，认为："下乡苦，夏天蚊子多，睡觉不安宁。" 因此，地方党委要求基层党员做好榜样作用，如嘉善县魏塘镇铁器生产合作社党支部的 7 名党员带头下乡后，其他社员也纷纷组织下乡修旧。1955 年，在开展以"提高质量，反对浪费，改进技术，降低成本"为中心的劳动竞赛中，对党支部与理事会所提出使用废铁来节省成本，一般社员认为这是费时费力的事情，并且还降低了生产定额，减少劳动报酬；党员朱某某在自己的工作炉先动手尝试，结果可以从原先每天生产 40 把铁锹提高到 60 把，最高甚至达到 84 把；有了成功事例就有了说服力，其他社员也加入其中，合作社共使用废铁 3 万多斤。③

此外，工会在解决生产中存在的封建剥削关系，提高手工业者的积极性方面，也发挥了重要作用。浙江省总工会在中共浙江省委的指示下，④

---

① 《杭州市红星皮鞋社民主办社的经验》，《学习参考资料之二》，浙江省档案馆藏，档案号：j112 - 004 - 013。
② 《民主办社的情况和今后工作意见》，浙江省档案馆藏，档案号：j112 - 004 - 037。
③ 《嘉善县魏塘镇铁器生产合作社是怎样为农业生产服务而得到巩固壮大的》，浙江省档案馆藏，档案号：j112 - 003 - 002。
④ 1950 年 6 月颁布的《工会法》中明确规定，工会为保护工人阶级的根本利益，应教育并组织工人、职员群众，维护人民政府法令，推行人民政府政策，以巩固工人阶级领导的政权；同时树立新的劳动态度，遵守劳动纪律，组织生产竞赛及其他生产运动，以保证生产计划的完成。中共中央文献研究室编《建国以来重要文献选编》（第一册），中央文献出版社，1992，第 330 页。

组织各级工会开展了"反封建反虐待运动"。在运动中，除了宣传动员，发动群众揭发封建迫害行为之外，还按行业或地区召开控诉会、诉苦会、座谈会、青工会、学徒会等各种形式的会议，使广大手工业者了解虐待的性质和原因，明确斗争目的，并做出处理决议。工会根据决议与工商联或同业公会交涉协商后，按照情况的轻重缓急，要求工商联提出处理办法（或由工会主动提出处理办法，达成协议后由工会与工商联或同业公会，监督实行）。对情节严重且拒不改正者，由工会向法院提起诉讼（在法院审判过程中，由工会、工商联、工商以及劳动部门参与陪审）；对一般打骂虐待行为，待达成协议后，由工会召开群众性会议，并邀请工商联或同业公会代表参加，由当事方当众检讨、悔过。处理工资、工时等问题时，按行业由工会与同业公会进行劳资协商，订立集体合同。[①]

三　基层组织的整顿

改造小生产者的思想是一项长期的、艰巨的工作，小生产者往往在利益面前具有动摇的倾向。在组织起来的劳动者中，自发的资本主义倾向使得部分社员只顾个人利益，追求高额工资，求量不求质，劳动纪律松弛，造成个人、合作社与国家之间的利益矛盾。同时，来自社外的经济诱惑也在一定程度上影响着合作社的巩固和发展，如市场价格高于国家收购价时，不愿接受国家计划安排；一些能力强的手工业者为了高工资而退社、退组。因此，为了解决上述问题，各级手工业管理部门要经常对社员进行社章、时事政策教育，来提高社员觉悟和劳动纪律。有些合作社（组）通过开展批评与自我批评来提高社员觉悟，如余杭县城关镇雨伞生产合作社除了理事副主任胡某某和监事主任张某某对自己接受金钱贿赂的行为进行了自我批评之外，其他社员对"有技术不用，有钞票就算""墙头草，两边倒"等思想进行了检讨。[②] 平湖县城关镇第一铁器生产合作社社员王某某说："过去虽然搭上了合作社的船，但是行错了方向，因此搞不好生产；现在知道合作社是自己的社，要自

---

① 《浙江省总工会筹委会为在商店手工业工人中开展反封建反虐待运动给全省各级工会的指示》，浙江省档案馆藏，档案号：j002-51年3卷-002。

② 《余杭县城关镇雨伞生产合作社开展以"提高质量、降低成本"为中心内容的劳动红旗竞赛情况介绍》，浙江省档案馆藏，档案号：j112-001-003。

己来搞好。"① 有些合作社还对入社动机不纯的社员进行教育，海门区铁器生产合作社社员倪某某原来抱着"一脚进，一脚出"的心态，后经教育批评之后，检讨说："现在我一点顾虑也没有了，本来我想社里好在社里，不好就早点出去。现在完全不一样了，合作社是我们自己的，我一定要搞好生产，办好合作社。"②

根据 1953 年浙江省典型材料来看，城镇的"阶级斗争"情况大致可分为以下四类。

第一类：五类反革命分子彻底消灭，封建残余制度基本废除。

第二类：镇压反革命基本彻底，进行过民主改革，封建残余势力和制度已基本上被摧毁，各种组织基本纯洁；但发动群众不平衡，在执行政策上界限不明确，故尚有遗留问题。

第三类：镇压反革命基本彻底，民主改革未改过，但新中国成立后几年已经搞过各种政治运动，如"三反""五反"等运动，大部分群众得到了发动，封建残余制度大部分被摧毁。少数封建残余势力和制度仍然存在，部分组织不纯洁，但不是城乡物质交流的主要障碍。

第四类：镇压反革命不彻底，民主改革未进行，一般反革命分子及封建残余势力仍然在公开地进行破坏，欺压群众，有碍于城乡物资交流，而且群众思想混乱，但这类城镇为数极少。③

为了减少合作化过程中的阻力，领导和团结大部分个体手工业者，浙江省第二次手工业干部会议提出："要引导手工业工人与独立劳动者组成经济联盟，发展生产，增加他们的收入，推动手工业合作化的发展；……对待资本家，要将其孤立起来……"④ 对手工业资本家而言，虽然经过教育之后大部分能积极参加生产劳动，但由于资本家过去一般不参加直接劳动，主要依靠雇佣工人来获得收入，因此，参加合作社后，他们在生

---

① 《平湖县城关镇第一铁器生产合作社整社工作初步总结》，浙江省档案馆藏，档案号：j112 - 002 - 001。

② 《海门区铁器生产合作社是怎样巩固、壮大的》，浙江省档案馆藏，档案号：j112 - 001 - 003。

③ 《关于城镇一般不再开展民主改革运动的意见》，浙江省档案馆藏，档案号：j007 - 005 - 019。

④ 《李茂生同志在全省第二次手工业干部会议上的报告记录摘要》，浙江省档案馆藏，档案号：j112 - 001 - 003。

产方面明显落后于个体劳动者，普遍抱有"怕做不来，怕吃苦"的心态，按劳取酬的分配制度，更是直接降低了他们的经济收入。① 另据统计，小业主与富裕独立手工业者约占浙江省手工业从业人员总数的 10% 左右，他们属于小资产阶级的范畴，入社时多数是迫于大势，并非自愿，因此对合作社的态度有些是动摇的，有些是反对的。因此，当合作化遇到了困难，就出现退社单干、撤资、造谣等行为，他们不但在社内积极宣传单干的"优越性"，鼓动能力强的社员退社，一小部分还有投机倒把、偷税漏税等违法行为。同时混入合作社内的少数特务、伪职人员、流氓、盗窃者等破坏分子，与小业主和富裕手工业者相呼应，挑拨离间、拉帮结派，使部分社（组）内部混乱不堪，严重地影响组织的巩固，给浙江省的手工业改造带来了动荡。② 上述行为可以具体反映在以下几个方面。

（1）故意抬价抢购生产原料，压低价格推销成品，阻止合作组织的发展。如义乌县稠城猪鬃生产社成立初期向淳安（金华地区主要猪鬃主要产地）采购猪鬃。当地俞四记老板听闻后，通过行商花 4000 元钱抢先购买了原料，使猪鬃生产社白费人力车资。1953 年湖南客商运送给该社二担鬃毛，该社牌价是 420 元，而楼六记老板却抬价 480 元进行抢购。兰溪裕和肥皂厂老板直接公开宣称，准备亏 5000 元挤垮肥皂小组，并以每箱亏本 0.8 元的价格出售中号手扇牌肥皂，打击肥皂小组鹰球牌肥皂的销路。

嘉兴市机织生产合作社成立时，以杨某某为首的几家资本家也组织成立临时联合加工厂，集中了 30 多名工人，4000 多元资金，加工费比生产社低 3%，因此，夺取了原先百货公司交给生产社的加工订单。由于百货公司、供销社等部门未扶持，生产社不得不关门倒闭，联合加工厂达到目的后，亦随之解散。③

（2）冒名顶替，造谣、假冒牌子，破坏手工业生产社（组）的信誉。如宁波地区碶石镇资本家冒充铁器社社员，将自己生产的次品卖给轮船社，造成群众对生产社的误会。

① 《关于四至九人的手工业户组织公私合营的初步意见》，杭州市档案馆藏，档案号：j054 - 001 - 019。
② 《关于发展手工业生产和当前的整风整社与社会主义运动的意见》，浙江省档案馆藏，档案号：j112 - 004 - 002。
③ 《手工业资本家破坏活动情况》，浙江省档案馆藏，档案号：j112 - 001 - 002。

（3）以高工资、高职位拉拢合作社技术好的社员，瓦解合作组织。吴兴县戴林竹器小组组员许某某生产技术水平较高，工资为每工1.35元（伙食包括在内）。湖州市竹业资本家包某某即以同样的工资另供应伙食为条件，将其挖去。①

（4）混入组织，篡夺领导权。有些资本家伪装成合作组织的积极拥护者，想办法混入合作社后，破坏社员和工作人员、社员和社员之间的团结，排挤领导工作人员，扰乱生产管理制度，造成合作社的混乱。如宁波地区鄞县石桥乡商业资本家李某某，原先开设热水瓶竹壳工场，雇用妇女编制热水瓶竹壳，将成品装运到上海出售，获利颇丰。1951年10月，县工商课以行商不能设工场为由，要求其停业；1952年9月以该工场手工业工人和家庭妇女为主，成立了石桥竹业生产小组。成立后，社员选出了竹匠夏某某当组长，李某某以能推销产品，被聘请做业务推销员。他以业务大、人手不够为由，安排侄子李某某负责上海方面的产品推销，随后又介绍妻子葛某某入组做会计工作，掌握财政大权，朋友任某某做收发，监督工人生产。整个小组的实际领导权被他掌握后，他开始随意开除工人，被迫退组的工人达20余名；并以多报少用的形式私吞、侵占公款，每月私吞额外辅助费达40元。同时他为了拉拢男工，给予其较高的薪酬，男工每月工资60元左右，而女工仅只有12元，相差达4倍之多，许多女工敢怒不敢言。有的说："阿拉（我）不能讲，讲讲要肇祸（不准干活）。"有的说："阿拉是为李老板服务的。"②

此外，还有些资本家直接对生产社进行造谣破坏，威胁工人，不让其参加合作组织。如嘉兴市蔡顺兴木器店的老板对想参加合作社的工人说："工资不如店里高，不上一天要扣饭钱，在我店里不上十天半月饭照常给饭吃。"老板娘也说："参加合作社连只老鼠也养不活。"全店7个工人都被说得思想动摇起来。宁波市碶石镇圆木业资本家胡某某，当生产小组产销有困难时，在工人中造谣说："小组要垮掉了，上级正在动员他们去挑担呢。"兰溪县竹业小组1953年销路有困难时，资本家讽刺说：

---

① 《省委农村工作部吴部长在全省第一次手工业干部会议上的报告摘要》，浙江省档案馆藏，档案号：j112－001－002。

② 《鄞县石桥乡手工业资本家打入组织篡夺领导权，进行阴谋破坏活动》，浙江省档案馆藏，档案号：j112－001－002。

"组织起来真好，弄点味道尝尝。"①

根据 1954 年浙江省 42 个县、市的统计，共有手工业自发组织 936 个，从业人员 7836 人。温州市合作组织的 2072 人中，成分不纯的资本家、伪职人员、反革命分子有 111 人，占 5.36%，其中掌握领导权的有 36 人；富阳县 47 个组织 431 人中有商人资本家、伪职人员等 31 人，占 7.19%；② 嘉兴市 95 个自发组织中资本家及其他复杂分子占总人数的 5.35%，其中 32.4% 掌握了领导权。③ 有资料可划分类型的自发组织共 675 个，从组织成分、生产管理以及行业前途各方面来分析，可以分为以下四种类型。

第一类：成分纯洁，自愿结合，领导干部较强，产品符合国计民生需要，供产销基本正常，生产管理比较健全，接近于生产社（组）的有 160 个，占 675 个自发组织的 23.7%。

第二类：成分纯洁，自愿结合，领导骨干较弱，产品符合国计民生需要，供销有些困难，但问题不大，生产管理较差，需要加以整理的 299 个，

表 3 – 5　1954 年浙江省手工业自发组织统计

专区	市（县）	自发组织类型（单位：个）					人数	备注
		一类	二类	三类	四类	合计		
温州	瑞安县	3	3	12		18	149	
	黄岩县	4	11	6		21	213	
	景宁县	4	4			8	36	
金华	东阳县	5	9	3		17	105	有资料划分类型的共计 24 个县市 675 个自发组织
	建德县	20	4	1		25	150	
	磐安县	5	8	3		16	88	
	汤溪县	2	3	1		6	53	
	遂安县	13	1			14	101	
	桐庐县	3	5	1		9	73	
	诸暨县	11	20	42	64	137	2774	

---

① 《手工业资本家破坏活动情况》，浙江省档案馆藏，档案号：j112 – 001 – 002。
② 《手工业自发组织情况》，浙江省档案馆藏，档案号：j112 – 001 – 002。
③ 《手工业资本家破坏活动情况》，浙江省档案馆藏，档案号：j112 – 001 – 002。

续表

专区	市（县）	自发组织类型（单位：个）					人数	备注
		一类	二类	三类	四类	合计		
衢州	宣平县	3	4			7	无材料	有资料划分类型的共计24个县市675个自发组织
	龙游县	2	8			10	64	
直属	温州市	21	63		11	95	2072	
	富阳市	4	22	17	4	47	431	
宁波	镇海等10个县	60	134	41	10	245	无材料	
共计	24个县市	160	299	127	89	675	6309	
温州	永嘉县					50	缺材料	缺资料无法划分类型的计18个县市261个自发组织
	玉环县					2	29	
	温岭县					19	219	
	仙居县					1	5	
舟山	岱山县					5	89	
	象山县					41	438	
衢州	衢　县					7	缺材料	
	开化县					43	缺材料	
宁波	海门县					8	99	
金华	寿昌县					7	缺材料	
直属	杭州市					1	51	
	萧山县					31	缺材料	
嘉兴	6个县					46	597	
共计	18个县市					261	1527	
总计	42个县市					936	7836	

注：①人数缺资料的共计16个县市。②宁波专区临海县有4个组被坏分子操纵；富阳县有2个组被坏分子操纵；温州市有3个组被坏分子操纵。

资料来源：《手工业自发组织情况》，浙江省档案馆藏，档案号：j112-001-002。

占675个自发组织的44.3%。

第三类：成分比较纯洁，缺乏领导骨干，产品虽符合国计民生需要，但供销尚存在不同程度的困难，或行业前途不大，生产管理不健全，需要加以整顿或动员转业的有127个，占675个自发组织的18.8%。

第四类：成分复杂，领导权为极坏分子所掌握，产品品质较差，生产管理混乱的有 89 个，占 675 个自发组织的 13.2%。[1]

在手工业合作化组织发展过程中，为了引导个体手工业者走上合作生产的道路，浙江省除了贯彻"依靠工人、巩固团结独立劳动者，利用、限制和改造手工业资本家"的阶级政策，对手工业者进行思想动员和社会主义教育外，还需对社内外的破坏行为进行打击。"对成分复杂、思想落后、道德败坏等资本家或坏分子，揭发其违法行为，严重的采取'打一儆百'的方式进行清洗处理，以达到净化组织和巩固政权的目的"。[2]

新中国成立后，在对劳动者与资本家进行划界区分时，采取简单片面的方式，即根据"占有一定的生产资料，有一定程度的剥削以及存在封建陋规"等条件，致使合作组织内部关系紧张，一般业主普遍认为自己是资本家，特别是业主被评为"违法户"后，在生产上消极对待，不愿招收学徒，传授技术，如杭州市剪刀业的不少业主甚至停炉歇业，跑到上海去做工。[3] 因而"五反"之后，手工业劳动者协会在阶级界限上做了调整，主要通过以下三点来判断：是否为劳动者（主要依据劳动与剥削程度）；政治历史是否清楚；平时表现如何（主要依据是相互提意见）。对于一般的个体手工业者，在入会时均需做交代，如杭州市上城区有两户资本家自知不能参加而自动告退，甚至有的业主过去拜过"老头子"（过去帮会、行会中有地位之人），在小组里没有交代，就无法加入劳协会，只有提高思想认识、自觉交代之后方能通过，在召开大会正式宣布入会后，发给会员证。[4] 对于手工业资本家、地主、富农、伪官吏、伪军官、反动党团骨干分子、反动道会门头子等几类，则按照其政治背景、剥削程度等情况进行区别对待，对没有被剥夺政治权利或不是反革命特务的，如不能返乡劳动且有生产技术的，根据他们实际改造情况和合作社（组）巩固程度，分别吸收他们入社；但入社后，不让他们担任领导职务或承担行政管理任务，并教育社员提高警惕，加强社员群众对

---

[1] 《手工业自发组织情况》，浙江省档案馆藏，档案号：j112 - 001 - 002。

[2] 《省委农村工作部吴部长在全省第一次手工业干部会议上的报告摘要》，浙江省档案馆藏，档案号：j112 - 001 - 002。

[3] 《关于杭州手工业社会主义改造的宣传教育工作》，杭州市档案馆藏，档案号：j001 - 015 - 056。

[4] 《关于杭州市上城区服装业劳动者协会组织工作的初步总结》，杭州市档案馆藏，档案号：j001 - 011 - 087。

他们的监督。① 一些地区在日常生产中，对手工业资本家进行密切监视。如杭州市手工业管理局为了防止富裕业主及资本家在训练班上对基层干部进行拉拢，禁止他们在会场附近出现，并对破坏者进行严厉教育及行政处理。②

在甄别社员与非社员的过程中，对非社员而言，无形中增加了一道"思想上的枷锁"，如在考察期间内不符合入社条件的，就有可能被清除。这不仅仅关乎其经济收入，更为严重的是，他们将处于人民的敌对面，接受进一步"严格"的思想改造教育。以下是中共临海城区委对资本家的划分及处理意见。

　　罗某某：家庭成分工商业兼地主，其弟系国民党特务（已逃亡至台湾）；1949 年后雇工 30 人，因拖欠工人工资，屡教不改，逮捕法办。劳改回来后做男工。对其处理意见：该户虽现无工人，1949 年前后均依靠剥削为生，划为资本家，为非社员。

　　应某某：1949 年前做包头，系国民党的区分部执行委员，1949 年前雇佣工人 9 名，本人不参加劳动，解放后至 1952 年雇佣工人 1 名，学徒 2 名。处理意见：该人 1949 年前不劳动，其后虽参加劳动，但以依靠剥削为主，划为资本家，非社员。

　　王某某：1949 年前雇工 7 人，并有土地十多亩，1950 年至 1953 年雇工 2 人，临时工 1 人，其本人一贯参加劳动，工资约有 30 元。处理意见：该户 1949 年前虽自己参加劳动，但剥削工人超过工资收入 2 倍以上；其后仍有剥削收入。处理意见：该人划为资本家，但因其一贯参加劳动，为社员。

　　陈某某，利生铁厂经理，1945 年至 1956 年雇佣工人 12 名，系县人民代表，区政府委员会委员，其本人不直接参加生产，但有管理工场的能力。处理意见：该人划为资本家，为社员，安排其做铁器社的设计工作。

　　寿某某，1949 年前为绍英锅厂负责人兼任技师，该厂生产性质

① 《浙江省手工业社会主义改造的规划方案（草案）——李茂生在浙江省第一次手工业生产合作社代表会议上的报告》，浙江省档案馆藏，档案号：j112 - 003 - 002。
② 《开办改造行业积极分子训练班的计划》，杭州市档案馆藏，档案号：j054 - 002 - 006。

最低需 4 名工人生产。处理意见：该人划为独立劳动者，为社员。

张某某，原绍英锅厂会计，家庭成分地主，本人系国民党的区分部书记。处理意见：动员本人回家，安排生活（与其妻一道做小贩）。[1]

根据浙江省 669 个生产社的不完全统计，1955 年处理的反革命、地主、富农、资本家等不纯分子以及贪污、盗窃分子 389 人，其中宁波专区处理贪污分子 35 人，涉及贪污金额 26000 余元。[2] 基层的整顿和巩固，虽然提高了合作组织中社员的政治警惕性，加强了社员之间的团结，但是也有些地方在执行政策时，因"过火"的处理方式，导致社员不堪忍受。

四　加强对流动手工业者的管理

1953 年，中央人民政府政务院发布《关于劝止农民盲目流入城市的指示》，在指示中对农民前往城市做出了限制，只有符合以下几点的才给予迁移证：（1）应招或应聘前往城市做工或工作，并持有招聘单位的证明文件者；（2）原在城市求学或新考入城市学校持有证件者；（3）居住农村的失业工人，至城市复工并持有复工通知者；（4）凡未从事农业生产或不能参加劳动的农村居民，其生活来源依靠城市中从业的亲属负担，现需进城共同居住并经亲属证明同意者；（5）其他类似情况的农村居民，在不影响农业生产和城市社会治安的原则下，入城后生活确有着落者，如申请前往城市，亦得酌情发给入城迁移证。[3]

手工业向来有服务城乡的传统，特别是对农兼手工业者而言，在农闲时候前往城镇进行修补、加工服务，不仅可以有效地满足城镇人民生产生活的需要，还能增加手工业者的收入，补贴家用。但大批流动手工业者流入，也会造成当地资源的短缺，尤其是口粮的分配困难，直接影响了手工业社（组）的巩固和发展，如临安在合作化高潮之后，大批手工业者流入，他们多数是来自东阳、永康、永嘉等地的流动手工业者和

---

[1]　对地主、反革命分子等的处理意见是，暂时不吸收他们入社，待整顿巩固后再进行发展。《关于几个政策问题的请示》，浙江省档案馆藏，档案号：j112 - 003 - 035。

[2]　《中共浙江省手工业管理局党组小组关于全省第三次手工业工作会议的总结报告》，浙江省档案馆藏，档案号：j002 - 55 年 8 卷 - 013。

[3]　《对农村中签发迁移证工作的几点意见》，浙江省档案馆藏，档案号：j101 - 004 - 162。

半工半农的农村社员或退社的手工业者。他们很多既无口粮迁移证，也无户口迁移证，且无来临安工作的历史习惯。他们流入后，不仅影响了当地治安管理和口粮分配，而且由于他们的报酬相对较低，阻碍了当地手工业合作社（组）的巩固和发展，以致部分社员要求退社单干（单干不交税，可以自由流动，这是他们退社的理由之一）。①

为了有效地对手工业者进行控制和管理，引导他们朝着有利于社会生产的方向发展，浙江省人民政府制定《浙江省个体手工业登记管理办法》，通过加强开歇业的登记管理工作，有计划地整顿、处理"黑户"，对个体手工业者进行约束。自该办法公布之日起，要求手工业个体户必须在限期内进行登记注册，凡未经政府批准开业的，均作未登记户处理。对未登记户，政府将做出以下处理："凡属从业人员过多、过剩的行业，通过说服教育，动员其停止或转业；违法违纪者，依法论处。……工厂、企业、建筑等单位需要吸收从业人员时，必须通过各级手工业管理部门，有组织地进行调配，不得擅自吸收。"② 该办法进一步指出，对有固定营业地址的专业户，登记发证；对家庭副业、农兼手工业和从事临时性的手工业者，只登记不发证；对那些雇用临时工较多或为资本主义企业的，也需登记发证；通过管理监督，使他们遵守政策法令，发挥其积极作用，克服消极因素。个体手工业户需雇用工人时，需经当地手工业主管部门审查登记。③ 此外，为了进一步约束手工业者自发的资本主义倾向，手工业管理部门会同有关部门在税收缴纳、原料供应等方面进行协商联系，限制其发展。

同时，为了使农民在自觉自愿的基础上放弃入城的意图，还引导和动员农民及部分手工业者投入农业生产，如1955年中共浙江省委根据实际需要，规定："除杭州、温州、宁波、嘉兴、绍兴、金华、湖州七市和地方国营建筑公司、自营单位、私营营造厂建筑工人外，动员临时工人回乡参加农业生产，各地需积极配合做好安排工作，使之迅速投入农业

---

① 《关于外来流动手工业者的处理问题的请示报告》，浙江省档案馆藏，档案号：j112 - 004 - 036。

② 《关于对个体手工业领导和管理讨论意见》，浙江省档案馆藏，档案号：j112 - 004 - 007。

③ 《本省个体手工业的发展情况与管理意见》，浙江省档案馆藏，档案号：j112 - 004 - 036。

生产，切实防止从大城市流向小城镇，而造成当地建筑人员多余和生产安排中的困难。"①

对于小城镇及农村的手工业者，尽管浙江省手工业管理局要求各地对农兼手工业者采用耐心解释和说服教育的办法制止其盲目流入城市，但有些城镇的区、乡人民政府和公安人员却用粗糙生硬的方式限制其迁移，造成了农民的极大不满。

第三节　手工业者的选择与出路

中华人民共和国成立之后，为了解决原料采购和产品推销，个体生产者或几个生产小组自发组织起来的合作组织主要有两种类型：一种是由劳动者自愿联合组成，人数少、集体生产（亦可分散生产）、统一核算、有公共积累、按劳取酬；另一种是从供销入手将劳动者组织起来，分散生产、自负盈亏，一般还存在家长制的雇佣、师徒关系。② 将这种初级形式的组织具体细分，大致又有以下四类。

第一类：社员直接领原料交成品，分散生产，组长只管通知事情、召集开会和对组员的教育工作。

第二类：组长统一领原料交成品，分散生产。

第三类：生产过程的部分环节开始集中生产，其余环节仍然分散生产。

第四类：小组内实行简单的分工协作。③

同时，合作组织的名称亦多种多样，如代工场、联工场、集体工场、生产工场等，但大部分地区则称为生产小组。总的来说，这些组织是平均入股（部分按工资入股）、集中生产劳动，并带有互助合作性质。但由于这种低级形式的供销生产小组并没有改变原有生产关系，仍以分散

---

① 《为逐步接管小城镇与农村的建筑人员由》，浙江省档案馆藏，档案号：j112 - 002 - 014。

② 《手工业供销生产小组几个基本原则（草案）》，浙江省档案馆藏，档案号：j126 - 001 - 179。

③ 《关于手工业社会主义改造的若干问题——1953 年 12 月 17 日程子华在中华全国合作社联合总社第三次全国手工业生产合作会议上的报告（摘要）》，《人民日报》1954 年 8 月 8 日。

生产为主。① 这种低级形态的合作组织形式，可以保证手工业者免遭商业资本的控制，而且国家还帮助解决资金短缺、产品销售、原料紧张等困难②，增加他们的经济收入，因而广大手工业生产者对其抱以欢迎、接受的态度。如余杭县仁爱区申请入社（组）的 158 个手工业从业人员中，94% 以上都是贫困的工人和独立劳动者。③ 另据余姚、杭州等地的调查，约 70% 的手工业工人和贫苦的独立劳动者是为了摆脱剥削和贫困，迫切要求组织起来的；还有约 20% 的独立劳动者，经济上虽较前者好些，但在经营方面困难多，经济收入不稳定，因此也有参加合作组织的意愿。④ 建德县梅城镇在实施扶持政策前，手工业工人要求组织起来的积极性并不高，参与人数还不到 25%，独立劳动者只有 20%（大多是贫苦的独立劳动者）；实施后，工人积极要求组织起来生产的比例上升到 70%，独立劳动者也达到了 62%。⑤ 有的手工业者加入合作组织，是为了解决生产资金问题，一般来说，人民银行给予社员的贷款利率要比单干时低得多。如温州五金集体工场组织起来后，不仅取得了人民银行 400 元的贷款，而且还与中百公司签订铁锁 450 打的合同；宣平县建筑小组、成衣小组，在组织起来后不仅可以优先获得贷款，而且在税收上得到减免。⑥

对于个体手工业者而言，加入合作组织还有一个重要原因——改善物质条件。据有的手工业者回忆过去生活时说："组织前是'火炉当灶

①　师傅、家长、业主入生产小组，他们的妻女、学徒以及助手虽也参加生产，但还不能入生产小组。
②　苏联专家叶夫谢耶夫在考察过程中，与时任杭州市委书记、市长吴宪谈话时指出："分散在家中生产的手工业者，尽管向生产小组缴纳一定提成，但是却很享受在原料供应、商品推销和其他方面的帮助；这些生产资料公有的生产小组，在拥有生产场所、生产劳动方面高于供销生产社情况下，却并不急于转社。"《苏联专家叶夫谢耶夫同志视察报告》，浙江省档案馆藏，档案号：j112 - 003 - 002。
③　《关于加速手工业合作化和提高老社、巩固新社的初步总结》，《大会参考资料五》，浙江省档案馆藏，档案号：j112 - 003 - 002。
④　《关于一九五五年手工业社会主义改造工作总结与一九五六年的工作意见（草案）》，《浙江省第四次手工业工作会议简讯（第四号）》，浙江省档案馆藏，档案号：j112 - 003 - 002。
⑤　《李茂生同志在全省第二次手工业干部会议上的报告记录摘要》，浙江省档案馆藏，档案号：j112 - 001 - 003。
⑥　《手工业自发组织情况》，浙江省档案馆藏，档案号：j112 - 001 - 002。

头，茶壶当凹斗，衣服当扫帚，稻草当枕头，蚊子当娘舅，菩萨神主做朋友'。"① 富阳县新义乡铁业小组组员胡某某说："组织起来前连工资也发不出，组织后随便到哪里都不怕没有工做。"② 与之形成对比的是加入后生活水平的明显提高。余姚县城关镇的 651 名私营手工业者组织起来后，不仅生产有所提高，1953 年营业额达到 105.3 万元，比 1952 年增加了 13.5%，比 1951 年则增加了 93%，而且生活也得到显著改善。如社员张某某，新中国成立前吃六谷糊，穿破衣服；加入合作社后，他拥有三套单衣，一套棉衣、大衣等。③ 社员除缴股金和入社费外，把余款存入合作社（组），社（组）根据"处理得当，社员满意"的原则，按月支付利息，打消了个体手工业者"一切归公"的顾虑，如社员刘某某满意地说："我把钱存入社里，合作社有好处，我自己也有好处，要用也便利，放在家里早就花光了，去年我还拿了 30 元的利息。"④

同时，在经过社会主义教育后，部分手工业者的思想觉悟确实有所提高⑤，如富阳县新义乡箍桶小组组员说："我们学习了总路线，知道只有组织起来才能到社会主义去，现在农民都已经组织起来，我们手工业也要组织起来。"⑥ 部分地区由于限制了合作组织的发展，还引起手工业劳动者的不满，如杭州市竹器二社社员讽刺说："领导领导，饭焐管牢，马路荡荡，儿子抱抱，钞票拿到，回去睡觉！"⑦ 嘉兴专区由于没有批准发展新的社（组），有些群众对干部抱着埋怨情绪，嘉善县手工业代表提出："只要上级能批准，规划指标一定超额完成。"⑧

---

① 《李茂生同志在全省第一次手工业干部会议上的发言摘要（记录稿）》，浙江省档案馆藏，档案号：j112 - 001 - 002。

② 《富阳县手工业自发组织发展情况》，浙江省档案馆藏，档案号：j112 - 001 - 002。

③ 《关于余杭县城关镇向手工业进行总路线、总任务宣传教育的初步总结报告》，浙江省档案馆藏，档案号：j007 - 005 - 019。

④ 《海门区铁器生产合作社是怎样巩固、壮大的》，浙江省档案馆藏，档案号：j112 - 001 - 003。

⑤ 刘胜男认为，组织集体生产有助于改变个人散漫习惯，加强手工业者的集体观念和组织性、纪律性。在接受教育、改造和劳动生产三项结合的改造，多数人减少了对政府的敌对情绪。刘胜男：《北京城市手工业研究（1949—1966）》，博士学位论文，首都师范大学，2011。

⑥ 《富阳县手工业自发组织发展情况》，浙江省档案馆藏，档案号：j112 - 001 - 002。

⑦ 《民主办社的情况和今后工作意见》，浙江省档案馆藏，档案号：j112 - 004 - 037。

⑧ 《嘉兴地区代表国静波同志的发言》，浙江省档案馆藏，档案号：j112 - 003 - 002。

　　但是，也有些手工业者在是否加入合作社问题上抱以徘徊犹豫的态度，虽然合作化生产能帮助解决生产、销售方面的问题，但是他们认为自身资金多、技术高、业务好，担心组织起来后"不自由，要吃一年苦"，据统计，1954 年余杭县城镇手工业者愿意参加合作社的仅占从业人数的 20%，多数个体手工业者还是更愿意参加相对自由、宽松的自发组织。① 有的手工业者担心资金少、技术低、缴纳税款有困难的手工业者会乘机"丢包袱、割尾巴、拉拉平"，从而影响他们的收入。如温州市 14户皮件生产者中，只有 1 户愿意参加合作社；圆木业独立劳动者中，有半数不愿参加合作社，独立劳动者郑某某担心参加后生活水平下降，说："等我女儿出嫁，儿子成人后，才参加合作社。"② 此外，还有的手工业者认为合作社是集体所有制，相对于公私合营来说，政府不重视，而且合作社人员过剩时，有时要重新参加农业生产。③

　　手工业社会主义改造开始后，手工业生产被逐步纳入国家计划轨道，对手工业者的整合力度不断增强，加上之前的统购统销政策的实施，如果不参加合作组织，个体手工业者将面临收入减少、销售困难、原料短缺等诸多问题，甚至极有可能失业。有的社员说："不入社连油都没得吃，将来米是不是也这样。"④ 同时，部分地区干部不仅在宣传中流露出了"左"倾思想的情绪，而且在工作中直接采取阶级批判的"硬性"方式来处理不服从的个体劳动者。其中最普遍的方式便是贴上资本家的"阶级标签"，使他们的家庭出身和阶级成分被固定在人民的对立面，这是个体手工业者所承担不起的。因此，他们除了接受政府有计划、有组织的领导改造外，已无其他选择。如有的手工业者检讨自己过去在经营中"一把石灰一根棍"（俚语：欺瞒农民，乘机抬价杀价）的作风，承认存在"奸、刁、利、滑"的错误，表示要积极改正，

---

① 《粮食统购统销之后农村手工业所发生的变化》，杭州市档案馆藏，档案号：j001 - 011 -090。

② 《关于独立劳动者入社多余资金处理意见请示报告》，浙江省档案馆藏，档案号：j112 -002 - 014。

③ 《关于四至九人的手工业户组织公私合营的初步意见》，杭州市档案馆藏，档案号：j054 - 001 - 019。

④ 《关于余杭县城关镇向手工业进行总路线、总任务宣传教育的初步总结报告》，浙江省档案馆藏，档案号：j007 - 005 - 019。

做到货真价实；① 有的社员说，"河水满，井水也满；国家好，合作社好，自己也好"；"先吃肉后吃骨头，只愿眼前利益不顾长远利益的思想是'搬起石头砸自己的脚'，那是自找末路"。鄞县横溪棕绳社主任在全县主任联席会议上公开检讨合作社用每根 0.15 元买进的棕绳以 0.48 元价格卖给供销社，牟取暴利 110 元，称这是"挖国家肉，补社内疮"。② 并且部分地区为了确保手工业者割断与过去的关系，要求其申请入社时，做书面保证。如余杭县，90% 以上的手工业者在申请入社时，都做了"坚决走合作化道路"的保证。③

当社会中弥漫着担心、害怕的氛围时，手工业者唯一的选择就是加入合作组织。如富阳寿民铁业小组组员胡某某说："阿拉（我）是不愿意被组织起来的，梁同志（寿民乡计划员）要阿拉加入组织的，这样子就吊死了（不自由），阿拉是想分开做的。"④ 对海盐县个体手工业者进行调查发现，在国家对原料统购统销，切断了手工业与自由市场的联系后，个体手工业者在没法得到原料供给的情况下，大多数被迫接受加工订货，勉强地加入合作社，如在掌握原料的情况下，他们是不愿接受加工订货的。⑤ 开化县一些自发组织成立的目的就是"单干难看，要争光荣"，如理发小组组员说："组织起来吃得开。"⑥ 事实上，在这种巨大压力之下，手工业正朝着国家设想的方向前进，那就是国家利益高于个人利益，如杭州市上城区服装业以往在生产淡季，营业税缴纳要拖到当月 11 日后才能完成；在接受"爱国、爱社、爱家"教育后，在月初就完成了任务。认购经济建设公债时，刘信记服装店的业主不顾自己经济上的

---

① 《关于余杭县城关镇向手工业进行总路线、总任务宣传教育的初步总结报告》，浙江省档案馆藏，档案号：j007-005-019。
② 《浙江省关于整顿巩固提高现有手工业生产合作社、组工作的初步总结》，浙江省档案馆藏，档案号：j112-002-002。
③ 《关于加速手工业合作化和提高老社、巩固新社的初步总结》，《大会参考资料五》，浙江省档案馆藏，档案号：j112-003-002。
④ 《富阳县手工业自发组织发展情况》，浙江省档案馆藏，档案号：j112-001-002。
⑤ 《刘主任在全省手工业干部会议上关于产销结合工作的报告》，浙江省档案馆藏，档案号：j112-001-002。
⑥ 《手工业自发组织情况》，浙江省档案馆藏，档案号：j112-001-002。

困难，设法认购公债。①

随着手工业合作化高潮的到来，特别是批判右倾保守思想之后，手工业领导管理机构加快了组织速度，短时间内发展了大批生产合作社，甚至有些成立不久的新社也一跃成为高级形式的合作社。出于对政治形势的担心，部分手工业者害怕不参加合作社，以后就不能再从事手工业生产，因而纷纷选择加入合作社。如黄岩县城关镇居民鲍某某去合作社报名时，因表格已填完未能登记，当夜丈夫就跟她吵架，说："别人妇女都能入社，为什么合作社不要你？"② 永康县城关镇 1956 年 1 月 25 日在手工业劳动者誓师大会上，与会的手工业者争先恐后地要求报名加入，在会后三天内宣布完成合作化的任务，原先 18 个生产小组扩大为 13 个生产合作社，社员从原来的 615 人增加到 1037 人，占从业人数的99.23%。③ 又如昌化铁业社社员林某某原来在 1954 年入社后因不能适应合作化生产，1955 年上半年退社，在合作化高潮中，他害怕单干不能做手工业了，又重新选择入社，在申请入社时对人说："现在这时势不得不入社。"④

由于组社、扩社过于仓促，手工业生产的改进、提高被搁置起来。因此，部分合作社在手工业高潮之后出现了不少问题，其中主要是社员因技术差而无法适应集体生产方式。有些手工业者入社前在农村中帮农民做些修理、加工等零活，还可以应付，但是入社后发现社内按件计工，生产定额高，达不到定额直接影响工资收入，同时感到合作社规章制度过多，不自由，而滋生退社、退组的想法。特别是 1956 年 4 月国务院对手工业做了指示："手工业社员要求退社，根据自愿互利原则可以允许退社……"有些"迫不得已入社"的社员看到外面个体户可以营业时，就开始动摇，要求退社，想到外面去做。如昌化县铁器联社社员说："原先

① 《关于杭州市上城区服装业劳动者协会组织工作的初步总结》，杭州市档案馆藏，档案号：j001 - 011 - 087。

② 《黄岩县城关镇草帽供销生产社建社工作总结》，浙江省档案馆藏，档案号：j112 - 001 - 003。

③ 杭州大学历史系浙江手工业史调研组：《浙江手工业社会主义改造的伟大胜利》（内部调查资料未公开），1959。

④ 《昌化县手工业生产合作社联社关于手工业生产合作社社员退社情况的总结》，浙江省档案馆藏，档案号：j112 - 003 - 035。

是来大树底下躲躲雨的，早知道现在还可以开店，我就不入社了！"① 同时，部分社干"只抓组织、不管教育"，放松了对社员的宣传教育，组织起来后就"万事大吉"了，这种"默许"态度是造成手工业者退社的一个重要原因。根据余姚县24个合作社、组的调查可知，挂名的社员有214人，其中进行个体生产的141人，已转农业社的29人，转其他行业的20人，进城做工的24人。1956年6月之后，国家批准可以退社之后，有55人选择退社，其中参加农业社的17人。②

① 《昌化县手工业生产合作社联社关于手工业生产合作社社员退社情况的总结》，浙江省档案馆藏，档案号：j112 – 003 – 035。
② 《余姚县手工业联社关于退社情况报告》，浙江省档案馆藏，档案号：j112 – 003 – 035。

第四章　经营与管理：改造中的政策和制度

中华人民共和国成立初期，由于战争破坏、通货膨胀等因素，手工业生产面临严重的困难，多数行业陷入瘫痪停产状态，手工业者的生活水平也不断恶化。究其原因，主要有以下几个方面。首先是手工业生产方式落后，许多行业还停滞在几十年甚至百年之前的水平，不能适应和满足社会的需要；并且手工业品的品质差、成本高，无法与同类机器产品相竞争，逐渐遭到淘汰。其次是手工业生产关系不合理，一直停滞在个体小商品生产阶段，经营分散、资金薄弱，增加了产品的生产成本，同时也迫使手工业者以低廉价格出售其劳动成果，有时甚至还要赔本贴料，这就造成手工业者生活贫穷，无法积累资金，扩大或改进生产，稍遇挫折打击即陷于崩溃破产之境。最后是手工业生产技术落后、工具简陋。① 因此，为了促进手工业的发展，改变个体手工业者的生产经营方式，提高他们的经济收入以及解决生产中存在问题，国家通过合作化的方式，将个体手工业者组织起来，在新的经营管理制度下，进行集体化的协作生产，逐步适应和满足社会主义现代化的需要。

第一节　手工业政策的制定

《中国人民政治协商会议共同纲领》明确规定，个体手工业者和其他各种社会经济成分一样，在国营经济领导下，分工合作，各得其所，以促进整个社会经济的发展，这是一个长期的发展过程，决不能采取盲目冒进的办法。② 根据《中国人民政治协商会议共同纲领》和中共中央的要求，中共浙江省委第十四次扩大会议制定了手工业的方针、任务。规定如下：对人民生产生活所需的手工业生产，加强领导和给予必要援

---

① 《论手工业生产的方向》，《人民日报》1950年5月19日。
② 《必须重视手工业》，《人民日报》1953年4月23日。

助，使其提高产品质量，降低成本；对暂有销路、将来无发展前途的行业，在维持生产中逐步对其加以改造；对既无销路又无前途的行业，积极劝导，安排其转业。对手工业中普遍存在的劳资、雇佣、师徒三者关系紧张的情况，在有利于发展生产和劳动就业的原则下予以解决。由于缺乏手工业社会主义改造经验，因而根据"重点实验，稳步前进"的方针，在组织手工业生产合作社（组）时，各地区先进行典型试验，对组织起来的手工业生产合作社（1953 年浙江省有 200 个生产社，近千个生产小组、加工厂等单位），则以巩固提高为主，一般暂不发展。①

随着农业生产的发展和人民生活水平的提高，手工业品销售有了快速增长。根据吴宁、孝顺、佛堂等乡镇的调查，1952 年产值比 1951 年增加 93%，特别是农民、渔民所需的简单农具、渔具，更是出现脱销情况，如在余姚县天妃宫交流会上，手工业品销售额占产品销售额的76.5%，其中竹、木、铁器（主要是农具）占 87%。② 这说明与人民生产生活息息相关的手工业，在今后很长一段时期内，仍是不可缺少的经济力量。因此，对于一切暂时无法被现代工业取代，又为城乡居民生产生活所需的手工业，积极鼓励其发展，或予以维持。但手工业本身存在工具简陋、资金短缺、技术落后等问题，严重影响着手工业者的生产经营积极性。为了使手工业生产适应合作化发展需要，中共浙江省委根据中共中央《关于应当重视手工业的指示及湖北省的经验》，③ 除了要求各地对手工业进行深度调查研究外，还召开手工业代表会议，制定手工业生产的若干政策。

在处理师徒关系、雇佣关系与劳资关系三者之间的关系时，主要根据中央人民政府政务院《关于划分农村阶级成分的若干新决定》和赖若愚④

---

① 《关于解决当前手工业生产中若干政策和领导问题的报告》，浙江省档案馆藏，档案号：j007 - 005 - 019。

② 《关于解决当前手工业生产中若干政策和领导问题的报告》，浙江省档案馆藏，档案号：j002 - 53 年 5 卷 - 019。

③ 1953 年湖北省召开了第一次手工业代表会议，详细研究了当地手工业的生产情况，阐释了中央关于扶持和发展手工业的方针，并在代表们充分讨论后，制定了"关于师徒、雇佣、劳资之间几项问题的协议"。

④ 赖若愚（1910—1958），山西五台县人，1949 年后任中共山西省太原市委记、中共山西省委书记、山西省人民政府主席。1952 年起任中华全国总工会秘书长，1953 年在中国工会第七次全国代表大会上，当选为中华全国总工会主席。

在全国私营企业工会工作会议上的总结报告两个文件。所谓小手工业者或独立生产者是指占有少量手工工具、原料等生产资料，自己进行手工业生产，并出卖成品作为全部或主要生活来源的人。由于小手工业者一般不雇用工人（偶尔雇用劳动性质的助手或学徒），以本人的手工劳动所得为主要生活来源（这种小手工业者的地位和中农类似），故其与所雇学徒之间的关系称为师徒关系，与雇用的工人——"助手"之间的关系称为雇佣关系。手工业资本家是指占有大量手工工具、作坊、原料等生产资料，雇用的工人、学徒并不以辅助自己进行劳动生产为目的，而是为了获取利润；这是小手工业者与手工业资本家的主要区别，手工业资本家与所雇工人、学徒之间的关系称为劳资关系。另外，手工业中师徒、劳资、雇佣关系还包括以下几种情况。

雇用的学徒满师后成为主要劳力，但同时因生产无法正常或工具不够用，以至于不能经常参加劳动的人，仍为独立生产者；满师后成为主要劳力的学徒与业主之间的关系可称为雇佣关系。但如家中一贯无人参加主要劳动而雇用工人满二人者，则称为资本家。

除从事本业生产外，另有其他收入者，应按不同情况决定其成分。如以其他收入为主要来源，则按具体情况决定其成分；如以本业为主，则合并后计算其收入。以本人劳动收入为其主要生活来源者，为独立生产者，反之则为资本家。

原来是工人或独立生产者，因丧失劳动能力而不得不雇用工人，所取得的收入不多，生活并不富裕，仍视为独立生产者，所雇用的工人与业主之间为雇佣关系。

原来生产资料较多，主要依靠雇用工人进行生产；后解雇大部分工人，但生产资料仍基本存在，不论自己是否参加主要劳动，均视为以资本家，但参加主要劳动时间达到两年以上的，则为独立劳动者。

原为独立生产者，后与他人合作，但仍以自己的工资为主要生活来源的，视为独立生产者；若原为资本家，虽参加合营但仍以雇用工人为主的，为资本家。[①]

①　《关于划分手工业中师徒关系、雇佣关系与劳资关系的初步意见》，浙江省档案馆藏，档案号：j101 - 004 - 162。

为了改善手工业师徒、雇佣、劳资关系，加强对手工业生产的指导与扶助，克服手工业生产中存在的各种障碍，中共浙江省委根据上述划分，要求"在处理师徒、雇佣和劳资关系时，要以'团结生产、尊师爱徒'、'有利生产、团结互助'和'发展生产、劳资两利'为原则，改善手工业者之间的关系"。同时，中共浙江省委农村工作部在给各地手工业主管部门的处理意见中进一步指出："要允许手工业者有雇工自由，对那些虽然雇用一到两名辅助工人、学徒的手工业者，但主要依靠自身劳动为主的，应与依靠雇用工人来获取盈利的手工业资本家有所区别。"在雇工期限方面，则"根据生产需要，由主雇双方自由协商订立合同，合同期满不做解雇论"。但在雇用工人时，需要事先申请并通知工会，事后向当地政府劳动部门登记，审查备案。①

在师徒关系方面，师傅根据实际需要或为了传授技艺，可以自由招收学徒，不受任何限制；并在学徒学习过程中，提倡尊师爱徒，以教好、学好技术为荣。在学徒的学习时间及待遇福利问题上，由师徒双方自由协商，订立师徒合同，学徒满师后不做解雇论，如师傅店内需要用人，根据双方意愿，可以订立合同，留下工作，工资另行协商；如店内不用人，师傅根据旧有习惯，尽力帮助学徒就业。但招收学徒时亦需通知工会，并向劳动部门登记，审查备案。②

一般来说，手工业者绝大多数是小生产者，自己不参加主要劳动，依靠雇用工人来获利的手工业资本家只占很小一部分。1953 年杭州市共有手工业户 3132 户，其中独立生产者 2432 户，占 78%。从一些主要行业来看，大部分个体劳动者都以自己的劳动所得为生活来源，如衢县铁器业 54 户中，独立生产者 45 户，占 83%，其中有师徒关系的 27 户。在"五反"以后，在划分独立劳动者与手工业资本家阶级的界限时，错误地把独立手工业者当作"资本家"处理，造成了师徒关系、雇佣关系的不协调，扩大了劳资关系的紧张面，打击了小手工业者的生产积极性，引起了他们的怀疑和不满。铁器业的独立生产者反映，"麻雀跟着雁鹅

---

① 《关于解决当前手工业生产中若干政策和领导问题的报告》，浙江省档案馆藏，档案号：j002－53 年 5 卷－019。

② 《关于解决当前手工业生产中若干政策和领导问题的报告》，浙江省档案馆藏，档案号：j002－53 年 5 卷－019。

飞，芝麻放在豆里炒，硬是把泥鳅拉成黄鳝那么长"，非得把他们与资本家一样看待。不仅使他们生产情绪低落，而且有的因此而不愿意带徒弟，"带一个徒弟请一个爷"，师徒双方都无心于技术改进。①

分配方面。合作社盈余除了用于支付社员工资外，主要用于举办文化教育、福利事业，或作为合作社用来扩大再生产的基金，以及上缴给国家的税收。合作社在处理具体的分配问题时，主要以"先工资，次治病救济，有多余再积累"为原则，妥善处理社员、合作社和国家之间的分配关系。由于手工业种类繁多、产品各异，生产设备和技术条件又参差不齐，对合作社的工资分配形式，无法规定具体统一的标准，因此，要求各地区根据合作社的实际情况，逐步对工资分配形式加以改进。

为了克服不合理的工资制度，激励社员钻研并提高技术，促进手工业生产的发展，在处理社员与社员之间的分配关系时，要求：社员的工资水平，一般低于同行业、同工种地方国营工厂的职工工资水平，高于集体农民的收入水平。② 但由于手工业的特殊性，还对以下几类人员的工资进行了区分。

对一般的社（组）员，根据不同技术评定等级，实行计日或计时工资制，领取与技术相符的工资。对老弱但有技术的社员，除了生产岗位给予适当照顾之外，一般采取固定工资的形式，允许其自主安排生产，或进行技术指导。对技术好的老师傅，客观公正地对他们的等级进行评定，不能因思想转变较慢而压低；特别是特种手工艺品行业，为了保持民族特色，鼓励艺人创作和提高传授技艺的积极性，以实行计时评级工资制为主，并在艺人传授技术时给予技术津贴。学徒学艺期间虽不评工资等级，但需给予生活费，如未掌握所学主要技术，则延长学习期限。③

---

① 《关于划分手工业中师徒关系、雇佣关系与劳资关系的初步意见》，浙江省档案馆藏，档案号：j101 - 004 - 162。

② 以社员同工厂工人的同样劳动时间和常年平均工资来计算，如社员劳动时间超过了工厂工人，其常年平均工资水平允许略高。

③ 《第十二期组导干部训练班第六课报告提纲——在发展生产的基础上，搞好合理分配工作》，浙江省档案馆藏，档案号：j112 - 004 - 013。

行政管理人员的工资水平基本上与生产人员相适应，避免行政人员工资高低不一的问题。[①] 对他们的工资形式，一般以实行月薪职务工资制为主。对有技术的脱产人员，其工资水平与同等技术的生产人员相当；基层社行政管理人员的工资标准，由县、市联社根据不同行业、职务繁简、能力水平和工作态度等提出意见，并交由基层社讨论确定。

对"连家铺"中的家庭辅助工，凡大部分时间参加手工业劳动，本人有一定技术的，则不算作辅助工，吸收其加入合作社。如因家庭事务较多、不便集中生产的，采取社外加工的办法，发原料收成品，以合作社的计件单价计算工资。[②]

对于工资水平较高的合作社，将更多的盈余资金用于积累和举办集体福利事业；对没有增加收入或增加较少的合作社，则以提高社员收入为主，然后再进行积累。一般情况下，对于国家各项税收、利息和原料供应上的优待差额[③]，都提作公共积累，不得分给社员个人；通过不断添置集体生产所需的设备，逐步为之后半机械化、机械化的扩大再生产创造条件。[④] 但同时对个别有特殊情况的，如有些社员入社后收入比之前下降过大，并且家庭人口又较多，生活难以维持的，过去没有辅助劳

---

① 干部福利费、医药费按经营业务的规定办理，在福利基金中开支，在年终决算后进行分配，对福利基金（其来源为按各自总额的 3% 提成）的不足之数，可在年度盈余总额 2.5% 范围内，在（其他提出资金）科目（垫付专用基金）子目垫支。《一九五五年度手工业合作组织年终分配标准及财务管理暂行办法与各项基金提用暂行办法的补充规定》，浙江省档案馆藏，档案号：j112 - 002 - 006。

② 《浙江省国营商业和合作社划分经营范围的规定》，浙江省档案馆藏，档案号：j134 - 001 - 144。

③ 进行盈余分配时，应先行提缴所得税和剔除国家优待，并将减征的所得税及国家优待直接转入基本基金，然后再行分配。所谓优待差额，主要包括以下三个部分。（1）银行利息优待：生产社、组借款利率低于个体手工业借款利率部分。（2）税收优待：生产社、组纳税依照《手工业合作组织交纳工商业税暂行办法》得到的减、免税数额，比一般工商业户少纳部分。（3）价格优待：一般以供应单位对生产社、组的优待折扣计算，如钢铁原料的供应价格，生产社、组比个体手工业者要低 1% ~ 3%，向手工业管理局物资供应处购买的国家清仓物资享有优待部分，在发票上注有"包括优待15%"字样；但某些原材料的取得，供应单位对生产社、组虽然没有明确的优待折扣，但实际上与市面差额甚大，由合作社、组按实际情况自行估算。《一九五五年度手工业合作组织年终分配标准及财务管理暂行办法与各项基金提用暂行办法的补充规定》，浙江省档案馆藏，档案号：j112 - 002 - 006。

④ 《一九五四年手工业工作总结及一九五五年工作意见——李茂生同志在全省第三次手工业工作会议上的报告》，浙江省档案馆藏，档案号：j112 - 002 - 001。

动力的，可暂时不提或少提公积金。

表 4 - 1　1955 年浙江省手工业年终盈余资金积累标准

项目	手工业生产合作联合社	手工业生产合作社	手工业供销生产合作社
基本基金	不得少于 50%	不得少于 50%	不得少于 60%
上缴合作事业建设基金	30%	20%	10%
教育基金	10%	5%	
福利及奖励基金	5%	5%	不得超过 30%
劳动分红		不得超过 20%	

　　注：对工具公有、集中生产，并实行按劳分配的手工业生产小组或供销生产小组，参照手工业生产合作社的分配原则，经组员会议讨论进行分配；工具仍为个人所有、分散生产的小组，则参照手工业供销生产合作社分配的原则，经组员会议讨论进行分配。

　　资料来源：《一九五五年度手工业合作组织年终分配标准及财务管理暂行办法与各项基金提用暂行办法的补充规定》，浙江省档案馆藏，档案号：j112 - 002 - 006。

　　为了保证社内管理费用的收支平衡，对统一领导、分散生产、上门加工、各负盈亏的合作社（组），需按《手工业生产合作社财务管理暂行办法》第 32 条之规定缴纳管理费。具体规定如下：

　　向社员按收益额收取 5% 的管理费，其中县、市联社从基层生产合作社上缴的联社管理费总额中，提出 20% 上缴省（市）生产联社；各省（市）生产联社又从县（市）联社上缴的联社管理费总额中提取 10%，上缴全国生产合作总社。各级手工业联社的直属工厂从销售总额中摊提联社管理费的比率不超过 1%，从代加工收入额中摊提联社管理费的比率不超过 2%；生产合作社从销售总额中摊提社管理费的比率不超过 1%，从修理装配、劳务服务、代制加工等收入额中，摊提联社管理费不超过 2%。①

　　同时，出于技术改造的需要，对集中生产、统一核算盈亏的制造性

---

　　① 《手工业生产合作社财务管理暂行办法》，见《一九五五年度手工业合作组织年终分配标准及财务管理暂行办法与各项基金提用暂行办法的补充规定》，浙江省档案馆藏，档案号：j112 - 002 - 006。

行业，在增加社员收入的基础上，适当提高积累比例；对修理服务性行业，一般根据生产特点、季节性来适当地提取，并定期加以调整；对统一供销、分散生产的行业，则由合作社统一承揽加工订货业务，发放原料、回收成品，社员按统一规格、标准，按件领取工资。

自从对棉织品实行统购统销后，订货加工就成为主要方式，工缴费的高低直接影响着社员的收入。因此，浙江省手工业管理局做了相关规定：同地区、同品质的产品，工缴费基本上保持一致；基层社的工缴费，要有一定积累；供销生产社的工缴费，需将干部开支费用计算在内；农村手工业的工缴费，一般稍低于城市、稍高于从事农业的收益，但不宜过高，以免农民弃农转入手工业中。在成品验收上，加工订货单位要按质评级，以避免以次货顶好货、粗制滥造，损害国家利益；也防止验收压级，变相压低工缴费，影响劳动者收入和生产积极性。①同时，为了使生产联社积极做好组织业务，为基层社服务，要求其只得收取一定的组织费用和利息，不得从中谋取高额商业利润。对新产品的工缴货价则不分经济性质，一律执行工业高于商业的利润分配原则（一般工业企业利润为55%～60%，最高不超过70%），进行工商利润分配；工缴货价存在严重不合理现象的（工商双方中有一方亏本的），进行适当调整。②

税收方面。为了配合对手工业进行社会主义改造，合作社根据规定的税率、税法按期向国家缴纳营业税和所得税的同时，税务部门也根据相应的政策，通过税率优待、手续简化等形式，扶持新组织起来的手工业合作社（组）。出于计算方便考虑，对于一般的合作社来说，税务部门按照《中央人民政府财政部发布工商业税暂行条例施行细则》第66条之规定，将营业税和所得税合并，并采取"半年一定，按季调整，按月缴清"定期定额的征收办法。这其中也包括由县级政府批准成立，资金独立、自负盈亏的生产小组。但供销社附属且资金合一的生产小组（或称加工小组），则不在这范围之内，调拨给供销合作社的产品，按系统内

---

① 《关于棉、针织手工业座谈会的报告》，浙江省档案馆藏，档案号：j101-006-104。
② 《关于本省工缴货价中几个问题的联合通知》，浙江省档案馆藏，档案号：j125-020-078。

部调拨处理。①

生产合作社（组）员因淡季空闲，连续停工时间在 30 天以内的，月终计算营业额时，以社员人数平均计算；超过 30 天的，不列入社员平均计算营业额。停工时间系跨月的，上月列为社员平均计算，下月不列为社员计算。经批准新成立的生产合作社（组），自成立月份起，营业天数不满一个月的，以实际营业天数计算。②

政府为了动员手工业者下乡修理农具、家具和推销产品，对下乡修理农具、家具课以 3.5% 的税率。③ 手工业者在下乡经营修理业务时，将外出人数、施工地区，报税务机构核备，在返回时，对其外出部分的收益额，并入当月合作社营业收益额内。在当地申报纳税的，一律不在施工地另征收营业税。④ 在对外销售时，由当地税务局核发证明单，按当地使用定额税率计算税额。合作社与合作社（供销、消费合作社）之间相互委托代理购销农民手工业品，暂按手续费纳税。

合作社内部调拨手工业品，均不纳营业税；⑤ 其中包括了手工业合作组织出售的、由手工业生产联社调拨的清仓物资及呆滞物资。⑥ 但如出售给国营企业或不在同一系统的其他部门时，则一律按货物所属行业

---

① 手工业生产合作社及供销社领导的长期或临时性的生产小组，由于其资本独立，单独处理盈亏，中共浙江省委批准，自 1953 年起所得税暂免征收，1953 年已征税款予以退还。《关于合作社所得税汇算清交各项具体规定》，《公文通报》（第 31 期），浙江省档案馆藏，档案号：j112 - 001 - 011。未经区级政府或合作社批准成立的生产小组，虽受区合作社的领导，仍按一般工商业户处理。《关于手工业生产小组纳税问题补充说明》，《公文通报》（第 58 期），浙江省档案馆藏，档案号：j112 - 001 - 011。

② 《生产合作社纳税的补充说明》，《公文通报》（第 31 期），浙江省档案馆藏，档案号：j112 - 001 - 011。

③ 《关于解决当前手工业生产中若干政策和领导问题的报告》，浙江省档案馆藏，档案号：j002 - 53 年 5 卷 - 019。

④ 销地所纳税款，原则上不得在原定额税款内减除，但如外销后影响其本店营业额，较原核定营业额下降幅度 20% 以上者，应由当地税务局办理退税或在原定额税款内减除。《关于手工业户的纳税问题》，《公文通报》（第 55 期），浙江省档案馆藏，档案号：j112 - 001 - 011。

⑤ 《国营企业及合作社调拨与出售农民手工业品纳税问题》，《公文通报》（第 1 期），浙江省档案馆藏，档案号：j112 - 001 - 011。

⑥ 手工业联社及其经理部接受所属手工业生产合作社（组）委托，代其购买原料、商品等物资，不论属于工业品或农业品，均按 7% 的税率缴纳营业税。《关于手工业合作部门出售产品或委托代购原物料等纳税问题的通知》，浙江省档案馆藏，档案号：j112 - 002 - 017。

税率缴纳营业税。① 同时，考虑到小手工业者资金短少、购买原料困难，在税法规定范围内，经申请批准后，允许小手工业者联购原料，在发放给各户时不再增纳工商税。

1955 年，浙江省按财政部颁布的《手工业合作组织交纳工商业税暂行办法》，进一步减免了新组织起来的手工业生产合作组织的税额，以促进手工业合作事业的发展。具体规定如下。

手工业生产合作社自开工生产的月份起，营业税减半缴纳一年，所得税减半缴纳两年。营业税虽从第二年起按照有关规定、条例正常缴纳，但对个别经营仍有困难的合作社，在缴纳营业税额 20% 的范围内，酌情给予一定期限减免优待。手工业联社、供销生产社、生产小组，第一年营业税减免 20%，所得税减半缴纳；第二年起，按照相关条例、规定缴纳。但对某些人数多、产值低和经营有困难的手工业合作组织，自成立起的第一年内，如社（组）的营业收入的收益额（以每个社员平均计算），尚不满当地私营小型工商业户缴纳工商业税起征点的，可以免纳营业税。

对边远山区、少数民族地区新组织起来的手工业生产合作社，营业税、所得税有更高的优待标准。并且自第二年起，对于经营仍有困难的合作社，经浙江省人民委员会批准，在应纳营业税额 50% 的范围内，给予一定期限的减税优待。②

贷款方面。银行对手工业的贷款对象主要是为农、渔业服务的手工业合作社、组，其次是个体手工业者。中国人民银行浙江分行根据国家对手工业的政策，要求各地的分支机构正确运用国家的信贷力量，积极帮助手工业合作组织发展、巩固和提高，促进其完成生产计划；对个体手工业者给予贷款扶助，使之增加生产，并引导其走向合作化道路。③

手工业生产合作社（包括联社）：通过短期信贷，一方面支持合作

---

① 《关于手工业合作部门出售接受清仓物资及呆滞物资的纳税问题》，浙江省档案馆藏，档案号：j112 - 002 - 017。

② 《手工业合作组织交纳工商业税暂行办法》，浙江省档案馆藏，档案号：j123 - 013 - 041。

③ 《为布置贯彻总行关于手工业信贷工作的指示由》，浙江省档案馆藏，档案号：j112 - 002 - 016。

社合理的资金需要；另一方面对其进行适当的监督，促使其完成生产经营计划、节约资金、改进财务，逐步建立经济核算制度。在充分发挥自有资金潜力的前提下，根据一定时期的财务收支差确定贷款额度。

供销生产社、生产小组：在供销关系上，通过加工、订货、包销的方式，与国营商业、供销合作社保持着联系，并逐步将其生产纳入国家计划。因此，在根据其生产运转过程中资金需要情况，积极地予以贷款支持，协助加工、订货任务的完成，并促进组织的发展。

个体手工业者：为了使产品质量和数量符合市场需要，使其完成加工、订货合同的任务，国家通过贷款调节个体生产者的供产销关系，防止其盲目生产。对自产自销者，在原料有来源、产品有销路的条件下，给予贷款帮助，以增加生产，满足市场供应。银行贷款在个体手工业者有一定的自有流动资金参与运转的前提下，采取逐笔申请、逐笔审核的办法，但不硬性规定贷款与自由流动资金比例；同时，在贷款期限长短方面，从需要与适当原则出发，帮助手工业者能周转一次或度过淡季。[①]此外，为照顾小手工业者人手不足、记账困难等问题，对农村小集镇手工业放款时，尽量简化贷款手续，一般不规定资金比数和要求实物质押。[②]

银行贷款对促进和巩固手工业合作社的发展是有一定作用的。据1955 年 1 月至 8 月的统计，温州、宁波、嘉兴、余姚、平阳、永嘉、淳安等七个地区的银行，共计向手工业联社贷款达 235 万元，帮助基层社解决由资金短缺造成的供销方面的困难。[③]

原料供给方面。浙江省手工业不仅在原料采购上以就地取材为主，而且产品基本上在本地范围内销售，自产自销的手工业品约占 75%，销往省外及国外的只占 25% 左右。统购统销后，手工业者原先自购原料、自销产品的方式受到严格限制，甚至连编织所用的竹、草、藤、柳、棕丝的采购，也都受到影响。对以钢铁、棉纱为原料的手工业合作社而言，国家统一分配后供应量日益压缩，以致不少地区的合作社出现停工待料

---

① 《为布置贯彻总行关于手工业信贷工作的指示由》，浙江省档案馆藏，档案号：j112 - 002 - 016。

② 《关于解决当前手工业生产中若干政策和领导问题的报告》，浙江省档案馆藏，档案号：j002 - 53 年 5 卷 - 019。

③ 《为要求拨发给我社固定资金十万元由》，浙江省档案馆藏，档案号：j112 - 002 - 016。

现象。

为保障手工业生产所需的原料供给，国家规定："对地方性的原料和废品废料，允许合作社及手工业者自购自用；商业部门在手工业原材料供应上，给予便利。"① 合作社所需的、由国家统一分配的钢材、生铁、焦炭、有色金属、化工原料等 10 余类物资，国家要求各级手工业管理部门逐级上报消耗定额，由省汇总后向国家计委提出申请，并按照国家分配数字，逐级平衡调拨。属于国家统购统销和统一掌握的麻、丝、毛、棉纱、桐油、木材、粮食等物资，一部分由各省联社及相关部门进行平衡；省内短缺的，则由各省联社经理部组织调拨。如毛竹、棕片、小竹、席草、木炭等地产原料，依照当地的物资管理办法，经人委批准后可自行采购解决。当基层社自购自用遇到困难时，市、县联社组织有关基层社进行联合采购，或由联社协助基层社与供销社、农业社组织挂钩，或者由基层社委托当地供销社或上级联社进行代购。非原料产区的县、市由供销合作社统一计划供应，如供销社不能满足需要，经与产地沟通同意之后，组织基层社到产区采购，或者直接向产区商业部门购买。对部分类型的小宗原料，由基层社自行向各有关部门及小商小贩购买。② 总的来说，在保证满足国家工业原料需求的前提下，尽量保障手工业生产，尤其是手工业者急需的小型木料、竹子、铜、铁等原料供给。③

资金、工具、成品等入股方面。个体手工业者在加入合作社时除了缴纳规定股金外，根据生产需要和自愿互利的原则，将多余的现金投入合作社作为生产资金，并按银行存款计息（亦可稍高于银行利率）。对不愿将多余资金投入合作社的也不强迫，教育其合理使用，防止浪费。在小业主加入合作社后，他们投入的资财超过了定额股金，而合作社又无力偿还超过部分时，将这部分资财以折价、存社、付息的办法，分批、分次地返还给社员，避免社员和合作社（组）之间的经济利益纠纷。

工具、原料等生产资料按市值折价归社（一次付款或分期付款），

---

① 《手工业内部和外部关系上的新问题》，《人民日报》1956 年 9 月 27 日。
② 《一九五七年供销工作的意见》，浙江省档案馆藏，档案号：j112 - 004 - 002。
③ 《关于解决当前手工业生产中若干政策和领导问题的报告》，浙江省档案馆藏，档案号：j007 - 005 - 019。

其中生产工具亦可由社借用，付给合理租金。① 对主要生产工具进行折价时，一般按照新旧程度，参照国营工业部门出售价格进行估价。如社员迫切要求归还，在不影响社的生产经营情况下，以减轻国家负担，有利于社的巩固为原则，按照社章规定，分期归还。但要防止过分强调合作社利益而忽视手工业者的实际困难，采取强迫动员方式，而不利于生产社的巩固。② 对厂房、建筑设施，按照新旧程度，参照当地房地产交易管理机构的估价标准进行估价；如果没有上述价格以供参照，通过协商方式解决。③

对成品估价时，以国营企业收购价格减去应付税款进行估价；半成品一般参照国营企业收购成品价格，减去应付税款，按完工程度适当估价；如没有国营企业收购价格以供参照，则通过民主议价协商解决，对质量低劣或滞销的成品或半成品应打折扣进行估价。④

第二节　合作社生产管理制度的建立

为了适应手工业合作化的发展，提高广大个体手工业者加入合作社的积极性，浙江省除了在供产销关系上给予手工业照顾和优待之外，一个重要措施便是建立完善的生产管理制度。手工业作为国营工厂的辅助，尽管在生产技术、机械设备等诸多方面还无法达到后者的水平，但是通过生产关系的转变和现代企业制度的实施，已然成为当时客观环境下提高劳动生产效率最为可行的方式。在手工业合作化过程中，不但传统的生产资料私有制逐步向集体所有制过渡，手工业的生产关系也发生根本变化，原先松散的、家庭式的个人生产被集中的、工厂式的分工合作所替代，因而就需要引入一套新的管理制度来"驾驭"手工业者，使合作

---

① 《关于独立劳动者入社多余资金处理意见请示报告的复函》，浙江省档案馆藏，档案号：j112 - 002 - 014。
② 《为请示在手工业改造过程中几个具体问题的政策性问题的处理报告》，浙江省档案馆藏，档案号：j112 - 003 - 035。
③ 《一九五五年度手工业合作组织年终分配标准及财务管理暂行办法与各项基金提用暂行办法的补充规定》，浙江省档案馆藏，档案号：j112 - 002 - 006。
④ 《为请示在手工业改造过程中几个具体问题的政策性问题的处理报告》，浙江省档案馆藏，档案号：j112 - 003 - 035。

社能尽快地得到巩固和发展。同时，规范的生产管理制度，改善了社员的福利待遇和工作环境，对吸引个体手工业者加入起着良好的示范效果。一般来说，手工业合作社的生产管理制度主要包括企业管理制度和生产经营制度两大类。

第一类是企业管理制度，它主要包括了领导制度、工资制度、福利保障制度、财务管理制度、定期会议制度以及奖励制度。这些管理制度对改善社员的经济收入，提高他们的生产积极性，有着重要的促进作用。

领导制度。理事会、监事会作为日常事务管理的执行机构，对合作组织的巩固和发展、内部管理制度建设发挥着积极作用。[①] 理事会的主要职责是根据社章制定各个理事的职责范围，加强其责任感，提高其工作的积极性。如温州市油漆社对理事进行明确分工，安排理事主任负责全面工作，两个副主任管理供销、生产任务，其他理事分别负责生产、福利、业务、组织、劳保等方面的具体工作。通过分工，不仅使理事增强了工作的责任感，而且促进了社内民主作风。[②] 有些合作社通过定期召开会议，检查汇报各理事的工作执行情况，并向社员大会做定期汇报，在社员的监督下遏制了社内贪污浪费现象。[③] 如宁波乌红木生产合作社按月向社员汇报工作、公布账目，使社员了解每月生产、业务、财务等各方面的情况，调动了社员参与合作社管理的积极性。[④]

---

① 合作化高潮中，对1955年以前组织起来的老社要求80%以上（1957年有95%以上）做到：（1）组织纯洁（没有反革命分子），有一定的管理制度；（2）生产较有计划，并建立生产管理制度（如原材料收发保管制度、生产责任制度、产品检查制度）；（3）分配合理，没有经济剥削；（4）产品质量高，比组织前生产成本低；（5）建立财务管理制度，没有贪污。保证90%以上新社组织纯洁，财务不乱，分配较为合理，70%以上能达到对老社所提的五项要求。《浙江省手工业社会主义改造的规划方案（草案）——李茂生在浙江省第一次手工业生产合作社代表会议上的报告》，浙江省档案馆藏，档案号：j112 - 003 - 002。

② 《温州市油漆社理事会集体领导的经验》，《学习参考资料之一》，浙江省档案馆藏，档案号：j112 - 004 - 013。

③ 对理事会和监事会的具体职责规定，详见《中华人民共和国手工业生产合作社暂行条例草案（修正稿）》第55、56、57、58、59、60、61、62条，浙江省档案馆藏，档案号：j112 - 003 - 003。对理事会、监事会的具体要求在干部训练班的资料中也有涉及，《手工业生产合作社示范章程（草案）》，浙江省档案馆藏，档案号：j112 - 004 - 013。

④ 《宁波市乌红木生产合作社贯彻民主办社方针，办好合作社》，《学习参考资料之三》，浙江省档案馆藏，档案号：j112 - 004 - 013。

监事会作为合作社（组）监察机构，对社内的财务、经营管理进行监督，保证合作社（组）的有序发展。如杭州市服装一社监事会的主要任务是检查社内的财务情况，监督社内合同执行、产品质量、劳动调配等，以及理事会在执行上级指示和处理社内重大问题时是否按章办事。通过监事会工作的有效开展，服装社消除了挪用公款、生产混乱的现象，不但节约了生产成本和日常开支，还提高了社员收入，1956年社员平均产值达 7576 元，比 1955 年增长 32.4%，社员年平均工资达 535 元，比 1955 年增长 24.1%。①

理、监事会工作的开展，在一定程度上提高了手工业者的政治地位，逐渐培养了他们"以社为家"的意识，消除他们与社干之间的隔阂。有些社、组还能通过检查，补选或改选部分不称职干部，有助于健全和完善领导机制，强化社内的民主氛围，如临安县朱研竹器社之前的理事主任压制民主、包办代替，社员意见较大；后经改选，社内民主气氛日益高涨，生产积极性大为提高，原来要退社的张某某等三人都不退了。同时，还有些合作社成立了财务管理委员会、节约委员会、产品检验组等管理机构，有的社还结合社内具体情况，修改了社章。过去讽刺理事主任是"昏君"、监事主任是"安乐王"的现象逐渐消失。② 1956 年，浙江省共有 50% 左右的合作社（组）制定了社章，部分地区达到 60% 以上。③

但同时，不可忽视的事实是，大多数社员由于能力所限，其所拥有的职权并未能得到充分有效的行使。一般社员大会做出的"指示"，基本上是理事会"自上而下"的布置传达；生产、财务等重大问题，更是不经过社员充分讨论而直接做出，以致社员不重视社员大会，他们反映说："开会浪费时间，浪费香烟。"在改选理、监事方面，也是少数社员根据上级手工业主管领导的意图来决定，不顾大多数社员的意见，因此

---

① 《分工负责抓住重点建立制度——杭州市服装一社积极开展监事会工作》，《学习参考资料之四》，浙江省档案馆藏，档案号：j112 - 004 - 013。
② 《浙江省关于整顿巩固提高现有手工业生产合作社、组工作的初步总结》，浙江省档案馆藏，档案号：j112 - 002 - 002。
③ 《关于进一步开展增产节约运动的讲课提纲》，浙江省档案馆藏，档案号：j112 - 004 - 013。

有的社员说："理事会早就决定好了，还要我们选举做啥！"①

工资制度。个体手工业者在被组织起来之前，绝大部分是一家一户的小商品生产者，他们的日常开支都从所得经济收入中支取，因此工资与所得经济收入并无太大区别。组织起来后，在互助合作关系下，生产资料是社员集体所有，工资报酬则完全根据每个社员的劳动来获取。②

在工资问题上，浙江省手工业生产合作社一度处于混乱状态，如有的参照供销基层社的工资标准，有的参照干部供给标准，也有的不管工作轻重繁简，一律采取平均工资，等等；有些职责重、工作好的社员待遇较低，反而职责轻、工作差的社员在待遇上较高，严重影响了社员的生产积极性和合作社的巩固、发展。

为了调整社员工资中不合理的情况，1955 年浙江省手工业管理局根据全国供销合作社总社《关于颁发农村基层社合作工作人员暂行工资标准的规定》的要求，对手工业生产合作社的工资水平制定了相关的政策标准。③ 但由于手工业涉及的行业众多，规模大小不一，经济基础又差别较大，在合作社管理人员（间接生产人员）与直接参加生产的社员的工资标准无法完全统一的情况下，为了使合作社管理人员安心工作，鼓励社员积极钻研技术，提高劳动效率，浙江省手工业管理局要求各级合作社根据实际情况，对工资进行适当的调整。表 4 - 2 是浙江省手工业管理局为了解决合作社干部和社员之间工资混乱情况，所制定的间接生产人员工资等级表。

表 4 - 2 1955 年浙江省手工业生产合作社间接生产人员工资等级

职务	等级	工资分
（甲栏） 正副理事主任	1	250
	2	220

---

① 《民主办社的情况和今后工作意见》，浙江省档案馆藏，档案号：j112 - 004 - 037。

② 《第十二期组导干部训练班第六课报告提纲——在发展生产的基础上，搞好合理分配工作》，浙江省档案馆藏，档案号：j112 - 004 - 013。

③ 《关于目前手工业生产合作社管理人员工资问题的处理意见》，浙江省档案馆藏，档案号：j112 - 002 - 014。

续表

职务	等级	工资分
（甲栏） 正副理事主任	3	190
	4	170
	5	150
（乙栏） 理事会部门各组组长 专职生产理事车间主任	1	210
	2	190
	3	170
	4	150
	5	130
（丙栏） 主办会计、技术检验、计划 统计、主办业务、成本会计	1	180
	2	160
	3	140
	4	125
	5	110
（丁栏） 总务、出纳、保管、 营业、记账等一般人员	1	160
	2	140
	3	120
	4	105
	5	90
（戊栏） 勤杂人员	1	125
	2	110
	3	95
	4	80
（己栏） 试用人员	1	110
	2	95
	3	85
	4	75

资料来源：《关于目前手工业生产合作社管理人员工资问题的处理意见》，浙江省档案馆藏，档案号：j112 - 002 - 014。

对直接参与生产的社员一开始以按劳取酬的计件工资为主，后随着流水作业法的推广，部分社进而采用以工序计算工资的方式。诸暨牌头区棕绳品供销生产社在分配生产任务时，将定额数量的原料发给小组，小组完成生产任务，经仓库管理员验收后，按产品计件单价逐批结算工资。1955 年推广流水作业法后，各小组普遍推行按工序计工资的办法。如制造甲级棕衣过程中，将其分成六个工序，并制定出各个工序的单价，打领 0.1 元，铺身 0.25 元，缝夹里 0.18 元，缝面子 0.6 元，做摆 0.33 元，打棕绳 0.64 元，合起来就是一件衣服的单价。①

随着部分手工行业逐步向半机械化、机械化发展，产量迅速增加，原先的工资制度出现不合理的现象。如杭州市制钉生产合作社的工资水平严重超过同行业工资水平，社员平均工资收入增加约 30%，达到 70 元，最高的达到 81 元；并且合作社内工资也出现巨大差距，机器班社员的平均工资为手工班的两倍以上。实际上，国家为了扶持合作社的发展，特别是部分容易进行机械化、半机械化生产的合作社，通过国营企业向其出售大批低价的物资原料，加之机械设备的使用，实际产量必定超过原先的定额标准。针对上述情况，杭州市制钉生产合作社对社员工资进行适当调整，使社员的工资收入与同行业的平均水平大致相当（先后进行了两次工资调整，每次下调 20%）。②

从总体上看，浙江省 90% 的合作社社员工资都比入社前有所增加。1956 年平均工资为 283.59 元，比 1955 年增加了 4.34%，其中部分有条件的社甚至参照了同行业、同等技术条件的国营工厂来确定技术工资等级，保证了技术高的社员有较高的工资待遇。③

福利保障制度。为了保障社员的福利待遇，浙江省手工业管理局规定，年终决算提成的福利基金和 10% 以内的附加工资由合作社集中使用；对于有条件的社、组，积极举办福利事业，对漠视社员疾苦的倾向，加以纠正。④ 因此，各地联社、基层社根据规定，开展福利保障工作时，首先解决的是社员的医疗问题，特别是因公负伤社员的公费医疗。在浙

① 《诸暨牌头区棕绳品供销生产社的成长》，浙江省档案馆藏，档案号：j112 - 002 - 001。
② 《杭州市制钉生产合作社调整工资的经验介绍》，浙江省档案馆藏，档案号：j112 - 001 - 002。
③ 《第十二期组导干部训练班第六课报告提纲——在发展生产的基础上，搞好合理分配工作》，浙江省档案馆藏，档案号：j112 - 004 - 013。
④ 《第十二期组导干部训练班第六课报告提纲——在发展生产的基础上，搞好合理分配工作》，浙江省档案馆藏，档案号：j112 - 004 - 013。

江省大中城市中，手工业合作组织一般都实行了公费医疗或医疗补贴，有的地区对因公负伤或病、产假期的社员在工资补贴方面给予适当照顾。据 1956 年对宁波、绍兴、乐清、崇德等 18 个市、县 119301 名社员的不完全统计，已享受公费医疗的有 25887 人，占 21.7%，大部分社、组做到了"凡因工负伤的医疗费，由社、组报销"①；在一些小城镇和农村地区，合作社、组也根据社内经济情况，对社员生、老、病、死、残在经济上给予一定的补助。同时，为了提高社员饮食标准，杭州、宁波等市的部分合作社还按规定发给每人每天一定金额的营养津贴；对部分体弱患病社员，暂时调换岗位，让其做轻便工作或给予短期休假。

1953 年政府颁布劳保条例后，在工会、女工部及广大女工的积极争取下，女工照看孩子、医药卫生等问题都得到了逐步改善和解决，有的合作社为了照顾女工，还特设专科医生，并与劳工保健站建立了诊疗关系。②如温州市染织生产合作社根据社内的经济条件，规定：（1）女社员生育假期给予 40 天的工资；（2）有婴儿的妇女补发每天 20 分钟的工资（发到满月为止）；（3）病假在一个月以内可以拿基本工资的 30%，一个月以上至三个月的，发 20% 的工资；（4）举办托儿所，照顾七岁以下的儿童。③

对一些生活上有特殊困难的社员，基础较好的合作社从福利基金中提取资金进行补助。如杭州市部分合作社对生产劳动力不强，而家庭人口较多、收入不足以维持生活的社员，按每人每月 5～6 元的标准发放补助；对少数生活特别困难者，还在冬令棉衣、棉被等物资方面给予适当的救济补助。④

在日常生产过程中，合作社基础设施简陋，加之社员安全防范意识薄弱，部分社发生意外事故，致使人员伤亡和财产损失，仅 1956 年湖州农具机械社就发生工伤事故 3 起，其中致死一人，一人因触电而

---

① 《在发展生产的基础上，做好工资福利工作》，浙江省档案馆藏，档案号：j112 - 004 - 037。
② 《浙江省杭州市女工生产概况报告》，浙江省档案馆藏，档案号：j012 - 002 - 007。
③ 《温州市染织生产合作社工资调整工作报告》，《学习参考资料之八》，浙江省档案馆藏，档案号：j112 - 004 - 013。
④ 《关于手工业生产合作社（组）救济补助工作意见的联合通知》，杭州市档案馆藏，档案号：j054 - 002 - 047。

停工 13 天。① 另外嘉善、崇德等县的合作社也先后发生了压伤、断指等重大工伤事故。② 而对生产影响最大的安全问题，是夏季高温引起的中暑。部分合作社的社员暴露在高温环境下工作，致使其中暑病倒，手工业生产被迫中断。因此，为了改善社员工作环境，合作社积极采取各种防暑降温措施。如有些地区为了能及时解决问题，放宽了对添置降温防暑设备所需经费的限制，允许"先开支后上报"。据 1956 年对杭州、宁波、温州、绍兴、湖州、嘉兴等六市以及吴兴、崇德、海宁三县的不完全统计，用于防暑降温的资金达 957213.83 元，其中温州市降温设备投资合计 43729 元，比 1955 年增加 200.41%；新添置设备包括小型冷风机 62 台，各式鼓风机 15 台，各种风扇 731 台，喷雾机 7 架，吸烟圈 756 台，另外还有数量可观的通风器、窗、排风道、屋顶喷水器、深井及凉棚等。另外，有些合作社还对工作时间做了调整，缩短工作时间，延长午休时间；有条件的合作社甚至借用了临近的学校、庙宇等，充作临时休息场所。③

此外，随着合作社（组）公共积累的不断增加，社员的物质文化生活也有所提高和改善，据 1955 年 1 月至 9 月的不完全统计，建德专区建成了 12 个业余学校、5 个俱乐部、3 个图书馆；④ 嘉兴专区设立了业余学校 20 所，俱乐部、剧团等 11 个。⑤ 合作化高潮之后，各地联社在文化教育方面的投入进一步增加，如嘉善县 1956 年有 1000 多名 16～45 岁的社（组）员参加了文化业余夜校；在社员要求下，一些有条件的乡镇还以生产社、组为基础，增设了初中班。⑥ 除业余学校外，部分地方采取在工场边做边学的形式，由文化较高的社员教文化低的社员，或由基层社会计兼任教师，来提高社员文化程度。如杭州市部分合作社在条件许可

① 《湖州市农具机械社一九五六年打稻机生产初步总结》，浙江省档案馆藏，档案号：j112 - 003 - 018。
② 《关于打稻机生产专业会议的情况报告》，浙江省档案馆藏，档案号：j112 - 003 - 018。
③ 《关于本省一九五六年防暑降温工作总结报告》，浙江省档案馆藏，档案号：j112 - 004 - 032。
④ 《批判右倾保守思想，加速手工业合作化——建德地区代表宋秀村同志发言》，浙江省档案馆藏，档案号：j112 - 003 - 002。
⑤ 《嘉兴地区代表国静波同志的发言》，浙江省档案馆藏，档案号：j112 - 003 - 002。
⑥ 《嘉善县第六次手工业代表会议总结的报告》，《大会参考资料四》，浙江省档案馆藏，档案号：j112 - 003 - 002。

的情况下，由高小毕业程度的社员对新加入的社员进行学习辅导。①

财务管理制度。由于合作社财务管理和会计制度不健全，经常出现少数社员借着产品赊销而挪用、贪污公款。因此，为了尽快解决贪污问题，必须健全财务会计制度，浙江省手工业联社除了要求合作社理事会、监事会认真检查，慎重处理问题外，还提出了按月公布账目、采用中式账、印发账目收付清单等完善账务管理的建议。

1954年4月，中共余姚县在城镇委在浙江省联社工作组的支持和配合下，选择圆木、雨伞、铁器三个合作社和一个缝纫生产小组，进行新会计制度的试点工作，通过制订试点工作计划、加强会计人员思想教育、组织会计人员业务学习等措施，取得了良好效果。合作社、组都建立了简单明了的财务制度，会计人员能够计算产品成本，以及改变过去财务处理不当、账实不符的情况。在实行新会计制度后，通过直接利用备查簿进行检查，使合作社、组节省了人力物力，如圆木社账簿由之前的7本减少为5本，票据由每月184张减到36张。在经营管理上，圆木社过去在产品定价时通常不核算成本，以致30种主要产品中有6种长期处于亏损状态；后经重新核算，纠正了原先价格制定过程中的盲目状况。②

通过财务清理、整顿工作，改变了过去合作社资产混乱不清、浪费严重的现象。如慈溪县观城铁业社经过财务复检，发现之前被忽视的问题造成的损失竟达556元，社员痛心地说："我们想了很多年的一台车床逃掉了。"开化县城区篾器社社员通过盘点算账，检讨道："过去我只晓得早上爬起来劈篾，拿工钱，现在一算真吃惊了，这是我们的血汗呀！"③ 同时，浙江省手工业联社还要求合作社将日常闲置的现金存入银行，减少挪用、贪污行为的发生，"当遇特殊困难，经领导批准同意后，方能支借，并需按期归还"。④

---

① 《杭州市工业生产合作社联合社筹备委员会一九五五年对社员业余文化教育的意见》，杭州市档案馆藏，档案号：j054-002-006。

② 《余杭在城镇生产合作社建立财会制度试点情况》，浙江省档案馆藏，档案号：j112-001-002。

③ 《浙江省关于整顿巩固提高现有手工业生产合作社、组工作的初步总结》，浙江省档案馆藏，档案号：j112-002-002。

④ 《嵊县甘霖铁器生产合作社的产销结合与生产管理》，浙江省档案馆藏，档案号：j112-001-002。

部分合作社在建立财务管理制度的同时，还相应地完善财产保管、凭证审批和公布账目等制度。通过每月定期向社员公布账目成本、财务开支等，使社员更加了解合作社的日常情况，提高了社员参与合作社管理的积极性。

到 1955 年底，浙江省有 1308 个社、778 个小组建立了手工业会计制度，并建立了账务体系。为了加强对财会工作的领导，浙江省手工业管理局还训练了大批财会人员，据 1956 年的不完全统计，浙江省配备财会干部 141 人，培训基层合作社会计 2800 人，缓解了因合作社财会人员不足而产生的困难。①

定期会议制度。为了提高社员参与合作社管理的积极性，发挥合作社"集体生产、民主办社"的优越性，浙江省手工业联社要求合作社定期组织社员商议社内有关事项，讨论生产过程中出现问题。一些社通过定期会议制度，协商解决了合作社生产经营中存在的问题，如嘉善县魏塘镇铁器生产合作社每周末都召开生产理事、业务员、生产组长的联席生产会议，会议集中对本周内小段计划完成情况进行总结，制订下一周的计划。同时还通过对生产加工、原料采购、产品质量等方面的统筹安排，提高了合作社的生产效率，1954 年 7 月该社平均每人产值 80 元，到 10 月提高到 129 元，增加了 61.25%，10 月总产值计划超额完成了 104.8%。②

但同时，部分合作社也存在理、监事会未能发挥应有作用，定期会议流于形式的情况。有些理、监事存在着怕吃亏、怕负责等思想，在开会时"只带耳朵不带嘴巴"，甚至干脆不参加会议；或者理、监事之间闹不团结，开起会来议而不决，决而不行。有不少理、监事会不知道职权范围，以致工作被动，生产经营不善，社员思想混乱。有些社对监事会与理事会混淆不清，开会一起开，工作一起干，甚至派监事去做保管员、业务员、营业员等工作；也有一些监事无事可做，有名无实，反映说："上级开会只叫理事参加，什么工作都是理事会负责，我们还有什么好做的？除了在财务报表上盖盖章外，就没有什么事了。"个别监事会认

① 《一九五六年手工业财会工作情况与今后工作初步意见》，浙江省档案馆藏，档案号：j112-004-007。

② 《嘉善县魏塘镇铁器生产合作社贯彻省第一次手工业干部大会精神的工作报告》，浙江省档案馆藏，档案号：j112-001-003。

为自己是"管"理事会的，竟规定理事主任出去办事，需向监事主任请假，理事借钱也要监事批准；专门找理事会的岔子，理事会则把监事会看成是"眼中钉"，理事会和监事会之间闹对立。①

由于浙江省各地大部分合作社（组）的干部原先都是以个体经营为主的手工业者，组织管理经验有所缺乏，一些乡镇的新建社（组）为了提高合作社的领导水平，选择组织社与社、乡与乡之间的交流访问，学习彼此之间的经验。如余杭县仁爱区石濑、潘板、长乐三个乡共计 8 个合作社，规定每十天召开一次碰头会议，在会议上各社都将日常生产中遇到的问题提出来，供大家共同讨论，寻求解决方法。这种"互助合作网"式的会议，对解决干部经验不足的帮助作用很大，受到社干的普遍支持和欢迎，有的社干反映说："人多力量大，哪怕翻山越岭，这种会一定要参加。"②

奖励制度。在提高合作社生产效率和社员劳动积极性方面，除了合理的薪酬制度外，物质奖励也是一种重要措施。政府为了提高手工合作社的生产效率，对其中表现突出的进行适当奖励。如青田县山口石雕社在物质奖励的激发下，生产创作积极性显著提高，花色品种 1956 年比 1955 年增加一倍，比新中国成立前增长了 3 倍，成本降低了 20%；并且在培养学徒方面，短短 2 年时间里培养了 40 多名学徒，其中 10 余名学徒能独立完成雕刻创作。③ 同时，国家和浙江省手工业管理局还对一些出国参展的优秀工艺美术品生产合作社，给予适当的物质奖励。

表 4 - 3　1955 年、1956 年浙江省出国参展合作社奖金分配

生产单位	参加展览品种	拟发奖金（元）
东阳木雕生产合作社	木雕	200
东阳竹编生产合作社	竹雕	150
浦江县文化馆	剪纸、挑花	30
青田鹤城镇石刻生产社	石刻	150

① 《民主办社的情况和今后工作意见》，浙江省档案馆藏，档案号：j112 - 004 - 037。
② 《关于加速手工合作化和提高老社、巩固新社的初步总结》，《大会参考资料五》，浙江省档案馆藏，档案号：j112 - 003 - 002。
③ 《浙江省手工艺品优秀单位奖励意见》，浙江省档案馆藏，档案号：j112 - 004 - 029。

续表

生产单位	参加展览品种	拟发奖金（元）
青田油竹镇石刻生产社	石刻	30
青田山口镇石刻生产社	石刻	30
温州市手工业联社	石刻、黄杨木雕、草编、镶嵌、剪纸	250
乐清黄杨木雕生产合作社	黄杨木雕、剪纸	150
黄岩翻簧刻字生产合作社	翻簧	60
黄岩城关区竹器生产合作社	竹编	30
奉化竹业生产合作社	翻簧	60
嵊县城关镇竹器生产合作社	竹编	60
杭州绸伞生产合作社	绸伞	30

资料来源：《发给一九五五、一九五六两年参加出国工艺美术品展览奖金》，浙江省档案馆藏，档案号：j112－004－029。

部分合作社为了鼓励社员积极生产，在精神上进行鼓励的同时，在物质上也给予适当奖励，如温州市第一方木生产社为了鼓励改进、创新工具的先进社员，在一定时期降低工时定额，使之有较高工资收入；同时在各小组内建立了超额溢工奖励制度，即工资由社发放到小组时，在超定额完成的溢工中抽出10%工资来奖励完成计划较好的个人，使小组的集体计件生产同个人利益直接挂钩。此外，方木生产社还建立每季度总结评比奖励制度，采用直接评比奖励，树立先进旗帜的方式，"使落后的追赶先进，先进的更加努力"。如1956年第二季度共评出先进生产者20人，先进工作者8人，先进小组3个。其中社员王某某在过去生产中积极性不高，对领导多有不满，开展奖励评比竞赛之后，工作有了显著进步，被评为第二季度先进生产者。[①]

为了鼓励老师傅传授技艺，培养年轻手工艺人，并充分发挥他们的智慧，创造出更多、更好的新艺术作品，除合理工资报酬外，对有显著成绩的老艺人给予额外奖励。为此，1956年浙江省手工业管理局专门订立了《保护特种手工艺名艺人暂行办法》，来提高其经济待遇和社会地

---

① 《温州市第一方木生产社一九五六年第二季度劳动竞赛的情况》，浙江省档案馆藏，档案号：j112－003－018。

位。该办法规定，凡有特殊技艺，在国内乃至国际上素有盛名的，工龄在 15 年以上，或有创造才能并取得优异成绩的，经群众民主评议和报省局批准，可以冠以"名艺人"称号。名艺人的劳动报酬，高于一般艺人（平均工资不低于 60 元）；对未实行固定工资的名艺人，在吸收徒工或传授技艺时，给予合理报酬，保证其不少于原先工资水平；并且提高名艺人的政治社会地位，选拔思想进步、工作积极、有优秀作品的名艺人参加社会活动，如选派参加全国手工业工艺美术艺人代表会议的名单中，所选人员全部从各地区的名艺人中产生。① 此外，浙江省手工业管理局还要求各地对年龄大、体力差，但有一定技艺的老艺人妥善安排，在日常生活上也进行适当的照顾，使其能全身心地发挥技艺；安排有困难的，由当地政府予以社会救济；对名艺人在技艺创作上给予积极支持。②

第二类是生产经营制度，它主要包括了产品检验责任制度、生产计划制度、原材料收发保管制度以及供产销平衡制度。手工业在由个体分散的生产向集体合作化的过渡中，生产经营制度不仅使合作社日常生产处于一种有序发展的状态，而且保证了产品在供产销关系上符合国家要求。手工业被纳入计划经济后，在政府的指导下，原先个体手工业盲目生产致使产品质量低下、供求关系失衡的情况，逐步得到解决。同时，手工业者在生产经营制度的约束下，逐步向国营工厂所需的工人靠拢，为之后合作社转厂奠定基础。

产品检验责任制度。合作社制定质量标准，虽然能够督促社员增强生产责任感，提高产品质量，但是社员生产受产量定额要求、技术水平等因素影响，还是出现了粗制滥造、求量不求质的现象。因此，浙江省手工业管理局要求在提高社员技术水平和改进生产工具的同时，加强对原材料、半成品和制成品的检验。

一般来说，产品检查责任制度对减少废次品的损失、提高原料利用率、增强合作社的经济效益有着重要作用。在建立产品质量检验制度的

---

① 名单中的代表涵盖各地方、各个行业的优秀艺人，如温州的刺绣艺人林岩福、陈程鹏，东阳竹雕艺人杜云松、马正兴，青田石雕艺人林仕宽、林如魁，乐清木雕艺人叶润周，黄岩翻簧艺人陈芳俊，萧山花边设计艺人章金水，等等。《未转知召开全国手工业工艺美术艺人代表会议希予准备的联合通知》，浙江省档案馆藏，档案号：j112 - 004 - 027。

② 《保护特种手工艺名艺人暂行办法（草稿）》，浙江省档案馆藏，档案号：j112 - 003 - 034。

方法上，浙江省各地的合作社归纳起来主要有以下几方面。

首先，选派技术较好的社员出任质量检查员，对产品进行严格把关。嵊县甘霖铁器生产合作社在建立之初，由于检验人员不够合格，粗制滥造情况较为严重，农民反映："合作社好是好，可惜货色不好，如'关云长买豆腐，硬货不硬'。"为了解决质量问题，合作社建立了"产品入库经检查，次货要重做"的产品检验制度与"依炉编号、分别加印、各自负责"的生产责任制度。为了保证制度得到切实执行，合作社选择技术较好的社员黄某某、周某某为检查员，在检查上进行严格的把关，使产品质量得到明显提升，废品率从20%降到2%；同时，从生产技术上，对不合格的产品提出了修改意见。但在产品检验过程中也出现阻碍检查工作的情况，如社员李某某因技术高、经验丰富，当检查员向他提出修改意见时，他便说："这把铁锁只管卖出去，不好用由我个人完全负责。"因此，合作社领导借此机会召开社员民主会，对社员进行思想教育，会上李某某对自己的错误进行了检讨，会后重新修理了不合格的产品。此外，检查过程中还采用半制成品相互监督检查的方法，在产品调拨交货时进行抽检，如把快口（刀类）放磨石上磨过，观察是否有裂痕及其他瑕疵。对符合标准的产品，在入库前加上"验"字红印，并将主要产品附上保单，实行包退包换；对不够规格、质量低劣的产品，就按炉号交由原生产者重新返工。①

其次，由于不同的合作社在生产方式、产品价格和产品数量上存在差异，对它们进行检验时，根据实际情况分别进行。按检验方式来分，主要有自检、小组长检验、专职检验、上下工序检验、社际检验和群众性检查等多种形式。如湖州市平湖县农具机械社在生产打稻机初期，粗制滥造、敷衍了事的情况十分严重，几种主要零件的次废品率都比较高；即使对原检验合格的43500件零件进行复检，也发现次品786件，废品7808件，次废品数占零件总数的19.76%。因此，为了解决上述问题，合作社专门召集社员进行讨论、分析，认为原因主要有两方面：一方面，是由生产人员技术低导致的，部分社员连"厘米""公尺"都不认识，

---

① 《嵊县甘霖铁器生产合作社的产销结合与生产管理》，浙江省档案馆藏，档案号：j112－001－002。

更不用说看图了；另一方面，则是缺少严格的产品检验制度。因此，除了加强车床技术指导外，合作社通过健全产品检验制度和加强社员思想教育来提高产品的合格率。但由于社内车间没有专职检验员，并且零件品种复杂，经过社员的沟通、协商，合作社建立了群众性检验制度。按照图纸订出统一的检查公约，进行各工序、各车间的互相检查，社里在装配车间留两个专职检查员负责零件的最后检查工作。在贯彻群众性检验制度后，产品的正品率得到快速提升。从各种主要零件来看，次品率都有所降低。①

表 4 - 4   1956 年 6 月湖州市平湖县农具机械社各工种零件正品率完成情况

工种	正品率计划指标	正品率实绩
金工	98.5%	92.1%
铸工	95%	89.2%
锻工	100%	100%
装配	99%	100%

资料来源：《湖州市平湖县农具机械社一九五六年打稻机生产初步总结》，浙江省档案馆藏，档案号：j112 - 003 - 018。

生产计划制度。手工业属于小商品生产，绝大部分行业的生产是根据社会需要来决定的。如果合作社无计划地盲目生产，会出现供产销不平衡的现象，这不仅直接影响合作社的资金积累和周转，还不利于其巩固和发展。因此，从供产销平衡的原则出发，制订合理的年度、季度以及月度生产计划来安排生产，就成为合作社生产管理的中心环节。

一般来说，在执行生产计划过程中，将计划具体细分到每个社员的实际工作日，不但有助于克服合作社生产中的盲目性，而且还提高了社员的劳动生产效率。嘉善县魏塘镇铁器生产合作社组织起来后，在生产资料集体所有制基础上，实行分工协作和按劳取酬的计件工资制，生产有了较快发展。但合作社为了完成生产任务，得到超额奖励，将计划定额制订得比较低，如周边钟埭镇胡茂顺铁铺所定的计划定额比魏塘镇铁

---

① 《湖州市平湖县农具机械社一九五六年打稻机生产初步总结》，浙江省档案馆藏，档案号：j112 - 003 - 018。

器合作社高 10%，价格却低 10%。定额低、价格高，影响了合作社产品销路，嘉善县大云供销社原先向合作社订购 2000 元货物，因价格高于个体手工业者而作罢。同时，生产计划定额的不平衡还影响了社员的生产积极性，如钻子定额较高，铁搭、犁板定额偏低，社员就把打钻子比喻成"上轧子"（意味着无法取得超额工资），反映说："打钻子吃力，打铁搭惬意。"社员为了多得超额工资，发生抢做铁搭、犁板而不愿打钻子的现象。因此，为了解决生产计划定额问题，合作社根据合作社实际生产能力，在保持社员原先计划定额的基础上，按劳动强度、工作繁简、产量高低等来制订实际生产定额，如将犁板定额提高 71%，铧铲提高 26%。在调整定额后，原先生产定额落后于实际生产率、成本过高、售价高于市价等问题得到了明显改善，社员工资收入也有所提高。[①] 富阳县城关镇铁业生产合作社在实行"五定"[②] 计件工资后，社员生产积极性也有了明显提高，这对增加产量、提高效率、降低成本起了重要作用。1953 年合作社在劳动生产率提高了 46% 的同时，次品废品率从 1952 年的 2% 下降到 1954 年上半年的 0.9%。[③]

　　在建立生产计划制度过程中，有些合作社逐步建立了统计制度来监督计划，有些基础较好的社还建立了车间统计制度，通过对车间生产进行记录，使领导及时掌握当天的生产情况，便于指导生产。[④] 但由于手工业多种多样、小而繁杂，在计算产品的劳动时间时，大多数以单位产品来计算，个别行业过于细碎，特别是修理业务几乎不能用单位产品计算。同时，部分手工业产品价格过高或过低，产值计划无法代替生产计划用来指导生产。因此，根据手工业的特点，1956 年浙江省手工业联社

---

① 《嘉善县魏塘镇铁器生产合作社调整产量定额情况的总结》，浙江省档案馆藏，档案号：j112 - 001 - 002。

② 五定：定量、定质、定料、定时、定员五个方面。其中定量指规定一个或一组社员在一定时间内生产多少产品；定质指规定产品必须达到既定的质量标准，确定次品废品率；定料指规定生产某种单位产品必须消耗多少主要原材料；定时指规定一定数量的产品，交给一个或一组社员，必须在一定时间内完成；定员指根据生产任务，设备条件，规定完成一项任务所需的各种工作人员的数量和他们在一定时间内的劳动效能。《怎样搞好手工业生产合作社的定额管理工作》，浙江省档案馆藏，档案号：j112 - 004 - 013。

③ 《富阳县城关镇铁业生产合作社关于修订定额的初步总结》，浙江省档案馆藏，档案号：j112 - 001 - 003。

④ 《手工业合作社的生产管理工作》，浙江省档案馆藏，档案号：j112 - 002 - 001。

在指导各级合作社编制生产计划时指出：有固定产销关系的、产品种类单一的合作社，编制计划相对容易，指导生产作用也大；产销关系不固定的、产品种类繁杂的，则编制计划比较困难，指导性也差些。对价值悬殊小的社，可以用产值计划来换算生产计划，产值悬殊的则不能用产值计划来说明其实际完成计划情况。在具体计划的安排上，不同的合作社在计划要求上需有所区别。①

原材料收发保管制度。社员加入合作社（组）后，在原材料使用方面往往存在"好料抢用、次料不用、大材小用"的情况，社员之间经常因领用原材料而闹矛盾，不仅造成原材料得不到充分利用，浪费损失严重，而且还影响了合作社日常生产。针对上述情况，浙江省手工业联社在开展增产节约运动中，要求各地合作社逐步实行分级、分类、分等原材料保管制度，提高原材料利用率。在改进收发保管制度过程中，一般的合作社主要从以下两个方面着手。

首先，提高原材料的管理水平，克服单纯保管的观点，安排专人负责仓库，定期盘点。如魏塘镇铁器生产合作社在改进原材料收发保管制度过程中，以"大材大用，好材好用"的原则，制订了主要产品的耗用定额，并按照定额统一配发原材料。原材料、半制成品、成品等由专人负责，分别加以保管。每周末对原材料进行结算，多余原材料一律退回仓库。合作社实行原材料领发制以后，有效节约了原材料，如铁钳，过去每只需用铁五两，改进后每只节约了四钱；1954 年前 10 个月共节约铁357 斤半，价值 136 元。②

其次，改进了保管方法。为了更有效地节约原材料，合作社需要提高物资保管的技术水平，做好防霉、防腐、防晒等措施，加强对仓库的管理。浙江省大多数合作社都安排了专人负责管理原材料，其人员多少、是否兼职等情况，都按照自身实际情况做适当安排。在改进保管方法中，一个重要环节就是与取料部门、采购人员及会计人员的沟通，特别是加强与取料部门的联系，逐步实现合理储存、合理使用。如杭州市木器三

---

① 《怎么搞好手工业生产合作社的计划管理》，浙江省档案馆藏，档案号：j112 - 004 - 013。

② 《嘉善县魏塘镇铁器生产合作社贯彻省第一次手工业干部大会精神的工作报告》，浙江省档案馆藏，档案号：j112 - 001 - 003。

社的仓库有专人负责管理，建立了账本体系，使收料、发料、退料清晰明了，达到了仓存有数、收发登记、好坏分仓、大小分堆的水平。①

供产销平衡制度。在浙江省财委、计委的统一掌握下，根据供产销平衡的原则，一般的手工业合作社都与供销社建立了以产销结合为主的合同关系。据统计，1954年浙江省90%的生产合作社（组）都与国营商业、供销合作社建立了各种不同形式的产销关系，合作社通过国营商业、供销合作社销售的产品占80%左右。供销关系上的这种变化，不仅切断了手工业生产者和城乡自由市场之间的联系，加速了资金周转速度，而且部分生产合作社与供销合作社在业务上挂钩后，以销定产，进行有计划的生产，既克服生产的盲目性，又保证产品质量、规格，保证手工业合作社平稳有序发展。1954年杭州市手工业管理局根据"统筹兼顾、全面安排、有所不同、一视同仁"的政策，有计划地对手工业进行深入、广泛的调查研究，逐行逐业地了解其生产设备、原料供应、产品需求、技术能力等情况，进而按照国家建设和人民生活需要，在供产销平衡的基础上，就原料供应、生产任务、产品销售等方面进行统一安排。② 据浙江省84个市、县的统计，1954年产销结合的金额为4837699元，其中生产资料为4575954元，占总额的94.59%。③

同时，为了保证业务的正常开展，各地的手工业联社还要求合作社遵照合同，树立信誉。如1954年3月，海盐县供销合作社向诸暨牌头棕绳品供销生产社订购棕衣3000件，棕绳品供销生产社以计划已满为由，婉辞这批业务；海盐县供销合作社改向义乌县订购货物，不料义乌县中途提出废约，因而海盐县供销合作社又不得不重新向棕绳品供销生产社订购。为了解决其困难，棕绳品供销生产社接受这批业务，并签订合同；发动社员日夜赶制，如期交货，使对方非常满意，海盐县供销合作社经办人员说："今年为了棕衣业务，钉子碰够了，今后要棕衣，一定早做计划向你们来订合同。"④

---

① 《关于手工业合作社生产管理和师徒关系问题的典型介绍》，浙江省档案馆藏，档案号：j112 - 004 - 002。

② 《关于杭州市当前个体手工业生产情况及统一安排手工业生产的意见》，杭州市档案馆藏，档案号：j054 - 001 - 013。

③ 《全省产销结合基本情况与今后意见》，浙江省档案馆藏，档案号：j112 - 002 - 001。

④ 《诸暨牌头区棕绳品供销生产社的成长》，浙江省档案馆藏，档案号：j112 - 002 - 001。

　　为了保证全面地完成产销结合合同，部分合作社还进行调查研究工作，深入了解群众需要及市场变化等实际情况，以此作为订立产销计划合同的依据。嵊县甘霖铁器生产合作社原先与临城供销合作社签订了一批 706 元的农具合同，由于规格不符合当地农民需要，结果一半遭到退货。后来合作社派技术较好的社员去实地了解农民所需的规格，听取意见；修改后的产品，几天内就销售一空。此次教训使社员意识到，产品一定要根据农民需要来制造，外乡农具一定要经过调查研究，不能盲目生产。因此，铁器生产合作社在此后与供销合作社签订合同后，都会去当地调查农民所需农具的种类、规格等要求和日常使用情况，完成合同的精确性逐步提高，使供销双方都满意，如有的社员反映："供销社帮助好，销路有保证，生产也安心。"农民也说："我们要买啥，合作社就有啥，真合我们的心意。"①

　　1955 年，在第一次全国手工业生产合作社供销会议上，进一步对手工业联社提出："要为解决合作社供销方面的困难，设立业务机构。解决供销问题主要依靠与国营商业、供销合作社的密切结合，争取订立长年合同；生产联社的经营目的，是为了更好地服务合作社，通过业务指导生产，解决基层社原材料供应。"②

　　此外，在手工业品价格上，以"优质优价、按质论价""生产利润高于商业利润"为原则，在保证供销社有一定利润、生产社有一定积累的基础上，要求生产合作社的产品价格一般低于市价，个体劳动者生产产品的价格一般不高于市价。高级产品和一般产品要保持合理的差价，促使手工业合作社增加花色品种，提高产品质量。1957 年浙江省手工业管理局在供销工作的意见中指出："制造性行业，对于规格比较统一的大宗产品，特别是有商业部门包销选购的产品，一般应该规定出厂、批发、零售三种价格；当地国营公司和供销社有统一牌价时，应遵守国合牌价执行，不应任意提高或降价。对于一般自产自销的手工业品，特别是零星的产品和高级工艺品，当地国营商业、供销合作社如没有统一价格，

①　《嵊县甘霖铁器生产合作社的产销结合与生产管理》，浙江省档案馆藏，档案号：j112 - 001 - 002。

②　《邓洁在第一次全国手工业生产合作社供销会议上的总结报告（草案）》，浙江省档案馆藏，档案号：j112 - 003 - 002。

一般不硬性规定销售价格，而由基层社自行规定价格，但主要品种需经上级联社或管理科审查批准。对于修理服务性行业，由于产品价格、用料、技术高低等不同，且业务零星复杂，因此在价格上以群众习惯性的价格标准为主，不做机械的统一规定。"①

第三节　手工业的制度变迁

自古以来，家庭手工业都是自给自足小农经济的主要副业形式，它缓解了人口增长、耕地减少导致的生存危机。在近代商品经济的冲击下，手工业的组织经营结构出现了一些新的改变。不管是在城市还是农村，家庭手工业开始逐步地被纳入商业资本体系之中。"商人在供给原料、收回成品的情况下，切断了手工业者与市场的联系，并使其从直接出卖商品逐步向出卖劳动力获取工资转变。"如浙江嘉兴棉织业，农民向布庄领取洋纱，织成后交给布庄获得工资。② 商人"包买制"，一方面，与家庭作坊、手工工场、机器工场等组织形式在生产上进行密切的分工合作；另一方面，通过控制手工业的生产流通领域，不但积累起丰厚的利润资金，为设立手工业工场提供条件，而且变相地将分散的个体手工业者组织起来，完成了手工业由"外"向"内"的渐变过程。③ 而通过"赊料制""撒机制"，手工业者开始成为包买商控制下的"领薪工人"。包买商通过直接向手工业者赊售原料、收回成品的计件结算方式，节省了扩大再生产的建设费用和生产过程中的管理开支。这种灵活、分散的生产方式，完全符合当时个体手工业者的内在要求，他们不需要担心原料购买、产品出售等问题，避免市场变化所带来的经济

---

① 《一九五七年供销工作的意见》，浙江省档案馆藏，档案号：j112 - 004 - 002。

② 彭泽益：《中国近代手工业史资料》（第三卷），中华书局，1962，第626、635页。方显廷对商人雇主制的定义是：商业资本家提供给手工业生产者原料或同时供给生产工具，收买成品的过程（方显廷：《华北乡村织布工业与商人雇主制度》，《政治经济学报》1935年第4期）。因此，布罗代尔认为"商人包买制"的含义实质上与"商人雇主制"相似（布罗代尔：《15至18世纪的物质文明、经济和资本主义》（第二卷），上海三联书店，1993，第333页）。

③ 彭泽益：《近代中国工业资本主义经济中的工场手工业》，《近代史研究》1984年第1期。

损失，毕竟商人在跨区域销售的能力和经验方面要比个体手工业者更具有优势；同时手工业者可以自由支配时间进行生产劳动，尤其是对农兼商品性手工业者来说，这点格外重要。① 樊百川认为："不管是工场手工业还是到农民家庭手工业，都依附于大机器工业，甚至成为大机器工业的厂外附属部分，并不存在孤立于资本主义之外、独立发展的手工业。"② 马俊亚也认为："尽管现代工业影响了手工业的发展，手工业也阻碍了现代工业的成长，但不管怎样，现代工业的发展不是完全背离中国手工业的基础，在一定程度上正是利用了这种得天独厚的资源。"③ 正如速水佑次郎所指出的，"当一种生产要素禀赋对另一种要素形成优势时，特定的要素价格会诱使生产向要素相对丰富的路径发展；在市场竞争机制的作用下，作为追求利润的商人会选择价格更便宜的资源代替稀缺性的资源"。④

新中国成立初期的手工业合作化运动与商人雇主制在生产组织方式上有一定的相似性，唯一的也是最大的区别是国家代替了商人的角色。因此，除国家之外，依靠商人雇主制，是否可以实现手工业逐步向产业化生产转型呢？对于这个问题，有的学者从交易费用角度进行讨论，认为商人雇主制是对传统生产、流通模式的一种变革，所形成的流通专业化、组织化、柔性化，减少商品从生产领域向消费领域转移过程中的一切耽搁或停滞，将市场交易成本、风险内部化，尽可能多地让资源处于实际发挥的最佳状态；在专业分工的基础上建立起来的长期性契约组织，降低了各种活动的盲目性和低效率，提高了产品的质量。⑤但这种分工与专业化，只是基于小规模的扩大生产，无法真正实现从劳动市场向商品市场的制度转变，更为严重的是，在短期内这种市场

---

① 彭南生：《包买主制与近代乡村手工业的发展》，《史学月刊》2002 年第 9 期。
② 樊百川：《中国手工业在外国资本主义侵入后的遭遇和命运》，《历史研究》1962 年第 3 期。
③ 马俊亚：《混合与发展——江南地区传统社会经济的现代演变（1900~1950）》，社会科学文献出版社，2003，第 197 页。
④ 〔日〕速水佑次郎、神门善久：《发展经济学：从贫困到富裕》（第三版），李周译，社会科学文献出版社，2009。
⑤ 盛朝迅、徐从才：《商人雇主制的历史演进与现代发展》，《商业经济与管理》2010 年第 3 期。

网络链接所展示出来的高效性，使商人放缓了加强手工业工场组织安排的努力，这是中国产生不了近代企业制度的原因所在。[①] 另外，尽管商人雇主制促使资本全面渗透到生产活动当中，但商业资本却并未真正与手工业相融合，手工业只是商业资本的附属物。当面对各种阻碍扩大再生产的因素时，商人自然而然会选择一种最为稳妥的投资方式——土地和高利贷。

当受到外国商品倾销冲击时，整个手工业经济显示出了它的"弹性结构"，在吸收外部经济要素后，通过渗透和融合，反而强化了传统的自然经济结构。如地方绅士阶层会积极推动对手工业技术的改进，改良手工业生产原料作物品种等。不过这些行为却存在较大的局限性，它无法对整个体系进行彻底改变，基层手工业者仍然保持着原先的生产关系。谢放认为："洋纱倾销的主要作用不过是改变了'耕织结合'的形式，由原来的自纺自织改为买纱自织。在广大农村地区，小农业和家庭手工业仍然结合在一起。"[②] 同时，国家（政府）为了维护和巩固政治领导权威，获得社会最大限度的支持，会在制度变迁的速度、方向、深度和范围上做适当的调整，如调整所有权关系和产业政策，消除商业贸易壁垒等，"以此取消一种带限制性的政府政策效应，相当于扩大制度选择集合"[③]。

中华人民共和国成立之后，对手工业所采取的引导、改造过程，主要是一种经济结构上的制度变迁。从表面上看，手工业的经济制度变迁虽然在短时间内用较小代价得以实现，但是合作化高潮之后的诸多问题，反映出它其实是一个复杂过程，国家对手工业经济结构所做的调整，并没有带来高于成本的预期收益。

根据新制度经济学对制度变迁方式的划分，主要分为诱致性制度变迁和强制性制度变迁两种。其中诱致性制度变迁是指一群（个）人在响

---

① 龙登高：《市场网络或企业组织：明清纺织业经营形式的制度选择》，《中国经济史研究》2001 年第 4 期。

② 谢放：《近代四川农村"耕织结合"的分离过程及其局限》，《近代史研究》1990 年第 1 期。

③ 林毅夫：《关于制度变迁的经济学理论：诱致性变迁与强制性变迁》，载〔美〕R. 科斯、A. 阿尔钦、D. 诺思等：《财产权利与制度变迁——产权学派与新制度学派译文集》，刘守英译，上海三联书店、上海人民出版社，1994，第 386 页。

应由制度不均衡引致的获利机会时，所进行的自发性变迁①。强制性制度变迁是指通过行政指令、计划手段等方式调节社会资源所引起的制度变迁②，它反映了社会结构中既得利益集团的权力变化情况；当权力拥有者为了实现其经济主张，会主导和安排制度朝着自身设定的方向发展。相对于前者，后者耗时更短，速度也更快。在特定社会制度、生产方式等环境下形成的传统思维惯性和行动准则，并非一朝一夕可以改变的，它具有强大的支配力量。诺思指出，人类在社会活动中接收他人信息具有不均衡性，因此在选择、判断及利用信息上均存在一定的局限，由此演化出旨在简化处理过程的规范和程序，并进而产生人类社会变迁中的路径依赖（Path Dependence）。③ 小农经济作为一种经济抉择，在统治者没有表现出强烈"改革倾向"、社会没有做好充分准备的情况下，是不会贸然做出较大改变的。如果政府实行强制性的经济制度变迁，将生活水平极低的小手工业者直接从传统生产的自由状态下纳入带有约束性的管理监督制度之中，虽然生产效率可能比渐进式制度变迁有所提高，但也极大地增加了风险的不可控性，提高引起社会动荡的几率，将刚刚建立的微弱均衡再次打破，这对于刚刚成立的新中国来说，显然是无法接受的。正如樊纲所认为的，虽然改革方式越激进，越是较为迅速地打破旧体制，但这也意味着较为迅速而全面地改变原有的既得利益关系，遇到较大的社会阻力，各阶层（特别是旧体制下的既得利益阶层）越是不会轻易接受，会引起更激烈的社会冲突，"摩擦成本"也就越大，而"分步走"的渐进改革，因其逐步地改变利益关系，在每一阶段上的"打击

---

① 胡方认为，诱致性变迁由正式制度变迁和非正式制度变迁构成。正式的制度变迁是指制度安排中规则的变动或修改需要得到其行为受这一制度安排约束的一群（个）人的准许。因此，正式的制度安排需要创新者花时间、精力去组织、谈判并得到这一群（个）人的同意，而这将是一个旷日持久的过程。非正式的制度变迁是指制度变迁中规则的变动和修改纯粹由个人完成，用不着也不可能由群体行动完成。见胡方《中国金融制度的非均衡变迁——新制度经济学视角的分析》，《经济评论》2003 年第 5 期。

② 其实诱致性制度变迁也需要通过政府放松对制度的约束方可实现。苗壮：《制度变迁中的改革战略选择问题》，《经济研究》1992 年第 10 期。

③ North, Douglass. *Institutions*, *Institutional Change and Economic Performance*. Cambridge：Cambridge University Press, 1990, pp. 25；*Understanding the Process of Economic Change*. Princeton, NJ：Princeton University Press, 2005, pp：21. 转引自韦森《再评诺斯的制度变迁理论》，《经济学（季刊）》2009 年第 2 期。

面"较小，每一步改革所会遇到的社会阻力较小，引发的社会冲突也就较小，较容易受到控制，所需付出的摩擦成本也就较小——从整个改革过程看，所付出的"摩擦成本总额"也较小①。

同时，小农经济的"理性无知"（Rational Ignorance）和政治交换中高额的"交易费用"，更易形成那些经济停滞性的产权，而作为社会基础的广大小生产者根本无力去创造更具生产性的经济规则。② 地方因其特殊的社会经济环境和发展水平不同，对中央的制度安排反应也各不相同，它们往往根据实际利益来规范自己的行为，偏离制度的安排。浙江省作为维护地方利益的一个典型代表，从1953年起，除"文化大革命"后期的一段时期外，一直实行"省管县"的财政体系，这是在其他省（市）、自治区所罕见的。③ 由于受传统历史文化的影响，浙江省一直保持着较为务实的公共价值体系，这使其在中央政府推行国家工业化战略时，并不会因为投资比例低而选择通过"跑步（部）前（钱）进"的方式来争取上级部门的投资，推动区域经济的发展。④ 中央政策的基层执行者在选任时也更多地选择"德高望重"的老师傅。因此，在执行计划任务时，并不是时时与国家保持一致的，这就与县、乡等行政机构产生矛盾和冲突。即使在手工业合作化完成后，许多市县都普遍存在着"搭便车（Free Ride）"⑤ 的个体手工业者，试图在统购统销的市场环境中，不断寻求那些可以获取高回报的牟利机会，黑市买卖、私营加工生产等

---

① 任何创新活动都要付出成本，只有把改革成本考虑进去了之后，新制度的收益比旧制度高，改革才会实际地发生；樊纲提出的改革成本量化公式：$Wn - TC > Wo$，Wn 为变革后的预期收益，TC 是改革成本，Wo 表示旧制度的净收益。樊纲：《两种改革成本与两种改革方式》，《经济研究》1993年第1期。

② North, Douglass. *Institutions, Institutional Change and Economic Performance*. Cambridge: Cambridge University Press, 1990, pp. 53. 转引自韦森《再评诺斯的制度变迁理论》，《经济学（季刊）》2009年第2期。

③ 马斌、徐越倩：《省管县体制变迁的浙江模式：渐进改革与制度路径》，《理论与改革》2010年第1期。

④ 史晋川：《制度变迁与经济发展："浙江模式"研究》，《浙江社会科学》2005年第5期。

⑤ 所谓"搭便车"是指某些人或团体在不付出任何代价（成本）的情况下，从别人或社会获得好处（利益）的行为；产权界定不清、外部性、公共品等的存在是"搭便车"产生的根源。陈天祥：《论中国制度变迁的方式》，《中山大学学报》（社会科学版）2001年第3期。

行为显然是与中央的计划经济体制相违背的，造成了"集体意向性"（Collective Intentionality）① 的缺陷。

　　从上可知，手工业合作化运动实际上是国家主导下的诱致性经济制度变迁，其主要目的在于通过对既有的社会资源进行整合，在生产技术水平大致不变的基础上，提高手工业者的边际劳动效率。诺思认为："制度变迁的目的，是选择一种社会组织形式，形成结构性生产边界，以使技术边界内成本最小而产出最大。"② 当集体化生产这种制度被确定之后，随着时间的推移，其所带来的影响也开始逐步地显现出来。在合作化启动阶段，合作社（个人）依赖政府获得"制度租金"，不仅在原料上保障了对个体生产者的充分供给，而且还解决了产品销售问题，其所获得高额"制度租金"完全抵消了因低效的市场竞争环境所带来的不利影响，这就极大地激发起手工业者的生产积极性。③ 与此同时，政府则得到了基层的认可和支持，有利于获取剩余价值的索取权。因此，如图4-1所示，此阶段 TR（总产出曲线）、TE（即 TR-TC，总效益曲线）都快速地增长，而总成本曲线 TC 却增长相对较为缓慢。这也被视为制度安排效果最好的阶段（基本上实现了个人与国家之间的"帕累托改进"④），制度变迁带来的"红利"正在尽可能地得到释放。从 A 点到 B点的过程中，对手工业者的组织程度不断地加深，加之国家工业化战略的实施，直接抬高了总成本，由于通过劳动分工、价格优待以及对社员的物质刺激，手工业总产量还是在不断增长，但是与前一阶段相比，斜率开始显示出放缓趋势，这说明制度变迁带来的优势此时开始递减。B

---

① "集体意向性"的概念由哲学家塞尔所提出。Searle, J. *Intentionality: An Essay in the Philosophy of Mind*. Cambridge: Cambridge University Press, 1983; *the Construction of Social Reality*. New York: Free Press, 1995. 转引自韦森《再评诺斯的制度变迁理论》，《经济学（季刊）》2009 年第 2 期。

② 〔美〕道格拉斯·诺斯、罗伯斯·托马斯：《西方世界的兴起》，华夏出版社，2009；〔美〕道格拉斯·C. 诺思：《制度、制度变迁与经济绩效》，格致出版社、上海三联书店、上海人民出版社，2008。黄少安：《关于制度变迁的三个假说及其验证》，《中国社会科学》2000 年第 4 期。

③ 范友磊认为："只要处理好内部利益分配和生产管理，集体所有制是有助于资本积累和扩大再生产的。"范友磊：《石家庄市手工业社会主义改造研究》，硕士学位论文，河北大学，2010。

④ 帕累托改进，也称帕累托优化（Pareto Optimality），指在没有使任何人境况变坏的前提下，使得至少一个人变得更好。

点之后，虽然总产量 TR 仍在增加，但是 TE 开始呈现下降趋势，边际劳动效益递减的同时所引起的制度运行成本的增长，逐步抵消并超过之前"沉淀资本"积累起来的"制度红利"，似乎重新陷入了"诺思悖论"[①]中；但不可否认的是，这部分成本之中包含了如高就业率、低物价、医疗保障、职业培训等因制度"受益者"（加入合作社后的个体手工业者）的权利提升而带来的费用。与以往相比，这种广泛式的福利待遇从表面上看是一种社会性整体收益的重新分配，消灭了以往的经济剥削，但实际上它"侵占"了合作社的潜在利润，限制了其扩大再生产。合作化完成之后，对于一些因制度变迁而利益受到损失的个人或集团，虽然他们并不希望继续实行此项制度，但是由于他们自身力量薄弱，无法去改变这种带有强制性法律保护的制度模式，接受这种均衡状态成了一个看起来"不太糟糕"的选择。

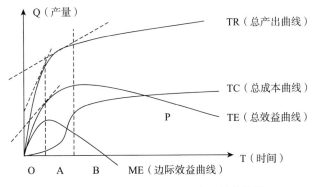

图 4 - 1　合作化前后手工业边际效益曲线

对于边际效益曲线 ME 来说，在 A 点之前，小手工业者所表现出来的理性实用主义使其乐意去接受国家统购包销的政策，毕竟这避免了寻求市场、购销原料、资本短缺等所带来的诸多困难，因而这也被视为减少了由旧制度向新制度转型过程中的制度摩擦成本，即减少了中间费用支出。同时，小生产者的经济回报与劳动付出的正比关系，使得他们在国家提供充足原料和负责收购产品的情况下，很愿意积极地提高劳动生

[①]　"诺思悖论"是指统治者（和他的集团）租金最大化的所有权结构与降低交易费用，和促进经济增长的有效率体制之间存在着持久的冲突。〔美〕道格拉斯·C. 诺思：《经济史中的结构与变迁》，上海三联书店，1994，第 24～25 页。

产率来获得丰厚的利润回报，这就是促使个体手工业者提高劳动边际效益的内在动力。但是在过了 A 点之后，"制度垄断租金"（国家统购包销比原先个体加工生产所获得更多的经济回报）在合作化的推进过程中逐渐消耗殆尽。手工业者在加入合作社（组）后，被固定于工资制度中，失去了物质激励，其工作绩效水平随着时间推移而逐步降低，呈现倒"U"形结构。

第五章　速度与效率：手工业生产方式的变革

手工业作为现代工业的有力助手，在促进国家工业化和农业合作化方面，发挥着重要的作用。但手工业行业众多、产品繁杂，并在加工生产形式上以个体劳动者为主，以至于粗制滥造、资金困难、原料短缺等问题十分普遍。这不但影响了手工业生产的发展，而且在一定程度上制约了技术的改进，阻碍了其向国营工厂的转变。为了解放生产力，不断提高技术水平，生产出更多、更好的产品，需要通过手工业合作化的形式，将个体手工业者组织起来，对原先的生产方式进行适当的变革，来满足社会日益增长的物质需求。本章主要从劳动力、产值、生产技术、资金投入等几个方面，来分析合作化对手工业生产效率带来的影响。

第一节　劳动力与产值

浙江省手工业合作化的发展主要分为两个阶段：一、1955 年批判右倾保守思想之前，手工业合作化的平稳发展阶段；二、批判之后的加速发展阶段。两个阶段对手工业发展的要求不同，因而在具体计划完成质量、数量上，也存在较大差异性。从某种程度上说，手工业合作化的发展速度，反映了浙江省乃至国家"复杂心态"的变化情况。地方政府在应对"国家计划"时，不仅需要积极、认真地完成中央交付的任务指标，还要根据各地的实际情况，在弹性张力许可的范围内完成计划，稍不注意就容易引起严重问题，如在农业合作化过程中，浙江省一些地区违背自愿原则，提出"抓两头、带中间""向中农进攻"等口号，反对"小农经济""自发势力"，导致 1954 年耕牛减少 5.7 万头，卖家具、逃荒、要饭等恐慌现象不断发展。① 因此，通过对预期计划与实际完成情

---

① 杜润生：《杜润生自述：中国农村体制变革重大决策纪实》，人民出版社，2005，第 49 页。

况的对比，可以反映中央、地方及基层三者之间关系的变化情况。

国家对手工业改造的规划。"一化三改造"开始后，工农业的发展既为手工业带来了广阔销售市场，也加重了其生产任务。在农业合作化中，新旧农具的需求量都显著增加，如嘉善县1954年需要打稻机500部以上，超过新中国成立后几年来销售量的5倍。为了出口创汇，支援国家工业化建设，浙江、山东等省份积极组织麻帽、金丝草帽、花边等外销手工业品的生产，用以换取钢铁、机器等急需物资。另外，国家对资本主义工商业进行改造时，为了阻止商业资本家在手工业方面的投机，使其安心接受改造，要求手工业密切配合，解决部分私营工商业的就业问题，如温州市1954年1月至5月手工业从业人员比1953年同期增长了41%。①

但是相对于重工业而言，手工业基础设施薄弱，生产技术也较为落后，国家优先发展重工业的要求，给手工业生产带来了一定的不利影响。因此，在手工业合作化过程中，中央对手工业改造提出了明确要求：在第一个五年计划期内，完成手工业改造的组织任务，重点是改进生产技术；在第二个五年计划期内，继续完善对所有制的转变，大力培养技术工人，积极进行技术改造；在第三个五年计划内，进行全面的技术改造。并且按照各个时期的生产发展程度，相应地改善社员群众的物质文化生活。②

上述对手工业改造的要求又可以具体为以下两个方面：一个是对手工业者的组织，另一个是生产技术的改造。首先，从组织上来看，国家要求到1956年组织起来的合作社（组）达104322个，社（组）员470万余人，达到全国手工业从业人数的70%；平均每个合作组织45人（其中生产社50人，供销社209人，生产小组11人）。③到1957年，组织起来的社（组）员数达到全国手工业从业人数的90%以上，符合社会主义性质的社员占全部社（组）员的67%。从1958年到1960年的三年

---

① 《五年计划编制说明（草案）》，浙江省档案馆藏，档案号：j112-001-004。
② 《浙江省手工业社会主义改造的规划方案（草案）——李茂生在浙江省第一次手工业生产合作社代表会议上的报告》，浙江省档案馆藏，档案号：j112-003-002。
③ 《关于手工业改造问题的几点意见——白如冰主任在省、市、自治区手工业改造座谈会上的总结发言》，浙江省档案馆藏，档案号：j112-004-031。

内，把剩下的半社会主义性质的合作社（组）过渡到完全社会主义性质的合作社，并进行技术改造。

表 5 – 1 1956～1962 年中国手工业合作社（组）计划发展情况

年份	社（组）员数（万人）	社（组）员占从业人员的比例（%）	生产合作社社员占全部社（组）员的比例（%）	生产合作社社员占从业人员的比例（%）
1956	56.9	74	59	44
1957	73.4	90	67	60
1959	83.7	100	95	95
1960	85.1	100	100	100
1962	86.4	100	100	100

资料来源：《关于手工业社会主义改造的初步规划的报告（初稿）——白如冰在第五次全国手工业生产合作会议上的报告》，浙江省档案馆藏，档案号：j112 – 003 – 002。

考虑到全国人口的增长和国民经济的发展，手工业从业人员的数量发生了一定的变化。一方面，某些行业的从业人员有所增加，原归属于供销合作社、妇联以及民政部门的手工业生产单位，划归手工业部门领导；另一方面，农兼商品性手工业，划出去一部分归农业部门改造；某些不符合国计民生需要的行业，逐渐被淘汰；部分与资本主义工商业相似的行业，与工商业结合在一起进行改造。另外，手工业还要不断向大工业输送部分技术工人。总之，在增减相抵后，总人数稍有增长。[1]

从技术改造方面来看，为了使手工业提高产量、改进质量，逐步适应半机械化、机械化生产，一个重要途径就是技术改造。其主要包括提高社员技术水平和推广机械设备两个方面。但是实行对手工业的技术改造，绝不是一件轻而易举的事情，正如毛泽东所指出的那样：“由于我国的经济条件，技术改革的时间，比较社会改革的时间会要长一些。”[2] 因

---

[1] 根据 1955 年对 17 个主要行业的推算，到 1962 年全国手工业从业人员达到 864 万人左右。《关于手工业社会主义改造的初步规划的报告（初稿）——白如冰在第五次全国手工业生产合作会议上的报告》，浙江省档案馆藏，档案号：j112 – 003 – 002。

[2] 中华人民共和国国家农业委员会办公厅编《农业集体化重要文件汇编（1949—1957）》（上），中共中央党校出版社，1981，第 374 页。

此，根据具体情况，对机械化、半机械化发展提出如下计划：1956 年半机械化、机械化生产人数达到 20 万，占全部社（组）员人数的 3.5%；1957 年半机械化、机械化生产人数达到 65 万，占全部社（组）员人数的 8.9%；到 1960 年，半机械化、机械化生产人数达到 196 万，占全部社（组）员人数的 23%。[①]

表 5 - 2　1956～1962 年中国手工业半机械化、机械化组织发展计划

年份	半机械化、机械化生产的人数（万人）	半机械化生产人数（万人）	机械化生产人员（万人）	半机械化、机械化生产的人数占全部社（组）员比例（%）	半机械化、机械化生产的人数占可能机械化生产的社（组）员比例（%）
1956	20	14	6	3.5	5
1957	65	56	9	8.9	12.7
1959	142	115	27	17	24.2
1960	196	151	45	23	32.9
1962	363	240	123	42	60

资料来源：《关于手工业社会主义改造的初步规划的报告（初稿）——白如冰在第五次全国手工业生产合作会议上的报告》，浙江省档案馆藏，档案号：j112 - 003 - 002。

同时，国家对手工业总产值也提出了要求：1956 年比 1952 年增长 60%（其中生产资料增加 93%，消费资料增加 51%），超过 1936 年产值的 54.6%，提前一年完成第一个五年计划的产值指标；在第一个五年计划的前四年中，手工业产值平均每年增长 12.4%；[②] 1956 年手工业生产合作社每人平均产值达到 2086 元，比 1952 年提高了 47.9%，第一个五年计划前四年中平均每年增长 10.35%。[③]

浙江省手工业改造情况。按照国家对手工业的规划，浙江省手工业合作化发展基本上与全国保持一致。

稳步发展阶段。改造开始后，浙江省手工业管理局按照实际情况，

---

① 《关于手工业社会主义改造的初步规划的报告（初稿）——白如冰在第五次全国手工业生产合作会议上的报告》，浙江省档案馆藏，档案号：j112 - 003 - 002。

② 《动员一切积极因素，为进一步发展生产、巩固和提高手工业合作组织而奋斗》，《人民日报》1957 年 12 月 17 日。

③ 《关于手工业改造问题的几点意见——白如冰主任在省、市、自治区手工业改造座谈会上的总结发言》，浙江省档案馆藏，档案号：j112 - 004 - 031。

表 5 - 3　1956 ~ 1962 年中国手工业生产合作社（组）总产值发展计划

年份	生产合作社（组）的总产值（亿元）	生产合作社的总产值（亿元）	半机械化生产的总产值（亿元）	机械化生产的总产值（亿元）
1956	63.5	45.5	3.6	2.2
1957	96.1	74.2	14.9	3.3
1959	134.2	130.3	32.2	10.4
1960	149.8	149.8	43.2	17.6
1962	189.5	189.5	70.3	49.5

注：在生产发展的基础上，相应提高社（组）员工资水平，改善劳动条件以及举办各项福利事业。大体要求：自 1956 年至 1962 年 7 年之内工资收入共增加 70% ~ 80%，平均每年增长速度为 5% ~ 8%，但最高不得超过同行业国营工厂的工资水平。

资料来源：《关于手工业社会主义改造的初步规划的报告（初稿）——白如冰在第五次全国手工业生产合作会议上的报告》，浙江省档案馆藏，档案号：j112 - 003 - 002。

表 5 - 4　1956 年中国手工业各行业生产组织情况

行业	全部组织起来的时间（年）	1956 年组织起来占从业人员的比例（%）	1962 年半机械化、机械化的比重（%）	1962 年的生产总值和产品产量		1956 ~ 1962 年生产总值平均每年增长率（%）
				生产总值（万元）	产量	
金属制品业	1957	90	95	253300		14.6
木材加工业	1958	80	45	213000		16
棉纺织业	1958	80	65	177200	7087 万匹	15.1
针织业	1958	80	78	64460	12892 万打	14.6
缝纫业	1958	65	32	375000	37500 万套	13
食品工业	1958	38	50	78000	食用油 300000 吨 糖 280000 吨	0.75
造纸业	1957	80	68	30000	600000 吨	22.6
陶瓷业	1957	80	80	33600		16.8
建筑材料业	1959	60	36	55800	砖瓦 420 亿块 石灰 1010 万吨	20
皮革业	1958	80	40	41360	皮鞋 3000 万双	15.3
煤炭开采业	1957	80	44	4710	5413700 吨	10.9
土铁冶炼业	1959	65	53	5600	147400 吨	13.7
化学矿开采及化学加工业	1959	70	40	18800	硫黄 115000 吨	25

续表

行业	全部组织起来的时间（年）	1956年组织起来占从业人员的比例（%）	1962年半机械化、机械化的比重（%）	1962年的生产总值和产品产量		1956~1962年生产总值平均每年增长率（%）
				生产总值（万元）	产量	
竹藤棕草软木制品业	1959	70	5	83835		10.2
文化教育科学用品业	1958	80	18	12800		17.2
特种手工艺品	1958	80	4	35450		29.1
修理业	1959	61	35	81000		20

资料来源：《关于手工业社会主义改造的初步规划的报告（初稿）——白如冰在第五次全国手工业生产合作会议上的报告》，浙江省档案馆藏，档案号：j112 - 003 - 002。

采取较为稳妥的组织发展方式，1953年组织起来925个合作社、组，社、组员16532人，总产值为9322966元。[①]

1954年浙江省手工业管理局在制订手工业组织计划时，要求组织起来的手工业合作社、组数达到2702个，比1953年增加192%；社、组员数为60058人，比1953年增加263%；产值为27953475元，比1953年增加200%。[②]但实际上，到1954年底为止，浙江省组织起来的手工业合作社、组为3751个，社、组员数149564人（其中专业的91778人，占浙江省手工业专业从业人员的16.9%），其中：生产合作社1281个，社员37815人；供销生产社108个，社员81637人；生产小组2362个，组员30112人。随着手工业合作社、组组织速度的加快，手工业中的社会主义成分不断增加。1953年在整个手工业经济产值比重中个体手工业占96.74%，合作社经济只占3.26%，而1954年个体手工业占

---

① 其中生产合作社194个，社员7541人，产值5979200元；生产供销社16个，社员4329人，产值1009000元；生产小组715个，组员4662人，产值2334766元。《一九五四年手工业生产组织发展意见》，浙江省档案馆藏，档案号：j126 - 001 - 179。

② 其中生产合作社为482个，增加148%，社员15263人，增加102%，产值14502300元，增加143%；生产供销社为60个，增加275%，社员23195人，增加436%，总产值3743413元，增加271%；生产小组为2160个，增加202%，组员21600人，增加363%，产值9707762元，增加316%。《一九五四年手工业生产组织发展意见》，浙江省档案馆藏，档案号：j126 - 001 - 179。

91.58%，合作社则上升到 8.42%，合作社、组全年总产值比 1953 年增长了 1.82 倍。[1]

根据 1955 年上半年对个体手工业的调查资料可知，浙江省有专业个体手工业者 487624 人，产值为 31484 万元（包括农兼商品性手工业产值），加上改造开始后新组织起来的人数，整个专业手工业（不包括渔业、盐业）从业人员达到 501342 人，产值为 32320 万元。[2] 同时，中共浙江省委考虑到浙江省农业生产将大获丰收，农民购买力不断增长，手工业品的需求量必然会随之增加（有些行业如雨伞、圆木、船钉等由于盲目生产而产品大量积压，有些行业如砖瓦、剪刀销路缩小，均应适当压缩生产；但大部分行业在保证原料供给充足的情况下，产量将逐步提高），在制订 1956 年度手工业计划时，要求在浙江省手工业管理局的计划基础上有所提高。要求 1956 年组织起来的社、组员人数达 294000 人（其中花边、麻帽、金丝草帽三项共 162273 人，一般行业为 131727 人），占从业人员总数的 21.5%，与 1955 年相比，新增 29764 人。[3]

表 5 - 5　1956 年浙江省手工业三种组织形式人数计划

	组织达到人数	较 1955 年增长速度
生产合作社	71369	52.5
供销生产社	193381	3.4
供销生产小组	29250	- 3.9

资料来源：《关于下达和贯彻执行本省一九五五年度国民计划的指示》，浙江省档案馆藏，档案号：j112 - 002 - 005。

手工业合作化是一个由分散到集中的过程，在"大力巩固现有手工业生产社（组），积极领导供销生产社（组）"的原则下，与浙江省手工业管理局制订的规划相比，中共浙江省委更加注重发展高级形式的合作社，而不仅仅停留在生产小组这一初级形式上。一方面要求各地循序渐

[1] 《一九五四年手工业工作总结及一九五五年工作意见——李茂生同志在全省第三次手工业工作会议上的报告》，浙江省档案馆藏，档案号：j112 - 002 - 001。

[2] 《五年计划编制说明（草案）》，浙江省档案馆藏，档案号：j112 - 001 - 004。

[3] 《关于下达和贯彻执行本省一九五五年度国民计划的指示》，浙江省档案馆藏，档案号：j112 - 002 - 005。

进，防止盲目追求高级形式；另一方面，又批判那些不积极创造条件争取过渡的或有条件也不过渡的保守思想。

在手工业总产值上，中共浙江省委要求 1956 年达到 46715.8 万元，较 1955 年增长 2.94%，其中个体手工业产值 36407 万元，较 1955 年增长 0.6%；合作社（组）产值为 10308.8 万元，占总产值的 22.07%，较 1955 年增长 30.75%，人均年产值 860 元（个体手工业为人均年产值 740 元），较 1955 年增加 11.7%。①

表 5 - 6　1956 年浙江各地区手工业总产值增长占各地产值比重与增长速度

地区	速度（%）	比重（%）	地区	速度（%）	比重（%）
温州专区	64.2	16.9	宁波专区	26.0	22.3
嘉兴专区	27.6	22.0	金华专区	12.9	25.3
建德专区	34.5	19.9	舟山专区	26.2	18.2
温州市	11.6	41.0	宁波市	4.4	23.0
杭州市	44.2	22.6	绍兴市	68.5	12.0
金华市	19.5	44.4	湖州市	21.0	34.0
嘉兴市	15.4	23.6	萧山县	3.6	14.9
杭县	11.1	24.3	专区数字包括四个专区直辖市		

资料来源：《关于下达和贯彻执行本省一九五五年度国民计划的指示》，浙江省档案馆藏，档案号：j112 - 002 - 005。

快速发展阶段。1955 年下半年，对农业合作化右倾保守思想的批判也影响到手工业的规划制订，浙江省手工业管理局不得不对之前"保守"的计划进行多次修改，相应地调整组织人数、总产值的指标。②

---

① 据 1952 年统计，全国个体手工业者（不含渔业、盐业），每人平均年产值为 713 元。杨小燕：《程子华与手工业的社会主义改造》，《辽宁师范大学学报》（社会科学版）2001 年第 4 期。但事实上，直到 1954 年浙江省手工业平均产值依然没有达到 713 元，因为在 1954 年所制订的手工业规划中"……计划到 1957 年组织起来的社员人均年产值达到 504 元"。《关于下达和贯彻执行本省一九五五年度国民计划的指示》，浙江省档案馆藏，档案号：j112 - 002 - 005。
② 1956 年社会主义改造高潮后，各级手工业联社、基层社都对计划指标做了较大的修改，并且更改次数较多。因此，浙江省手工业管理局为了避免混乱，对下达地方的计划（草案）一律按照 1955 年底的规划为准。《关于下达本省手工业一九五六年度计划（草案）的说明》，浙江省档案馆藏，档案号：j112 - 003 - 005。

表5-7　1956年浙江省各地区手工业合作社（组）产值占

各地总产值比重与增长速度

地区	速度（%）	比重（%）	地区	速度（%）	比重（%）
温州专区	47.4	22.0	宁波专区	25.6	14.1
嘉兴专区	44.3	22.9	金华专区	20.3	26.2
建德专区	72.0	22.9	舟山专区	20.9	22.0
温州市	8.7	42.6	宁波市	21.0	33.7
杭州市	25.2	22.8	绍兴市	35.6	5.8
金华市	22.7	52.7	湖州市	39.0	39.9
嘉兴市	20.6	37.0	萧山县	14.4	19.9
杭　县	27.1	16.4			

资料来源：《关于下达和贯彻执行本省一九五五年度国民计划的指示》，浙江省档案馆藏，档案号：j112-002-005。

表5-8　1956年浙江省手工业三种合作组织形式产值计划

	预计完成数（元）	较1955年增长速度（%）
生产合作社	63567000	37.1
供销生产社	16943000	58.9
供销生产小组	22578000	3.4

资料来源：《关于下达和贯彻执行本省一九五五年度国民计划的指示》，浙江省档案馆藏，档案号：j112-002-005。

　　较明显的变化主要反映在手工业的组织要求上，到1956年，组织起来的专业人员达到45.3万人，兼业人员达到50万人；1957年组织起来的专业人员达到569452人，兼业人员达到630757人，共计1200209人。其中为农渔业生产服务的行业，要求其全部组织起来，达到201410人（连同兼业的共376190人）；为城乡人民生活服务的行业，组织起来的人数达到250455人（连同兼业的共357323人），达68.99%；为出口外销服务的特种手工业，组织起来的人数达到219837人。① 针对具体行业的各自特点，也提出了相应的组织要求。金属制品、木制家具、建筑等主

---

① 《浙江省手工业社会主义改造的规划方案（草案）——李茂生在浙江省第一次手工业生产合作社代表会议上的报告》，浙江省档案馆藏，档案号：j112-003-002。

要行业，要求其组织到 90% 以上；棉织、丝织、针织、印染、榨油等行业，由于技术设备落后、产品质量低以及原料浪费大，要求其中的一部分与工业同时进行改造，一部分进行转业或压缩生产；对于城市和集中地区，要求技术设备较好的专业户基本上组织起来。

为了积极引导生产小组向高级形式的生产合作社过渡（过渡的时间不能超过一年），要求 1956 年生产合作社社员达到 317100 人（连同兼业 341900 人），占全部合作社（组）员（专业）人数的 70%；1957 年达到 512500 人（连同兼业 644680 人），占全部合作社（组）员人数的 90%。① 对 1955 年以前组织起来的老社要求 80% 以上（1957 年 95% 以上）的合作社（组）达到组织纯洁，建立民主的生产管理制度（如原材料收发保管制度、生产责任制度、产品检查制度等），并在降低生产成本、提高产品质量以及改善财务管理制度的基础上，使社员的利益分配更加合理。②

在生产规划方面，为了支援农业生产、服务城乡人民及促进出口创汇，要求在第一个五年计划后两年内手工业生产总值每年递增 17% ~ 18%（1956 年为 50045 万元，1957 年为 58785 万元）；在第二个五年计划内，每年递增 16.33%，到 1962 年总产值达到 125378 万元。1956 年合作社（组）总产值为 30784 万元，占总产值的 61.51%，为 1955 年的 383.75%；1956 年生产合作社产值为 19810 万元，占合作社（组）总产值的 64.35%；1957 年生产合作社产值为 52849 万元，占合作社（组）总产值的 89.9%。③ 其中为农渔业进行生产、加工、修理服务的铁、木、竹等行业，1956 年产值比 1955 年增长 43%（1957 年比 1956 年增长 30%）；麻帽、金丝草帽、花边、绸伞、石刻、木刻等特种手工艺品（因花边减产 30%，1956 年特

---

① 以上数据来自 1956 年 1 月份在浙江省第一次手工业生产合作社代表会议报告中的发展规划（以下简称"1956 年 1 月规划"）。《关于本省手工业一九五六年计划草案的调整意见及第一个五年计划预计完成情况》，浙江省档案馆藏，档案号：j112 - 003 - 005。

② 在规划中要求新建社（组）中，90% 以上的组织纯洁，财务不乱，分配较为合理，其中 70% 以上能达到对老社所提的要求；同时要求在第一个五年计划的后两年内，改善经营管理，改进技术，提高产品质量及加速资金周转，降低经营成本 25%，其中 1956 年降低 12%，节约 3234 万元。《浙江省手工业社会主义改造的规划方案（草案）——李茂生在浙江省第一次手工业生产合作社代表会议上的报告》，浙江省档案馆藏，档案号：j112 - 003 - 002。

③ 《关于本省手工业一九五六年计划草案的调整意见及第一个五年计划预计完成情况》，浙江省档案馆藏，档案号：j112 - 003 - 005。

种手工艺品总产值只有 1955 年的 91%）1957 年产值比 1956 年增长 5%；各种日用品生产、修理行业，1956 年产值比 1955 年增长 1387%（1957 年比 1956 年增长 15.4%）；织布、织绸、针织、榨油、制糖、造纸等行业，1956 年产值比 1955 年增长 13.1%（1957 年比 1956 年增长 11.64%）。[①]

1956 年手工业合作化高潮后，浙江省手工业管理局对计划做了一些修改，提出到年底前，除个别偏僻地区的零星户和极少数流动性过大、一时不易组织的行业外，将手工业者全部组织起来，达到 939484 人［新增社（组）员 631861 人］，其中专业手工业者约 48 万人，兼业的（主要是农兼商品性手工业和城镇居民副业）约 46 万人。合作社（组）成员人数达到 560500 人，其中专业手工业者占 70% ~ 80%。在生产总值方面，要求 1956 年手工业总产值达到 50325.6 万元，较 1955 年增长 21.41%，城市（7 个市）增长 19.12%，农村（指一般县）增长 22.06%。浙江省合作社（组）总产值为 38110 万元，占总产值计划的 75.7%，其余 24.3% 为个体手工业产值和农业社兼营商品性手工业产值。[②]

表 5 – 9　1956 年、1957 年、1962 年浙江省手工业各行业的生产计划

行　业	全部组织起来的时间（年）	1956 年组织起来占从业人员比例(%)	1957 年的生产总值和产品产量		1962 年的生产总值和产品产量		1957 年生产总值为 1956 年的百分比（%）	1957 年至 1962 年生产总值平均每年增长（%）
			生产总值（千元）	产品产量	生产总值（千元）	产品产量		
金属品制造	1956	98.96	47352	打稻机 45000 台	139460		130.44	24.11
木材加工	1956	97.34	45910	农船 25000 只	114316		124.30	20.20
棉纺织	1957	60.89	28970	棉布 620700 尺 印染布 515769 尺 毛巾 309500 打	65714	棉布 1545543 尺 印染布 515769 尺 毛巾 309500 打	116.64	17.87

① 《浙江省手工业社会主义改造的规划方案（草案）——李茂生在浙江省第一次手工业生产合作社代表会议上的报告》，浙江省档案馆藏，档案号：j112 – 003 – 002。
② 《关于下达本省手工业一九五六年年度计划（草案）的说明》，浙江省档案馆藏，档案号：j112 – 003 – 005。

行业	全部组织起来的时间（年）	1956年组织起来占从业人员比例(%)	1957年的生产总值和产品产量		1962年的生产总值和产品产量		1957年生产总值为1956年的百分比（%）	1957年至1962年生产总值平均每年增长（%）
			生产总值（千元）	产品产量	生产总值（千元）	产品产量		
针织	1957	80.07	1470	275855 打	2367	444093 打	108.00	10.00
黄麻大麻制品	1956	100.00	9584		19264		120.00	15.00
缝纫	1957	67.28	109555		243576		121.46	17.40
食品工业	1957	57.33	108045	食油 11798 吨 糖 46587 吨	208096	食油 23714 吨 糖 75000 吨	111.49	14.00
造纸	1957	70.60	24777	65220 吨	30228	95873 吨	108.00	8.00
陶瓷	1957	70.00	2060	37892 千只	2884	53124 千只	110.00	6.96
砖瓦	1957	74.36	9650	砖 204257 千块 瓦 479880 千张	24029	砖 508600 千块 瓦 1194900 千张	120.00	20.00
石灰	1957	100.00	12663	石灰 289575 吨 煤灰 97518 吨	25579	石灰 423306 吨 煤灰 196011 吨	135.00	15.10
皮草	1957	69.07	2826				109.96	14.98
土铁冶炼	1957	37.05	653	1846 吨	653	1846 吨	100.00	
竹藤棕草软木制品	1956	99.01	71807				126.78	18.94
草席	1957	72.92	6560				105.00	5.01
文化教育科学用品	1957	50.00	1188				101.02	2.92
丝织	1957	87.34	21936	厂绸 8190 千米	48798	厂绸 20393 千米	113.03	17.34
修理业	1957	69.45	8464		20742		117.46	29.60

续表

行　业	全部组织起来的时间（年）	1956 年组织起来占从业人员比例（%）	1957 年的生产总值和产品产量		1962 年的生产总值和产品产量		1957 年生产总值为1956 年的百分比（%）	1957 年至1962 年生产总值平均每年增长（%）
			生产总值（千元）	产品产量	生产总值（千元）	产品产量		
建筑业	1956	100.00						
雨　伞	1957	54.92	3446	3348450 把	5066	4922000 把	105.00	8.01

资料来源：《浙江省手工业社会主义改造的规划方案（草案）——李茂生在浙江省第一次手工业生产合作社代表会议上的报告》，浙江省档案馆藏，档案号：j112 - 003 - 002。

表 5 - 10　1956 年、1957 年浙江省主要手工业品的生产计划

产品名称	计量单位	1955 年完成数	1956 年			1957 年预计完成数
			上报计划草案	调整意见	调整意见为1955 年完成数百分比（%）	
打稻机	台	1886		21200	1124.07	45000
民用船舶	只	4200		15000	357.14	20000
蕃茹丝刨机	台			5000		15000
水　泵	台	11		600	5454.55	1800
三齿耘锄	具			1000		10000
双轮双铧犁壁	个			50000		70000
切稻根铲	件			25000		25000
改良圆盘耙	部			10		500
青饲料切碎机	架			5		5000
改良水田犁	具			4000		4000
犁　套	副			70000		100000
主动转向风车	具			1000		2000
牛拖打稻机	台			1000		5000
条播机	架			1000		5000
揉捻机	具			10000		10000
喷雾器	具			2500		10000
喷粉器	具			1500		10000
中耕器	具			2000		5000

续表

产品名称	计量单位	1955 年完成数	1956 年			1957 年预计完成数
			上报计划草案	调整意见	调整意见为1955 年完成数百分比（％）	
石　灰	吨	165000		214500	130	289575
煤　灰	吨	55566		72236	130	97518
土　铁	吨	1846	2020. 73	1846	100	1846
纸　浆	吨	4706	7819	7819	166. 15	7800
土　纸	吨	55915.6	57445	58150	104	60500
砖	千块	130934		157121	120	196400
瓦	千张	307618		369140	120	461400
棉　布	尺	431040	442377	465523	108	521386
印染布	尺	143844	150298	158228	110	177215
袜　子	打	237606	238000	249480	105	269400
汗衫背心	打	5063	5977	5977	118.05	6455
毛　巾	打	169528	170098	178000	105	192240
灰　绸	千米	5699	6159	6159	108.1	7157
土　绸	千米	2362	2042	2042	86.5	1600
重　革	公斤	53847	52603	52603	97.7	57860
轻　革	千平方分米	4657.4	5370	5370	115.3	5907
食用植物油	吨	7781.9	10259	10259	131.8	11798
油　饼	吨	19038	23384	23384	122.8	26890
工业用植物油	吨	5107.5	6231	6231	122	6540
黄　油	吨	2992	3094	3094	103.41	3094
白　酒	吨	701.5	616	616	87.81	616
肥　皂	箱	8300	8300	8300	100	8300
食　糖	吨	23890.7	27083.7	27083.7	113.37	29792
日用陶瓷器	千只	33144		34447	104	37892
纸　伞	把	3198378	3062829	3189000	99.7	3348450
牙　刷	打	61612	64690	64690	105	69860
草　席	条	3833858	3692807	3833858	100	

续表

产品名称	计量单位	1955年完成数	1956年			1957年预计完成数
			上报计划草案	调整意见	调整意见为1955年完成数百分比（%）	
枕　席	条	1869081	2197262	2197262	117.56	
土　布	尺	120000	120000	120000	100	110000
家蚕丝	千米	198.7	324.2	324.2	163.16	
金丝草帽	顶	574261	728195	840000	146.27	960000
麻　帽	顶	2061598	3235000	2160000	104.77	2400000
万里斯	码	6129120	4050000	4050000	66.08	4050000
十字花台布	套	80126	142300	144000	101.19	158400
原盐	吨	275042.74	279650	279650	179.72	329100
渔	市担	6830000	7480000	7400000	108.35	8091000
运出木材	立方米	721827	474990	474990	65.80	

注：较原计划拟减少的有土铁、麻帽等，土铁成本高、质量差，目前仍然积压严重，暂时还不易好转；麻帽原报计划未经平衡，经平衡后原料来源不足，必须减少。

资料来源：《浙江省手工业主要产品产量一九五六年计划草案调整意见及一九五七年预计完成》，浙江省档案馆藏，档案号：j112 - 003 - 005。

到1956年10月底，浙江省共计75万余人参加了各种不同形式的合作组织，占实际应改造人数的90%以上［其中手工业生产合作社6899个，社员36万余人，占社（组）员人数的48%］，基本上完成了手工业社会主义改造任务。① 另据1956年底的不完全统计，手工业的产值达43892万元，比1955年增长20.3%，完成年度计划的99.09%。手工业总产值占工农业总产值的比重，由1952年的5.83%上升到1956年的8.6%；占地方工业总产值的比重，由1952年的29.79%上升到1956年的34.92%。在第一个五年计划中共增长129%，平均每年增长18%。②

---

① 《关于一九五六年手工业生产情况与一九五七年工作意见的报告（初稿）》，浙江省档案馆藏，档案号：j112 - 004 - 002。
② 《关于发展手工业生产和当前的整风整社与社会主义运动的意见》，浙江省档案馆藏，档案号：j112 - 004 - 002。

表 5-11　浙江省手工业生产计划 1956 年预计完成情况与 1957 年计划草案

	计量单位	1956 年计划预计完成情况			1956 年预计完成为 1955 年的比例（%）	1957 年计划草案	
		计划	预计	预计占计划的比例（%）		计划草案数	1957 年计划草案数为 1956 年预计的比例（%）
总产值	万元		43892		120.3	51730	117.86
其中 合作组织产值	万元		33749		138.6	41803	116.75
个体手工业产值	万元		3297			1448	
农兼产值	万元		6846		70.15	8479	123.85
丝织品	千米	8867	10390	117.18		12280	118.2
毛巾	打	185500	228298	123.07		248400	108.8
袜子	打	232100	265412	114.35		277000	104.37
针织衫裤	打	7976	8593	107.74		9000	104.74
轻革	千平方米	9132	13447	147.25		12435	92.47
打稻机	台	13000	14287	109.9		20000	140
万里斯	寸码	4000000	4884371	122.11		4700000	96.23
十字花	套	205000	278354	135.78		426000	153.04
金丝草帽	顶	924000	949320	102.74		1405000	148
麻帽	打	180000	279354	155.20		375000	134.24
绸伞	把	130000	141000	108.46		280000	198.58
棉布	匹	514000	407942	79.37			
	千米		12101			12101	100
印染布	匹	135928	120800	88.87			
	千米		3986			4000	100.35
重革	米	71143	64814	91.10		53500	82.54
农船	只	18700	7609	40.69			
土纸	吨	72000	65000	90.28		80000	123.08
瓷器	万只	2660	2142.5	80.55		2600~3000	121.35%~140.02%
圆盘耙	具		3636				

续表

	计量单位	1956 年计划预计完成情况			1956 年预计完成为 1955 年的比例（%）	1957 年计划草案	
		计划	预计	预计占计划的比例（%）		计划草案数	1957 年计划草案数为 1956 年预计的比例（%）
蕃茹丝刨机	台		2578				
水　泵	台		61				

资料来源：《关于一九五六年手工业生产情况与一九五七年工作意见的报告（初稿）》，浙江省档案馆藏，档案号：j112 - 004 - 002。

从总体上看，不管是计划的制订，还是计划的实际完成情况，包括手工业管理局（科）、联社等在内的手工业领导机构并非一味盲目地、不切实际地遵从中央的指示，强迫各地超额完成任务。各地区生产指标分配均是以各地上报调整意见为主，并考虑各地产销情况后做出的，如1955 年上半年制订 1956 年的产值增长计划时，对一些手工业产值所占比重较低的地区如建德专区、绍兴市等，以积极组织合作社（组）的发展，推动手工业生产为主；而对比重同样较低的萧山县，则限制了手工业的增长速度，以巩固和提高组织起来的合作社（组）为主。

1955 年下半年，尽管手工业受到批判右倾保守思想的影响，不可避免地提高了各项指标，但浙江省手工业管理局在编制计划时，仍主要依据手工业的实际情况。如铁、棉纺织、针织、砖瓦等行业，并未出现为了迎合农业合作化高潮而大规模增加产量的现象，反而往往是地区上报的产量计划大于省所下达的指标。为此，考虑到产销、原料及生产能力等情况，浙江省手工业管理局还专门对部分地区、部分行业的生产指标进行了压缩，防止其盲目发展。如纺织产品，1956 年计划棉布（不包括土纺织布）514000 匹，只增长 18%；毛巾 185500 打，只增长 6.49%；袜子 232100 打，减产 2.62%（任务不足，质量太低，花色不合需要，商业单位产品库存积压很大，推销不出去，一方面又向省外调入高级产品，因此对其要求主要以提高技术为主）；针织衫裤 7976 打，只增长13.26%；丝织品（包括土绸、绢，不包括绣纱）8867 千尺，只增长

8.59%；印染布 135928 匹，只增长 4.98%。① 对于一些城市和重点地区（杭州、湖州等地），要求其加强专业化生产，逐步收缩农村和零星地区的兼业生产，中心问题是解决质量问题，提高正品率，降低次品率。按照中共浙江省委的意见，为了满足农村购买力增长的需要，在生产计划中相应地增加了如打稻机、水泵、农用船舶等的产量，但浙江省手工业管理局在给省委的报告中却指出，"在手工业技术改造速度跟上实际需求、从手工操作转为使用机器生产之前，需继续维持当前产量"。②

在如何尽快完成手工业社会主义改造这一问题上，虽然浙江省对合作社（组）采取的是通过快速组社、扩社的方式，将手工业者组织起来进行生产；但是手工业合作化过程并不是一个简单的组织过程，它涉及许多方面的问题。浙江省手工业管理局一方面需要认真地执行中央的计划要求，另一方面还需要根据实际情况，对各地区所表现出来的过热现象进行适当的"降温"，以保证手工业的整体发展不偏离正常轨道。对于基层干部来说，不仅需要积极地落实上级的生产任务，努力提高合作社（组）经济效益，毕竟干部的大部分经济收入取决于合作社的发展；还要平衡合作社和联社的关系，面对合作化过程中的"政治压力"，尤其是对右倾思想的批判，社干不得不小心谨慎地回应上级的要求，在制订计划时"宁左勿右"，避免带来不必要的麻烦。

第二节　资金

浙江省手工业基础建设所需的资金，主要来源于合作社（组）的自有资金。自有资金包括股金、基本资金、特种基金和折旧基金等。与对工农业投入的资金相比，国家对手工业的资金支持显然是有限的，以至于合作社（组）不得不提高自有资金的累积比例，一定程度上影响了社员的经济收入，阻碍了合作社（组）的巩固和发展。从合作社建设资金的实际投入使用情况来看，其主要来自以下三个方面。

---

① 《关于一九五六年手工业生产情况与一九五七年工作意见的报告（初稿）》，浙江省档案馆藏，档案号：j112-004-002。

② 《关于下达本省手工一九五六年年度计划（草案）的说明》，浙江省档案馆藏，档案号：j112-003-005。

首先是社员股金。作为手工业合作社建设资金主要部分的股金，一般用于业务的周转或购置固定资产。根据《中华人民共和国手工业生产合作社暂行条例草案》第六十七条规定："凡加入联社或总社的手工业者都需缴纳股金，并相应缴纳相当于股金10%的入社费。"① 浙江省对社员股金的征收标准是：第一个五年计划内，社员股金平均每人30元，占利润的10%；第二个五年计划内，社员股金平均每人50元，占利润的10%。② 1955年底浙江省手工业生产合作社自有资金总额（不包括专用资金）为9540000元，其中包括社员股金2450000元；按社员的平均数来算，专业社每人股金为18.59元；兼农的每人股金为1.6元，平均利润为总产值的5.2%。③ 合作社（组）虽然在降低成本、改善生产经营、加速资金周转的基础上，不断提高自有资金的积累额，但是在合作化高潮中，浙江省手工业管理局还是进一步提高了积累指标：1956年基层社自有资金达到1748万元，联社则要求达401万元。④

表 5 – 12　1956~1962 年浙江省手工业联社、基层社自有资金增长计划要求

单位：元

年度	基层社自有资金		各级联社自有资金	
	新增数	到达数	新增数	到达数
1956 年	8440000	17480000	3510000	4010000
1957 年	8560000	26040000	5340000	9360000

---

① 手工业合作社提取该社股金总数的5%作为上缴股金；县联社提取该联社股金总数的10%作为上缴股金；省联社则提取该联社股金总数的20%作为上缴股金；同时，手工业合作社和县、省联社除缴纳股金外，还需缴纳管理费（手工业合作社最多不超过销售款项的0.5%）。《中华人民共和国手工业生产合作社暂行条例草案》，《城市手工业改造工作座谈会会议文件之五》，浙江省档案馆藏，档案号：j112 – 003 – 003。

② 合作化高潮后，对社员股金的要求是：在第一个五年计划内，专业的平均每人30元，兼农的平均每人3元，利润为总产值的8.5%。第二个五年计划内，专业的平均每人59元，兼农的平均每人5元；利润占总产值的9%。《浙江省手工业社会主义改造的规划方案（草案）——李茂生在浙江省第一次手工业生产合作社代表会议上的报告》，浙江省档案馆藏，档案号：j112 – 003 – 002。

③ 《浙江省手工业基本情况、存在问题及今后意见的报告》，浙江省档案馆藏，档案号：j112 – 003 – 004。

④ 《浙江省手工业基本情况、存在问题及今后意见的报告》，浙江省档案馆藏，档案号：j112 – 003 – 004。

续表

年度	基层社自有资金		各级联社自有资金	
	新增数	到达数	新增数	到达数
1962 年	16820000	88380000	12620000	55990000

资料来源：《浙江省手工业基本情况、存在问题及今后意见的报告》，浙江省档案馆藏，档案号：j112 - 003 - 004。

　　事实上，1956 年自有资金积累的指标几乎是 1955 年实际数额的 2 倍，每人所需缴纳股金也达到 1955 年的 1.6 倍，而且越到基层，所需缴纳的股金越多，这无疑增加了社员的经济负担。如宁波地区在社员股金的征收方面，要求在第一个五年计划内，生产社社员人均达到 40 元，占利润的 10%，净累积的 4%；生产小组组员的平均股金 30 元，占利润的 85%，净累积的 3%。1956 年基层社的自有资金达到 772.8 万元，其中生产社 563.5 万元；1957 年基层社的自有资金达 1341 万元，其中生产社 1270 万元。[①]

　　其次是基本资金中的公积金。它是合作社的公共积累，可以用于进行基本建设、购置工具设备和扩充业务。各级联社在执行盈余分配政策时，除了适当地保障社员劳动收入逐年递增外，将大部分盈余用于扩大基层社公共积累，以克服淡季生产上的困难，促进技术改造和生产发展。但由于联社干部经验不足，在处理具体情况时不可避免地出现了一些问题，如有些社偏重于积累，而忽视社员利益；有的社以福利基金充当流动资金，而减少了福利支出。但不可否认的是，盈余分配政策的实施，有利于防止基层社资金"用光""分光"等情况的发生，有效地巩固、壮大了基层社。[②]

　　1956 年浙江省 70 个市、县 4123 个基层社的盈余总额达到 1878 万元，除去缴纳所得税 369 万元[③]和剔除国家所得 332 万元，直接纳入基本

----

① 《批判右倾保守思想，加速手工业合作化》，《宁波地区代表张照田同志发言》，浙江省档案馆藏，档案号：j112 - 003 - 002。

② 由于部分合作社的社员工资偏低，公积金比例从一般规定的 40% 降至 25%，同时劳动分红从 20% 提高至 35%。《关于手工业生产合作社一九五六年度盈余分配问题的通知》，浙江省档案馆藏，档案号：j112 - 004 - 026。

③ 1951 ~ 1956 年共计上缴税金 484 万元。浙江省二轻工业志编纂委员会编《浙江省二轻工业志》，1998，第 221 页。

基金积累的资金为 1177 万元。

表 5 – 13　1956 年浙江省手工业联社盈余分配情况

项目	比率（%）	金额（元）	备注
利润总额		870624.52	其中实验费：32683.09 元；汽车修配费：5762.28 元；业务费：15384.27 元
减：所得税		160016.04	其中经理部：148727.81 元；实验费：9483.02 元；汽车修配费：180521 元
减：国家优待		294311.42	其中清仓物资处理净差价：103720.16 元；木器差价：41863.45 元；所得税：148727.81 元
分配额		416297.06	
基本基金	50	208148.53	
奖励基金	5	20814.85	其中实验费：1160.00 元；汽车费：197.85 元
福利基金	5	20814.85	其中实验费：1160.00 元；汽车费：197.85 元
教育基金	10	41629.71	
合作事业建设基金	30	124889.12	

注：1. 1956 年从盈余中提取的教育基金上缴比例按照总社筹委会（56）社组白字第 17/082 号指示办理。

资料来源：《关于"手工业合作社联社一九五六年度盈余分配比例"及各项基金上缴比例的通知》，浙江省档案馆藏，档案号：j112 – 004 – 026。

表 5 – 14　1956 年浙江省基层社盈余分配情况

	基本建设基金	合作事业建设基金	教育基金	福利基金	奖励基金	劳动分红
金额（万元）	533	192	112	91	67	182
占分配总额的比例（%）	45.3	16.3	9.5	7.7	5.7	15.5

资料来源：《一九五六年年终盈余分配情况和一九五七年年终盈余分配工作意见》，浙江省档案馆藏，档案号：j112 – 004 – 026。

上述年终盈余分配中，集体性质的基本建设基金和合作事业建设基金为 725 万元，占 61.6%，这部分资金为基层社扩大再生产提供了物质基础。预留的教育基金和福利基金为 203 万元，占 17.2%，这部分资金帮助一些社员解决了生活中的特殊困难，提高了社员的医疗、卫生、教育条件，这是和以往分散单干时有本质差别的。

最后是国家优待。合作化过程中，国家不仅在资金方面给予浙江省手工业必要的支持，而且还调拨部分设备供其使用。1955 年国家不仅在税收方面给予了一定的优待，节省了资金开支 1200 万余元（约占手工业的全部积累的 30%），还将价值 40 余万元的机械设备，调拨给制造新式农具的铁木行业，提高了行业的生产效率。此外，中国人民银行还给手工业提供了 1200 万元短期贷款，缓解了手工业日常生产中资金短缺的问题。在手工业原料供给和产品销售方面，国营商业、供销合作社还给予价格上的支持；除 40% 左右是按历史习惯进行自产自销外，约有 60% 的原料供应和产品推销是由国营商业、供销合作社协助进行的，其中棉织、针织、丝织、土纸、草席、花边、麻帽等全部由国营商业、供销合作社加工订货或包销。[①]

手工业合作化高潮后，由于大规模的基本建设投资和生产经营的庞大开支，对流动资金的需要更为急迫，按照生产社（组）的产值来算，第一个五年计划资金需要周转 6 次，第二个五年计划资金需要周转 6.5 次。国家原先初步估计在第一、第二个五年计划期内月需资金 30 亿元左右，其中 80% 用于生产性的基本建设，20% 用于干部学校和其他文化福利方面的建设。资金缺口主要依靠各级社从盈余中提出的基本建设资金、基层社公积金的一部分和其他资金（解决 25 亿元左右），其余的则通过国家贷款进行解决。[②]

表 5 – 15　　1956 ~ 1962 年国家手工业所需资金来源情况

年份	需要资金（亿元）	从股金、基本资金、预收定金中解决部分（亿元）	需要国家贷款（亿元）	多余的自有流动资金（亿元）
1956	5.82	3.03	2.79	
1957	8.81	4.89	3.92	
1959	13.42	10.15	3.27	
1960	14.98	13.03	1.95	

① 《积极发展手工业生产，努力支援工农业建设》，浙江省档案馆藏，档案号：j112 - 004 - 007。
② 《关于手工业社会主义改造的初步规划的报告（初稿）——白如冰在第五次全国手工业生产合作会议上的报告》，浙江省档案馆藏，档案号：j112 - 003 - 002。

续表

年份	需要资金（亿元）	从股金、基本资金、预收定金中解决部分（亿元）	需要国家贷款（亿元）	多余的自有流动资金（亿元）
1962	18.95	19.87		0.92

资料来源：《关于手工业社会主义改造的初步规划的报告（初稿）——白如冰在第五次全国手工业生产合作会议上的报告》，浙江省档案馆藏，档案号：j112-003-002。

　　但实际上，仅仅浙江省对手工业的技术改造所需的资金，1956年就有702.7万元，1957年则达1500万元。[①] 对大多数行业，尤其是铁木业来说，为了改进生产技术，提高生产效率，需要通过购置机械设备、扩建厂房等途径来实现。只依靠基层社自有资金是无法满足实际需求的，据杭州、温州、宁波等地区手工业联社的基建计划汇报可知，1956年浙江省手工业需要基建投资为4548977元，而基层社能用于基本建设的自有资金只有2533547元；对于缺口部分，国家提供160万元的长期贷款，此外还有合作事业基金等。铁木业所需基建投资资金1738324元，占总投资的38.2%，其中长期贷款为1012823元，占总贷款额的63.3%。在合作化高潮中，浙江省80%以上市、县的铁木业合作社都添置了机器工具，扩建或改建了厂房、仓库。如温州造船合作工厂建造渔民迫切需要的大洋船、推帆船，国防上的部分用船，新建厂房、仓库、办公室等基建面积7024平方米，加上购买新的机器设备，共计投入500000元（长期贷款480000元，自有资金20000元）。又如杭州市剪刀生产社，随着从业人员的不断增加，新建厂房7000平方米；为了满足生产技术改造的需要，购置了部分附属设备，共计投资了450000元（长期贷款350000元，自有资金为100000元）。[②] 因此，为了弥补合作社自有积累资金的不足，国家相应提高了贷款额度，但是由于部分地区合作社发展速度过快，国家的资金投入仍显不足，基础建设处于"停工"状态；虽然部分合作社所建设施投入使用，但因原料供应、供销失衡等问题，导致产品积压或"停工待料"，合作社的自有资金和国家资金的投入无法获得经济上的回报，造成资金使用上的浪费。与此同时，为了维持社员的生计，

[①] 《浙江省手工业社会主义改造的规划方案（草案）——李茂生在浙江省第一次手工业生产合作社代表会议上的报告》，浙江省档案馆藏，档案号：j112-003-002。

[②] 《一九五六年度基本建设计划任务书》，浙江省档案馆藏，档案号：J112-003-029。

国家还需要继续有计划地投入和安排产品销售，陷入生产上的"二律背反"，即资金持续投入，手工业规模不断扩大，但是边际劳动效益并没有明显提高，社员的经济收入也没有随之增加，有的反而有所降低。这种"高投入低产出"的投资模式，使资金处于一种过度累积的沉淀状态，阻碍了手工业生产的发展。

表 5 – 16　1956 年浙江省基本建设投资主要用途分类情况

建设单位			投资总额	社本部	省社直属机械铁工厂	省经理部仓库	省社干校和办公室	生产合作社	供销合作社	生产小组
社组数								523	75	57
总计（元）			4548977	557600	100000	120000	337600	3887027	92550	11800
厂房	面积	（平方米）	45257	1205	1205			42802	1250	
	金额	（元）	1577760	14857	14857			1516803	46100	
机械设备及工具	金额	（元）	2078758	75000	75000			1957808	40950	5000
仓库	面积	（平方米）	8930	5000		5000		3930		
	金额	（元）	219621	120000		120000		99621		
干部学校	面积	（平方米）	3800	3800			3800			
	金额	（元）	200000	200000			200000			
办公室	面积	（平方米）	3825	3825			3825			
	金额	（元）	137600	137600			137600			
宿舍	面积	（平方米）	3477					3477		
	金额	（元）	98191					98191		
其他（元）			237047	10143	10143			214604	5500	6800

资料来源：《一九五六年度基本建设计划任务书》，浙江省档案馆藏，档案号：j112 – 003 – 029。

表 5 – 17 1956 年浙江省手工业联社贷款使用情况

		金额（元）	机器设备金额（元）	房屋金额（元）
合计		1600000	634000	966000
其中已经使用	省市社本部	62880	47880	15000
	专业联社			
	基层社	738930	197930	541000
其中计划使用	省市社本部	288170	138170	150000
	专业联社			
	基层社	510020	250020	260000

说明：1. 1600000 元长期贷款中，其中有 1955 年留下来的长期贷款 400000 元。

2. 其中机器设备包括工具及安装；房屋包括厂房、仓库、办公室。

资料来源：《一九五六年度基本建设计划任务书》，浙江省档案馆藏，档案号：j112 – 003 – 029。

第三节　变革的效率分析

在手工业合作化运动中，由于资金短缺、工业基础落后等原因，国家更多的是希望通过改变生产关系来提高劳动生产效率。而一些省份如浙江在生产过程中除了进行劳动分工外，还积极地利用国营工厂淘汰下来的机械设备，以及不断地改良原有的生产工具，试图尽快实现半机械化、机械化生产。这就容易让人联想到近代手工业的发展，甚至是欧洲的手工工场，因此衍生出一个问题：针对手工业，改变生产关系和使用机器设备，是否能使生产力发生质的变化呢？

一　传统手工业生产效率的改进

近代以来，在机器工业的竞争下，农村地区的手工业非但没有萎缩，反而有了一定的发展，不仅织布、缫丝等传统手工业获得了扩展，不少新行业如花边、针织等也得到了普及和推广。但是上述行业却并未走上向工业化转变的道路，彭南生将这种朝着机械化发展的工场手工业称为

"半工业化"。① 他认为："近代手工业是一种介于传统与现代之间的'中间经济'，将传统农业与现代工业连接在一起。"② 在以往研究中，基于手工业作为农业生产的附属存在，有些学者认为手工业是中国资本主义发展的障碍，它只是在劳动力大量剩余、人均可用耕地不足等情况下，农民为了维持温饱采取的一种被迫行为。对小农家庭来说，兼营性副业生产尽可能地吸收了家庭剩余劳动力，在国家税收、地租的重压下，通过充分挖掘生产潜力，实现小农经济利益的最大化。小农从事农副业主要是为了家庭消费，而不是追求最大利润。他们的行为应用满足消费需要和劳动辛苦程度的平衡状况来衡量，而不能用单位生产成本和收益来衡量。③ 黄宗智认为，"手工业作为摇摇欲坠的家庭式农场经济的重要补充，它帮助维系着一个净收入低于生活需要的农村家庭"，结果"和马克思的分析不同，不是自足'自然经济'，而是商品化了的手工业对近代工业作出了顽强的抵抗"。④ 陈庆德指出："近代以来，所形成的手工业为主的社会经济发展形态，与已经建立起来的世界资本主义生产基础相比，与其说是一个自然积累过程，倒不如说是近代化历史转变道路受到了阻塞。"⑤ 但同时，也有些学者认为近代中国农村家庭手工业在当时的历史条件下，没有阻碍近代中国农村经济的发展，相反，它不仅增加了农民家庭的经济收入，消化了大量的农村劳动力，还增加了农村社会的生产消费总量，优化了农村产业结构，促进了农村商品经济的发展，是近代中国农村经济中的一个不可或缺的产业，在近代中国农村经济中占有十分重要的地位。⑥

　　在西方机器工业的推动下，社会经济结构内部开始出现松动的迹象。相对机器生产，传统的家庭手工业在效率上是无法与其比拟的，因而对

---

① 彭南生：《半工业化：近代乡村手工业发展进程的一种描述》，《史学月刊》2003 年第7 期。

② 彭南生：《中间经济：传统与现代之间的中国近代手工业（1840—1936）》，高等教育出版社，2002。

③ 张莉莉：《家庭经营的走向：单干还是合作——兼评恰亚诺夫〈农民经济组织〉》，《延安大学学报》（社会科学版）2011 年第 1 期。

④ 〔美〕黄宗智：《华北的小农经济与社会变迁》，中华书局，2000，第 202～203 页。

⑤ 陈庆德：《论中国近代手工业发展的社会基础》，《云南财经贸易学报》1990 年第 3 期。

⑥ 黄健、万振凡：《对近代中国农村家庭手工业的重新认识》，《江西广播电视大学学报》2002 年第 4 期。

传统的生产工具进行改良或购进新式机器，成为必然且无奈之选。事实上，中国古代手工业能获得巨大突破，与技术水平的提高有密切的关系，如宋元时期用脚踏缫车取代手摇缫车，明显提高了劳动生产率。[①] 尽管吴承明、徐新吾等人并不认同这一看法[②]，但手工业生产受到新式机器的影响，却是毫无疑问的。近代浙江许多地区的手织工业开始逐步改进生产工具，如绍兴地区"木机（织绸）出品固坚韧耐用，然效率嫌缓；铁机兴起，出品花色亦繁，花绸、素缎及各种花缎，均层出不穷，木机花素大绸、阔纺等亦源源创出，产量增至 29 万余匹，织制之家计 3400 余户，是为全盛时代"。[③]

与此同时，手工业还有一个显著的发展趋势，那就是朝着工场化发展，如 1933 年浙江永嘉县工场手工业已占 12.2%[④]，但工场使用动力设备的还为数过少，即便使用了，利用率也是极低的（一般都是由廉价的劳动力来代替）。据调查统计，这种情况不止出现在浙江，在全国其他地区也同样如此，1913 年全国 21713 家工厂（场）中，不使用原动力的手工工场占 98.40%，使用原动力的工厂只占 1.6%；其中浙江省使用原动力的 14 家，占 0.56%，不用原动力的 2493 家，占 99.44%。[⑤] 到 1947 年底，手工工场在全国 114078 家工厂（场）中仍占 76.47%，符合《工厂法》[⑥] 规定的工厂数量仅占 23.53%，其中纺织、服装、食品、造纸等轻工业占据了近一半。[⑦] 彭泽益通过对比工人与马力的比率发现：1933～1934 年上海（符合《工厂法》规定）的工厂数为 1038 家，工人 200417 人，使用动力 128430 匹马力，马力与工人的比率为 0.64；1947 年全国（符合《工厂法》规定）的工厂数为 3312 家，工人总数 682399 人，装备

① 秦观：《蚕书》，商务印书馆，1936，第 3420 页。

② 徐新吾主编《江南土布史》，上海社会科学院出版社，1992，第 46 页；许涤新、吴承明主编《中国资本主义发展史·第一卷·中国资本主义的萌芽》，人民出版社，1985，第 386 页。

③ 彭泽益：《中国近代手工业史资料》（第三卷），中华书局，1962，第 84 页。

④ 《浙江永嘉之工商业》，载彭泽益《中国近代手工业史资料》（第三卷），中华书局，1962，第 811 页。

⑤ 彭泽益：《中国近代手工业史资料》（第二卷），中华书局，1962，第 448～449 页。

⑥ 《工厂法》规定："凡用发动机器之规定，平时雇佣工人在三十人以上者，方才适用。" 彭泽益：《中国近代手工业史资料》（第四卷），中华书局，1962，第 556 页。

⑦ 彭泽益：《中国近代手工业史资料》（第四卷），中华书局，1962，第 555 页。

马力 827272 匹，平均每个工人使用 1.2 匹马力。由于 1933～1934 年是抗战前手工业发展的最高峰，而上海地区又是全国的工业中心，使用动力设备具有一定的典型性；1947 年的统计是基于全国范围的，因而至少说明 1947 年的机械化程度肯定超过了抗战前最好的时期。但是这与资本主义国家相比依旧存在巨大差距，美国马力与工人的比率在 1908 年就达 3.6，德国 1910 年为 3.9。[①]

不过，当机器工业遇到"商人包买制"支配下的家庭手工业时，它的"生产优势"就被削弱了。"浙西针织业，以杭州、海宁、嘉兴、平湖四县较为发达，然均系小规模之厂家，各厂袜机，完全用人工手摇，而无电力发达。杭州市规模较大者，虽曾购电机数架，嗣以营业不佳，将电机出售，仍沿用其手摇机。"[②] 究其原因主要有两个方面。一方面，农民资金较少，通过领料加工的方式，节省了购买原料的流动资金和免去销售的麻烦，更为重要的是可以充分利用家庭剩余劳动力，"城镇贫民中，十岁上下之幼女（缝袜头）、壮年妇女（捻袜）、四五十岁之老妇（纺纱折袜）、失业之男子（烫袜），无不借织袜以为生"。[③] 恰亚诺夫对此认为："农民首先考虑的是满足自身需求，而不是为了在市场中寻求最大利益，因此，他们具有自己的内在逻辑，在解决家庭过剩劳动力的过程中，保持消费和劳动强度的平衡。"[④] 从经济方面考虑，家庭成员"无法解雇"的既定事实，注定了其更倾向于使用人工劳力，毕竟让一个劳动力"闲置"起来造成的经济浪费，比机器带来的收益增长更大。传统家庭伦理的内在自发作用在一定程度上有效地协调了成员之间的各种关系，降低组织管理成本，提高了家庭式生产的经济效益。另外，手工纺织与机器工厂之间的生产效率，并没有想象中那么悬殊，1933 年、1934 年动力织布的劳动生产率仅是铁轮织布机的 2～3 倍，动力丝织机的效率则只是铁轮织机的一倍多，再加上机器、厂房、燃料等的消耗，机器工

---

① 《上海工业统计》（1933—1934 年度），《经济统计月志》1934 年第 3 期；转引自彭泽益《近代中国工业资本主义经济中的工场手工业》，《近代史研究》1984 年第 1 期。陈真编《中国近代工业史资料》（第四辑），三联书店，1961，第 9、93 页。

② 彭泽益：《中国近代手工业史资料》（第三卷），中华书局，1962，第 74 页。

③ 彭泽益：《中国近代手工业史资料》（第三卷），中华书局，1962，第 178 页。

④ 〔俄〕恰亚诺夫：《农民经济组织》，萧正洪译，中央编译出版社，1996。

厂的成本未见得能比农村家庭手工业低多少。① 另外，商人借此避免了建造厂房所造成的资金浪费，以及之后带来的管理费用。因此，在考察近代手工业的变化时，直接促进其发展的主因更多是区域市场扩大带来的劳动分工的深化，技术改良尽管给手工业注入了"发展活力"，但远远还未达到"实质性变化"这一程度。并且机器工业只是在一些大、中城市获得发展，在短时间内无法改变乡镇手工业的现状。所谓手工业的技术进步，充其量只是其在现代工业"冲击"下的"反应"。农副业的地位使手工业很少会选择去对技术进行有效改进，更为现实的方式是吸收现代工业部门生产方式上的积极因素，来缓解自身内部存在的局限。如浙江省缫丝业中，为了提高劳动生产率，农村家庭开始用脚踏木车进行缫丝，肥丝每工可缫 40～50 两，细者至少可缫 10 两，缫折之高下，随茧质之高下而异，少者 10 斤左右，多者 17 斤。② 正如史建云所说的那样，"无论社会分工是一个手工业部门自身发展的结果，还是外力的强制，都说明生产过程的进步"。③ 但这仅仅是"在传统经营方式的基本格局未发生大变动的情况下，朝着横向多元并存和纵向进步演化的方向发展"。④

二　手工业合作化中生产效率的改进

中华人民共和国成立后，为了引导手工业朝着社会主义方向发展，提高生产效率，国家主要从推广先进经验、改进生产工艺流程、优化生产管理制度以及逐步半机械化、机械化生产等四个方面分别展开。

第一，推广先进经验。

由于过去个体手工业者以简单、独立的加工、生产为主，大多数从

---

① 史建云：《论近代中国农村手工业的兴衰问题》，《近代史研究》1996 年第 3 期。徐新吾认为，手工纺纱（人均每天 0.303 磅）与机纺（人均每天 13.4 磅）的劳动生产率之间相差 44 倍，这是机纺挤垮手工纺纱的主要原因。徐新吾：《中国自然经济的分解》，载许涤新、吴承明主编《旧民主主义革命时期的中国资本主义》，人民出版社，1990，第 320 页。

② 彭泽益：《中国近代手工业史资料》（第三卷），中华书局，1962，第 694 页。

③ 史建云：《商品生产、社会分工与生产力进步——近代华北农村手工业的变革》，《中国社会经济史研究》1998 年第 4 期。

④ 李金铮：《传统与变迁：近代冀中定县手工业经营方式的多元化》，《南开学报》（哲学社会科学版）2009 年第 1 期。

业者既不懂机械常识，又无法学到新技术，产品质量参差不齐。国家为了提高手工业者的生产技术水平，使其适应并满足社会发展需要，较为有效的方法是推广同行业的先进经验。在合作化过程中，浙江省手工业管理局提出："生产合作社之间要互相学习和互相帮助，先进的（社）帮助落后的（社），后进的（社）学习和赶上先进的（社）；在原有基础上提高社员的技术水平，改进生产设备，改善企业的经营管理。"① 通过开展社际竞赛，② 部分合作社（组）在学习地方国营工厂和其他合作社的生产管理经验后，社员的技术水平和操作能力有了一定提高，如温州市第一方木生产社党支部书记王某某先后两次到杭州学习锯榫机技术，对包括划墨机、八眼钻孔机等在内的生产工具进行改进，使产量提高5.4 倍。③ 瑞安农械生产社的铸工车间通过学习国营工厂和苏联经验，对熔铁炉进行适当改进，不但节约了焦煤的使用量，而且铁水产量由每小时1300～1400 斤增至1600～2000 斤。④

　　为了促进地区间先进经验的交流，部分县市还组织了生产观摩会、技术训练班、技术研究小组等；⑤ 合作社则根据自愿原则，互派人员进行交流学习，如桐乡县濮院镇铁业生产社的代表在听取嘉善县魏塘镇铁业生产社的典型介绍后，说："我来参加时，心里想只听见鞍钢有技术革新，手工业有啥技术革新呢？参观后亲眼看到了手艺掌握在工具里；都像魏塘镇铁业社一样，实现社会主义要不了 15 年！"⑥ 有些社通过学习、交流，不管在产量还是质量方面，都有所提高，如温州市机修社在与其他社交流生产经验中，先后试行了 13 种工夹具的操作方法，不但效率提

① 《浙江省机械农具生产合作社的社际社会主义劳动竞赛组织办法（草案）》，浙江省档案馆藏，档案号：j112 - 003 - 018。

② 社际竞赛的要求是：合作社（组）在生产经营上进行交流合作，在提高劳动生产率、降低产品成本的基础上，达到并且超过国家计划指标。《浙江省机械农具生产合作社开展打稻机同品种的社际竞赛合同》，浙江省档案馆藏，档案号：j112 - 003 - 018。

③ 《温州市第一方木生产社第二季度劳动竞赛的情况》，浙江省档案馆藏，档案号：j112 - 003 - 018。

④ 《瑞安农械生产社是怎样加强技术管理、提高打稻机质量的》，浙江省档案馆藏，档案号：j112 - 003 - 018。

⑤ 《浙江省手工业社会主义改造的规划方案（草案）——李茂生在浙江省第一次手工业生产合作社代表会议上的报告》，浙江省档案馆藏，档案号：j112 - 003 - 002。

⑥ 《嘉善县魏塘镇铁业生产社生产打稻机和改进创造生产工具及组织代表参观的情况报告》，浙江省档案馆藏，档案号：j126 - 001 - 179。

高了 53.2% ，工时定额由每台 29 时 20 分减至 20 时 11 分，而且质量比过去提高 4% ，成本降低 25% 。[1] 又如宁波市皮革生产社，在推毛方式上由原先的直推改为横推，使这道工序次品率由 8% 降为 0.5% 。[2]

第二，改进生产工艺流程。

工艺流程指包括产品设计、原料准备、制造生产等在内的整个加工过程。改进生产工艺流程的目的主要是缩短生产周期，使其在更短时间内生产出质优价廉的产品。而合作社要想改进工艺流程，主要依靠提高社员的技术水平和改进生产工具。在工具简陋、生产灵活的合作社，主要是改进生产工具，节省生产加工时间，从而提高单位时间内的产量，如嘉善县魏塘镇铁业社林桂龙等 14 名社员对 6 种常用的生产工具进行改进和创新后，每种工具在生产效率上平均比原先（手工操作）提高 3 ~ 4 倍，其中脚踏绞螺丝床每工能制造"三分"型号的螺丝 780 个，比旧式绞扳每工 118 个提高 5.6 倍；如以生产 200 部打稻机计算，改进后共节约 311.7 工（折成金额 394 元），以同样时间则可以多生产 88 部打稻机（每部 3.5 工）；生产成本由 55 元降至 45 元。同时，在对工具加以改进之后，产品质量也有所提高，如弯齿器的弯钢丝在长短、弯度规格上较之前更统一。[3] 据统计，1956 年嘉善县魏塘镇铁器社，西塘镇木器社、铁器社、造纸社、纽扣社等五个社，为了进一步提高生产效率，增添 58 匹马力的引擎 5 部，陆续购置了钻床、铣床、车床、锯板机、锯片等生产工具。[4] 总的来说，通过改进生产工具来提高生产效率，需要资金方面的支持，因而比较适合那些便于机械操作的合作社。

对于一般的合作社来说，在缺乏必要物资条件的情况下，主要通过提高社员的操作水平来提高产量，即所谓的"劳动分工"。部分合作社实行流水作业后，社员生产简单专一，操作方法因而更易被熟练掌握。同时，集体化生产模式下，各工序经过排列，进行直线生产，节省了大量的人力、物力消耗，减少非生产时间损失，这对提高生产效率和经济

[1] 《关于打稻机生产专业会议的情况报告》，浙江省档案馆藏，档案号：j112 - 003 - 018。
[2] 《上报宁波市皮革业的补充材料》，浙江省档案馆藏，档案号：j112 - 003 - 016。
[3] 《嘉善县魏塘镇铁业生产社生产打稻机和改进创造生产工具及组织给代表参观的情况报告》，浙江省档案馆藏，档案号：j126 - 001 - 179。
[4] 《嘉善县第六次手工业代表会议总结的报告》，《大会参考资料四》，浙江省档案馆藏，档案号：j112 - 003 - 002。

效益有明显帮助。

在合作社实施流水作业初期，由于社员抱有畏难情绪，生产效率并没有出现预想的增长趋势。如余杭县在城镇雨伞、圆木生产社及篾竹、小木农具生产小组，虽然在社员经济收入、公共积累等方面都不断提高，但社员的某些顾虑还是影响了他们的生产积极性，年老的社员怕分工协作后不自在、不习惯，固定在一道工序上怕身体"受不了"；技术高的社员怕工资拿得少，技术低的怕学不到全套技术等。① 又如金华市第一、二木业生产合作社在分工生产中，出现生产效率不增反减的情况，生产一台打稻机木壳需要工时最多达 2 工半，少的也要 2 工 2 时；在所生产的 80 台打稻机木壳中要求返工修改的就有 48 台，占 60%；同时，社员的经济收入也有所下降，有的社员每天只有 0.8 ~ 0.9 元。通过调查发现，一些技术好、年纪大的社员，不相信流水作业法能提高质量和效率，反映说"流水作业法一个人做一样，从来没有过"，"一个做一样，手法不合"，有的社员认为流水作业是"一个吊一个，要大家拼命干"，社中的青年社员则抱有"一人做一手，技术学不起"的顾虑。此外，还有的社员担心工作分配不合理，"刨的天天刨，体力吃不消，工资不好计算"。②

针对上述情况，金华市手工业联社除加强流水作业的业务指导外，将两个木业社打稻机木壳生产部分进行合并。合并后采取了以下具体措施。

首先，调整劳动生产关系。根据每个人的技术特点、体力强弱等情况，在自报协商的基础上进行编组，如做板组，需要"体力强、锯得多、刨得平"的年轻人，因而将五个年轻力壮的社员编在一起；年纪大、体力弱、技术好的社员则安排在画墨线、做斜角板、敲架等小组中。同时，在两个社中选出 8 名干部，组成生产打稻机管理委员会，对他们进行了明确分工，4 名干部负责生产管理、材料采购、原材料收发、产品检查等日常生产管理，4 名干部负责社员的思想政治教育工作。

随着社员逐渐适应专业化生产，技术熟练度也有了明显提高。如社

① 《余杭县在城镇手工业生产合作社（组）实行分工协作的情况与经验》，浙江省档案馆藏，档案号：j112 - 001 - 003。

② 《金华市第一、二木器社生产打稻机木架的情况》，浙江省档案馆藏，档案号：j112 - 003 - 018。

员何某某体力强、刨得快，一天能刨条子 130 根，比原先的定额（85 根）超出 52.94%。通过合理调配劳动力，合作社的工时定额不断下降，平均每台工时定额（罩壳除外）由 1955 年的 18 小时下降到 1956 年的 6 时 56 分。由于工时定额降低，每台所需的工资支出由 2.1 元降到 1.2 元（平均为 1.728 元）。但社员收入并未减少，反而有所提高，如社员冯某某开始时每天工资 0.8 ~ 0.9 元，后增至 1.78 元。[①]

表 5 - 18　1956 年金华市第一、二木器社各种零件、工序工时定额

零件、工序名称	单位	每台工时（小时）	实际达到数（小时）		
			较快	一般	较慢
栅料	台	5.5	4.5	5	6
刨木架料	台	8.5	8.5	10	11.5
刨齿板	台	13	12	13	14
木架画墨	台	60	60	60	60
打方洞	台	36	34	36	40
打圆洞	台	32	32	35	35
锯木架榫头	台	30	28	30	30
装配	台	14	12	14	20
墙板	台	11	15	17.5	20
低后板	台	8	7	8	9.5
斜角块	台	55	50	60	70
圆盘	台	60	60	60	60
保罩木	台	37.5	38	44	50
小三角	台	80	80	85	90
锯齿板榫头	台	58	60	60	60

资料来源：《金华市第一、二木器社生产打稻机木架的情况》，浙江省档案馆藏，档案号：j112 - 003 - 018。

　　其次，将整个生产过程分为原材料加工和成品生产两部分。原材料加工部门具体分为 5 个组（圆筒弹墨、锯板、弹片子、裁料、蒸料烘

---

① 《金华市第一、二木器社生产打稻机木架的情况》，浙江省档案馆藏，档案号：j112 - 003 - 018。

料），材料收发员对经过处理的原材料进行检查，检查合格后，分发给成品生产部门。成品生产部门的 6 个组（木架、斜角板和装配、底板后壁板、轮罩、条子圆盘、木连杆脚踏板）将制成品交给收发员，后者在入库前根据图样尺寸标准进行检验。检查合格的产品，被打上不同记号，以示由各人负责。实行检查制度后，不仅产品质量提高了，产品的规格、尺寸也得到统一。木壳的返工率由之前的 60% 降到 5%。① 加之在取料、烘煮料、生产等方面的技术改进，原料的耗用量也逐渐减少，每立方米木料由先前可以做 7 ~ 7.3 台增至 7.6 ~ 7.8 台。因而，打稻机的生产成本也不断降低，由 1955 年每台 18.25 元降至 1956 年的 13.97 元，降幅为 23.45%。②

此外，为了提高社员的生产积极性，在劳动分工的过程中，还推行了"三级六等"论质计件的工资制。新的工资制度有效解决了因技术高低导致的收入分配不均的矛盾，促使技术较低的社员积极向较高者讨教学习。③

浙江省部分合作社在推行流水作业后，通过对社员进行合理的分工安排，不仅个体的生产效率有了明显提高，而且合作社的整体经济效益也得到提高。如温州市第一方木生产社根据社员技术特长，按零件的不同技术要求，合理调配劳动力。栅板组组员黄某某开始时被分配去刨板，产量比一般社员低 20%，收入减少，因而产生了离社单干的想法；后调换去做钻孔工序后，每天能钻 100 粒，比之前的先进者多 20%。该社三个车间的九个小组在进行一段时间的专业化生产后，技术逐步熟练，生产效率平均提高 37.74%。④ 金华市铁制品行业的 6 个合作社未实行劳动分配之前，人均每天只能打 9 把锄头；实行之后，人均每天能打锄头 16 把。其中第一铁业生产合作社的总产值由 1954 年的 46700 元提高到 1955

---

① 《关于开展流水作业法提高生产效率、提高质量，保证完成打稻机木壳生产任务的通报》，浙江省档案馆藏，档案号：j112 - 003 - 018。
② 《金华市第一、二木器社生产打稻机木架的情况》，浙江省档案馆藏，档案号：j112 - 003 - 018。
③ 《金华市第一、二木器社生产打稻机木架的情况》，浙江省档案馆藏，档案号：j112 - 003 - 018。
④ 《温州市第一方木生产社第二季度劳动竞赛的情况》，浙江省档案馆藏，档案号：j112 - 003 - 018。

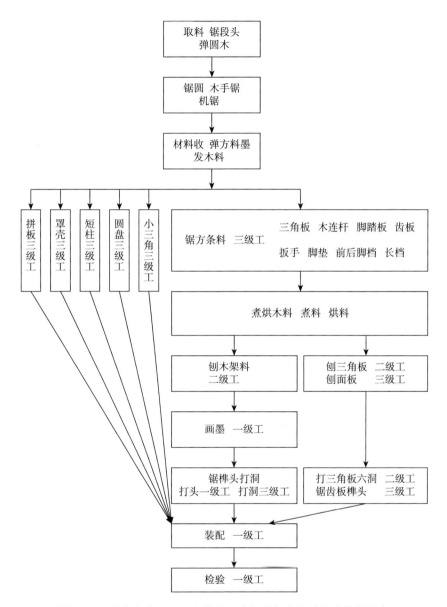

图5-1 金华市第一、二木器社生产打稻机木架的流水作业示意

资料来源：《金华市第一、二木器社生产打稻机木架的情况》。浙江省档案馆藏，档案号：j112-003-018。

年的 56134 元，增加了 20% 以上；公共积累由 1954 年的 5000 元增加到 1955 年的 7000 元，增加了 40%；社员的人均月收入也从 1954 年的 46 元提高到 1955 年的 55 元。由于劳动生产效率的提高，有 25 种产品降低了售价，锄头从原先每把 0.8 元降低到 0.73 元。①

第三，优化生产管理制度。

为了提高生产效率、降低成本，部分合作社还实行了"三定"（定机、定员、定物）管理，按月、按旬编制和执行生产计划。② 湖州市平湖县农具机械社实施"三定"管理制度后，不仅超额完成生产任务计划的 115.50%，而且生产成本由原先每台 31.1 元降低到 29.545 元，其中原料成本降至 28.39 元，比计划成本降低了 9.13 元（但由于省联社供应的原钢等四种主要原料的实际调拨价比核定计划价平均提高 21.1%，因而每台成本增加 4.8%，实际出厂价格高于 33.19 元，超过成本计划 6.8%）。③

表 5-19　1956 年湖州市平湖县农具机械社打稻机生产计划

工种		计划指标要求工时（分）	实际完成工时（分）	实际占计划比重（%）
每台合计		842.7	852.1	101.12
其中	车床	119.5	158.02	132.23
	机器零件（台、铣床）	157.5	115.02	73.03
	钳床	280	232.32	82.97
	装配	42.5	85	200
	铸工	90	87.1	96.78
	锻工	115.2	174.65	151.61

资料来源：《湖州市平湖县农具机械社一九五六年打稻机生产初步总结》。浙江省档案馆藏，档案号：j112-003-018。

第四，半机械化、机械化生产。

---

① 《金华地区代表谢仁符同志的发言》，《第四次手工业干部会议各县市代表的发言资料》，浙江省档案馆藏，档案号：j112-003-001。
② 《关于打稻机生产专业会议的情况报告》，浙江省档案馆藏，档案号：j112-003-018。
③ 《湖州市平湖县农具机械社一九五六年打稻机生产初步总结》，浙江省档案馆藏，档案号：j112-003-018。

手工业生产技术的改进，一个重要途径便是机械设备的广泛使用。在合作化发展到一定阶段之后，合作社利用积累资金，来推动生产工具的逐步升级，使手工生产逐渐走向半机械化、机械化。国家对手工业机械化生产的规划是：在城市中利用简易的电力机械；在乡村或城镇，则利用水力及旧式引擎动力进行半机械化、机械化生产。[①] 在工业化过程中，国家也积极地为那些便于机械化生产的行业提供国营工厂淘汰的旧设备、器械工具。据统计，1954 年底浙江省有机械化合作社 31 个，社员1599 人，全年总产值 2020000 元；到 1955 年底发展到 46 个，社员 2291人，全年总产值 6260000 元。[②] 合作化高潮后，浙江省手工业管理局提出：1956 年实行机械化、半机械化的社（组）员人数达到 36733 人，占社（组）员人数的 3.85%，占可能机械化社（组）员人数的 5.69%；1957 年达到 111756 人，占社（组）员人数的 9.31%，占可能机械化社（组）员人数的 17.33%。[③] 其中金华地区 1956 年能进行机械化、半机械化生产的社（组）员占社（组）员总数的 3%，1957 年则要求达到 6%；[④] 宁波专区 1956 年为 130 个社 4400 个人提高了机械化程度，占社（组）员人数的 4%；1957 年达到 260 个社 9976 人（合作社数在 1956 年的基础上翻一番），占社（组）员人数的 8%；[⑤] 建德专区 1956 年机械化、半机械化生产人数占社（组）员人数的 5.3%，1957 年达到 7.4%。[⑥] 对具体行业的规划见表 5 - 20。

但事实上，从整个浙江省的情况来看，尽管部分合作社通过装备动力设备，能提高手工业机械化程度，但这些动力设备所能提供的支持却十分有限，即便是改造完成之后的几年时间内，手工业机械化水平依然

① 《论手工业生产的方向》，《人民日报》1950 年 5 月 19 日。

② 《浙江省手工业基本情况、存在问题及今后意见的报告》，浙江省档案馆藏，档案号：j112 - 3 - 004。

③ 《浙江省手工业社会主义改造的规划方案（草案）——李茂生在浙江省第一次手工业生产合作社代表会议上的报告》，浙江省档案馆藏，档案号：j112 - 003 - 002。

④ 《金华地区代表谢仁符同志的发言》，《第四次手工业干部会议各县市代表的发言资料》，浙江省档案馆藏，档案号：j112 - 003 - 001。

⑤ 《批判右倾保守思想，加速手工业合作化》，《宁波地区代表张照田同志发言》，浙江省档案馆藏，档案号：j112 - 003 - 002。

⑥ 《批判右倾保守思想，加速手工业合作化》，《建德地区代表宋秀村同志发言》，浙江省档案馆藏，档案号：j112 - 003 - 002。

表 5-20　1956~1962 年浙江省手工业半机械化、机械化速度规划

业别	1956 年			1957 年			1962 年			备注
	社（组）员数（人）	半机械化社（组）员数（人）	占社（组）员比例（%）	社（组）员数（人）	半机械化、机械化社（组）员数（人）	占社（组）员比例（%）	社（组）员数（人）	半机械化、机械化社（组）员数（人）	占社（组）员比例（%）	
全省总计	953450	36733	3.85	1200209	111756	9.31	1204908	519782	43.14	
其中：可半机械化、机械化人数	645491	36733	5.69	644988	111756	17.33	849687	519782	61.17	扣除黄麻大麻制品、农兼结绸及特种手工艺品人数
（一）20 个主要行业合计	710812	36286	5.1	891916	106510	11.94	890184	490334	55.08	
金属制品业	42048	11479	27.3	43043	23674	55.00	43043	42182	98.00	
木材加工业	90825	4541	5.00	98027	24507	25.00	98027	78422	80.00	
棉纺织业	7692	3846	50.00	11783	10605	90.00	9523	9523	100.00	
针织业	1411	141	10.00	1762	881	50.00	1762	1762	100.00	
黄麻大麻制品业	91841	300	3.27	103562	900	0.87	103562	4169	4.03	内农兼结绸（1956 年 87672 人，1957 年 99393 人）不能机械化
缝纫业	48495	100	0.21	72077	300	0.42	72077	36039	50.00	
食品工业	24252	2453	10.00	41121	10280	25.00	41649	24989	60.00	
造纸业	96169	1000	1.04	132264	6613	5.00	132264	66132	50.00	
陶瓷业	5019	1004	20.00	6674	2002	30.00	6674	5339	80.00	
砖瓦业	36968			70839	708	1.00	70839	35420	50.00	

续表

业别	1956 年			1957 年			1962 年			备注
	社(组)员数(人)	半机械化、机械化社(组)员数(人)	占社(组)员比例(%)	社(组)员数(人)	半机械化、机械化社(组)员数(人)	占社(组)员比例(%)	社(组)员数(人)	半机械化、机械化社(组)员数(人)	占社(组)员比例(%)	
石灰业	19124	1912	10.00	27608	6902	25.00	27608	22086	80.00	
皮革业	1309			1919			1919	768	40.02	
土铁冶炼业	541			1460	73	5.00	1460	584	40.00	
竹藤棕草木制品业	181950			204436	6133	3.00	204436	122662	60.00	
草席业	7390			9743			9743	6793	69.72	
文化教育科学用品业	1140	228	20.00	2280	228	10.00	2280	912	40.00	
丝织业	8576	8576	100.00	9669	9669	100.00	9669	9669	100.00	
修理业	13704	685	5.00	19705	2956	15.00	19705	6897	35.00	
建筑业	30000			30000			30000	15000	50.00	
雨伞业	2075	21	1.00	3944	79	2.00	3944	986	25.00	
(二)其他工业部门	22351	447	2.00	52465	5246	10.00	58896	29448	50.00	包括印刷、棉花麻加工、工业用油脂及其他工业部门
(三)特种手工艺品	219837			255378			255378			
(四)服务业	450			450			450			

资料来源：《浙江省手工业社会主义改造的规划方案（草案）——李度生在浙江省第一次手工业生产合作社代表会议上的报告》，浙江省档案馆藏，档案号：j112-003-002。

处于较低水平。如 1956 年衢州地区手工业中，除了脚踏缝纫机、脚踏轧花机外，只有 10 千瓦电动机 2 台，旧车床 7 部，15 马力引擎和圆盘锯各 1 台。[①] 据统计，1958 年全国手工业合作社只有四五万台机器设备，机械化程度还不到 3%。从劳动生产率方面看，国家宣称 1957 年机械化生产的手工业合作社人均年产值达到 1 万 ~ 1.5 万元，半机械化的合作社为 0.5 万 ~ 0.8 万元；一般百人以下的合作社人均年产值为 0.2 万 ~ 0.3 万元。[②] 但事实上，1956 年生产合作社（组）人均年产值仅为 1116 元，其中一般生产合作社为 1348 元，半机械化生产的合作社 2600 元，机械化生产的合作社为 3660 元；[③] 在一年的时间内要想迅速提高年产值显然是不切实际的，更何况一般国营现代化大工业 1957 年每个工人的平均年产值也才 2 万 ~ 3 万元。无论是设备动力还是供销安排方面，合作社都处于明显的劣势；即便是装备了机械动力的合作社，与国营工厂相比，也有相当大的差距。因此，大幅度提高生产效益显然是不可能的。

表 5 - 21 1956 ~ 1962 年全国手工业合作社的人均年产值

年份	生产合作社（组）人均年产值（元）	生产合作社人均年产值（元）	半机械化生产的人均年产值（元）	机械化生产的人均年产值（元）
1956	1116	1348	2600	3660
1957	1309	1513	2652	3720
1959	1602	1640	2802	3840
1960	1760	1760	2862	3900
1962	2193	2193	2931	4020

资料来源：《关于手工业社会主义改造的初步规划的报告（初稿）——白如冰在第五次全国手工业生产合作会议上的报告》，浙江省档案馆藏，档案号：j112 - 003 - 002。

同时，尽管部分合作社（组）动员社内的技术员来帮助社员提高技术水平，如瑞安农械生产社副主任（技术员）陈某某及铸工组长林某

<hr />

① 浙江省二轻工业志编纂委员会编《浙江省二轻工业志》，浙江人民出版社，1998，第 544 页。

② 《手工业要进行技术革命——大部分手工业应向半机械化机械化发展》，《人民日报》 1958 年 5 月 24 日。

③ 《关于手工业社会主义改造的初步规划的报告（初稿）——白如冰在第五次全国手工业生产合作会议上的报告》，浙江省档案馆藏，档案号：j112 - 003 - 002。

某，利用空余时间向金工、铸工两组的社员着重讲解打稻机图纸的公差、符号、精密量具的使用方法以及操作要点，使大多数社员较快熟知打稻机生产的基本知识。[①] 但是大部分社员技术水平落后、文化程度不高、操作能力缺乏等客观因素制约了机械化、半机械化生产的发展，如杭州市第一翻砂社有社员 26 人，翻砂技术熟练的社员仅有 2 人，其余都是从其他行业转入的；并且翻砂社还兼营制造打稻机的业务，由于制造打稻机的技术要求更高，虽然社员人数增加了，产量却一直处于较低水平。[②] 又如杭州市制钉生产合作社的 33 名社员中，能操作机器进行生产的只有 4 人（其中包括 1 名技术人员），而合作社却采购了动力马达 7 部、机械设备 22 部，在机械设备和技术人员之间存在巨大差距前提下，部分机械设备处于"备用"状态，造成巨大的资金浪费。1955 年杭州市制钉生产合作社的生产总值为 587755 元，1956 年的计划生产总值却比之前有所降低，只有 578909 元。[③] 上述选取的还是那些便于机械化生产的铁业合作社，大部分以手工业操作为主的普通合作社使用机械动力的程度更低。表 5 - 22 是杭州市制钉生产合作社机械化、半机械化装备和使用情况。

表 5 - 22　1955 年杭州市制钉生产合作社机械化、半机械化装备和使用情况

基本情况	社员人数（人）	设备人员	1	自有资金（元）	流动资金		90850
		技术工人	3		固定资金		33564
		普通人员	29		合计		124414
		合计	33		其中：公共积累金		121849
动力设备	名称	规格	数量（台）	新旧程度	购置时间	购办时单价（元）	目前设备利用情况	备注
	马达	15 匹	1	旧	1953.12.31	1563	用	
	马达	13 匹	1	旧	1954.5.27	1599	用	
	马达	10 匹	1	旧	1953.6.12	601	用	

① 《瑞安农械生产社是怎样加强技术管理、提高打稻机质量的》，浙江省档案馆藏，档案号：j112 - 003 - 018。

② 《杭州市手工业供产销情况简报》，杭州市档案馆藏，档案号：j054 - 002 - 005。

③ 《杭州市制钉生产合作社机械化、半机械化装备情况》，《全省机械化、半机械化铁器生产合作社调查原始资料》，浙江省档案馆藏，档案号：j112 - 002 - 011。

续表

	名称	规格	数量（台）	新旧程度	购置时间	购办时单价（元）	目前设备利用情况	备注
动力设备	马达	7.5匹	1	旧	1954.5.27	754	用	
	马达	5匹	1	旧	1954.12.31	565	用	
	马达	0.5匹	2	新	1955.5.28	519	用	
机械设备	刨床	8尺	1	新	1955.8.31	425	用	
	车床	6尺	1	新	1953.12.16	1545	用	
	卧式拉丝车	30寸	1	80%	1952.6	3132	用	
	卧式拉丝车	24寸	1	80%	1954.2.27	2379	用	
	卧式拉丝车	24寸	1	80%	1953.12.1	2760	用	
	卧式拉丝车	18寸	1	90%	1952.10	700	用	
	打钉车	1寸	1	60%	1952.6	1500	不用	
	打钉车	2寸	1	80%	1953.7.4	1636	用	
	打钉车	1.5寸	2	80%	1954.3.27	2447	用	
	打钉车	3寸	1	90%	1953.11.11	2320	用	
	打钉车	5寸	1	90%	1954.1.31	2865	用	
	接头车	大	1	新	1954.11.27	1017	用	
	接头车	小	1	新	1954.11.27	458	用	
	滚动车	大	2	旧	1954.11.27	998	用	
	磨刀车	中	1	旧	1954.11	173	用	
	大轧头车	大	1	旧	1952.6	506	用	
	中小轧头车	中小	2	旧	1954.3.27	149	用	
	台钻床	小	1	旧	1955.5.28	134	用	
	电钻		1	旧	1953.3.31	241	用	

	1955年完成数				1956年计划数			
生产情况	生产总值	元	587755		生产总值	元	578909	
	生产总量	百市斤	9788.58		生产总量	百市斤	9600	
	其中主要产量	机制洋钉	百市斤	9788.58	其中主要产量	机制洋钉	百市斤	9600

续表

生产情况	其中主要修配产量				其中主要修配产量				

说明：（1）技术人员是指懂得机器性能，能进行产品的设计、绘图等的人员；技术工人是指有一定技术、能掌握机器生产者；（2）设备利用情况以每日使用 8 小时为"用"的标准。

资料来源：《杭州市制钉生产合作社机械化、半机械化装备情况》，《全省机械化、半机械化铁器生产合作社调查原始资料》，浙江省档案馆藏，档案号：j112-002-011。

此外，受社员技术水平的影响，部分合作社不能完全满足和适应新式农具修配任务的需要，如 1955 年秋收时，富阳县农业合作社损坏了七八部打稻机，当地铁业社尽管装备了机械动力设备，但由于缺乏技术人员，不能及时对打稻机进行修理。农业社无奈之下打报告到省里，省局进而又派金华铁工厂的技术人员过去修理，但到 10 月又坏了六七部，农业社只能将部分损坏的打稻机送至杭州进行修理，有些损坏严重的，农民嫌修理麻烦，将其闲置起来，不但严重影响了农业生产，而且阻碍了打稻机的推广。[①] 据 1955 年的统计，浙江省能熟练绘制新式农具图纸的技术人员只有 5 人，能进行加工生产的技术工人 170 人。在农具生产合作社中，只有 32 个社装备了动力机械设备；新式农具修配站只有 50 个。在技术人才、工具设备缺乏的情况下，要在短期内转变生产方向来适应并满足工农业生产需求，显然还存在较大难度。[②]

三 手工业生产效率的比较

在生产效率上，合作化生产是否比传统模式下的家庭分工更有效呢？要讨论这个问题，首先要明白何为劳动生产率（Labor Productivity），它是指劳动者在一定时期内创造的劳动成果与其相适应的劳动消耗量的比值。劳动生产率水平可以用同一劳动在单位时间内生产某种产品的数量来表示，单位时间内生产的产品数量越多，劳动生产率就越高。即：

---

① 《批判右倾保守思想，加速手工业合作化——建德地区代表宋秀村同志发言》，浙江省档案馆藏，档案号：j112-003-002。

② 《关于一九五五年手工业合作化改造工作总结与一九五六年的工作意见（草案）》，《浙江省第四次手工业工作会议简讯（第四号）》，浙江省档案馆藏，档案号：j112-003-002。

劳动生产率（LP）= 手工业产出（Y）/生产要素投入（X）

一般我们将手工业的资本—产出的生产函数设为：Q = f（L,K），其中 Q 代表产量，L 代表劳动力投入，K 代表资本、原材料等投入。其边际效益函数（一阶函数）表示为：

$$W = Pf(L,K) - aL - bk(a,b > 0)$$
$$Pf'(L) = a, Pf'(K) = b$$

在手工业合作化初期，与之前的传统家庭生产模式①相比，其在资金、技术、工具等诸多投入因素方面，基本上并没有太多改变，因此，对上述模型进行讨论时，可以做适当的简化处理，以劳动力（L）为自变量的函数模型 Y = f（L），手工业的产出围绕着劳动力要素的变化而发生增减。

$$LP = Y/L = f(L)/L$$

对传统家庭手工业来说，边际劳动效益曲线在 A 点之后，随着家庭劳动力不断地投入，会出现小农经济中常见的问题——边际劳动效益递减（即劳动力的边际产量减少），出现手工业的"内卷化"。用公式表达即：

$$d(AP)/d(L) = df(L)/L \div d(L)$$
$$= [f'(L)L - f(L)] \div \triangle L < 0$$
$$f'(L) < f(L)/L = LP ②（边际劳动效益低于劳动生产率）$$

根据赵冈的解释，在 B 点时，尽管边际劳动效益递减，但此时却是社会平均产量的最高值，边际劳动成本等于边际效益，劳动力数量达到最佳状态；同时，平均产量曲线（AP）与平均维生费用线（AS）之间的垂直距离即代表维生之后的剩余，这部分剩余使得在边际劳动效益递减的情况下，继续增加劳动力成为可能，因而家庭手工业可以继续增加

---

① 为了便于对比，在这里所谓的"传统家庭生产模式"主要指单纯的家庭手工业或家庭作坊，不考虑以农副业形式存在的手工业。

② 此处引用张俊的模型。张俊：《传统农业"过密化"：内在机理与边界条件》，《古今农业》2008 年第 2 期。与张俊不同，冯小红的模型中将边际产量直接理解为 TP(L,K)/△L，即每增加一个单位劳动力增加的产出。冯小红：《中国小农经济的评判尺度——评黄宗智的"过密化"理论》，《中国农史》2004 年第 2 期。

劳动力来追求总产量的增加。但是在 C 点之后，情况就不一样了。C 点
作为一个临界点，如继续增加劳动力，导致边际劳动效益低于平均维生
费用。① 对于"理性"的小生产者而言，当增加的劳动力所贡献出的产
值低于维生费用时，他势必会减少或转移过多的劳动力。根据黄宗智所
提出的"内卷化"概念，边际劳动效益递减在 A 点以后即已开始，只不
过还不足以让小生产者减少劳动力投入。

　　手工业合作化不管是在生产管理还是组织形式方面，都发生了巨大
的变化，因此，在讨论问题的时候，主要以图 5-3 为主。微观经济学理
论认为，如果合作社（个人）要获得利润最大化，首要条件便是要使边
际成本等于边际收益。新中国成立初期，在资源充足的情况下，不管是
加工订货还是之后在统购统销，因没有超额利润的存在，基本可以视边
际收益（即每增加一单位产品的销售所增加的收益）趋同于产品价格，
因此，也可以认为，当边际成本等于产品价格时，合作社（个人）取得
的收益达到最大。同时，在工具、技术等关键性要素投入大致保持不变
的情况下，边际成本也就可以直接视为边际劳动成本，即每增加一个单
位的产品所需要投入的劳动力。也就是说，边际劳动成本递增也意味着
每增加一个单位的产品，需要增加更多的劳动力资源。②

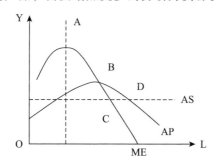

图 5-2　传统家庭手工业生产边际劳动效益曲线

注：纵轴 Y 表示产出，横轴 L 表示劳动力；ME 表示边际劳动效益曲线，AP
表示平均产量曲线，AS 表示平均维生费用线。

　　手工业合作化将原先分散的个体手工业者集中起来进行生产，因此，
边际劳动效益曲线 ME 在 B 点之前递增，斜率的绝对值较高，并且在 B

---

①　〔美〕赵冈：《过密型农业生产的社会背景》，《中国经济史研究》1997 年第 3 期。

②　刘世定、邱泽奇：《"内卷化"概念辨析》，《社会学研究》2004 年第 5 期。

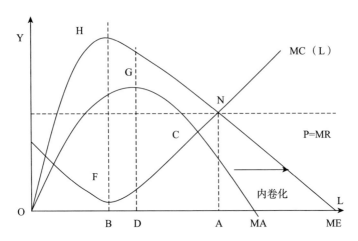

图5－3　手工业合作化后边际劳动效益曲线

注：纵轴 Y 表示产出，横轴 L 表示劳动力；ME 表示合作化后的边际劳动效
益曲线；MA 代表社会平均产量曲线；MC（L）代表边际劳动力成本曲线，MR 表
示边际收益。

点取得最高值（H），即每投入一个劳动力要素的产出实现最大化；而此
时边际劳动力成本曲线 MC（L）与 ME 出现相反的发展，因为劳动分工
使劳动力的生产效率得到优化，单位产品所耗用的劳动力减少，当边际
劳动力成本最低（F），即为每增加一个单位的产品所需要投入的劳动力
最少，因此，H、F 在同一条纵轴上。但此时由于依然存在着大量的个体
手工业者和手工业合作小组，其在生产分工、动力设备等方面落后于高
级形态的合作社，因而社会平均劳动生产效率存在一定的差异性，社会
平均产量曲线 MA 的最高值（G）有一定的滞后，要在 D 点才到来。我
们通过分析资料可以发现，在手工业者组织起来之后，以劳动分工为主
的生产形式，不管是在产品质量、生产速度、原料利用率等方面，都要
明显优于家庭式的简单作业。

　　B 点之后，曲线 ME 开始逐步下行，而曲线 MC（L）则逐步上行，
主要是因为国家并没有对已组织起来的合作社（组）进行适当的巩固和
提高，而是进一步朝着并社、扩社方向发展，一味地追求"快""大"，
吸收的个体手工业者越来越多，合作社的规模也越来越庞大，生产效率
却不断递减。如兰溪县 1955～1956 年合作组织的劳动边际效益由 414 元
上升到 1067 元，增长 1.58 倍，但合作化高潮后，1957 年为 1138 元，只

比 1956 年增长 6.7%。[①] 杭州市的一些合作社反映，从社员中直接提拔的领导干部，要挑起数十人乃至上百人的生产经营，困难较多，"新制度没建立，老办法又用不上"。[②] 但是在 N 点之前，边际劳动效益仍高于产品市场价格（可以用产品价格来折算劳动力的报酬），也就意味着可以继续允许扩大合作社规模，吸纳个体劳动者来获得利润，伊懋可称之为"高水平均衡陷阱"。[③]

到 N 点之后，生产原料、资金等更多地投入国家工业化之后，如果继续投入劳动力，将导致边际劳动效益低于产品的市场价格，以至于合作社出现亏损。从全国情况来看，1956 ~ 1957 年劳动边际效益从 1777.8 元上升到 2047.6 元，其中正在组织中的手工业生产合作社（组）由 1801 元上升到 2160.7 元，而已经完成组织任务的手工业生产合作社随着社员人数的不断增加，出现了递减情况，从 2851.5 元下降到 2504.5 元。[④] 浙江省大部分地区的劳动生产率和经济效益的增长速度也都出现了下降，产品品种急剧减少。如宁波地区的劳动边际效益由 1952 年的 504 元提高到 1957 年的 1196 元，增长 1.37 倍，但是之后因体制的"大合并"，手工业遭受严重挫折。[⑤] 一般对于营利性的现代企业而言，N 点作为临界点，它会极力避免发生这种"得不偿失"的情况，而相应地裁撤员工，使生产逐步恢复"劳动—资源"平衡状态。但是合作社对此却"无能为力"，为了执行上级的指示，需要继续合并其他的合作小组，吸纳更多的个体劳动者。

上述并社还带来一个严重后果：在劳动力自由流动受限的前提下，

---

① 兰溪市二轻工业志编志组编《兰溪市二轻工业志》（内部资料），浙江省图书馆藏，1987，第 273 页。

② 《杭州市二轻工业志》编纂委员会编《杭州市二轻工业志》，浙江人民出版社，1991，第 26 页。

③ Mark Elvin, *the Pattern of the Chinese Past: a Social and Economic Interpretation*, Stanford University Press, 1973；其后在《大象的退却》中对高水平均衡理论进行了一定的修正，但大致思路并未改变。〔澳〕伊懋可：《大象的退却：一部中国环境史》，江苏人民出版社，2014，转引自关永强《从欧洲中心史观看美国中国史研究的变迁》，《史学理论研究》2009 年第 1 期。

④ 王海波：《从我国社会主义工业产生和发展的过程看社会主义生产关系的优越性》，《财经问题研究》1982 年第 4 期。

⑤ 浙江省二轻工业志编纂委员会编《浙江省二轻工业志》，浙江人民出版社，1998，第 469 页。

工资水平已无法正常反映出劳动力价值，特别是手工业者文化程度的差异，这也是从手工业者个体角度来看，劳动生产效率下降的原因。尽管有的合作社对工资进行等级制处理，但是差距并不明显，更多的还是维持一个均值水平；劳动边际效益看似基本相同，但实际上却有本质上不同。对原有生产函数调整为：

$$Q = f[L(x), K]，其中 x 表示计划经济体制所带的变化量$$

$$（这个变化量是边际递减的，即 d(L)/d(x) < 0）；$$

$$边际效益函数修正为：Pf'[L(x)] = a[1 + d(L)/d(x)]$$

从此处不难看出，在劳动力比较优势无法发挥的情况下，只是简单的增加数量，边际效益并没有出现增长，反而是下降的。与投资小、经营灵活、管理简洁的家庭作坊（或家庭手工业）相比，由于管理费用、工资开支等增加，合作社的利润在逐渐减少；并且原先那些技术好、效率高的手工业者的个人价值无法在工资制度中得到体现，极大地伤害了其生产积极性。尽管国家在制订的手工业规划中明确指出"需要将行业发展（即扩大从业人员，增加设备或不增加设备）、生产的提高（不增加从业人员、提高劳动生产率）、合作社的发展三者区别开来，将衰亡行业的从业人员转到别的地方"，[①] 但是在设定的体制框架内，劳动力数量却始终无法回归平衡值。因此，唯一可行的便是扩大资金投入（包括技术）、扩大产业规模，来刺激利润率的提升；但这又直接将国家拖入"资金沼泽"之中，并且在国家工业化大背景下，有限的资金、原料等资源必然流向工业建设，政府无法拿出更多的资金予以支持。"统购统销"则进一步强化了对市场的控制，这对手工业来说，是十分致命的。

对于手工业来说，传统的"勤劳致富"的希望随着合作化高潮到来，被彻底地堵死了。在没有市场价格弹性激励的计划经济模式下，手工业者加入合作社后能有多大的热情来提高自己的技术水平或者超额完成预定产量，这都存在一定的疑问。至少在浙江农业合作化中，已经出现了农民在"求富"无望的情况下"合伙平产"的平均主义的"积极

① 《中央手工业管理局关于第四次全国手工业生产合作社会议的报告》，浙江省档案馆藏，档案号：j101 - 006 - 104。

性"，① 而深受"小农经济"思想影响的手工业者，是否也出现了此种消极态度？这或许给合作社的发展蒙上了一层阴影。1959 年在合并的热潮下，各地合作社普遍出现了大集体下的平均主义倾向，吃大锅饭（只发工资）、不干活。② 此外，对于合作社的领导干部而言，虽然集体经济在制度安排上消灭了剩余权机制，但它并不能够取消给予集体生产的监管者经济激励的需要。集体化生产的监管人不拥有剩余权时，产权残缺将严重削弱潜在的激励机制的作用，致使集体化对管理者的激励不足。③这些升迁无望的基层干部，却是监管合作社日常生产活动的直接负责人，微小的差额工资、补贴等激励，意识形态方面的教育，显然无法促使他们去承担合作社的盈亏责任。Alchian 和 Demsetz 认为，相对于个体手工业者的分散经营，虽然合作生产具有专业化分工协作的比较优势，但是劳动的时空特性使得无限制地"计量"和"监督"团队中每一个成员的边际贡献是十分困难的。面对"监督"难题，会出现"二手车"市场的逆向选择，因此，集体经济的管理者会选择实施一个较低的监督程度。④因为"计量"所带来的困难，在分配形式上，合作社依据"平均贡献"来确定工资，在此安排下，手工业者的选择自然是偷懒而不是努力工作，而那些高效的手工业劳动者则会选择退出。"为了保证制度变迁的顺利推进，通常会由政府的各种行政补贴支付给受害者一笔钱，对实际受损方进行适当的'补偿'或'赎买'"；⑤ 但在合作化过程中，国家将大部分资金用于合作社基础设施建设后，根本无力进行补偿。因此，只能依靠合作社内部以"民主协商"的会议形式，来自行完成支付费用的过程，这无疑增加了合作社的经营成本，更严重的是滋生了经济腐败、公权私用等问题。

---

① 薄一波：《若干重大决策与事件的回顾》（上），中共党史出版社，2008，第 236 页。
② 《对手工业者徐永煌的口述采访》，采访时间：2018 年 9 月，详见附录 C。
③ 周其仁：《中国农村改革：国家和所有权关系的变化（上）》，《管理世界》1995 年第 3 期。
④ Alchian & Demsetz, Production Information Costs and Economic Organization. *American Economic Review*, 1972, Vol. 62, pp. 777 – 795. Lin Justin Yifu, The House hold Responsibility System in China's Agricultural Reform: A Theoretical and Empirical Study. *Economic Development and Cultural Change*, 1988, 36, pp. 199 – 224.
⑤ 卓勇良：《区域市场化途径比较及浙江模式的典型意义》，《商业经济与管理》2004 年第 4 期。

第六章　发展的困境：理想与现实的差距

20 世纪 50 年代，国家工业化的发展战略是利用工农业高额的投资率，优先发展资本密集型的重工业项目，即"苏联模式"。但当时我国还是一个工业基础薄弱、人口众多的农业大国，因此，工业化所需资金主要来源于农副业。对手工业而言，一方面，需要积极提高产量，以适应并满足农业生产和城乡人民日常生产生活所需；另一方面，又要对部分行业进行技术改造，逐步向国营工厂发展，这也是生产力发展的内在要求。但是，优先发展重工业的政策，使手工业生产资料发生短缺，阻碍了手工业渐进式的发展，加之生产关系、组织结构等方面的问题，手工业生产中的困难加剧，致使其在改造高潮后长期陷入停滞徘徊状态。

第一节　工农业关系

手工业和农业、工商业之间的关系历来都是相互支援、相互依赖的。一方面，手工业品主要以支援农业生产，满足广大农民日常生产、生活为主，手工业所需如竹、木、棕、藤、草等大部分原料由农业供应；另一方面，在手工业辅助工业制造生产各种零部件、机械设备的同时，工业亦给手工业提供各种支持，尤其是合作化过程中，国营工厂为手工业提供大量机床、马达等设备。此外，商业部门在产品、原料等物资供销方面，也发挥了"润滑剂"的作用。合作化中手工业产品除 40% 左右继续按历史习惯进行自产自销外，约有 60% 通过国合商业部门组织供销，其中棉织、针织、丝织、土纸、草席、花边、麻帽等，全部由国营商业、供销合作社负责加工订货或统购包销。[①] 因此，在研究手工业社会主义改造问题时，对手工业与农业、工商业之间的关系进行深入探讨，有助

---

① 《关于发展手工业生产和当前的整风整社与社会主义运动的意见》，浙江省档案馆藏，档案号：j112 - 004 - 002。

于更好地了解手工业在这一时期所发挥的作用。

一　手工业与农业、工业的范围划分

手工业与农业的区别。农业是为了取得动（植）物性产品而栽培植物或饲养动物的生产行为，而手工业是依附于农业自然经济的小商品生产行为。由于经济结构的特殊性，手工业与农业之间还存在一些相互关联的情形，因此为了便于区别，浙江省手工业管理局对二者做了如下界定。

（1）农民自给性手工业生产（农民为自身需要或直接为消费者需要进行的手工业生产），因其自然经济性质，将其划归农副业，如编制草鞋、酿制自用火腿、妇女代客缝衣及利用农闲直接上门进行竹木器加工等，无论产值、人数如何，均划归农业。

（2）天然植物的采集（药材、野果等），农闲时从事狩猎、伐木、捕鱼等，属于农副业，但组织企业经营的捕鱼、伐木（包括樵夫）等则为工业。

（3）农民对自产农产品（或代其他农民生产的农产品）进行初步加工（如棉花去籽），其加工过程视为农业生产的继续，划归农副业。

（4）农民用自产农业原料或外购原料，经加工、制作成品（如制茶、榨油、制糖、编草帽、织布等），然后出售者，划归农兼手工业（手工业中个人若是专业商品性生产，或以此为主要生活来源的，划入个体手工业）。

（5）农户中专门从事手工业生产或主要依靠手工业生产维持生活的，属于个体手工业者，但主要依靠农业生活，只在农闲时从事商品性手工业生产的，属于农民。[①]

由上可知，农民的自产粮食和特种经济作物，为了便于出售而对其的初步加工，视为农业生产的继续；将自产农业原料经加工而制成商品

---

① 《关于个体手工业与农业、商业划分的几点说明》，《全省手工业调查参考文件》，浙江省档案馆藏，档案号：j112 - 001 - 004。

后出售的，因其已脱离农业生产过程，而具有独立的手工业生产性质，属于手工业范畴。农民直接为消费者加工，属于农副业，但个体手工业者（包括流动个体手工业者）直接为消费者加工，则属手工业。

农兼手工业作为手工业和农业的结合形式①，按其生产特点可分为特种手工艺、家庭手工艺、一般商品性手工业以及流动服务（上门加工）手工业等四类，除家庭手工艺归属妇女副业生产外，其余三类都可以分为专业与农副业两个部分。

一般来说，专业手工业的技艺相对较高，基本上从农业中分离出来，与土地联系较少，不习惯农业生产劳动。据对余杭县吴山乡 23 个专业手工业户的调查，土改前仅有土地 35.73 亩，含家属平均每人 0.435 亩；土改时为缓解手工业者的困难，曾经分给其家属一部分土地，占有土地增加到 122.54 亩，为土改前的 3.43 倍。但是随着社会对手工业品需求的日益增加，手工业者参加农业生产的时间逐渐减少，一部分去掉了"农业尾巴"，专心从事手工业生产。② 农兼手工业者主要依靠农业收入来维持生活，技艺水平较低，其从事农业与手工业生产的时间，随着农业季节和社会需要的变化而定。商品性手工业中有一些行业，其专业与副业有着特殊的结合形式，即主要生产环节由专业手工业者完成，辅助劳动则由农副业者完成，如土铁业中负责冶炼是专业手工业者，负责淘铁砂、运砂石是农副业者，专、副业紧密结合，前者对后者起着组织与指导的作用。还有一些行业，产区集中，农业与手工业生产综合进行，生产过程紧密结合，不可分割，如富阳、衢县的土纸，余姚丈亭的砖瓦等；农副业者在农忙时参加农业生产，在农闲时从事手工业加工，使农副业者既保证了农业生产不受影响，又在原有基础上提高了经济收入。③

---

① 据 1956 年浙江农村典型调查，80%~90% 的专业手工业者兼有少量土地，平时以从事手工业生产为主，在淡季时，手工业者回家种田。同时浙江省还有 15 万流动手工业者，他们串乡上门为城乡人民开展加工修理服务。所以，手工业在经济上与城乡人民具有密切联系的同时，与工商业、农业的界限也不易划清。《浙江省手工业基本情况、存在问题及今后意见的报告》，浙江省档案馆藏，档案号：j112 - 003 - 004。

② 《关于调整农村手工业的隶属关系及改进农村手工业与农业合作社协作配合的几点意见》，浙江省档案馆藏，档案号：j112 - 004 - 002。

③ 《关于农村手工业的情况和调整手工业与农业社和工商业间关系的报告》，浙江省档案馆藏，档案号：j002 - 57 年 12 卷 - 013。

在手工业合作化过程中，浙江省手工业管理局根据中央的指示，除了属于农副业性质的手工业和家庭手工艺根据自愿互利、有利于生产的原则，有计划地划归农业社领导外，规定：对特种手工艺和商品性手工业中的专业、加工服务两类加强领导；在农兼商品性手工业生产集中的地区，本人收入以手工业生产为主的即手工业收入超过其劳动总收入50%者，或者虽不超过50%，但有半年以上时间从事手工业生产者（如花边、麻帽等农副业），划归手工业改造，组织单独的手工业生产社（组）。① 但烧木炭、土碾坊、土磨坊、精细麻、缫土丝、丝绵等一些经济价值较小、零星分散的农兼手工业，因其与农林业关系密切，划归农业生产合作社，作为农业合作社兼营手工业。② 同时，根据中共浙江省委农工部的意见，"对家庭有少量土地而无劳动力的，土地由农业社包耕或承租；如果其家庭有人从事农业生产者，则允许其家庭农业部分加入农业社；对已参加农业生产社的专业手工业者，为农业社服务者，即归农业改造；如仍出售商品者，将其逐步纳入手工业合作社，农业社一般不吸收专业手工业者"。③ 此外，还有一些如土绸、土布、土丝、家酿酒、纸浆、土糖、土麻布等行业，因技术过于落后，将生产从业者逐步转向农业或工业。④

手工业与工业的区别。工业是指从事矿物采掘、非人工的动（植）物的获取，以及工农业原料的加工，如组织经营采矿、捕鱼、伐木、药材生产、窑业、纺织等。从广义上说，虽然工业包含着手工业，但在划分时仍需视具体情况而定，如雇用职工学徒4人以上的属于私营工业，但个体手工业合伙组织，总人数虽超过4人，仍属个体手工业。⑤ 在对工业范围进行划分时，浙江省手工业管理局做了以下规定：行业特点、生

---

① 《答复农业、手工业界限的划分与社会主义改造分工意见由》，浙江省档案馆藏，档案号：j112-002-014。
② 《关于下达本省手工业一九五六年年度计划（草案）的说明》，浙江省档案馆藏，档案号：j112-003-005。
③ 《答复农业、手工业界限的划分与社会主义改造分工意见由》，浙江省档案馆藏，档案号：j112-002-014。
④ 《浙江省手工业社会主义改造的规划方案（草案）——李茂生在浙江省第一次手工业生产合作社代表会议上的报告》，浙江省档案馆藏，档案号：j112-003-002。
⑤ 《有关个体手工业调查界限划分问题的几点说明》，《全省手工业调查参考文件》，浙江省档案馆藏，档案号：j112-001-004。

产方式适宜于工业改造的，在改造过程中归工业部门领导，如采矿、化学工业、卷烟、火柴、肥皂等行业；以手工业为主的如金属制品、石灰、煤灰、砖瓦、陶瓷、木器、竹藤棕草制品、手工造纸、皮革制品、食用油脂、雨伞及特种手工艺品等行业，基本上划归手工业改造；工业与手工业双方所占比重均等的，如棉织、丝织、针织、器械修配等行业，则视各地区的具体情况，分别进行改造。在对行业进行分工时，不以机器设备或手工操作为划分界限，但手工业在改造中需逐步进行以机器生产为主的技术改造。①

二　手工业与工业的关系

手工业与工业之间是什么样的关系？是不是就是此消彼长的，或者说，就是需要将合作社发展成国营企业（或并入国营企业），过渡到全民所有制，才符合生产力的发展方向呢？

近代以来，随洋务运动兴起的机器工业，推动着国家朝工业现代化方向发展，部分工场手工业开始向机制工业过渡，但是这一变化主要发生在大中城市，其所占比例较小；从全国范围来看，绝大多数地区仍以家庭手工业为主，形成了机器工业与手工业协同发展的局面。不少家庭手工业为了满足市场需求，对生产工具进行适当的改良。为此，当时的经济学家主张根据中国实际情况，从优先发展乡镇工业开始，就地利用资源和过剩劳动力，降低运输成本，从而实现工业化。②

新中国成立以后，手工业合作化的主要目的是消除经济上的剥削，用生产资料集体所有制代替个体私有制，不断增加物资积累和发展生产，逐步实现半机械化、机械化的大生产，以适应国家和人民日益增长的物质文化生活需要。③ 同时，国防建设和社会主义工业化建设，也要求国家集中力量发展重工业，相应地发展轻工业、地方工业和手工业，以补

---

① 《浙江省手工业社会主义改造的规划方案（草案）——李茂生在浙江省第一次手工业生产合作社代表会议上的报告》，浙江省档案馆藏，档案号：j112-003-002。
② 方显廷：《中国之工业化与乡村工业》，载《中国经济研究》，商务印书馆，1938；顾棡群：《农村工业化问题》，商务印书馆，1944；马寅初：《中国经济改造》，商务印书馆，1944；刘大钧：《国民经济建设》，《经济统计月志》1935年第8期。
③ 《手工业生产合作社示范章程（草案）》，《第十二期教材及参考资料》，浙江省档案馆藏，档案号：j112-004-013。

充国营大工业生产之不足。① 在三年经济恢复中，不仅手工业总产值有明显的增长，1952 年比 1950 年提高 44.5%，而且工业总产值也获得了快速发展②，这说明国家工业化和手工业之间是可以相互促进的。正如吴承明所说："机制工业发展最快的时候，也是手工业发展最快的时候，乃至在同一行业中也有这种情况。"③

"一化三改造"开始前，中共中央曾提出"在十五年左右的时间内，在钢铁和其他重工业的产量方面赶上并超过英国；用二十年到三十年的时间，在经济上赶上并超过美国"的设想④。但是改造开始后，中央高层认识到如果手工业仍按照原计划发展，停留在原有组织形式上的话，就与国家工业化发展要求相违背。为此，国家加快了对手工业生产关系的调整，使其向更高级形式发展。除了国家对合作社进行物资、技术等方面的援助，加强对其领导外，部分机械化程度较高的制造性行业，在根据地方工业改建、扩建的需要下，逐渐地发展成县、市手工业联社经营的合作工厂。一部分合作社虽然被允许在较长时期内保留原有合作生产的集体所有制，但是为了扩大生产规模，还是按行业整体合并改组的办法，或者将较小的、落后的生产小组并入大社、先进社，或者把若干小组合为一个大社，或者直接将没有改组条件的社、组淘汰，社员则安插到其他社中去。但这个过程只是在原有生产要素上进行简单的"叠加"而已，经营管理方式、资源配置等并未发生太大改变。合并小社带来了一个积极因素，那就是"方便了对生产安排、技术改造、劳动力调配等方面的统一规划"⑤，加快了下一阶段的转厂进程。在社会主义改造高潮后，浙江省手工业管理局对杭州、宁波、温州、台州、金华等地区民政部门所属的社会救济性工业和手工业生产单位，按其经济性质进行

---

① 在《关于第三次全国手工业生产合作会议的报告》中，中共中央指示各有关部门对手工业生产合作社进行必要的援助，有效地协助手工业实现社会主义改造。《切实办好手工业生产合作社》，《人民日报》1954 年 8 月 9 日。
② 工业总产值 1950 年比 1949 年增长 36.4%，1951 年比 1950 年增长 38.2%，1952 年又比 1951 年增长 29.9%，平均每年递增 34.8%，其中生产资料产值 1952 年比 1949 年增长 3.3 倍，消费资料产值增长 2.15 倍。国家统计局编《伟大的十年》，人民出版社，1959，第 76~78 页。
③ 吴承明：《近代中国工业化的道路》，《文史哲》1991 年第 6 期。
④ 《乘风破浪》，《人民日报》1958 年 1 月 1 日。
⑤ 赵福香、戚庭跃：《评析社会主义三大改造》，《通化师范学院学报》2004 年第 7 期。

处理，"由政府投资（包括救济、贷款或捐献款）、劳动力较强，产品符合国家计划需要的，转为地方国营企业，其中还包括了生产教育机构所属生产单位；产品不符合国家需要，又无发展前途者或带有商业性质的生产单位，则进行改组或与当地有关行业合并"。[①]

手工业合作社转为合作工厂，标志着我国手工业合作化发展到了一个新的阶段。1956 年下半年，中共八大第一次会议提出，部分合作组织在适当条件下，将要发展成或并入国营企业，部分合作组织将长期保持生产资料的集体所有制，还有一部分合作组织，则在社会主义企业的管理下保持各负盈亏的经营方式。[②] 因此，从 1956 年冬季起，全国各地即在一部分规模较大、积累较多、机械化程度较高的老社中开展了转厂过渡的试点工作。1958 年，在工农业生产大跃进，特别是在各地大办工业和农村人民公社化运动的推动下，手工业合作社的转厂过渡由个别试点进入到分期分批、全面推开的新阶段。据 1959 年 5 月的统计，全国 10 万多个手工业合作社中，已经过渡为地方国营工厂的占 37.8%，转为手工业联社经营的合作工厂的占 13.6%，转为人民公社工厂的占 35.3%，还保留合作社形式的只有 13.3%。[③]

浙江省各地也纷纷以铁器生产社（组）为基础，组建了农机厂、农机修造厂和农机修配厂。据统计，到 1958 年 9 月底，浙江省 40 个县、市已转为合作社工厂、地方国营工厂等的手工业合作社有 2989 个，占原有合作社数量的 66.34%，社员 186854 人，占原有社员数的 67.27%。[④] 手工业合作社转为地方国营工厂、合作工厂后，除了原有的干部、资金、设备、劳动力和技术力量在更大范围内统一调剂和使用之外，还取消了社员的劳动分红，全部改为工资制；原来合作社的公共积累也全部转为联社所有。但是在转厂之后，社员的经济收入却有明显的提高，如兰溪城关铁业合作社在转厂后，46 个生产工人的平均工资由 37.80 元提高到

---

① 《关于民政部门的社会救济性工业和手工业单位的经济性质问题及处理意见的报告》，浙江省档案馆藏，档案号：j002 - 56 年 8 卷 -012。

② 中共中央文献研究室编《建国以来重要文献选编》（第九册），中央文献出版社，1994，第 279 ~ 282 页。

③ 《我国手工业社会主义改造的伟大胜利》，《人民日报》1959 年 9 月 17 日。

④ 浙江省二轻工业志编纂委员会编《浙江省二轻工业志》，浙江人民出版社，1998，第 18 页。

49.43 元，提高 30.77%，其中最高者的工资由 56.7 元提高到 97.63 元，增加 72%（80～90 元的有 4 人，70 元左右的 2 人，50～60 元的 11 人）。① 在一定程度上，社员经济收益的提高和改善，有助于减少转厂过程中的阻力。

在集体所有制经济中扩大和加强全民所有制因素和比重，是向全民所有制迈进的一大步，不仅对手工业社会主义改造有重要的政治意义，而且对社会主义工业化也有不可忽视的经济影响。不少合作工厂虽然加快了技术改造速度，但由于手工业原先机械设备、技术水平等方面基础薄弱，部分合作工厂生产的零部件质量较差而无法正常使用，有的甚至因技术不过关而停产，这与要完成制造各种新式农具的任务目标，显然存在巨大差距。如 1958 年嘉兴县王店镇铁工合作工厂（前身是铁业生产合作社）利用垫付方式购得刨床和铣车，并聘请略懂机械技术的失业工人当技工，其他社员充当学徒，勉强凑起了包括车、刨、铣、钳等工种的班底；在制造过程中，由于没有磨床，采取手工刮的方式来克服困难。② 在此"土法"基础上，生产劈篾机、喷雾器、打稻机等简易农具尚可，但要想制造出大批量符合要求的机器设备显然是有难度的。据统计，1958 年浙江省制造的 2500 多台机床中，很大一部分是在原材料缺乏和技术力量不足的情况下，以水泥和废旧料为主要原材料，采用土办法制造的。③ 为此，中共浙江省委对生产任务进行了调整，规定农业机具零件的制造任务由工业部门负责安排，在品种、数量、规格、质量、时间等方面，尽量满足社会加工、修配部门的需要。对一般农具零件的制造，以自给自足为原则，其中大型农具（播种机、收割机、圆盘耙、钉齿耙等）、双轮双铧犁、单铧犁的标准件或制造技术较复杂的零件，由省工业厅指定生产技术较强的生产单位生产，如省内生产能力不足或不能

---

① 兰溪市二轻工业志编志组编《兰溪市二轻工业志》（内部资料），浙江省图书馆藏，1987，第 212 页。

② 《嘉兴王店镇铁工合作工厂职工用"穷办法"制造大批机床》，《浙江工人报》1958 年 7 月 13 日。

③ 《本省机械工业自力更生加紧装备自己，已制造土洋机床 2500 台》，《浙江工人报》1958 年 11 月 16 日。

适应需要，再向外地订购。① 从全国某些试点地区的情况来看，有的手工业合作社在转厂以后，虽然生产已经纳入国家计划，并且根据需要逐步进行扩建、改建，但是实际劳动生产率远低于国营工厂，1952 年手工业生产合作社的单位劳动产值为 1128.4 元，比个体手工业的 988.9 元高14.1%；到 1956 年，合作社的劳动产值达到 2851.5 元，比个体的1520.2 元高 88%。但是，1952 年全民所有制工业与手工业的劳动生产率比值只是从之前的 4.2 倍下降到 3.09 倍，手工业与工业的差距依然悬殊。② 而在工资福利方面又套用国营工厂的标准，不仅造成社员收入的减少，影响他们的生产积极性，而且给合作社增加了许多不必要的经济负担。③

　　同时，在部分现代工业和手工业并存的行业中，因原料供应或产品销售上的困难，手工业生产停滞、受阻。以织布业为例，全国 3 人以下的手工织布业，有织机、木机共 124 万台，最低年产布 9000 万匹，1954年底大工业织布能力达 1.6 亿匹，而 1955 年全国计划生产棉布不到 1.4亿匹。④ 因此，国家对现代工业和手工业进行了适当地调整。首先，要求原料不足、设备多余的，如棉织、针织和制革等行业，一般不增加设备和人员，在安排生产上适当照顾手工业。其次，对如钢、铁、有色金属、煤炭等原材料供应不足的行业，除充分发挥现代工业的生产潜力和必要的扩建、新建外，在有利条件下发挥手工业的生产潜力，允许手工业开办一些小型企业。再次，对原料供应困难不大、现代工业设备很少，主要依靠手工业进行生产的行业，如竹、柳、棕、藤、草等编织性行业和砖、瓦、砂、石、石灰、硫黄等生产行业，在地方政府的规划之下，有计划地增加、维持生产。最后，对现代工业还无法代替的行业，如刺绣、雕塑、手工地毯、编织业等特种工艺、手工艺和为消费者提供加工修理

① 《全国供销合作总社和手工业生产联社发出通知，保证农业机具及时修配》，《人民日报》1957 年 4 月 9 日。
② 王海波：《从我国社会主义工业产生和发展的过程看社会主义生产关系的优越性》，《财经问题研究》1982 年第 4 期。
③ 《怎样对待手工业个体户》，《人民日报》1956 年 12 月 20 日；《关于手工业合作化后的任务和工作问题》，《人民日报》1957 年 12 月 18 日。
④ 《中央手工业管理局关于第四次全国手工业生产合作社会议的报告》，浙江省档案馆藏，档案号：j101 - 006 - 104。

的服务性行业，在解决原料困难前提下，按照实际情况有计划地发展。①
之后，国家为了进一步缓解小商品供应不足的情况，要求在全民所有制下，
允许部分个体手工业的存在，"既要为生产高级、精密、大型产品的现代
工业服务，又要生产足够的不高级、不精密但人民日常所需的小商品。高、
精、大和低、粗、小都要兼顾，两条腿缺一不可"。②

在刘易斯"二元经济论"中，最关键的生产要素即劳动力和资本，
他将传统经济称为"维持生计"的产业，将现代经济定义成"使用再生
产性资本"的产业。③ 相比之下，20世纪50年代，中国的实际情况更接
近于古典经济学所描述的"如果在工资水平保持不变的前提下，有无限
的劳动力供给，企业的劳动剩余将一直增加，同时国民收入中每年的投
资比率也将提高……直到资本积累赶上人口增长，以至于不再有过剩的
劳动力资源存在时，这个过程才戛然而止"的状态。④ 从理论上讲，新
中国成立初期在社会资本紧张的条件下，基于全社会资源的优化配置，
生产要素（剩余劳动力）将从低效率的传统农业部门向高效率的现代工
业部门转移，来推动国民经济的增长。手工业作为传统农业向现代工业
的"过渡桥梁"，有助于消化、吸收农业部门中的过剩劳动力，并为现
代工业"积攒"基础。林刚指出："对中国早期现代部门来说，资本的
积累和扩大、企业发展的最重要条件就是市场条件，其次是原料条件，
劳动力的廉价供给不是困难所在。"⑤ 但事实上，国家工业化为了保证现
代工业的生产效率达到最优，并提高对工业原料的攫取能力，需要对国

①　《关于手工业合作化后的任务和工作问题》，《人民日报》1957年12月18日。
②　《迅速恢复和发展手工业小商品的生产》，《人民日报》1959年6月30日。
③　〔美〕阿瑟·刘易斯：《二元经济论》，北京经济学院出版社，1989，第7～8页。关于
　　二元经济的问题，国内外学者从不同角度对其进行阐释，如迈因特从市场经济发展的
　　不平衡性出发，将现代化产业和半自给性生产并存的情况称为"二元结构"；石川滋根
　　据习俗经济、命令经济到商人经济的观点，将市场经济与传统经济并存称为"二元经
　　济"；吴承明倾向于用市场经济的发展来解释经济现代化的观点，但认为用之区分二元
　　范畴则似欠妥。Myint, H., Dualism and the Internal Integration of Underdeveloped Econo-
　　mies, Banca Nazionale Lavaro quarterly Review, 93, June 1970；〔日〕石川滋：《发展经济
　　学的基本问题》，经济科学出版社，1992，第10、27页。转引自吴承明《论二元经
　　济》，《历史研究》1994年第2期。
④　〔美〕阿瑟·刘易斯：《二元经济论》，北京经济学院出版社，1989。
⑤　林刚：《关于中国经济的二元结构和三元结构问题》，《中国经济史研究》2000年第
　　3期。

营工厂中的劳动力数量进行限定，从而节省粮食的使用量。为此，国家还相继实施城乡户籍管理、统购统销政策，这进一步阻塞了传统农业中部分过剩劳动力的自由流动。而且，对城镇手工业实施"劳动力生活所需最低工资保障"，并对一些行业采取"整体下放"方式，"隐性失业"的劳动者为此集体划归农业部门或非工业部门①，经济结构完全变为一种以牺牲农业部门的发展为代价，换取现代工业片面"突破"的"二元发展"模式。现代工业部门虽然在这一时期内取得了快速发展，但却并没有与农业、手工业部门共享"发展福利"，反而陷入工业越发展，其他部门越受限制的困境；"没有理由期望传统部门总是从现代部门的扩张中获益，经济系统中既有使传统部门受益的力量，也有使其受到损害的因素。因而最后的结果，在不同的情况下大相径庭"。②此时的手工业则完全成为"现代工业"的附属，既要解决失业人口带来的社会压力，还要向国营工厂提供充足的劳动力，并逐步向国营工厂过渡转变。与近代类似，随着工业化建设和合作化运动的"齐头并进"，资源短缺所带来的影响越来越大，甚至限制工业化与合作化的发展。对于近代工业中出现的资金问题，手工工场尚且可以通过包买主分发原料给个人，或由雇工领机领料到家中生产，来尽量节省资本开支；③依附的手工业者在包买制下尽管收入较自主生产低，但能够在无须付出购买原料及销售产品费用的条件下继续生产，并有可能扩大营业规模。而对于手工业合作社而言，当原料、资金等物资通过统购统销的形式优先供给工业生产后，将不可避免地处于停业待料状态，造成其社会物资供给的匮乏。

从中不难看出，工业化发展受客观条件的制约，尤其在资金和原料方面显得更为突出。与中国大规模合作化运动相对应是"日本模式"，

---

① 原先作为手工业辅助部分的劳动力，在合作化中以"隐性失业者"的身份存在，这部分劳动力主要为非工业部门临时工。

② 〔美〕阿瑟·刘易斯：《再论二元经济》，载《二元经济论》，北京经济学院出版社，1989，第150页。

③ 这里所谓的包买主是指那些以手工工场生产为主，仅借助于散处工人从事辅助劳动，或利用散工补充工场生产不足的包买主。这种类型的包买主都设有大规模的手工工场，但为了降低场内设备费，便将生产中的简单工序转包于场外工人，或由于资本不足无法扩充生产，而不得不雇用部分场外工人以增加生产。彭南生：《包买主制与近代乡村手工业的发展》，《史学月刊》2002年第9期。

明治维新后，日本家庭手工业的快速发展促进了日本现代工业的崛起。1884～1920年日本工业产值以每年10%的速度增长，同时家庭手工业也以7%的速度增长，其增长主要依靠商人资本下的"散工制"。尽管在20世纪30年代后日本的手工业开始逐步向半机械化、机械化发展，但是大企业仍实行员工多班制；并且为了进一步发挥劳动力优势，一些企业还是选择将一些工序和零配件制造转包给中小企业和家庭手工业者去完成。①

表 6-1　1884～1930 年日本的工业生产情况

年份	总产值（百万日元）	工厂		家庭手工业	
		产值（百万日元）	比例（%）	产值（百万日元）	比例（%）
1884	279.6	8.1	2.9	271.5	97.1
1892	527.4	22.1	4.2	505.3	95.8
1909	1915	881.0	46.0	1034	54.0
1914	2561	1518	59.3	1043	40.7
1920	9579	6544	68.3	3035	31.7
1930	8834	6376	72.2	2458	27.8

资料来源：中村隆英《日本经济——その成长と构造》，东京大学出版会，1980，第86页；转引自吴承明《经济史理论与实证》，浙江大学出版社，2012，第211页。

"二战"后，日本大型企业也同样面临资金、原料短缺的问题，因此他们大部分采用了"下包制"的弹性生产形式。日本建立起高效的大、小企业共存模式，不但节约了生产成本，而且还节省了交易流通费用，建立准时化生产和供应体系，将采购、仓储成本降到最低限度。②中国在改革开放之后，恰恰是乡镇个体企业的崛起推动了国家经济的快速发展，并且乡镇个体经济在发展过程中，还逐步完成了产业升级和资源的优化配置，实现了工业现代化的"百年梦想"。如浙江温州的皮鞋行业，通过企业之间的分工协作，不断提高专业化程度，降低了企业的

① 吴承明：《论工场手工业》，《中国经济史研究》1993年第4期。
② 贾根良、梁正：《东亚模式的新格局——创新、制度多样性与东亚经济的演化》，山西人民出版社，2002，第183～184页。

交易成本和销售成本。

三　手工业与农业之间的关系

自古以来，手工业就与农业保持着密切联系，农民所需的生产、生活资料大部分依靠手工业供给，并且作为家庭副业形式的手工业，有助于农民增加经济收入、补贴家用。1953 年 4 月邓子恢在全国第一次农村工作会议的总结报告中指出，农村所需大量的生产资料中，绝大部分要靠手工业就地取材、就地制造、就地供应，从各方面去照顾它、发展它，帮助手工业者解决原料、销售上的困难，在政策上给予适当优待，使它们发展起来。[①] 为了适应农业合作化所带来的变化，提高农业产量，国家给手工业生产提出了新的要求，其主要表现在以下几方面。

第一，粮食统购统销的影响。传统自给自足的农村经济，使农民往往倾向于将粮食和资金留在家中备用。但是，国家对粮油实行统购统销政策后，这种"备粮惜售"的现象发生了改变，农民购买农具的意愿比以往强烈。1953 年 10 月，中共中央在《关于实行粮食的计划收购与计划供应的决议》中指出："实行统购的同时，必须加强对农村的物资供应，加强地方国营工业和手工业的生产，使农民出卖粮食所得的现款，能够买到生产、生活所必需物资。"[②] 因此，为了适应统购统销带来的新变化，银行、税务机关都加强了对手工业的扶持，使其努力提高产量，满足农业生产的需求；同时为了减少手工业生产中的盲目性，提高与农业的协作关系，1954 年浙江省 80% 的手工业合作社（组）与国营公司、供销合作社建立了产销关系。据不完全统计，1954 年 1 月至 9 月，浙江省手工业合作社（组）供应农业生产所需的小农具 564 万件，价值 352 万元。[③]

农业的恢复与发展给轻工业造成了一定压力，农业增产一成，轻工

---

① 中共中央文献研究室编《建国以来重要文献选编》（第四册），中央文献出版社，1993，第 165 页。

② 中共中央文献研究室编《建国以来重要文献选编》（第四册），中央文献出版社，1993，第 480 页。

③ 《李茂生同志在全省第二次手工业干部会议上的报告记录摘要》，浙江省档案馆藏，档案号：j112 - 001 - 003。

业的总产值即需提高 70% ~ 80%①，如果工业品的产量无法满足农业生产需要，容易引起工农业剪刀差的扩大，严重时甚至影响物价稳定。1950 年工业品换取农产品的指数，比 1930 ~ 1936 年的平均水平提高了约 34.5 %；② 因此，需要用手工业品来弥补工业品的不足。这不单纯是一个手工业问题，更是有关国计民生的问题。同时，在粮食统购统销后，浙江省各地区农民的购买力普遍提高，特别是经济作物地区农民的购买力增长速度更快。农民不仅购买生产资料来扩大生产，还需要各种各样的日用品来改善生活，这当中大部分是日常生活所需的手工业品。1952 年对金华县的典型调查发现，手工业品占农民购买工业品的 81%；对建德专区徐桂荣农业生产合作社的调查发现，农民购买手工业品平均占其全部购买力的 52% ~ 54%，比例虽较之前有所下降，但绝对数仍在增加。③ 另据余姚典型调查，除肥料之外，农民最迫切需要的就是各种农具，贫雇农虽然分到了田地，但其使用的铁器农具仍然需要互相借用，如余姚梁弄区贫农徐某某家中四口人，分到十三亩一分地，单买铁器就花费 7 元，但依旧未买齐，还缺不少农具。中农、富农也需进行添添补补，每户至少花费 10 元。按余姚县 14 万农户计算，则 1951 年需要添补铁、竹、木各类小型农具价值 140 万元（约合 2000 万斤谷）。④

从市场供给方面来看，手工业合作社（组）的营业额与之前相比，有了显著的提高。如鄞县横溪铁业社 1954 年 1 月、2 月营业额要比 1953 年同期增加 323%；崇德县铁、木、竹三个行业 1954 年的营业额比 1953 年同期增加 55.35%，其中崇福镇铁器生产合作社 1954 年 1 ~ 2 月营业额比上年同期增加 284%。并且部分地区的手工业品出现供不应求的现象；镇海郭巨镇的商品展览会上，两天时间里 50 多种手工业品中就有 29 种脱销，甚至部分之前不畅销的大型农具也出现脱销现象，如崇德县木船

---

① 《华东手工业生产合作社重点发展问题》，浙江省档案馆藏，档案号：j126 - 003 - 142。
② 黄达：《工农产品比价剪刀差》，中国社会科学出版社，1990，第 1 ~ 2、6、14 页。
③ 据 1950 年浙江省财经委的调查推算，浙江省农民在手工业品上的花费是年人均 10 元，1951 年这两个地区农民人均购买的手工业品价值约 20 元，即增加一倍。《华东局关于浙江手工业情况与存在问题及今后对手工业工作的意见》，浙江省档案馆藏，档案号：j002 - 52 年 5 卷 - 021。
④ 《转发顾德欢关于召开余姚手工业座谈会的报告》，浙江省档案馆藏，档案号：j002 - 51 年 3 卷 - 007。

加工厂仅在 1954 年 2 月就售出了 18 只木船，手工业者陆某某反映说：
"从未有过如此好的生意。"① 但在此过程中也出现了一些问题，如原料
供应不及时而影响个体手工业者的生产；部分地区在手工业品热卖后，
减少了上门加工服务的次数，造成农民生产、生活不便；多数农民倾向
于购买新农具，增加了市场供应压力；有些地方因手工业品畅销而趁机
抬价，据永康县长城乡调查，原先 0.5 元一双的畚箕涨到 0.9 元一双，
并且质量较差，农民对此很不满意。②

　　第二，粮食增产的需求。对于浙江省"七山一水二分田"的自然
环境来说，能用于粮食种植的土地极为有限，通过扩大播种面积来获
得更多粮食并不现实。为了贯彻《全国农业发展纲要（草案）》（简称
"农业十七条"）中对农业增产的相关规划③，中共浙江省委提出，经过
五至七年的时间，粮食产量由 1955 年每亩平均 481 斤提高到 800 斤；棉
花（皮棉）产量由 1955 年的每亩平均 58 斤提高到 100 斤。④ 为了实现上
述目标，一方面需要积极推广良种、改变耕作制度、推广先进的栽培技
术、增加肥料以及搞好水利等，如为了争取大面积增产，嘉兴专区原有
208 万亩早中稻，1954 年改为晚稻的有 89 万亩，占 43%。⑤ 另一方面就
是加强手工业对农业生产的支持力度，增加新式农具的供应数量，如杭

① 在农具热销的同时，有一个现象需要引起注意，那就是统购统销带来恐慌情绪，某些平
　时并不常用的物资也被抢购，如毛线在往常淡季时销量是下降的，1953 年浙江省百货公
　司 3 月销售额比 2 月减少 40%，但 1954 年 3 月销售额却与 2 月持平。这表明农民希望将
　余钱尽快使用，购买那些生活所需、将来可能供应不足的商品。《浙江粮油统销有关私营
　商业手工业变化情况参考资料》，浙江省档案馆藏，档案号：j002 - 54 年 11 卷 - 020。
② 《粮食统购统销之后农村手工业所发生的变化》，浙江省档案馆藏，档案号：j001 - 011 -
　090。
③ 1955 年 7 月，毛泽东做了《关于农业合作化问题》的报告后，中共中央提出了农村工
　作的十七项规划指标，即"农业十七条"。要求在 12 年内，粮食的每亩平均年产量，
　黄河以北地区由 1955 年的 150 斤增加到 400 斤，黄河以南、淮河以北地区由 208 斤增
　加到 500 斤，淮河以南的中国南方地区由 400 斤增加到 800 斤；棉花（皮棉）每亩平
　均年产量，按照各地情况，由 1955 年的 35 斤（全国平均数）分别增加到 60 斤、80 斤
　和 100 斤。为了实现农业增产的目的，在规划中还进一步要求，各地要积极推广新式
　农具，在 3 至 5 年内推广双轮双铧犁 600 万部和相应数量的播种机、中耕器、喷雾器、
　喷粉器、收割机等，并做好新式农具的修配工作。中共中央文献研究室编《建国以来
　重要文献选编》（第八册），中央文献出版社，1994，第 49～52 页。
④ 《关于发展手工业生产和当前的整风整社与社会主义运动的意见》，浙江省档案馆藏，
　档案号：j112 - 004 - 002。
⑤ 《上半年手工业飞跃发展，产值比去年同期增加四成》，《人民日报》1958 年 8 月 4 日。

州专区要求在 1955 年、1956 年两年内增加双轮双铧犁 73 部、打稻机 225 部、剥麻机 30 部、揉捻机 56 部。① 由于现代工业还无法为农业合作化提供足够的农业器械设备，因此，只能由手工业来担负这份重任。这就需要将个体分散经营的手工业者组织起来，走合作化生产的道路，逐步实现半机械化、机械化生产；并提高产品质量，降低成本，满足农民日常生产生活所需。

第三，农业合作化的需要。在农业互助合作运动中，农民对农具提出了新要求。第一个要求：入社后，农民收入的主要来源以按劳分配为主，因而之前未参加生产劳动的大量妇女开始积极参加农业生产活动，为此需要添置更多的个人农具；对农具的规格、质量等的要求也随之提高，如嘉兴县塘汇区新建的农业生产社中妇女劳动力占劳动力总数的 40%，为了满足新增劳动力的需要，日常生产中的小型农具的需求不断增加。② 随着合作化高潮的到来，这种供不应求的情况越发明显，据建德县杨村桥乡的调查，农具需求量 1956 年比 1955 年增加 33.9%，而 1955 年只比 1954 年增加 6.4%，建德县城关镇铁业社尽管连续半个多月晚上加班到十一二点，却依然无法满足市场需求。③ 第二个要求：有些地区对农业生产进行了改革，农具需求情况也发生了变化，如嘉兴县原先能深耕三寸半的水犁已不能满足生产需要，迫切需要能够耕五寸深的旱犁；有些地区加强了山林绿化、水利设施建设，要求手工业社（组）生产更多的农具，如 1954 年嘉兴地区急需大量水车、车板和车骨（价值 90 万元），支援排涝救灾的工作。④ 第三个要求：由于办社后经济实力比原先单干时有了显著提高，过去因经济困难不能添置的大型农具，如船、打稻机等⑤，如

---

① 《关于贯彻杭州市手工业生产合作社第一次代表大会的宣传参考资料》，杭州市档案馆藏，档案号：j054 - 001 - 009。

② 《嘉兴县东栅乡农业互助运动大发展后农具需要情况的变化调查总结》，浙江省档案馆藏，档案号：j112 - 001 - 003。

③ 《批判右倾保守思想，加速手工业合作化——建德地区代表宋秀村同志发言》，浙江省档案馆藏，档案号：j112 - 003 - 002。

④ 《浙江省一九五四年及当前农具生产情况的初步总结及今后工作意见》，浙江省档案馆藏，档案号：j112 - 002 - 010。

⑤ 1949 年，动力灌溉已被农村接受，因为一个人操纵 20 匹马力的马达一天能灌溉 50 亩，而两个人用传统的脚踏水车一天不过 2～3 亩，劳动生产率得到明显的提高。〔美〕黄宗智：《长江三角洲的小农家庭与乡村发展》，中华书局，1992，第 132 页。

今添置成为可能，因此，农民在使用农具上提出以劣换好、以小换大、以旧换新、以少增多等诸多要求。如嘉善县农业耕作制度改变后，原先80%面积的早中稻改植晚稻，打稻时间趋于紧张，农民要求供应打稻机（15 个基层社需要 360 部），而铁业生产社只能完成供销社 50 部打稻机的生产任务。①

　　为了适应农业生产带来的变化，进一步提高农业产量，中共浙江省委在针对手工业的工作意见中指出："手工业工作中要对农村新情况与农民生产、生活上的新需要有所了解和研究，只等顾客上门、盲目生产，甚至粗制滥造，不仅会造成'人为'的产销困难，合作社亦不可能得到巩固提高。"② 为此，浙江省各地的手工业联社、合作社在配合农业合作化需要的同时，积极组织干部和社员深入农村，了解不同地区、不同季节以及不同生产方式下农民实际需求的变化情况，对手工业产品种类、质量、规格进行调整，以此提高产品质量、改进规格和增加品种，如杭州市铁器木器生产社的社员凌某某和杨某某，为了了解打稻机的使用情况，实地走访了余姚县青山乡第一农业社，发现这里的打稻机在作业时外装一个木壳，致使打稻机分量过重，凌某某说："以前只知道嘉兴地区的农民都在家门口打稻，却不知道这里的农民是在田地里直接打稻。"同时，杨某某也说："各地的地理条件和农民劳动习惯不一样，如果不下乡来，真是在闭门造车了。"③ 湖州市农具机械社为了适应春耕秋收、抗旱排涝等修配繁忙季节的需要，除留出部分技术人员负责生产设备日常维护外，组织社员提前准备了农业机械修配所需的零部件。④ 在修旧过程中，平湖县城关镇部分合作社通过摸清当地农具规格，为农具打开了销路。马厩供销站在篾器社未下乡前 20 天内只销售农具 9 件，下乡后 13 天内，销售 75 件；同时根据农民的实际需要，篾器社修订了生产计划和对供销站的供应计划，将原供应计划中的坍耙 80 把、稻耙 100 只，修正

① 《嘉善县魏塘镇铁业生产社生产打稻机和改进创造生产工具及组织给代表参观的情况报告》，浙江省档案馆藏，档案号：j126 - 001 - 179。
② 《关于一九五五年上半年手工业工作情况与下半年的工作意见》，浙江省档案馆藏，档案号：j112 - 002 - 002。
③ 《深刻的一课——不能闭门造车》，《浙江工人报》1956 年 1 月 5 日。
④ 《湖州市农具机械社一九五六年打稻机生产初步总结》，浙江省档案馆藏，档案号：j112 - 003 - 018。

为坍耙 120 把、稠耙 200 只。[①]　浙江省在大规模推广双轮双铧犁后，农民提高了劳动效率的同时，还节省了大量体力支出。农民说它有"七好"（稳、深、平、快、翻土均匀、碎土细、盖草好）、"四增"（增加产量、增加社员收入、增进土壤的肥力、增强作物抗旱力）、"四省"（省劳力、省畜力、省时间、省气力）。[②]

1955 年浙江省铁、木生产社共制造了打稻机 1770 台，喷雾器、治虫灯 2 万余只，深耕犁、水田中耕器、蕃茹丝刨机、条播机等千余件。[③] 并且各地根据农民的具体要求，纷纷试制了风力抽水机、自动转向风车、单轮双铧犁、刀耙等多种新式农具。如温州专区创新了牛拉打稻机、水田中耕器、掘稻根"三面快"、滚耙等 44 种新式农具，其中劈篾机创造成功，使生产效率提高 10 倍，开创了篾业使用机器的先例，在北京手工业产品展览中被评为全国 16 种创新产品之一。[④] 另外，部分社还根据农民不同季节的实际情况，采取灵活多变的生产方针，如春耕农民遇到经济困难时，确定"修旧为主、适当制新"的方针，帮助农民渡过难关；待棉粮丰收，农民经济条件好转后，把之前的方针改为"制新为主、修旧为辅"。[⑤] 在适应和满足农民需求的同时，逐步克服手工业以往淡季生产困难的状况。

在供销服务方面，由于新中国成立初期的农村基本上还是以分散的个体农业经济为主，因此，如果手工业生产组织过于庞大集中，规格既不易掌握，销路又难以组织，管理不好反而容易垮台；小型合作组织具有小、灵、活的特点，可避免上述困难。1952 年，浙江省农委在给省委和华东局农委的报告中指出："手工业生产以小型组织为宜，根据实际情况，采取统一供销、分散生产或集体生产的方式；大型集体的手工业生

---

① 《平湖县城关镇第一铁器生产合作社整社工作初步总结》，浙江省档案馆藏，档案号：j112 - 002 - 001。

② 《浙江省新式农具推广工作检查报告》，浙江省档案馆藏，档案号：j112 - 003 - 018。

③ 《为安排一九五六年新式农具生产任务由》，浙江省档案馆藏，档案号：j112 - 003 - 018。

④ 《为农业生产服务的温州区手工业》，《人民日报》1955 年 9 月 10 日。

⑤ 《中共慈溪县观城镇委加强手工业生产合作，为农业经济服务方针的领导》，《第四次手工业干部会议各县市代表的发言资料》，浙江省档案馆藏，档案号：j112 - 003 - 001。

产组织，一般不宜组织。"① 但是随着各地相继建立并完善手工业管理机构，在加强对手工业者进行组织的同时，还对合作社的供销业务进行指导，用合同方式将生产和供销密切结合起来。生产社与供销社、农业社三者通过签订合同，建立固定的业务关系，不但使供销社、农业社获得稳定的产品供给，而且支持了生产合作社的发展，如慈溪县观城镇竹业社与99个农业社订立了2858工的修旧合同，铁业社与33个农业社订立1627件的产销合同；几个手工业合作社还联合成立了门市部，直接与农民接触，半年内销售额346699元，占总产值的37.33%。② 另据温州专区15个县的统计，有145个合作社、151个生产小组与国营经济和供销合作社建立了产销关系，进行有计划的生产。③

农业合作化对农具的需求量不断增加，虽然有利于农业生产和手工业合作社（组）实现"双赢"，但由于农具供销工作缺乏经验，也产生了不少问题。特别是贯彻"产销直接见面"政策后，浙江省各地供销合作社大多数放弃了对市场的组织领导，造成1955年夏收之后，农具供销关系严重失衡，给手工业合作化带来了严重影响。因此，为了加强对农具产销工作的领导，中共浙江省委要求各地区在当地党委领导下，农业、供销社、手工业联社、劳协会（个体手工业代表）、银行等有关部门建立农具产销会议制度。1956年浙江省66个市、县成立了供销经理部，通过业务指导，解决主要手工业品在产销平衡、原料供应上的困难。④ 为了满足农业生产需要，稳定市场价格，供销合作社在农具经营上进行了分工。

（1）属于地产地销的旧式农具。为了便于农民购买，有储备能力的手工业生产社（组）可以自行经营，或由农业社与手工业社（组）建立直接产销关系，签订合同。

（2）属于短距离调剂的产品。当地所产商品规格、数量、价格均不能满足当地农民要求，而需要到较远的地方去购买或短距离调剂的，根

---

① 《关于手工业生产问题》，浙江省档案馆藏，档案号：j007-004-009。
② 《中共慈溪县观城镇委加强手工业生产合作，为农业经济服务方针的领导》，《第四次手工业干部会议各县市代表的发言资料》，浙江省档案馆藏，档案号：j112-003-001。
③ 《为农业生产服务的温州区手工业》，《人民日报》1955年9月10日。
④ 《一九五七年供销工作的意见》，浙江省档案馆藏，档案号：j112-004-002。

据历史产销流转规律，由基层供销社直接与产地手工业生产社（组）建立产销关系，或有计划地组织小商小贩进行调剂。

（3）属于需要长距离调剂的产品。根据商品流转规律和群众使用习惯，由县供销社组织调剂，并根据农业生产需要制订计划，经"产销平衡"后，按商品性质划分县供销社和基层供销社的经营范围。

（4）对手工业生产社（组）和农民请工自制农具所需的原材料，本着"减少经营环节、降低成本"的精神，积极贯彻"就地取材"的原则，组织手工业生产社（组）、农民与产地直接挂钩。①

为了使产销双方在计划上互相衔接，避免产品脱销或积压，供销社、手工业合作社（组）根据实际情况，在产销合同数量内进行适当增减。"平原地区的农具需求量比山区多，农业生产社比互助组多"；"竹器业农具需求量多，铁器业其次，木器业需求量相比较少"；灾区对农具的需求量较少，但对修旧加工的需求较大，如嘉兴专区因1954年涝灾，1955年农具需求量明显下降，据受灾较小的平湖县长胜乡的典型调查，1955年需求量比1954年减少0.4%。温州专区由于部分沿海岛屿的解放，农民生产积极性提高，增添农具数量较多，平阳宜山1955年比1954年需求量增加了88%。② 由于农民对新式农具的需求，个人自备专用的小型农具需求量增长较快；而中型农具（如稻桶）则因集体生产，农具使用效率得到提高，需求量反而相对减少。通过深入实地调研，摸清不同地区农民喜好、生产需求、市场价格等情况，使手工业合作社（组）的生产更具针对性，供销社在销售时也更符合农民的需求，有利于节约原料和避免产品的盲目生产。

旧式农具规格、质量的不均衡，在产品产销关系上存在差异性，因此，制定价格时，主要按"工业利润高于商业利润"的原则，据实核算生产成本，并依据品种生产技术繁简、价值高低，确定生产利润（一般不超过产品实际成本的5%～10%）。供销社则以"不赔少赚、薄利多销"的原则，力求降低成本、减少经营环节。在确定经营利润时，一般

---

① 《审批一九五六年旧式农具经营意见以便下达贯彻由》，浙江省档案馆藏，档案号：j112－003－018。

② 《浙江省一九五四年及当前农具生产情况的初步总结及今后工作意见》，浙江省档案馆藏，档案号：j112－002－010。

不超过成本（进货价加经营管理费、税款、仓租利息等）的 3% ~ 6%。相同品质的产品，在同一地区进行零售、批发时，其价格以当地供销社的牌价为标准；对农业社与手工业合作社（组）签订合同的产品，享受批发价格的优待。对小商贩、个体手工业、副业者所产商品，通过协商的方式进行定价，避免因市场管理过严造成群众不便。①

　　为了照顾农民原有生产、生活习惯，部分合作社实行"先修旧、后制新"，"先农具、后家具"，"先社组、后个体"等办法，解决以往农忙时找不到人修理的问题。② 1955 年，中共浙江省委在贯彻《加强手工业为农村经济服务的指示》中，要求各地组织社员下乡修旧、加工。对此农民是十分期盼和欢迎的，如平湖县城关镇施连根农业互助组组员胡某某说："生产社真好，价格便宜，购买又便宜。"组长施连根说："在共产党和毛主席领导下，工人老大哥就是这样为农民服务的。"③ 部分社员担心"人生地不熟难讲话""怕农民提了意见下不了台"，对下乡抱有抵触情绪。因此，为了解决上述顾虑，合作社（组）除了对社员进行思想教育外，要求社领导带头下乡。④

　　同时，以往农民请人修旧时，不仅要管饭、买菜、买烟，还需找工场、买原料，非常烦琐，而且有时买到了原料，却找不到人，如农民赵某某买了一百斤毛竹，找不到工人，结果毛竹开裂了，农具仍得不到修理。合作社（组）在实行计件修理办法后，这个问题得到了解决，如诸暨牌头区棕绳品供销生产社采取计划包干的办法，改变了一日四餐、香烟老酒和"偷财神包"（以插针为名，每做一件棕衣，就要做一个插针的棕包，实际上是变相的拿棕毛）等陋习；⑤ 又如农民袁某原先请人修旧，耗时费力，而到合作小组修旧后，省时省力，解决了平时无处零星

---

① 《审批一九五六年旧式农具经营意见以便下达贯彻由》，浙江省档案馆藏，档案号：j112 - 003 - 018。
② 《关于一九五五年上半年手工业工作情况与下半年的工作意见》，浙江省档案馆藏，档案号：j112 - 002 - 002。
③ 《平湖县城关镇第一铁器生产合作社整社工作初步总结》，浙江省档案馆藏，档案号：j112 - 002 - 001。
④ 《中共慈溪县观城镇委加强手工业生产合作，为农业经济服务方针的领导》，《第四次手工业干部会议各县市代表的发言资料》，浙江省档案馆藏，档案号：j112 - 003 - 001。
⑤ 《诸暨牌头区棕绳品供销生产社的成长》，浙江省档案馆藏，档案号：j112 - 002 - 001。

修旧的困难，称赞道："这个办法既简便又合理，真为我们农民打算。"对一些生活有困难的农民，则实行分期交款的办法，帮其克服，如农民吴某某以往修不起农具，只好应付了事，有了生产小组的帮助，及时地对破损的农具进行了修理，保证了农业生产的正常进行。此外，计件修理还解决了原先修旧工资矛盾。以往组员出去修旧，不分技术好坏，一律 1 元，农民有意见，反映"生产小组不按劳取酬，工资太高"；同时，小组从每个外出修旧组员的工资中抽 3% 的积累金，组员普遍对此表示不满。实行计件修旧后，积累金改从成本中按 4% 收取，不但社员的工资有所增加，积累金也比之前增加 68%。①

　　手工业合作化高潮中，中央手工业管理局、中华全国手工业生产合作社联合总社筹备委员会向各地手工业管理局和手工业联社发出通知，要求各地为迎接春耕生产做好准备。"县以下手工业要面向农村，为农业生产和农民生活需要服务。首要任务是将铁业、木业和建筑修缮业组织起来，开展修配和制造各式新（旧）农具及进行小型修建工作"。② 在支援农业合作化过程中，各地积极推广大量新式农具和动力机械，但这些机具在使用时造成的磨损，给修配和零件制造带来繁重负担。为了适应这一情况，也使农业社的机具得到更充分的使用，各地根据农民修配零件的迫切需要，建立了若干新式修配站，做到"机具坏了有处修、缺少零件有处配"，仅平湖、慈溪两县 1955 年、1956 年两年，就建成 21 个新式农具修配站和巡回修配小组（计 165 人），为农民修配打稻机 900 余台、抽水机 21 台、喷雾器 17200 台、轧花机 5000 余件。③ 金华地区为了配合新式农具推广，担负起新式农具的修配任务，于 1956 年建成新式农具修配中心站 21 个，分站 74 个。④ 1956 年 8 月 24 日，中华全国手工业合作社联合总社筹备委员会在《关于秋收前新农具检修工作指示》中进一步要求："对修配工作中存在的如修配站缺乏修配工具、修配人员不懂

---

① 《嵊县甘霖镇竹业小组在农村设立修旧站的总结》，浙江省档案馆藏，档案号：j112 - 001 - 003。

② 《在集镇和农村发展手工业合作社》，《人民日报》1956 年 1 月 15 日。

③ 《为安排一九五六年新式农具生产任务由》，浙江省档案馆藏，档案号：j112 - 003 - 018。

④ 《金华地区代表谢仁符同志的发言》，《第四次手工业干部会议各县市代表的发言资料》，浙江省档案馆藏，档案号：j112 - 003 - 001。

得新式农具的修配技术等问题，由各地手工业合作社负责和统一安排，如遇有手工业社修配技术和设备条件不足，对新式农具特别是大型农具修配确有困难时，地方工业生产部门予以协助。"同时，该指示还要求各地农具修配站积极协助农业部门进行新式农具技术检查，做到一边检查一边修理，并根据各地双轮双（单）铧犁推广情况，举办新式农具修配技术训练班，把修配技术传授到所有的修配站。① 此外，为了保证产品质量，部分手工业合作社实行了"包用、包修、包换"的三包制度，宁波、宁海、嘉善等地区还在抗旱、防涝中组织手工业"送货下乡""巡回修理"，② 受到了广大农民的热烈欢迎，有力地支援了农业生产。

在农业合作化过程中，手工业积极地对自身进行调整，尽可能地适应和满足农业生产的需要。在研究手工业对农业生产的影响时，首先要对其他现代生产要素（化肥、科学育种、农具机械等）做一个分析，了解这些要素在农业生产中所起的作用。

农业合作化中，现代生产要素对农业生产的作用日益显现，如工业品中的农用化肥产量从1949年的0.6万吨增加到1957年的15.1万吨，农药产量从1952年的0.2万吨增加到1957年的6.5万吨。③ 但与西方发达国家因城市工业化发展吸收农村剩余劳动力，现代生产要素充分转化不同，由于城乡户籍制度的实施、医疗条件的改善以及合作化中妇女的动员，这种农业发展的路径选择在中国所产生的效果并不尽如人意。"依赖原来劳动量四倍的投入，在现代生产要素的辅助下，在已经相当高的粮食总产量的基础上，又提高了约三倍，这只是在个人劳动日报酬降低的情况下完成的。"④

另外，从粮食和棉花产量来看，在社会主义改造期间，虽然两者的产量都有小幅度的增加，但与三年经济恢复时期相比，增长幅度有放缓的趋势，如全国粮食产量从1949年的2162亿斤增加到1952年的3088亿斤，1953~1956年只从3138亿斤增长到3650亿斤；粮食亩产从1949年

---

① 《手工业领导部门发布指示，秋耕前把新式农具检修好》，《人民日报》1956年8月31日。

② 《浙江省第四次手工业工作会议简讯（第四号）》，浙江省档案馆藏，档案号：j112-003-002。

③ 国家统计局编《中国统计年鉴1985年》，中国统计出版社，1985，第339页。

④ 黄宗智：《制度化了的半工半耕：过密型农业（上）》，《读书》2006年第2期。

的 142 斤增加到 1952 年的 183 斤，农业社会主义改造开始后，亩产只从
1953 年的 183 斤增加 1956 年的 196 斤，与之前相比，增长速度明显减
缓。棉花情况也类似，从 1949 年的 22 斤增加到 1952 年的 31 斤，之后
增长速度就开始有所下降，从 1953 年的 30 斤增加到 1955 年的 35 斤；
1956 年甚至出现了下降情况，每亩产量只有 30 斤。[①] 因此，要想通过农
业技术改造，在 1949～1952 年经济恢复期基础上大幅度提高农业产量，
对当时依旧以小农生产形式为主的广大农民而言，是一件十分困难的
事情。[②]

表 6-2　1949～1956 年全国粮食和棉花产量指数

年份	粮食产量	粮食产量中				棉花产量
		稻谷	小麦	杂粮	薯类	
	以新中国成立前最高年为 100					
1949	77.9	84.8	59.3	69.2	155.5	52.4
1952	111.3	119.3	77.8	99.6	257.9	153.6
1957	133.4	151.3	101.5	101.8	346.2	193.2
	以 1949 年为 100					
1952	142.8	140.7	131.2	143.9	165.9	293.4
1957	171.1	178.4	171.2	147.1	222.7	369.0
	以 1952 年为 100					
1957	119.8	126.8	130.4	102.2	134.3	125.8
	平均年增长速度					
1950～1952	12.6%	12.1%	9.5%	12.9%	18.4%	43.2%
1953～1957	3.7%	4.9%	5.5%	0.4%	6.1%	4.7%
1950～1958	9.8%	9.9%	8.6%	6.3%	18.5%	18.8%

资料来源：国家统计局编《伟人的十年》，人民出版社，1959，第 106 页。

[①]　国家统计局编《伟大的十年》，人民出版社，1959，第 105～107 页。

[②]　近代以来，江南地区的皮棉亩产为 30 斤，而 1957 年浙江省棉花亩产也不过 39 斤。
〔美〕黄宗智：《发展还是内卷？十八世纪英国与中国》，《历史研究》2002 年第 4 期；
《当代中国》丛书编辑部编辑《当代中国的浙江》（上），中国社会科学出版社，1988，
第 65 页。

表 6 − 3　1949 ~ 1958 年粮食和棉花每亩产量

单位：斤

种类\年份	粮食每亩产量	其中				棉花每亩产量
		稻谷每亩产量	小麦每亩产量	杂粮每亩产量	薯类每亩产量	
1949	142	252	86	101	187	22
1950	159	281	85	118	215	24
1951	168	300	100	118	225	25
1952	183	321	98	136	251	31
1953	183	336	95	132	246	30
1954	184	329	115	129	231	26
1955	197	357	115	140	251	35
1956	196	330	121	135	265	31
1957	204	359	114	139	278	38
1958	275	463	145	181	372	49

注：薯类按 4 斤折 1 斤计算，棉花为皮棉产量。

资料来源：国家统计局编《伟大的十年》，人民出版社，1959，第 107 页。

　　从上可知，现代生产要素对 20 世纪 50 年代的农业生产来说，其所发挥的促进作用还是十分有限的。毕竟刚刚恢复的工业体系还无力担负起推动农业生产发展的重任。更何况，当时工业生产总值只占国民生产总值的很小一部分。

　　虽然手工业生产的农具对农业增产有一定的帮助，但是对浙江省来说，由于受到可耕种面积的限制，劳动力投入所带来的粮食增产效益在经过一个阶段的快速提高之后，开始逐渐丧失。因此，在其他要素推动农业生产发展之前，与其说手工业提高了农业生产效率，倒不如说农业合作化推动了手工业的发展，这点在浙江省尤为明显。从浙江省手工行业增产幅度来看，直接为农业生产服务的铁、木、竹、石灰、煤灰等主要行业，都得到了较快速度的发展。[1]　那么，手工业与农业生产之间的关系如何？手工业到底是否有助于提高农业生产效率，乃至促进农产品

---

[1]　《关于发展手工业生产和当前的整风整社与社会主义运动的意见》，浙江省档案馆藏，档案号：j112 − 004 − 002。

的大面积增产呢？对此，主要从以下两个方面来进行分析。

首先，在国家优先发展工业的大背景下，国家对手工业和农业投入的减少所带来的影响是十分明显的，两者的增产速度都不约而同地出现了下降。从农业生产效率方面来看，手工业所发挥的作用还是较为有限的。从全国范围来看，虽然农业机械总动力从 1949 年的 8.01 万千瓦增加到 1957 年的 121.3 万千瓦，其中农用排灌柴油机从 1949 年的 7.21 万千瓦提高到 1957 年的 46.4 万千瓦，但是如果平均到每亩耕地上的话（1952 年全国机耕面积仅有 13.6 万公顷，机电排灌面积 31.7 万公顷），以生产小型排灌设备为主的手工业，所提供的帮助还远远无法满足农业生产的实际需求。即便是农机工业，在当时工业基础薄弱的大背景下，所展现出来的制造能力也十分有限。因此，从整体上看，当时的农业生产方式与之前相比，并没有多大的改变和提高，手工业更多的是提供小型农具加工、修理等服务。

表 6-4　1949 年、1957 年全国主要农业机械拥有量对比

年份	农业机械总动力（万千瓦）	农用大中小型拖拉机		大中小型拖拉机配套农具（部）	农用排灌柴油机		渔用机动船	
		数量（台）	动力（万千瓦）		数量（台）	动力（万千瓦）	数量（台）	动力（万千瓦）
1949	8.01	117	–	–	–	7.21	–	–
1957	121.3	14663	–	–	–	46.40	–	148.5

注：1949 年和 1957 年农用拖拉机台数的数据是将农用大中型拖拉机和小型拖拉机的台数加总起来统计的，没有具体区分型号。

资料来源：《中国统计年鉴 2006 年》，中国统计出版社，2006。

表 6-5　1949 年、1957 年全国农机工业基本情况

年份	企业数（家）	工业总产值（亿元）	年末职工人数（万人）	全员劳动产值（元）	利润总额（亿元）	年末固定资产原值（亿元）	金属切削机床拥有量（万台）	锻压设备拥有量（万台）	工业生产耗用钢材（万吨）
1949	36	0.03	0.4	–	–	–	0.05	–	–
1957	276	3.84	12.3	3117	–	2.80	0.80	0.09	17.10

资料来源：江惠云：《我国农业机械化发展对策研究》，硕士学位论文，南京农业大学，2005。

从浙江省来看，到 1965 年农机总动力也仅为 60.66 万千瓦，机耕面

积为 61. 84 万亩，只占耕地面积的 2.2% 。同时，农田机电排灌面积从 1949 年的 25.1 万亩增加到 1956 年的 241.5 万亩，面积尽管扩大了 8.6 倍，有效灌溉面积比例也从 1949 年的 1.93% 上升到 1956 年的 13.6% ,[①] 但规模程度依旧很低。随着合作化的发展，虽然新式农具（包括小型机械动力设备）的推广和使用程度在原有基础上有所提高，但是对农业生产的影响不大。

同时，国家耕地面积从 1952 年的 161878 万亩增加到 1956 年的 167737 万亩，播种面积相应地从 211884 万亩增加到 238759 万亩，复种指数也从 132.7% 上升到 142.3% ,[②] 相对于耕种面积和播种面积而言，大规模提高粮食作物产量的主要动力是复种，如 1953 ~ 1956 年粮食产量从 3138 亿斤增加到 3650 亿斤，其中稻谷从 1425 亿斤增加到 1649 亿斤，小麦从 366 亿斤增加 496 亿斤。[③] 改造期间，在耕地面积增长有限的情况下，粮食总产量能够得到增长，一个重要因素便是在农业合作化中密集型的劳动力投入，提高了对田地的利用率。虽然"使用铁耙的集体工作不比个体劳动增加多少收成，效率也不会提高很多",[④] 但合作社购置的动力器械和农用工具节省了农业劳动力的体力消耗，这让农民十分乐意去接受。[⑤] 传统小农社会中一个重要的问题便是劳动力过剩引起的"内卷化"现象，农民为了节省资金，宁愿选择加强劳动力的投入，因而不可能购买、改进生产工具，致使农业生产只是停留在总产量增加上，而劳动边际报酬持续递减。正如珀金斯所言，"造成单产提高的主要动力是人口的增长"。[⑥] 农业合作化虽然对传统小农经济进行了彻底改造，但却继承并保留了庞大的人口基数，原先的家庭生产被农业合作化所取代，并在此基础之上进行大规模的农业投入，如双轮双铧犁从 1.5 万部增加

---

① 浙江省农业厅编《浙江农业四十年（1949—1989）》，浙江科学技术出版社，1990，第 398 ~ 399 页。

② 国家统计局编《伟大的十年》，人民出版社，1959，第 113 页。

③ 国家统计局编《伟大的十年》，人民出版社，1959，第 105 页。

④ 费孝通：《江村经济：中国农民的生活》，商务印书馆，2002，第 152 页。

⑤ 黄宗智认为，江南地区稻麦两作每亩需要 34 个工作日。〔美〕黄宗智：《长江三角洲的小农家庭与乡村发展》，中华书局，1992，第 129 页。

⑥ 〔美〕德·希·珀金斯：《中国农业的发展（1368—1968）》，宋海文等译，上海译文出版社，1984。

到108.5万部，动力机械从1.4万部增加到18.8万部。[①] 从全国主要农业生产资料供应量的增长情况来看，为了满足农业合作化的需要，以铁、木、竹等为主的行业，积极地生产农业生产所需的机械设备。

浙江省由于受自然因素、地理地貌等客观条件制约，通过扩大生产面积来提高粮、棉等农产品的产量，显然是较难实现的。因此，在化肥、机械设备、农田水利设施等暂时得不到有效改善的情况下，要想提高单位面积产量，一个有效途径便是改革农田耕作制度。为此，在农田耕作制度上，中共浙江省委要求进行"五改"（间作稻改为连作稻、单季稻改为双季稻、中籼稻改为晚粳稻、低产作物改为高产作物、一年一熟制改为一年两熟制或三熟制）。据统计，1955年浙江省将间作稻改为连作稻面积达67.11万亩，将单季稻改为间作稻达61.91万亩，连作稻面积比1953年扩大8倍多。1955年，浙江省粮食总播种面积比1953年增加225.2万亩，粮地复种指数达173.1，比1953年提高5.1。年粮食总产76.12亿公斤，粮地平均亩产272公斤，分别比1953年增长9.7%和7.7%。[②] 但是，改制中也出现一些新的问题，如劳力问题，1953～1956年耕地复种指数从201.3提高到217.1，粮地复种指数从168.0提高到184.6，[③] 而同期浙江的农村劳动力只从838.8万人增加到912.8万人，[④] 大部分农业社都普遍感到劳力不足，据1955年永嘉县测算，把间作稻改种连作稻，每亩多花2.5个工，而且要在7月底、8月初的半个月内完成收种任务，如此艰巨的农业生产任务，直接增强了农民的劳动负荷，这种情况在过去是无法想象的。[⑤] 黄宗智指出，虽然机械动力的使用给农业生产带来巨大变化，但人口数量固定的增加，这种农业变化造就了更强的内卷化，20世纪60年代拖拉机被引入江南地区后，其主要作用是

① 国家统计局编《伟大的十年》，人民出版社，1959，第151页。
② 浙江省农业厅编《浙江农业四十年（1949—1989）》，浙江科学技术出版社，1990，第79～80页。
③ 浙江省农业厅编《浙江农业四十年（1949—1989）》，浙江科学技术出版社，1990，第404页。
④ 《中国农业全书·浙江卷》，中国农业出版社，1997，第69～70页。
⑤ 过去中国农民一年中从事农业的工作时间在100天左右，换句话说，如果他们在农闲时不从事其他副业生产，那就意味着一年之中将有三分之二以上的时间处于"失业"状态。彭泽益：《中国近代手工业史资料》（第三卷），中华书局，1962，第747页。

实现在第一茬"早稻"后再种第二茬"晚稻"，发展更趋内卷的三熟制（水稻—水稻—小麦）。它使在收获早稻与栽插晚稻间的短短数天内完成犁地工作成为可能。二茬水稻的增加却要求相当于头茬种植所需的劳动投入（伴随的是劳动投入增加了四倍——农业人口翻了一番以及妇女从事农业劳动的比例从15%增加到35%～40%）①。因此，为了缓解劳力紧张状况，需要充分利用农业机械用具等物资来进行辅助，浙江省1955年供应给农民的主要生产资料有：农船7048条，煤、石、蛎灰肥料24万余吨，渔网27万多张，打稻机1700台。同时为了适应新的需要，至1956年5月，还建成新式农具中心修配站92个、基层修配站246个，装备各种机床284台；其中宁波、嘉兴两个专区1956年1月至4月修理拖拉机10余台，抽水机677台次，双铧犁、打稻机321台次，配制各种农具零件44000余件，基本上保证了农业生产的需要。②

但是，由于农业合作化的发展，农具的需求量快速增加，手工业生产也出现了一些困难。其中，以下几个方面尤其明显。

（1）劳动力数量的增加。为了进一步挖掘农村潜在的劳动力资源，过去不以农业生产为主的家庭妇女也大量投入到农业生产中去，以至于农具出现供不应求的脱销情况，如温州专区永嘉县举办以女训员为主的农具训练班，其中妇女占93%。

（2）货源不足。不论是全国还是浙江省内，都无法解决货源供应上的困难。以双铧犁为例，1956年第一季度浙江省需购进38700部，到3月份只到了4000部，天津（2月、3月）应交付的要拖延至3月15日才能出厂，如此一来，只能满足五分之一的需求数量；至于省内生产的品种，也因部分合作社原料短缺、技术水平低、设备落后等因素，终未交货。又如水田型，由于设备差，铁水温度不够，报废率高达70%～80%。由于农业合作化运动的迅速发展，农民对新式农具的需求不断增加，铁、木生产社（组）的生产能力已不能适应这种变化。从双铧犁、打稻机、三齿轻便耘锄、玉米脱粒机几个品种来看，其生产总数1956年是

---

① 〔美〕黄宗智：《发展还是内卷？十八世纪英国与中国》，《历史研究》2002年第4期。
② 《浙江省手工业基本情况、存在问题及今后意见的报告》，浙江省档案馆藏，档案号：j112–003–004。

1955 年的 15 倍，其中双铧犁和三齿轻便耘锄达到 30 倍。①

（3）技术训练修配及零件供应工作尚难满足要求，如浙江省到 1956 年 2 月中旬有双铧犁农具手 9269 人，仅占计划推广数的 25%。嘉兴专区只训练了农具手 1015 人，为计划推广数的 15%。这个问题在其他农具方面也十分普遍。② 虽然 1956 年浙江省建成近 100 个县级中心修配站，还有 450 个基层修配站在兴建中，但是因修配车床不足，技术水平落后等问题，这些基层修配站无法在短时间内投入正常运营，加上零件（特别是韧铁件）订货无着落，农民对此感到不满意，例如富阳、孝丰等地农民因买到的打稻机无人修理，宁愿不要。此外，部分合作社经营管理不善，生产成本高，如打稻机，中共浙江省委规定出厂价格 50 元，零售价 55 元，但是加上经营管理费及运费后，实际售价达到 58 元，1955 年打稻机成本一般是 61.5 元。部分社为了降低售价，在定价时甚至不惜亏本，但农民仍觉得价格太高。③

表 6 - 6　1956 年浙江省各地区新式农具生产计划

地区	打稻机（台）			双轮双铧犁木轮子任务数（只）	蕃茄丝刨机（台）		备注
	省手工业局任务数（包括铁件和木壳）	省工业厅木壳加工任务数	省工业厅和省手工业局任务数合计		省手工业局任务数	省工业厅加工任务数（架子）	
嘉兴专区	10400	500	10900	10000			省工业厅打稻机木架子在临安生产，在杭州交货
宁波地区	200	1600	1800	17000		800	省工业厅打稻机木架子在余姚加工
宁波市	500		500	7200			

①　《浙江省新式农具推广工作检查报告》，浙江省档案馆藏，档案号：j112 - 003 - 018。
②　《浙江省新式农具推广工作检查报告》，浙江省档案馆藏，档案号：j112 - 003 - 018。
③　《为安排一九五六年新式农具生产任务由》，浙江省档案馆藏，档案号：j112 - 003 - 018。

续表

| 地区 | 打稻机（台） | | | 双轮双铧犁木轮子任务数（只） | 蕃茹丝刨机（台） | | 备注 |
	省手工业局任务数（包括铁件和木壳）	省工业厅木壳加工任务数	省工业厅和省手工业局任务数合计		省手工业局任务数	省工业厅加工任务数（架子）	
温州专区	1300	9200	10500	29000	500		省工业厅打稻机木架子有 2300 台在丽水
温州市	4500	9000	13500		600	4200	
金华专区	500	5000	5500	25000			
建德专区	100		100	10600			
杭州市	2500	15000	17500				
省手工业局铁工厂	1200		1200				
合计	21200	40300	61500	98800	1100	5000	

注：1. 双轮双铧犁木轮子任务在 1956 年 2 月底完成总数的 56%，各地按比例完成各地分配的任务，嘉兴专区交货时间另行通知；2. 建德专区打稻机木壳生产任务为 1200 台，即手工业局铁工厂所生产之数。

资料来源：《为安排一九五六年新式农具生产任务由》，浙江省档案馆藏，档案号：j112 - 003 - 018。

农业机械化对提高劳动生产率的效果是显而易见的。在农业生产过程中，用机械代替手工劳作，不但克服了人的体能限制，也为粮食生产专业化、规模化，以及品质的提高提供了可能。如美国农业机械化开始阶段，1910 年有 1355 万个农业劳动力，拥有 1000 台拖拉机，平均 13350 个农业劳动力拥有 1 台拖拉机，农业生产主要使用的还是役畜。当时被认为是美国农业机械化的开始阶段，种植 1 公顷玉米的用工量为 87 小时，生产 1000 千克玉米的用工量为 53.2 小时；到 1954 年，畜力作为农业动力的历史宣告结束时，农业劳动力减少到 864 万人，拥有拖拉机 424.3 万台，几乎每 2 名农业劳动者就拥有 1 台拖拉机。伴随着农业劳动者减少、农业役畜退出农业生产，农业机械增加迅速，其结果是农业生产力水平大增。1954 年种植 1 公顷玉米的用工量只有 24.8 小时，劳动工时比 1910 年减少 71.5%；生产 1000 千克玉米只需要 7.8 小时，比 1910 年减少 85.3%，即 1954 年农业劳动的小时生产率为 1910 年的 6.8 倍。

可见，农业机械化大大增强了农业生产能力，提高了农业劳动生产率。[1]但这是有前提的，那就是减少农业劳动力。手工业合作化使新式农具的试制和大规模生产成为可能，但是在传统农业生产模式下，过少的农业机械化装备、庞大的农业劳动力以及精耕细作的生产方式，使农业生产始终无法脱离劳动生产率低这一困境。事实上，新式农具的推广更多地带有强制性和任务性，有些农具（如插秧机），农业社买回去之后没用几次就将其闲置一旁。[2]动力设备、新式农具等给农业带来的生产效益逐步被人口增长吞噬；农业总产量虽有增加，但单位劳动日边际报酬却没有增长，旧时的内卷化情况又重新出现，并且有加剧的趋势。尴尬的是，仅仅依靠手工业合作社又根本无法解决农业生产中巨大的农具需求量，同时以往为农民服务的加工、修旧业务被统一集中起来，造成生产与售后服务之间的不协调，反过来又制约了新式农具的普及、推广。

伴随合作化运动的不断深入，农民的生产积极性与国家利益之间出现越来越宽的"缝隙"，这在手工业和农业关系方面也有所反映。如手工业社与农业社之间的隶属划分，手工业社的扩大导致农民修旧、加工困难，手工业品供给不足等，这些问题不仅制约了农业生产的发展，造成农民生产生活的不便，而且还影响了手工业社的巩固。过分集中经营直接导致手工业生产混乱、社员收入减少、社员退社等一系列问题。因此，国家在社会主义改造之后，对手工业过分集中的经营管理进行了适当的调整，恢复个体手工业加工、修旧的业务，发挥他们分散、灵活、服务农业的特点。[3]

第二节　市场因素

商业是建立在私有财产基础上，贩卖商品而获取利润的一种经济活

---

[1]　杨敏丽、白人朴：《农业机械化与农业国际竞争力的关系研究》，《中国农机化》2004年第6期。

[2]　《对手工业者项小游的口述采访》，采访时间：2018年9月，详见附录C。

[3]　《关于手工业改造问题的几点意见——白如冰主任在省、市、自治区手工业改造座谈会上的直接发言》，浙江省档案馆藏，档案号：j112‐004‐031。

动。与工农业进行物质财富生产不同，商业主要是通过市场将商品从生产者转移到消费者的流通过程。① 李伯重认为，一个全国市场的大小主要取决于该国国内长途贸易的规模，在某种情况下，一个区域市场等同于一个经济区域，都是以地区专业化和劳动分工为基础的。② 明清以降，江南地区有利的地理区位优势，使之迅速成为中国经济最为发达的地区，不管是在对内还是对外贸易中，江南地区在全国都占有较高的比例。大多数传统家庭手工业并不仅限于简单的生产，商品化程度已明显提高，同时，以江南地区为核心，逐步地向外辐射延伸出更大的商业贸易网络。③ 全国各地如长江中上游的木材、云南的金属矿石、山西的煤炭、华北的棉花等商品，源源不断地汇聚于此，不仅保证了区域市场的消费需求，而且这种区域性经济的活跃也促进了城乡社会分工的扩大，有利于生产技术的扩散。"市镇经济扮演着农村工业产品的加工与集散的角色，一些市镇通过区域内的劳动分工，将低附加值的低端产品的生产分

---

① 关于商品流通对手工业所起的作用，国内外学者都做过一些讨论。国内学者如张笃勤《汉口茶输俄的几个问题》（《江汉论坛》1994 年第 2 期）、胡赤军《近代中国与西方的茶叶贸易》（《东北师大学报》1994 年第 1 期）、陶德臣《论清代茶叶贸易的社会影响》（《史学月刊》2002 年第 5 期）、陶德臣《清代民国时期中国茶叶海外市场容量分析》（《农业考古》2014 年第 5 期）、林齐模《近代中国茶叶国际贸易的衰减——以对英国出口为中心》（《历史研究》2003 年第 6 期）、魏娅娅《试论中国近代植物油出口贸易对社会经济的促进作用》（《中国社会经济史研究》1989 年第 4 期）、李志英《近代中国传统酿酒业的发展》（《近代史研究》1991 年第 6 期）；国外学者如马若孟《手工棉纺织业和近代中国棉纺织工业的发展》（《经济史评论》1965 年第 3 期）、〔美〕李明珠《中国近代蚕丝业及外销（1842—1937）》（上海社会科学院出版社，1996）、森时彦《中国近代棉业史之研究》（日本京都大学学术出版会，2001）等。

② 李伯重：《十九世纪初期中国全国市场：规模与空间结构》，《浙江学刊》2010 年第 4 期。

③ 王业键认为明清之后商品化程度已大大提高（商品率都在 90% 以上），跨地区销售也显著增加，并通过对粮价变化的研究，发现全国主要区域市场的价格变化指数一致性程度非常之高，这说明近代中国就已经形成了较为统一的全国市场。Yeh-chien Wang（Wang Yejian）: *Secular Trends of Rice Prices in the Yangzi Delta, 1638 - 1935*, in Thomas Rawski & Lillian Li eds. *Chinese History in Economic Perspective*, University of California Press（Berkeley），1992; G. William Skinner, *Marketing Systems and Regional Economies: Their Structure and Development*, paper presented for the Symposium on Social and Economic History in China from the Song Dynasty to 1900, Beijing, Oct. 26 - Nov. 1, 1980, pp. 43 - 44, 转引自李伯重《十九世纪初期中国全国市场：规模与空间结构》，《浙江学刊》2010 年第 4 期。

散到附近乡村，交由农民负责生产，而将高附加值的高端产品的生产集中到城内"。① 彭南生对半工业化与传统乡村手工业进行比较后认为，传统手工业主要为家庭消费生产，并将多余产品集中到附近集市进行出售，以调剂市场缺额；而半工业化的乡村工业从一开始即为区域市场组织生产，家庭个体单位只不过是其中的一个生产单位而已，商人把农村家庭手工业与市场联系起来，在为其提供原料、式样，甚至生产工具的同时，通过销售网络把产品销往区域外市场。②

在研究区域市场对手工业生产的影响时，我们注意到，中国手工业的发展进程与西方原工业化存在一定的相似性。王加丰认为："欧洲原工业化③（工业化前的农村手工业）兴起的重要因素是市场扩大后人身束缚的逐步解除，为劳动力自由流动打开了方便大门，进而推动了乡村手工业的发展。商人的出现则让产品的远销成为可能，而新大陆的发现更是为原工业化注入了强大的活力。"④ 西方世界的兴起表明，市场扩大给西欧提供盈利机会的同时，也推动了技术的突破，促使手工业生产逐步朝着机器工业方向发展。从上可知，市场因素对近代中国以及西欧的手工业发展都发挥了推动作用，那么在中华人民共和国成立后手工业和市场的关系又如何呢？

对于手工业而言，充足的原料供给是保障生产稳步发展的前提，而区域市场在原料周转过程中发挥着举足轻重的作用。新中国成立初期，受战争破坏、通货膨胀等影响，社会物资供给严重匮乏，而经济恢复和发展又需要大量生产原料，因而造成手工业原料短缺的问题。从全国重

① 李伯重：《工业发展与城市变化：明中叶至清中叶的苏州（中）》，《清史研究》2002年第1期。

② 彭南生：《半工业化：近代乡村手工业发展进程的一种描述》，《史学月刊》2003年第7期。

③ 原工业化理论是由门德尔斯正式提出的，他认为欧洲农村制造业（原工业）的扩张既破坏了原有的社会关系，又带来了就业和收入的增加，从而提高了结婚率和人口数量，而人口的扩张又推动了原工业的扩张，最终产生了工厂制度所需要的劳动力、资本、企业管理能力、商业化农业和商品市场，原工业是欧洲工业化的初始阶段。Franklin F. Mendels, Proto-Industrialization: The First Phase of the Industrialization Process, *The Journal of Economic History*, Vol. 32, No. 1 (Mar, 1972), pp. 241 – 261, 转引自关永强《从欧洲中心史观看美国中国史研究的变迁》，《史学理论研究》2009年第1期。

④ 王加丰：《前工业社会农村手工业的盛衰问题》，《浙江学刊》2000年第3期。

点省市铁木手工业情况来看，有些地区不仅国营工厂与手工业合作社（组）争夺原料，民政部门、供销合作社等所属的加工厂、加工小组亦有与其互争销路、市场的情况。① 如 1951 年 9 月，浙江省财委决定由省联社统一收购土麻布后，有的合作组织看到产品畅销，即在杭县等地设点由农民代织麻布。出现原料供应不足后，又动员 70 多家私营麻布商转业。但在麻布加工过程中求量不求质，致使产品规格与收购要求不符，积压严重。②

为了解决市场中原料供给方面的问题，政府加强了对市场的管制，将经济作物的征收纳入其日常工作之中。1951 年谭震林在经济作物地区合作社手工业会议上指出："棉、麻等经济作物要全部由政府来收购，不能把一两棉花、一两络麻落到私商手里，同时还要研究和解决如何满足土改后农民需要；……完成这个任务的最基本环节就是做好合作社工作，合作社的意义不仅仅在于，它是由新民主主义社会走向社会主义社会的必经桥梁，更重要的是它将个体分散的无计划生产逐步组织起来，走向有组织的集体生产。"③ 同时，政府还有计划地对手工业生产做了适当安排，由各级生产联社掌握原料的分配、采购和供应。并且各级联社在当地计委统一领导下，按月、按季造送平衡计划，有步骤地实行国家、省、市（县）的"三级平衡"。

在原料供应方面，属国家统配物资的，按规定逐级向国家计委申请批发；属国家统购物资的，如皮、麻、棉、丝等，统一由生产联社根据生产需要做出计划，交由有关部门列入分配；不属国家统配和统购统销的土产原料，如毛竹、棕片、柿漆、土铁、麻线、废次品等，各级生产联社和合作社可以自行采购，内部调剂；需省外采购原料的，统一由省生产联社组织采购供应，或委托有关部门采购；特种手工艺所需要的进口原料，如金丝草、麻草等，由手工艺专业联社统一向出口公司申

① 《全国重点省市铁木手工业座谈会的报告》，浙江省档案馆藏，档案号：j101－006－104。
② 《关于检查浙江省合作社联合社的综合报告》，浙江省档案馆藏，档案号：j101－004－209。
③ 《谭政委在经济作物地区合作社手工业会议上的报告》，浙江省档案馆藏，档案号：j002－51 年 1 卷－008。

请解决。①

在此过程中，根据手工业生产特点，首先满足县一级的平衡；县一级如不能平衡，报省计委平衡；省计委不能平衡的，则上报国家平衡。需要由国家供给的原料，在当地计委提出申请后，逐级上报全国手工业生产总社。全国手工业生产总社汇总之后，转报国家计委与各省、市计委对上报数字进行核对，批准之后逐级下达。②

以往大多数个体手工业者都以自产自销为主，因此他们不仅仅是商品的生产者，还同时兼负商品流通的职能。为了便于管理，1954年国家对兼营情况做了业务范围的划分，具体规定如下。

（1）自产自销，或自产自销外附带兼营一部分非自产产品的手工业者，雇用职工学徒在4人以下（不包括4人）者，划归个体手工业。

（2）以贩卖别人产品为主，亦附带生产一部分产品者，划归商业。

（3）以贩卖商品为主，附带进行包装、整理、干燥、选择及修理者（如中药商的切制药材、钟表修理），划归商业。

（4）以贩卖机器零件及建筑器材等为主，附带进行安装或修理者，划归商业。③

浙江省在执行中共中央颁布的《私营企业统计分类办法》过程中，除了明确划归商业改造的煤球、香肠、彩蛋、糕点、制茶、屠宰、酱园、酿酒8个行业外，还对私营商业和手工业并存的一些特殊行业进行了详细划分。

（1）半工半商、工商界限不甚明了的，如棉花蛋、香烟等，销售自制产品为主的行业，划归手工业改造；以贩卖商品为主的，则归商业部门改造；两者相差不远者，按照改造有利的原则进行划分。

（2）服务性的，如理发、照相、旅馆、澡堂、洗衣等行业，划归商业部门负责改造，但刻字业划给手工业改造。

（3）修理性的，如钟表、皮鞋、自行车、收音机、钢笔等的修理行

---

① 《浙江省手工业基本情况、存在问题及今后意见的报告》，浙江省档案馆藏，档案号：j112－003－004。

② 《邓洁在第一次全国手工业生产合作社供销会议上的总结报告（草案）》，浙江省档案馆藏，档案号：j112－003－002。

③ 《有关个体手工业调查界限划分问题的几点说明》，《全省手工业调查参考文件》，浙江省档案馆藏，档案号：j112－001－004。

业，划归手工业改造，但这些行业中的商业户，仍归商业改造。①

另外，在手工业品的经营范围上，浙江省也做了明确限定。

（1）由供销合作社供给原料，其产品推销、批发和零售也由供销合作社经营，以促使其向合作化生产方向发展。供销合作社向手工业者及手工业生产合作社提供其加工订货所需原料中，属于国家统购统销物资的，由供销合作社事先提出计划，经财委平衡后，列入国营计划进行供应；属于就地取材的原料，一般由供销合作社具体掌握。

（2）供销合作社过去已经营者，国营商业一般不再经营；供销合作社过去未经营，国营商业已经营者，如供销合作社有需要又有能力经营时，国营商业交由供销合作社经营；国营商业有需要时，事先提出计划，向供销合作社订购或代购。国家需要出口的手工业品，由国营出口部门直接向供销合作社进货，或委托其代购、订购，并按国家出口计划，优先满足出口需要。

（3）在一些大中城市，某些需通过资本主义形式改造的较大手工工场，由国营公司负责加工订货。②

为了适应手工业生产分散性的特点，绝大部分地产地销的产品，除由国家统购包销外，规定可以由手工业合作社自产自销，县市手工业联社帮助合作社与工矿企业、机关学校、农业社等直接建立销售关系；需要在市县范围内组织调剂的产品，合作社单方有困难时，市县手工业联社帮助其联系门市部、批发部，以交流会的方式进行推销，达到产销平衡，防止有的社加班加点，有的社却停工待料等不合理现象。③

从全国范围来看，到 1954 年手工业生产社（组）的原料由国营商

---

①　除上述这些不甚分明的特殊行业外，还应指出的是以下两类：（1）浙江省七个地级市所属的全部建筑业，由建筑行政部门负责改造，其余城镇与农村中的建筑业，如石匠、油漆、雕刻等，包括少数私营建筑营造厂在内，划归手工业部门负责改造；（2）供销合作社所属的加工小组以及民政、劳动、妇联等部门所属的手工业生产单位，为了便于统筹安排生产和改造，逐步划归手工业部门管理。在处理行业范围划分时，由于手工业与其他行业有一定的协作性，在后期的政策实施过程中，不免又出现一些特例。《浙江省手工业社会主义改造的规划方案（草案）——李茂生在浙江省第一次手工业生产合作代表会议上的报告》，浙江省档案馆藏，档案号：j112 - 003 - 002。

②　《浙江省国营商业和合作社划分经营范围的规定》，浙江省档案馆藏，档案号：j134 - 001 - 144。

③　《一九五七年供销工作的意见》，浙江省档案馆藏，档案号：j112 - 004 - 002。

业、供销合作社供应的占 50%，产品由国营商业、供销合作社销售的达
到 70%~80%。① 密切结合国营商业和供销合作社，已成为手工业原料
供应和产品销售的主要途径。全国手工业生产总社筹委会第四次会议
进一步提出："生产联社应设立业务机构，解决基层社供销方面的困
难。通过业务指导生产，订立长期供销合同，保证基层社生产的平稳
有序。"②

　　为了克服基层社远销收购的供销困难，节省人力物力，以及帮助
解决淡季储备问题，1954 年浙江省手工业管理局要求各地合作社在手
工业联社领导下，根据国家计划、社会需要以及自身生产能力，与国
营商业部门、供销合作社接洽订货，按订货合同统一进行生产；并根
据生产任务，编制原材料供应计划，减少合作社与自由市场的联系，
以避免合作社之间、合作社与国合商业（国营商业、供销合作社）之
间、集体与个体之间互相争夺、互相排挤的矛盾。③ 如棉纱批购，合作
社（组）根据计划平衡数，由上级联社批准供给；对个体户用纱，由手工
业联社与花纱布公司协商，根据计划平衡分配；在棉织手工业生产集中地
区，由联社逐步接管棉织手工业的加工订货任务，统一领导合作社及个体
手工业的生产。从棉纱出库分配起，一直到棉布验收入库为止的整个加工
生产过程，由联社负责合理调配劳动力，并根据各生产单位设备与技术
条件进行适当分配。④ 此外，中共浙江省委还要求："商业部门或各厂企
业、机关、部队、人民团体、水利、交通、学校等，向合作社（组）、
个体手工业进行加工订货时，需由联社统一掌握，具体分配生产任务，
防止盲目加工、盲目发展。对列入国营商业、供销合作社进货商品目录
的产品，或其不能全部包销、包购的，依照统筹兼顾、合理安排原则，
由手工业联社设立的经理部或门市部，组织批发、零售，解决手工业生

① 《中央手工业管理局关于第四次全国手工业生产合作社会议的报告》，浙江省档案馆藏，
　档案号：j101 - 006 - 104。
② 《关于一九五五年手工业社会主义改造工作总结与一九五六年的工作意见（草案）》，
　《浙江省第四次手工业工作会议简讯（第四号）》，浙江省档案馆藏，档案号：j112 -
　003 - 002。
③ 《一九五四年手工业工作总结及一九五五年工作意见——李茂生同志在全省第三次手工
　业工作会议上的报告》，浙江省档案馆藏，档案号：j112 - 002 - 001。
④ 《关于棉、针织手工业座谈会的报告》，浙江省档案馆藏，档案号：j101 - 006 - 104。

产中的困难。"①

　　部分行业由于地方性较强，因而根据消费习惯和产销情况，采取"就地取材、就地制造、就地供应"的方针。除国家调拨的大工业呆滞物资、加工订货部门供给原料外，准许合作社自购自制和利用废弃品、代用品，以解决原料短缺的问题。② 同时，在组织废品、废料及代用品的使用和推广的过程中，为了逐步克服地区之间的产销矛盾，根据"销地照顾产地、农村照顾城市"的原则，在一定范围内划分销售区域，有计划地实行分区供应。合作社除了利用地方原料资源（包括各项废弃品和代用品）外，根据实际需要，还被允许在主要的原产地和大中城市建立原料合作社或加工厂，解决原料不足的困难。③

　　1956 年浙江省手工业联社筹委会供销经理部成立后，积极组织开展供销业务，调拨国家统配物资，争取土产原料的平衡。随着业务的发展，先后成立了温州、宁波、嘉兴、金华、舟山、建德等六个专区批发站，在了解情况、加强联系、组织原料供应等方面，发挥了一定的作用。之后为了进一步解决钢铁的调拨和平衡，节约流转费用，加速资金周转，嘉兴、金华、舟山、建德等四个专区批发站又相继并入各自所在专区的办事处，各站经营的业务也交由经理部直接办理；拨给各站业务经营使用的资金由经理部协助清理之后，全部收回统一使用。④

　　合作化高潮后，按照行业改造的要求，对个体手工业的原料供给和产品销售做了适当调整。陈云在中共第八次全国代表大会上指出，由于手工业具有分散性、地方性，在供销业务安排上，应以合作社自购自销为主，中央、省、市的领导机关和多数行业的联合社，只能做方针政策性的领导，不应该自己经营进销业务。1956 年 8 月中央手工业管理局在汇报会议上进一步指出：手工业联社除部分品种外，一般不经营进销业

①　《浙江省手工业社会主义改造的规划方案（草案）——李茂生在浙江省第一次手工业生产合作社代表会议上的报告》，浙江省档案馆藏，档案号：j112 - 003 - 002。
②　《全国城市手工业改造工作座谈会，研究手工业合作社的组织和生产问题》，《人民日报》1956 年 3 月 29 日。
③　《关于当前手工业合作化进程中关键几个问题的函》，浙江省档案馆藏，档案号：j112 - 003 - 002。
④　《关于合并供销经理部嘉兴、金华、舟山、建德专区批发站的通知》，浙江省档案馆藏，档案号：j112 - 003 - 012。

务为宜，各级联社应加强对合作社的原料供应和产品推销工作，经常性地与有关部门衔接供销计划，在地方党政部门的统筹兼顾下，将手工业的供产销纳入地方经济计划之中，在逐步减少进销货经营的同时，地产地销的原料和成品，以合作社自购自销为主。① 浙江省手工业管理局按照中央的要求，对原有的政策做出了相应调整。

对合作社能够就地解决、直接挂钩的地产地销产品，由手工业合作社自行推销，县市联社不再插手经营，供销合作社根据农业需要适当地做好地区之间的调剂及淡季储备。花边、麻帽等出口商品，由手工艺专业联社与出口公司直接挂钩。销至外省的产品，由国营商业、供销合作社提出计划，交由各级手工业联社统一安排加工订货或包销选购；国合商业部门不能全部包销或选购的，可由生产联社设立推销机构。②

由省直接调拨给申请单位的统配物资由县市联社统一组织分配和安排生产，不作进销货处理。手工业合作社所用的原料，经过当地政府批准可以自购，但不准抬价抢购；所需外来的原料，国营商业、供销合作社积极供应。③

市县联社采购原料和推销产品，由省联社协助组织挂钩或代购代销的，省经理部组织业务，除直接费用外，不收取管理费。经营业务除运输费和税金外，各县市联社酌情收取 3% ~ 4% 的管理费用。代购代销、组织挂钩、通信介绍等业务，如开支费用较大，可以酌情加收 0.5% ~ 1% 的定额费用或争取采用实报实销的办法，不再收取管理费用，以减少经营环节。④

如何将手工业生产与城乡物资交换相统一，促使手工业者逐步走向合作化道路，是摆在国家面前的一个重大问题。一方面，由于部分行业还不能马上被机器工业完全代替，特别是在农具修理、加工方面，需要利用手工业分散经营、就地取材的优点，为城乡居民生产、生活服务；

---

① 中共中央文献研究室编《建国以来重要文献选编》（第九册），中央文献出版社，1994，第 281 页。

② 《浙江省手工业基本情况、存在问题及今后意见的报告》，浙江省档案馆藏，档案号：j112－003－004。

③ 《关于手工业生产合作社的产品销售价格及经营形式上有关问题的通知》，浙江省档案馆藏，档案号：j009－002－004。

④ 《一九五七年供销工作的意见》，浙江省档案馆藏，档案号：j112－004－002。

另一方面，国家通过统购统销的方式，将农民手中的实物直接收购，造成农民手中握着大量的现金。与此同时，中国农民"保粮惜售"的习惯又减缓了人民币市场流通速度，阻碍和影响了国民经济的恢复和发展，这明显不符合国家的利益诉求。因此，为了推动农民将资金投入消费市场，加快货币的流通速度，除了化肥、种子等农业必需品外，手工业品成为是一个理想选择。同时，国家通过订货、收购、包销、经销、委托加工、以原料换成品等方式，加强了对手工业生产的领导，逐步引导其进入国家计划轨道，并在条件许可的情况下，给手工业者以贷款、技术上的支持，改善产品质量。① 这种双管齐下的措施，使近代以来逐步加强的市场因素被逐步削弱，乃至重新成为国家统制经济的辅助。国营商业、供销合作社作为国家与消费者之间的桥梁，积极安排、建立与手工业的合同关系，是把个体手工业吸引到国家计划经济轨道中来的重要方式之一。② 商业部与全国手工业合作社联合总社在《关于划分国营商业与合作社对工业品与手工业品经营范围的共同决定》中明确规定："手工业所需的原料应由供销合作社与消费合作社供应，并积极帮助推销产品，促进其向生产合作化方向发展。"③ 而各地计委、国营商业和供销合作社在原料供应方面的支配地位，在解决了手工业产品销售问题的同时，也使手工业者坚定了加入合作社的"决心"。市场既然无法发挥商品贸易作用，手工业者如若继续停留在个体加工生产阶段，无疑会造成其经济上的损失，甚至危及个体的温饱，因而加入合作社与其说是由于政治运动的引导，不如说是市场缺失的必然结果。

传统社会"广泛型成长"的经济增长方式，通常只是经济总量的增长，劳动生产率并未有实质性提高，技术进步更是几乎可以忽略不计。与"广泛型成长"相比，"斯密型成长"则是在经济总量和劳动生产率都有所提高，生产技术水平也有所进步，但并未实现突破的经济增长方式。推动"斯密型成长"的主要动力来自劳动分工所带来的生产专业化，专业化生产使大规模的产品生产成为可能，但这种"斯密型成长"

---

① 《有计划地发展手工业生产》，《人民日报》1951 年 6 月 3 日。

② 中共中央文献研究室编《建国以来重要文献选编》（第四册），中央文献出版社，1993，第 167 页。

③ 《一九五四年手工业生产组织发展意见》，浙江省档案馆藏，档案号：j126-001-179。

有一个前提条件，即需要卖掉所有产出，实现原料和人工投入的价值替代，所以分工扩大和专业化发展直接受市场规模大小的限制。① 这也解释了为什么 15～18 世纪虽然世界有一半的白银流入中国，中国却无法发展和壮大资本主义经济，反而在之后逐渐地衰弱。② 其中一个原因就是资本没有成为拓展市场的 "开瓶器"，没有为手工业的扩大再生产带来生产所需的原料。"贵金属'白银'像水注入油井，采出去的是更宝贵的物质财富"。③ 因此，除了丝织品、棉布等大宗商品外，其余大多数行业无论在原料来源还是在产品流向上，都与当地农村的供求状况保持密切联系。90% 的产品是供应给以乡村为中心的集市消费的。即使与广大的统一市场联系，也是经由商人资本的数次易手而建立的。这些手工业品的生产始终以地域性初级市场为中心，手工业的直接生产过程是以区域性初级市场为起点和终点的。④ 手工业合作化从整体上看，通过国家统一的计划安排，似乎突破了传统意义上的区域市场局限，全国各地都被纳入国家 "大市场" 中，与市镇狭小的交易媒介相比，国家的计划调度看起来更加高效、便捷，符合社会生产力的发展要求。但实际上，这种 "虚假" 的高效背后，却隐藏着严重隐患——违背价值规律，如有些地区对原料收购计划偏高，致使手工业生产不均衡，与计划衔接不上；有些地区在减少经营环节、降低成本等方面不够重视，增加了手工业者不必要的额外支出，如农民采伐少量树木，需要集中到县城里去卖，农民、手工业者需要时，再从县城里运回去，这样无疑增加了经营环节，加大成本支出。⑤ 慈鸿飞通过对集、镇数量的分析，也进一步论证了集镇市场的发展对经济发展的重要作用。1953 年全国有建制镇 5402 个，但到 1956 年就缩减为 3672 个；经过 "文化大革命"，至 1982 年全国只剩下 2819 个。而改革开放之后，仅 1983～1984 年两年间，全国就增加了 7750 个镇；

① 葛金芳：《"农商社会"的过去、现在和未来——宋以降（11—20 世纪）江南区域社会经济变迁》，《安徽师范大学学报》（人文社会科学版）2009 年第 5 期。
② 〔德〕贡德·弗兰克：《白银资本：重视经济全球化中的东方》，刘北成译，中央编译出版社，2005。
③ 李宪堂：《白银在明清社会经济中生发的双重效应》，《河北学刊》2005 年第 2 期。
④ 陈庆德：《中国近代手工业的发展趋势》，《求索》1991 年第 6 期。
⑤ 《邓洁在第一次全国手工业生产合作社供销会议上的总结报告（草案）》，浙江省档案馆藏，档案号：j112 - 003 - 002。

1987～1991 年五年间增加了 1731 个；1992 年，随着社会主义市场经济的确立，国家新设立了 2084 个镇，总计 14539 个。[①] 集镇数量的变化与国家乡镇民营经济的发展情况基本一致，改革开放后浙江经济的快速发展，在很大程度上也归功于市场开放带动个体民营经济力量的壮大。

第三节　物资匮乏的隐患

手工业合作化带来最重要的变化是，改变了传统分散的个体经营方式，割断了个体手工业者与资本主义之间的内在联系；在经济分配方面，"按劳取酬，多劳多得"的工资制度逐渐成为手工业者取得经济收入的主要形式。这种改变一方面有利于发挥手工业者的生产积极性，他们为了增加收入而努力生产；另一方面，合作社虽然增加了产量，提高了社员的经济待遇，但是技术水平、管理能力等方面的欠缺致使盲目加工生产、原料损失浪费现象依旧较为严重。酿造、食品制造、粮食加工、棉针织、缝纫等以农作物为原料或辅助材料的行业中，浪费损失尤为明显，如北京第一食品生产合作社 1954 年浪费面粉达 800 多斤。同时，在日用口粮方面，部分地区的合作社虚报人口、冒领粮食的现象也相当严重，如河南沁阳城关铁业生产合作社 22 人，冒领粮食多达 500 多斤。[②] 国家工业化使原料供求关系越发紧张，即使在国家计划安排之下，部分物资的增长速度还是赶不上生产使用；加之西方资本主义国家的经济封锁和物资禁运，无疑更加重了我国物资短缺的困境。因此，为了缓解物资短缺给经济建设带来的困难，国家除了对物资进行有计划的统一调拨、分配，积极节约物资消耗外，充分利用替代品或地方性原料，也成为手工业生产较为可靠的发展"动力"。

一　资源短缺对手工业的影响

对于工业建设来说，原料供给是极为重要的一环，它直接影响和

---

① 以上数据来源于民政部区划处《中华人民共和国行政区划手册》（光明日报出版社，1986），胡焕庸、张善余《中国人口地理》（上册）（华东师范大学出版社，1985，第304 页），张文范《积极推进小城镇的发展》（《人民日报》1994 年 7 月 4 日）。转引自慈鸿飞《近代中国镇、集发展的数量分析》，《中国社会科学》1996 年第 2 期。

② 《手工业部门要积极节约粮食》，《人民日报》1955 年 10 月 6 日。

制约着社会再生产的扩大。"要成功地摆脱有机经济的制约，一个国家不仅需要那种一般意义上的资本主义化，以达到近代化；而且还需要下述意义上的资本主义化，即越来越多地从非农产品中获取原料，尤其是能够开发大批能源矿藏储备，而非依赖各种过去提供生产所需热能与动力的可再生能源。英国经济正是通过上述两种途径实现资本主义的发展"①。因此，英国工业革命，与其说是以毛纺织业的兴起作为标志的，还不如说是以"煤铁革命"来直接推动的。英国模式虽然对江南地区的近代工业化研究有一定的借鉴价值，但不可否认的是，英国所具备的自然禀赋优势，使其走上工业化要比别的国家顺利得多。与英国相比，荷兰、法国等国家的资本主义发展路径与近代江南地区更具可比性，马克思指出："十七世纪荷兰和十八世纪法国提供了真正工场手工业的典型。"② 荷兰曾一度是欧洲经济最为发达的地区，但该地区经济主要依赖贸易，生产时需要从别的国家进口燃料，因而制约了其持续发展。约翰·奈夫分析其原因时认为："从国外进口煤，不仅使荷兰不得不付出高昂的代价，而且使本国经济置于外国商业政策支配之下。这与荷兰工业长期停滞不前，以至丧失其原来的领先地位有重大关系。"同样，法国在1763 年以前，商业并不落后于英国，1780 年铁产量甚至是英国的 3 倍；然而法国无法解决煤的自给，需要从国外大量输入，这给法国工业发展带来了严重的消极影响。到法国大革命时，英国年产煤已达约 1000 万吨，而法国却只产 70 万吨，受到影响最大的是铁工业。1780 年英国铁产量仅为法国的 1/3 ，而到 1840 年却为法国的 3 倍以上。③ 因而"煤的短缺使法国工业无法像英国一样朝着有固定需求、大规模的消费品生产大步前进，不得不向需求有限且波动性大的奢侈品生产发展"。④同时，还

---

① E. A. Wrigley, *Continuity, Chance and Change: the Character of the Industrial Revolution in England*, Cambridge: Cambridge University Press, 1988, pp. 115，转引自李伯重《英国模式、江南道路与资本主义萌芽》，《历史研究》2001 年第 1 期。

② 〔德〕马克思、恩格斯：《马克思恩格斯全集》（第二十三卷），人民出版社，1972，第419 页。

③ John Nef , *The Rise of the British Coal Industry*, Gordge Routledge and Sons Ltd, 1932, pp. 234 ~ 283，转引自李伯重《英国模式、江南道路与资本主义萌芽》，《历史研究》2001 年第 1 期。

④ 〔美〕斯塔夫里阿诺斯：《全球通史（1500 年以后）》，吴象婴、梁赤民译，上海社会科学院出版社，1999，第 282 ~ 283 页。

有学者认为美洲新大陆的开发对欧洲工业发展起到了重要作用，如彭慕兰所述："18 世纪末东西方在岔口处背道而驰的主要原因便是美洲大陆的开发解除了生产资料所需的土地束缚。"① 琼斯也认为："在美洲新大陆所获得的'史无前例的生态横财'，对欧洲经济发展是至关重要的。"② 此外，英国充足的煤炭资源和优越的地理位置，尽管为大规模蒸汽动力的使用扫除了障碍，但受到当时生产技术水平的制约，在质量上还远无法满足日益精细化的工业需求，因此，英国在少量出口生铁的同时，不得不从瑞典、俄国等国进口大量的条铁。因此芒图指出："18 世纪中叶以前，英国金属加工业之所以保有生气，多亏输入瑞典或俄国的铁。"③

从历史上看，江南就是自然资源储备相对匮乏的地区，明清以降江南地区手工业发展对原料来源和产品市场的依赖性就已经很高。一方面，需要从外地输入本地所缺乏的有色金属、木材、煤炭、稻谷、大豆等；另一方面，受国家专制统治、区域间运输困难等因素影响，一些手工业急需的物资又难以大规模地从产地自由流入江南。赖特对此明确指出，西北丰富的煤资源因交通不便，对江南经济提供的帮助是极为有限的，西北的煤价仅从煤矿到 50 公里外的河岸就上涨了 4 倍④。与此同时，南方 9 个省的煤蕴藏量却只占全国的 1.8%，东部 11 个省份（与南方省份有部分重叠）占 8%⑤。因此，随着海外贸易的日益发展，尤其是近代以来，贸易口岸的不断增多，民间为了获得煤、铁、铜等生产原料，不得不将目光转向海外市场，如海外铜的主要来源地日本，在清代最盛时，

① 〔美〕彭慕兰：《大分流：欧洲、中国及现代世界经济的发展》，史建云译，江苏人民出版社，2008；史建云：《重新审视中西比较史——〈大分流：欧洲、中国及现代世界经济的发展〉述评》，《近代史研究》2003 年第 2 期。

② E. L. Jones, *the European Miracle：Environments, Economics and Geopolitics in the History of Europe and Asia*, Cambridge University Press, 1981, pp：84；转引自李伯重《英国模式、江南道路与资本主义萌芽》，《历史研究》2001 年第 1 期。

③ 〔法〕保罗·芒图：《十八世纪产业革命——英国近代大工业初期的概况》，陈希秦等译，商务印书馆，1983，第 223 页。

④ Wright, *Coal Mining in China's Economy and Society, 1895 – 1937*, Cambridge：Cambridge University Press, 1984, pp：9；转引自彭慕兰《世界经济史中的近世江南：比较与综合观察——回应黄宗智先生》，《历史研究》2003 年第 4 期。

⑤ Sun Jingzhi, *Economic Geography of China*, Oxford：Oxford University Press, 1984, pp：93；转引自彭慕兰《世界经济史中的近世江南：比较与综合观察——回应黄宗智先生》，《历史研究》2003 年第 4 期。

最高年输华的铜达 784 万斤。①

　　在解释明清江南经济"超轻结构"的成因时，李伯重从再生产角度指出，虽然西方为江南地区提供了充足的煤、铁，突破了原材料方面的制约，并且其所建立的近代机器制造业使江南地区有了真正意义上的重工业，但同时规模庞大的轻工业加上规模同样庞大（甚至更为庞大）的农业，却使生活资料生产占了社会生产的绝大比重；随着江南工业的发展，这种畸轻畸重的情况日益加剧。② 因此，在解决诸如煤、铁等生产资料短缺问题前，要实现英国模式下近代工业化的发展，显然是不太现实的。③

　　1950 年朝鲜战争的爆发打乱了新中国经济重建的步伐，国家转变了经济发展方向，即加快国防工业的步伐，优先发展重工业，以应付可能发生的外来侵略。④ "一经选择了以优先发展重工业作为经济发展战略目标，扭曲的宏观政策环境、高度集中的资源计划配置制度和没有自主权的微观经营机制便相继形成，这种三位一体的传统经济体制是内在的，是相互依存、互为条件的"⑤。正如刘少奇在中共八大上所说："有些同志想把重工业发展的速度降低，这种想法是错误的。试问：如果我们不很快地建立起自己的必要的机器制造工业、冶金工业以及其他有关的重工业，……我们就将得不到必要的各种机器，得不到必要的钢材和水泥，得不到必要的电力和燃料，我们的国民经济就将长期陷于落后的境地。"⑥ 这种高成本、低效益的发展模式，虽然一定时期内刺激了经济恢复和工业化的发展，但这是在忽视地区差异基础上做出的"赶超战略"；对于像浙江、江苏等劳动力丰富、资源稀缺的省份来说，"这种以重工业优先发展的工业化次序和方式，违背了劳动力的比较优势，造成产业结构的极大扭曲，从事后来看，给经济发展和人民生活的改善等带来了一

----

① 参见山协悌二郎《長崎の唐人貿易》，第 219、220 页，转引自李伯重《江南的早期工业化（1550—1850）》，中国人民大学出版社，2010。

② 李伯重：《英国模式、江南道路与资本主义萌芽》，《历史研究》2001 年第 1 期。

③ 李伯重：《江南的早期工业化（1550—1850）》，中国人民大学出版社，2010。

④ 宋爱茹、高军峰：《建国后国家工业化发展战略提出的历史背景》，《理论界》2009 年第 3 期。

⑤ 林毅夫：《中国奇迹：发展战略与经济改革》，上海三联书店、上海人民出版社，1994，第 3～4 页。

⑥ 刘少奇：《刘少奇选集》（下），人民出版社，1985。

系列的障碍"①。

尽管苏联及东欧社会主义国家的经济、技术援助部分缓解了国家工业化过程中的某些困难，但这些国家自身也要忙于战后重建，不可能为中国提供太多的资金帮助。② 并且国家还需要出口粮食、木材等基础性农副产品，来换购工业生产急需的机械设备和工业原料，加之工业化采取高投入、高积累的粗放式增长，随着时间的推移，原料供求关系变得更为紧张。汤姆·肯普指出，对于一个没有外援的落后国家来说，这种方式无异于一种恶性循环。在生产资料工业建立起来以前，建立生产资料工业所需的重型设备又来自何处？在农民没有得到农业机械和各种消费品以前，又怎么能生产剩余的农产品？在消费品扩大产量以前，这些消费品又从何而来呢？③

二 手工业节约原料的措施

充足的原料供给是发展手工业生产的前提条件，但是手工业所需如钢、铁、煤炭、木材、毛竹、棉、麻等众多原料，却又都是国家工业化所不可或缺的。因此，为了节省更多物资来支援工业建设，以及解决合作化中手工业自身的原料短缺问题，国家要求各地手工业联社、合作社除了与国营工厂、建筑部门挂钩，充分利用其生产所剩的边角料、废料外，积极发挥手工业"就地取材、就地生产、就地销售"的优势，通过回收废品、利用代用品等途径，克服原料短缺的困难。但在实际生产中，基于大部分合作社（组）经济底子薄、技术水平低等情况，最好的办法还是依靠社员勤俭节约。为了促使手工业尽可能地节约用粮，1955年国务院颁布了《市镇粮食定量供应暂行办法》，通过群众性团体组织，对个体手工业者进行宣传教育，并制订和调整粮食消耗定额，健全粮食收发保管制度来降低粮食损耗。④ 浙江省相应地开展了以"提高质量、反

① 严英龙主编《中国经济现代化》，南京出版社，1998。
② "一五"期间，国家财政收入共计1354.9亿元，国外贷款仅占2.7%。柳随年、吴群敢主编《中国社会主义经济简史》，黑龙江人民出版社，1985，第110页。
③ 〔英〕汤姆·肯普：《现代工业化模式》，中国展望出版社，1985，第147页。转引自郭根山《中国工业化战略选择与实施的历史经验》，《中共云南省委党校学报》2003年第3期。
④ 《手工业部门要积极节约粮食》，《人民日报》1955年10月6日。

对浪费、厉行节约、降低成本"为重心的节约运动，如宁波市手工业劳动者协会镇明区分会第四基层服装业节约小组，通过创新裁衣方法，一年可以节约棉布 98840 尺，以平均每尺 0.4 元计算，能节约 39536 元（按 1954 年宁波市全市服装业营业额计算）；① 嘉兴市洗染社用国产硫化蓝代替进口靛蓝，每年节省外汇 21964 元；鄞县横溪棕绳社在保证质量的原则下将旧绳拆掉，与新棕掺杂使用，缓解了原料供应困难，降低了生产成本。此外还有许多合作社试行定额管理制度（一般是定量、定料、定质），适当提高生产定额，如海盐县武源铁器社锄头、钩刀等 13 种主要产品，在提高定额（红炉为 15.77%，冷作为 9.82%）的情况下，降低成本 10.99%，销售价格也下降 8.74%。② 为了鼓励生产者（合作组织和个体）改进技术、节约原料以及降低成本，对部分原料消耗较大的行业制定了奖惩措施，如棉织业，浙江省手工业管理局和花纱布公司共同制定如下标准：

> 使用单位用纱量在中等标准范围内，而成品质量、规格符合要求者，所节约的棉纱由花纱布公司全部回收后，折价奖励；如有亏纱，则由生产者负责赔偿。急需布置生产，未经调查或无确切把握的新产品，规定"暂时"的单位用纱量，经调查核定后，根据中等标准决定定额，重新结算。③

对个体棉织手工业者，在手工业联社和花纱布公司配合下，加强生产上的指导、监督，有计划地对原料进行分配，逐步将其纳入计划中，克服粗制滥造、偷工减料的现象。

据 1956 年不完全统计，浙江省手工业系统回收利用的废物料、代用品中有废铜铁、废麻绳、旧棕、棉干皮、破布、旧衣服、旧罐头、橘皮、甘蔗渣、草浆等 100 余种，其中废钢铁 1.4 万吨、土铁 0.6 万吨，占铁

---

① 做一套中山装节约棉布 7.307 寸，一件大衣节约棉布 8 寸，一件衬衫可以节约棉布 3.583 寸。《手工业劳动者的创举》，《人民日报》1955 年 12 月 14 日。

② 《浙江省关于整顿巩固提高现有手工业生产合作社、组工作的初步总结》，浙江省档案馆藏，档案号：j112 - 002 - 002。

③ 《关于棉、针织手工业座谈会的报告》，浙江省档案馆藏，档案号：j101 - 006 - 104。

业社实际耗用量的 40% 左右（其中手工业社回收的废、次钢铁和利用的土铁共占实际耗用量的 24.43%）。① 不少生产社（组）通过利用废品、废料，不但制造了许多大型农具和日用家居用品，克服了原料短缺的困难，而且降低了成本，增加了社员收入，如海宁县在 1956 年上半年利用回收的紫口生铁 23 吨，部分解决了生产打稻机和新式农具的用材问题；永嘉县梧田铁器社利用废铁、碎铁，生产成本下降 47%，公共积累增加了 5990 元；嘉兴市针织社 1956 年上半年向上海等地收购废袜子 9800斤，用以代替棉纱，织成袜子 5700 多打。② 此外，中共浙江省委还根据重工业和轻工业并举的方针，适当地调整工业生产布局，要求商业部门加强对原料和产品价格的管理，促进手工业品的增产。③

　　为了节约原料、勤俭办社，国家还要求各地在组织合作社（组）时，规模不宜过大，发挥手工业生产机动灵活的特点。对过去凡不符合勤俭节约的制度、规章、组织机构，都进行修订调整；1957 年基层社脱产干部的比例，从 1956 年的 7.2% 减少到 6% 左右。④

　　但是，在增产节约过程中，有一个问题在短期内无法得到解决，即生产技术低下造成的浪费。大多数合作社社员以新入社的失业工人与学徒工为主，生产技术水平较低，产品质量差、废品多。如瑞安农械生产社 1956 年 2 月车工废品率达 22.76%，钳工 3.4%，铸工 6.6%。100 根短轴因切割得太短全部报废，短轴螺帽废品率也达 42.2%，全月废品损失共计 890 元。⑤

三　物资匮乏对手工业带来的影响——以钢铁为例

　　以钢铁为主要原料的诸多手工业行业包括为农牧业或城乡人民日常生产生活服务的铁制用具的制造、修理，为工业、运输业服务的零部件加工、修配，以及为弥补工业生产不足而进行的铁矿开采、冶炼。其产

① 《积极发展手工业生产，努力支援工农业建设》，浙江省档案馆藏，档案号：j112 - 004 - 007。
② 《一九五七年供销工作的意见》，浙江省档案馆藏，档案号：j112 - 004 - 002。
③ 《更好地发挥地方工业的作用》，《人民日报》1959 年 6 月 26 日。
④ 《要机动灵活，要面向农村，要勤俭办社》，《人民日报》1957 年 4 月 26 日。
⑤ 《瑞安农械生产社是怎样加强技术管理、提高打稻机质量的》，浙江省档案馆藏，档案号：j112 - 003 - 018。

品主要有：农具及其零件、家具、农产品加工器械、水利工具、交通运输工具、小五金、水暖器材、基建零件，以及与大工业相协调的零部件等。根据 1954 年全国手工业调查材料和各省（市）生产合作组织的年报，全国铁制品行业的年产值约 7.6 亿元，[①] 从业人员 86.1 万人，其中城镇占 40.3%，乡村占 59.7%；已经组织起来的铁业合作社（组）11288 个，社（组）员 231144 人，年产值 20134 万元。在全国铁业生产中，为农业服务的人数占 59.3%，产值占 42.3%；为工业服务的人数占 6.6%，产值占 14.4%；为人民日常生活与其他方面服务的人数占 34.1%，产值占 43.3%。[②]

全国每年生产铁制品所消耗的钢材来源主要有：国家分批划拨，五金公司供应，收购厂矿、城乡居民的废钢铁，以及利用小部分土铁。在"面向基层，为生产服务"的供销方针指导下，虽然浙江省手工业联社在主要原料的计划衔接和平衡供应方面有了不少改进，基本保证了合作社、组的正常生产，如宁波专区 1956 年从上海、安徽等地自行采购废钢铁达 100 吨以上，以弥补国家供应不足，部分缓解了钢铁原料供应不足的困难；嵊县 1~6 月经营土铁 16 万斤，回收废钢铁 3 万多斤，保证了基层社的生产需要。[③] 但是在以"工业第一、交通基建第二、手工业第三"的分配原则下，按产品在国民经济中的作用大小进行分配，很大一部分原料首先满足的是国家工业建设需要，致使无法保证手工业生产的原料需求。在所需原料中，极度短缺的有钢材、生铁、铜、麻、藤片、棕片、桐油、生漆等 20 余种，其中钢材的供给不足情况尤为严重。1956 年手工业改造高潮后，原料需求量骤然增多，而供应量反而急剧减少，造成了生产上的严重困难。虽然 1956 年全国手工业生产联社筹委会组织供应废次钢材 11 万吨，部分省（市）联社、合作社收购城乡居民、工矿企业废钢材 15 万吨，五金公司供给规格钢材（不足）5 万吨，一些地方还利用土铁 5 万吨，但与 1956 年生产所需的钢铁数相比，尚差

---

① 个体手工业只包括铁制品业，手工业合作组织包括铁制品和铁的开采冶炼合作社。

② 《全国重点省市铁木手工业座谈会的报告》，浙江省档案馆藏，档案号：j101 - 006 - 104。

③ 《舟山、宁波专区小组关于供销问题的讨论意见》，浙江省档案馆藏，档案号：j112 - 004 - 002。

10 万余吨。① 国家计委分配给浙江手工业所需要的规格钢材，实际上仅能供应需求计划的 15%，废次钢材也仅为计划的 33%。②

1956 年第三季度以后，钢铁供给更加紧张，全国各地的铁业社停工待料的越来越多，如天津市五金公司钢铁断货严重，8 月份对该市 53 个铁业社调查得知，其中有 44 个社 2559 人已先后停工达 26188 个劳动日，社员收入急剧下降；其中的第七车具社 7 月份每人收入只有 7 元。又如江西省萍乡、宜春等 11 个县、市的采购员联名报告，从 4 月份起他们跑遍了十几个省市没买到一斤钢铁。小农具、日用家具、基建零件大量脱销，广大消费者因此产生不满；而生产社停工待料，社员生活困难，又纷纷要求退社。十几个采购员因无法购买到钢铁，长期吃住在省联社，不敢回去；社员抱怨说："真没用！一斤铁也买不到，如果再买不到铁我们就散伙吧，各找生路！"③ 由于钢铁原料的不足，全国各地春耕农具、灾后重建物资都受到极大的影响。浙江省除了要求省供销合作社暂停向外调运废弃金属等物资外，还积极与省计委及相关单位进行协商，做了以下规定：

> 不属于国家统一分配物资申请范围内的使用单位，所需原料可由手工业管理局、商业厅根据实际需求，相应地调整分配采购数量，并经由各市、县手工业管理部门和工商行政部门分配给使用单位；各使用单位也可按分配数凭证委托供销合作社代购，或自行（向交电公司）采购收购。④

事实上，除少数生产社向国家申请调拨能解决部分原料问题之外，浙江省 90% 以上的社（组）需要依靠五金公司供应，但五金公司 1957

---

① 《请与你省人民委员会联系，增加土铁生产》，浙江省档案馆藏，档案号：j112 - 004 - 014。

② 浙江省手工业需要废次钢铁 33000 吨，而计委分配 6070 吨；省社经理部采购供应 5950 吨，各市、县自行收购及市场供应 3730 吨；浙江省内回收废铁 4863 吨，利用土铁 1700 吨。《一九五七年供销工作的意见》，浙江省档案馆藏，档案号：j112 - 004 - 002。

③ 《请与你省人民委员会联系，增加土铁生产》，浙江省档案馆藏，档案号：j112 - 004 - 014。

④ 《关于手工业用铜问题的批复》，浙江省档案馆藏，档案号：j125 - 010 - 152。

年对市场的供应量也仅有 30 万吨，其本身加工制造工具、铁丝、洋钉、小五金等都还不够用，根本没有把手工业社的原料计划在内。在废次钢材方面，国家也只能提供有限的 5 万吨，加上就地收购的废钢、地方土铁等总计还不到需求量的 50%，尚有 35 万 ~ 40 万吨的缺口。据统计，1957 年铁制品手工业的从业人员约为 29000 人，按每人耗用 1.23 吨（按城乡平均数来计算）计算共需钢铁约 35670 吨。但由于国家钢铁生产赶不上需求增长，除计委分配给计划生产、修理新式农具用的 1200 吨钢材外，其余尚无着落。[①]

至于生铁，由于水车及改良农具任务量大，也无法满足供应。在这种情况下，不少手工业社处于停工待料的状态，这不仅影响了社员生活，更严重地影响了对农民、市民、灾民、移民铁器用品的供应，像潍坊的刨刀、杭州的剪刀、瓜州和扬州的剃头刀剪等这样行销全国、出口海外的"名牌货"，生产原料都无法完全保证。[②]

由于国家社会主义建设事业的发展需要，在相当长一段时期内，原材料的增长速度仍不可能完全满足实际生产的耗用。如 1957 年浙江省手工业所需的钢铁量就比 1956 年实际耗用量增加约 30%，对土铁需求也超过 4000 吨。虽然浙江省手工业联社积极向有关部门争取调拨和采购废次钢材，但实际上仍有约 50% 的原材料需要依赖自行收购解决。[③] 同时，浙江省手工业生产所需要的生产原料，历来大部分是通过本省自行解决或由邻省市场采购的，自从国家对部分原料实行统购统销后，合作社所需的原料，要通过计委统一分配，因此造成了不必要的人为紧张。部分废金属统一上缴国家以后，原供应单位对各自省内的废金属也加强了管理，浙江与上海、安徽等相邻省份之间的原料供销关系中断，致使浙江省手工业生产单位的原料短缺问题更加严重。[④] 原先较为充足的原料，也因为计划安排不当出现了问题。浙江省原是木材产区，但省联社需要

---

① 1956 年浙江省铁业从业人员 27017 人，钢铁实际耗用量为 24315 吨。《请全国总社协助解决炼铁设备的报告》，浙江省档案馆藏，档案号：j112 - 004 - 014。

② 《请与你省人民委员会联系，增加土铁生产》，浙江省档案馆藏，档案号：j112 - 004 - 014。

③ 《一九五七年供销工作的意见》，浙江省档案馆藏，档案号：j112 - 004 - 002。

④ 《关于要求明确杂铜、废铅锡等废金属的供应对象问题的批复》，浙江省档案馆藏，j101 - 008 - 210。

用材时，却不能从省内自行调运，而需通过计委向外省申请调运。① 某些地区由于原料短缺，部分行业为了抢夺原料，出现包购垄断现象，如温州市以钢铁、铜、铅、锡等为原料的行业，为了抢夺废品原料，要求手工业联社只准合作社进行收购，不准他人收购；而如铜、钢铁、锡、化工原料等属于国家统一管理的物资，原先都是由国家计委统一分配的，这就造成手工业合作社和相关管理部门之间的纠纷和矛盾。②

为了缓解原料短缺的问题，弥补国营钢铁工业原料的不足，国家要求各地用土铁炼钢，来换取和调剂钢厂的废次钢材，支持手工业生产。根据手工业的钢铁需求量情况，土铁生产在原有产量的基础上，1957 年增加生铁 10 万吨，熟铁 2 万吨。具体分配如下：山西 3 万吨、湖南 3 万吨、四川 3 万吨、江西 1 万吨、安徽 7000 吨、浙江 4000 吨、福建 5000 吨、河南 2000 吨、湖北 2000 吨。对小规模炼铁生产社，在原有生产基础上提高技术，改进炉灶，以增加产量和改进质量。对规模较大的地方国营、公私合营或生产合作社所属的炼铁厂，在条件适合生产的地区（不破坏育林计划与国家开采计划），增添或改进一部分日产 15～20 吨小高炉 20 座，增添热风设备，以便生产灰生铁和炼钢生铁。这些小高炉建设具体安排是：山西 4 座、湖南 5 座、四川 4 座、江西 2 座、安徽 2 座、浙江 1 座、福建 1 座、河南 1 座。③

但是在炼钢过程中，由于生产技术落后，原料无法正常使用，造成资源的浪费。如江山县政棠乡不仅有储量较为丰富、品质较好的煤矿，而且交通便利，矿区离浙赣铁路只有 5 公里。但是后期加工方式简单、落后，使得所生产的焦煤、无烟煤等产品的质量较差，难以满足炼钢要求。④

---

① 《一九五七年供销工作的意见》，浙江省档案馆藏，档案号：j112 - 004 - 002。

② 《关于手工业生产合作社的产品销售价格及经营形式上有关问题的通知》，浙江省档案馆藏，档案号：j009 - 002 - 004。

③ 《请与你省人民委员会联系，增加土铁生产》，浙江省档案馆藏，档案号：j112 - 004 - 014。

④ 白煤每蓬（挖煤的生产单位，也是盈亏的计算单位）的平均产量是 96.35 吨，烟煤每蓬的平均产量为 60.34 吨。白煤适用于家庭燃料；烟煤既可作为火车、打铁、发电的燃料，又可以作为炼焦煤的原料，价格相对较高。《江山县政棠乡煤业生产情况调查报告（草案）》，浙江省档案馆藏，档案号：j112 - 003 - 030。

　　为了弥补钢铁数量不足，浙江省还重新恢复了之前被逐渐淘汰的土铁生产。浙江省土铁生产的历史悠久，资源也相对较为丰富，具备土铁生产所需的各种良好条件，如桐乡炉头镇，明清以来就是江南地区最大的铁器制造中心，"浙西冶业，为此一处，大场专铸铁釜，别有小炉数家，铸铁、锅"，这个镇虽南北不及一里，但大族沈姓聚居并以冶业致富，广厚连云，盖藏甚富。[①] 但总的来讲，浙江省内所制造的铁器基本仅能满足当地日常生产生活所需。20 世纪 30 年代，浙江余姚人和冶炼作坊与富阳协盛昌镀厂土法生产铁锅、犁头等器具（所用生铁具系购入），平均加工铁 1 担，需木炭 2.32 担及煤 1.8 斤。据其时价将煤折为木炭，共为木炭 2.34 担。依此燃耗比例，加工铁 0.69 万 ~ 2.11 万吨，当用木炭 1.61 万 ~ 4.94 万担。[②] 新中国成立后，随着大量钢材供应市场，钢铁具有质优价廉、使用方便的优点，土铁销售受到排挤，大量积压，生产不得不停顿。

　　浙江的土铁产区有温州专区的云和、青田、永嘉、平阳；金华专区的缙云、遂昌、松阳、宣平[③]；宁波地区的临海、嵊县、三门等。据统计，1956 年浙江省土铁从业人员约 834 人（其中农副业生产 290 人），熔炉 74 座，炼铁炉 68 座。实际生产量约为 2700 吨，比 1955 年增长 50.76%[④]，为了进一步满足钢铁原料的需求，要求 1957 年在原先的生产基础上通过改进设备，提高质量、降低成本，使 21 个主要产区（包括手工业社及农副业生产在内）的土铁产量达到 7000 吨。

表 6 – 7　1957 年浙江省土铁生产计划

单位：吨

宁波地区		温州地区		金华地区		建德地区	
嵊县	550	瑞安	200	缙云	200	寿昌	230

①　光绪《桐庐县志》卷 7《市镇》。
②　邱亮辉：《中国近代冶金技术落后原因初探》，《自然辩证法通讯》1983 年第 2 期，转引自李伯重《明清江南工农业生产中的燃料问题》，《中国社会经济史研究》1984 年第 4 期。
③　此处为当时的行政区域。
④　《关于下达省手工业一九五六年年度计划（草案）的说明》，浙江省档案馆藏，档案号：j112 – 003 – 005。

续表

宁波地区		温州地区		金华地区		建德地区	
奉化	110	永嘉	885	遂昌	350		
三门	200	乐清	100	松阳	160		
临海	800	云和	1250	东阳	70		
上虞	60	青田	600	宣平	220		
新昌	50	泰顺	250				
		平阳	500				
		文成	165				
总计	1770	总计	4000	总计	1000	总计	230

注：数据包括农民兼营手工业。

资料来源：《关于恢复和增产土铁生产的报告》，浙江省档案馆藏，档案号：j112 - 004 - 014。

在积极恢复原先土炉进行生产的同时，为了减轻国家原料供应的负担，并将部分多余的土铁通过与钢厂换购钢材的方式缓解合作社原料短缺的困难，在原有的技术设备基础上进一步挖掘内部潜力（从原先日产2～3吨提高至5～10吨），浙江省手工业联社从上交基金和业务资金中抽出10万余元对重点产区进行了技术改造，使1957年土铁产量进一步提高，达到12000吨。但同时，铁砂和木炭收购季节性大，而铁业社资金短少，因此，要备足炼铁所需原料有一定难度。浙江省各地区需要准备用于原料的资金约42万元，除向销售单位协商，垫付部分订货资金外，其余绝大部分需要向银行贷款，这无疑增加了银行资金压力。表6－8是1957年中国人民银行给予浙江省各地区短期贷款的分配方案。

表6－8　1957年浙江省土铁生产贷款分配方案

单位：元

宁波地区		温州地区		金华地区	
嵊县	24300	瑞安	8900	缙云	44300
奉化	4900	永嘉	39200	遂昌	8900
三门	8900	乐清	4400	松阳	15500
临海	35400	云和	55400	东阳	3100
上虞	2600	青田	26600	宣平	9700

续表

宁波地区		温州地区		金华地区	
新昌	2200	丽水	2200		
		泰顺	11200		
		平阳	22200		
		文成	7300		
总计	78300	总计	177400	总计	81500

资料来源：《关于恢复和增产土铁生产的报告》，浙江省档案馆藏，档案号：j112－004－014。

　　虽然通过改进熔炉样式、使用水力或机械鼓风等方式，能提高产量、降低原料耗用率，但是除平阳、青田两县1956年改用木炭引擎拖风箱鼓风，三门、云和使用水力鼓风外，其余各县均还是使用技术落后的人力鼓风，冶炼方法系土炉子手工操作，因而产量低、质量差、原料耗用率大、成本高；① 同时浙江省的木炭资源不够丰富，在供应上存在着一定困难。② 由于有些地方片面、盲目地追求木炭产量，随意砍伐树木、浪费资源，造成水土流失，生态破坏。另外，冶炼土铁劳动强度很大，要求按重体力劳动标准供应粮食（每人每月50～55斤），因而造成粮食消耗量增加，如永嘉县炼铁社每月供应社员30斤口粮，社员普遍反映吃不饱。③

　　对生产资料短缺的浙江省来说，单纯依靠自身的力量，要完成扩大再生产的工业化发展，显然是力不从心的。高密度的人口使人均资源占

① 云和县原先使用人力鼓风，每台熔炉日产700斤，每百斤土生铁耗用木炭310斤，铁砂200斤，1956年改为水力鼓风后，每台熔炉日产量提高至1600～2000斤，每百斤土生铁耗用木炭降为230斤。《关于恢复和增产土铁生产的报告》，浙江省档案馆藏，档案号：j112－004－014。

② 若以每百斤土铁需要耗用木炭300斤的定额来计算，浙江省要完成1957年生产12000吨土铁的计划，即需要木炭36000吨。《布置一九五七年土铁生产任务的通知》，浙江省档案馆藏，档案号：j112－004－020。

③ 《关于恢复和增产土铁生产的报告》，浙江省档案馆藏，档案号：j112－004－014。同样的情况在其他行业也普遍存在，如造纸业，手工纸生产者劳动强度大，每天的工作时间长达14～15小时，每月粮食实际耗用量一般45～60市斤，削竹腌料时甚至要每月70市斤，而实际供应粮食量只有30～40市斤。萧山县光明造纸社因社员吃不饱而被迫停止生产，到外地用高过正常市价一倍多的价格向农民采购黑市粮。《关于浙江省一九五七年手工纸、纸浆生产安排会议的报告》，浙江省档案馆藏，档案号：j112－004－016。

有率进一步降低，而为了完成国家布置下来的任务，盲目地开矿挖山、毁坏森林，引起严重的资源消耗和环境灾难。秦晖认为："开始初级工业化的国家的大宗产品供给会与大宗原料需求同步增加，但如果它是与还没有初级工业化的传统农业国进行贸易，则它的大宗原料需求会比大宗产品供给更容易实现。"① 在面对经济封锁的国际大背景下，中国通过国际贸易来获取工业化所需的原料是不太可能的。因此，国家只能依赖高投入、低产出的资源密集型发展来实现经济短期的快速增长。但自然资源是不可能无限制地攫取的。同时，生产技术在短期内又无法快速提高，致使原料利用率低下，如上述钢铁冶炼业中，受生产技术水平的制约，不管是生产效率还是产品质量，都远远无法满足工业的正常要求，其结果既造成资源的极大浪费，又使经济发展陷入恶性循环之中。

---

① 秦晖：《谁，面向哪个东方？——评弗兰克〈重新面向东方〉，兼论"西方中心论"问题》，《开放时代》2001 年第 8 期。

第七章　传承与延续：手工业的调整和发展

在手工业合作化中，大部分行业不仅产量得到普遍提高，而且产品质量和规格有所改进，有些行业为了适应市场需要，还增添了新的花色品种。但是手工业中也存在着一些问题，尤其是一些特种手工艺生产，由于需求减少且未进行保护、传承，行业不断萎缩，品种日渐减少。从整体上看，合作社之所以出现生产混乱的现象，大多是由于脱离和违背原先个体经营时那套行之有效的制度。改造个体手工业私有制的生产关系和处理个体手工业的经营管理制度，是完全不同性质的。但是在对个体手工业进行社会主义改造时，却将其经营管理制度不加区别地一律否定。生产关系发生变化之后，固然不能一成不变地沿用原先个体手工业的管理制度，但是手工业从小生产发展成大生产，需要一个调整和适应的过程。在国家的组织和引导下，合作社遵照国营工厂的模式，逐步建立起新的经营管理制度，为乡镇企业的蓬勃发展奠定了基础。

第一节　"土工程师"① 与生产技术

手工业生产是技术性的，尤其是特种工艺品的生产技艺更为高超，这是中国劳动人民的智慧结晶。如杭州剪刀，历史悠久，产品精巧，是全国著名的传统手工艺品。师徒关系则是培养手工业的后起新生力量、传授和交流手工业生产技术的基本制度。这是千百年以来经过不断完善形成的、被生产实践充分证明了的行之有效的方法，具有一定的稳定性、可持续性。但是中国手工业的发展也受到诸多束缚，影响着技艺的传承。一方面，传统手工业者大多工具简陋、资金缺乏，受商业资本的残酷剥削，无力扩大经营和添购新器械工具。另一方面，手工业者亦通过陈规陋习来剥削工人、学徒，师徒、劳资、雇佣关系较为紧张。有些学徒进店两三年，学不到技术，给老板打杂工，砍柴、烧饭、洗衣服，无所不

① "土工程师"指手工业师傅。

干，稍不如意还要随时受到打骂。如剪刀业的学徒三年满师后，还要在本灶当几个月的"三肩"才开始有月规；等升为"下手"后，才可以分拆工资。"三肩"要另换炉灶工作，如未经师傅介绍，对方则不能雇用。学徒期间每日工作时间一般在 16 个小时以上，三年的津贴为 300 斤稻谷。[①] 这使得手工业生产技术墨守成规、故步自封，甚至遇有特殊经验方法时，即视为秘传。如手工造纸技术，数百年来几无改进；景德镇的瓷器，北京若干手工艺品，质量反较前退步。过去虽亦曾有不少人试图改良手工业技术，但其结果大多是失败的。[②] 新中国成立以后，在政府的教育和工会的监督下，长期存在的不合理的封建欺压、凌辱行为虽已大为减少，在改变原有生产关系的基础上，手工业品产量提高，生产技术也有了较快发展，但是在培养青年工人、对待老艺人等方面，还存在着一些问题。

在手工业合作化过程中，大部分合作社（组）都停止了学徒的招收，致使青年工人技术水平日渐下降，特别是许多特种手工艺，需要有一定的技艺，而这些技艺都是千百年来依靠师徒传承形式一代一代流传下来的，因此，老手工艺者普遍感到后继无人，甚至有人亡艺绝之虑。即使一小部分合作社（组）还保持着各种不同形式的师徒关系，但在实际生产中，学徒为了能提早转为一般工人，不顾技术掌握与否；学徒满师后，只初步学会了单项工艺或一个工种的操作，而不能进行整个过程的操作。有些社在学徒培养方面，只是带他们把全部生产工序简单"看一遍"，然后即分到各工种（小组）中去，因而大多数学徒都对生产技术一知半解，正如学徒自己说的"看看会"，只学会了一个工种的技术，而不能制作完整的器物，这给合作社劳动力的安排与调配增加了困难。有的社（组）虽然对学习期限做了规定，但规定并不能保证学徒学到一定的技术。如杭州市绸伞社总共有十三道工序，59 个青年工人中有 31 个只会一道工序，有 24 个人只能做两道工序，而会做九道工序的就只有 1 人，一旦出现个别社员有事，就只能依靠几名脱产干部（有全面技术）来平衡工序之间的生产。[③] 另外，在生活津贴方面，绝大多数社（组）并没有

① 《杭州市手工业情况调查报告（初稿）》，杭州市档案馆藏，档案号：j001 - 009 - 038。
② 《论手工业生产的方向》，《人民日报》1950 年 5 月 19 日。
③ 《关于改进手工业生产合作社组中学徒制度的意见》，浙江省档案馆藏，档案号：j112 - 004 - 035。

按技术熟练程度、学习时间等进行相应的调整，影响了他们的学习积极性。① 对带徒弟的老师傅，不少合作社没有给予合理的报酬，因而不能发挥老师傅传授技术的积极性。如 1956 年诸暨城关铁器社的一个学徒，学了三个月只会打榔头，每月收入是 26 元，而一般的老师傅每月收入也不过四五十元；同期杭州市学徒津贴最低也有 12 元，一般为 18～20 元，高的有 36 元，因此，学徒等着期满后拿更高的工资，不积极学习技术。② 有些地区不考虑行业特点，采用计件工资制，严重影响了手工业者的生产积极性。如乐清黄杨木雕艺人叶某某说："过去采取按月固定工资，技术好的每月才拿 80 元；实行计件工资制度后，技术差的乙级工、丙级工，反而拿到 100 多元，大家追求产量，不重质量及技艺钻研。"③ 有的社员甚至说："工资收入多就是有技术本领。"④

有些合作社（组）对学徒工的组织管理较为松懈，学徒缺乏对老师傅的尊重，如杭州市车木社，学徒在生产中出了次品，老师傅热心传授改进技术，学徒不但不接受，反而讽刺说，"次品还不是同样卖钞票"，"千年桥栏杆，反正也当不了古董卖"。有的学徒认为："过去一直被老师傅'呼来唤去'地干活，现在可要反过来了。"以前下班之后学徒负责的扫场地、关店门等日常工作，全由老师傅去干。老师傅抱怨说，"现在的学徒是小少爷"，"青年同志说说理论有一套，要讲技术是办不到"。有些基层干部因政策认识不清，将师徒之间的同志关系，误解为要将技术教学关系随封建陋习一起抛弃。当师徒之间发生争执时，未对青工和学徒提出批评教育，反而带有偏向性地排挤老师傅，"解放了要反对封建虐待，现在起要做就做，不做可推给老师傅去"⑤，这样更恶化了师徒关系。老师傅不敢随便讲话，只顾自己埋头生产，传授技术的积极性亦日

---

① 《关于手工业合作社生产管理和师徒关系问题的典型介绍》，浙江省档案馆藏，档案号：j112 - 004 - 002。
② 《关于改进手工业生产合作社组中学徒制度的意见》，浙江省档案馆藏，档案号：j112 - 004 - 035。
③ 《浙江手工艺存在哪些问题（全省老艺人座谈会发言札记）（一）》，浙江省档案馆藏，档案号：j112 - 004 - 028。
④ 《关于上报省工艺座谈会的准备资料》，浙江省档案馆藏，档案号：j112 - 004 - 028。
⑤ 《中共上城区委关于手工业剪刀业调查情况及今后意见的报告》，资料来源：杭州市档案馆藏，档案号：j001 - 009 - 038。

渐淡薄，认为："没有进账（教技术无报酬），何苦自找没趣。"① 师徒关系之间的矛盾，使技艺传授受到影响。学艺未精的学徒工硬着头皮贸然去生产，结果造成大批次品积压，原材料浪费严重。

此外，有些合作社在工作中对老艺人态度生硬，生活上不够照顾，造成关系紧张，如1954年东阳竹编社开成立大会时，老艺人杜某某外出购买樟木，没有参加大会（当时其他部分社员也没有参加），结果县委的干部对他进行直接批评："……骄傲自满，锦标主义，有中央的锦标挂，就认为光荣……"致使社内的其他社员对干部的粗暴态度表示不满，老艺人黄某某认为"这样的批评好像开公审大会"。有些地区由于合作社的领导来自部队，不仅在组织领导上采取军事化管理，而且对艺人的言语苛刻，使他们难以接受。如嵊县竹编社为了统一社员的思想，要求老少艺人行动保持一致，工作时间稍迟一些就要挨训。有些地方在安排老艺人的工作上，没有发挥其在培养教育新人方面的优势，使得部分老艺人忙于行政事务，没有时间投入创作和传授技艺，如黄岩县翻簧社的老艺人每天忙于开会和料理行政事务，没有充裕时间参加生产，一月只能抽出十天进行创作。②

上述问题给部分合作社带来了消极影响。如有些合作社中断师徒关系后，由还未满师的学徒单独生产，结果产品质量低劣，销售困难，同时还浪费了原材料。某些行业的技艺面临着"失传"，据1956年杭州市锦绣、骨扇、石刻、木刻等特种手艺社的统计，社员的年龄均在45岁以上，由于无法收徒传授技艺，日常生产一度中断，无法正常运转；又如杭县城关镇铁器社，在合作化中未培养过一名钳工，铁器社8个炉灶的8个钳工的年龄都在50岁以上，钳工中如有一人不能参加生产，则这个炉灶的协作人员就要停工。这种情况若长期持续下去，不仅影响生产，而且有"人亡艺绝，绝技失传"的危险。③

除师徒关系外，学徒自身文化程度不高也影响了手工业生产的发展。

---

① 《关于改进手工业生产合作社组中学徒制度的意见》，浙江省档案馆藏，档案号：j112 - 004 - 035。

② 《浙江手工艺存在哪些问题（全省老艺人座谈会发言札记）（一）》，浙江省档案馆藏，档案号：j112 - 004 - 028。

③ 《关于改进手工业生产合作社组中学徒制度的意见》，浙江省档案馆藏，档案号：j112 - 004 - 035。

文盲、半文盲的学徒工为数众多，根据对杭州市丝织联社所属 18 个社 225 名青年织工的统计，第一类技工（会拆装修理机器）的 20 人，第二类技工（会简单进行操作）146 人，第三类（只能进行辅助生产）96 人，大部分青年由于技术低而无法完成工作计划。木器社实行个人计件制后，许多青年都不会单独操作；竹器社编茶篓技术高的一天能编织 40 只，而许多青年一天只能编织 25 只，青年中能够劈篾的就更少了。①

　　国营工厂在学徒培养上学习时间较短、内容较少。学徒学习时间一般不满一年，最少的一个月，他们只需熟练地掌握机器的使用和工序上的协作生产即可。手工业则不然，它有其特殊性。合作化高潮后，在产品供不应求的情况下，有的合作社将家庭工、学徒工全部转为正式工人，来增加产量。其结果是质量不堪检查，问题颇多。特别是在推广流水操作阶段，质量下降尤其明显，杭州市剪刀业 1955 年次品率是 1.8% 左右，1956 年次品率达到 2.91%。② 将部分体力劳动繁重的工序改成了机械化或半机械化生产，固然能够提高生产效率，但合作社领导大多对"超额完成生产任务"兴趣较大，怕"延期交货"吃罚金的思想较为突出，对提高生产技术缺乏兴趣。在此情况下，青工和学徒学习技术的氛围就更淡薄了，很少有社员会主动钻研技术。上述情况在丝织、棉织、油漆、花竹、竹器等行业同样普遍存在。

　　与国营工厂相比，在学徒文化水平不高、生产条件有限的情况下，除棉纺、丝织、铁器等行业外，建立在师徒关系上的技术传授是提高生产效率和改进产品质量更为切实可行的办法。因此，浙江省手工业管理局要求各地合作社（组）重新恢复和建立学徒的培养工作。在培养过程中，一方面，针对学徒要求"高待遇"，同师傅讲"绝对平等""闹对抗"的情况，对他们进行"尊师重教"的思想教育，端正其学习态度，听从师傅在生产中的指导和分配；另一方面，要求师傅克服保守思想，改变以往随意打骂徒弟的陋习，以"教得好、教得快、教得全"为目标，不断提高徒弟的技术水平。③

---

① 《第四季度手工业团的工作初步意见》，杭州市档案馆藏，档案号：j126 - 001 - 188。
② 《关于手工业合作社分配工作的意见（草稿）》，杭州市档案馆藏，档案号：j054 - 001 - 041。
③ 《关于手工业合作化后的任务和工作问题》，《人民日报》1957 年 12 月 18 日。

　　一般合作社（组）建立师徒关系的形式主要包括以下几种。（1）基于老师傅政治积极性所实行的师徒关系。（2）实行"以社为师"的师徒关系。由社收取其劳动报酬，没有一个固定师傅，全体社员都可以作为师傅。（3）采取传统固定式的师徒关系。它基本上继承和保留了原先的师徒制度，学徒为师傅打下手，师傅教学徒技术。学徒的生活开支由师傅负担，而学徒协助师傅所获得的劳动产出作为师傅的报酬；产品质量由师傅向合作社负责，合作社按质量要求付给师傅规定的工资等。

　　在合作社实行的师徒制度中，没有物质保证的师徒关系是很容易解体的。特别是在平均主义的工资制度下，技艺高超的师傅会出现懈怠情绪。师傅教授技艺是一项重要的劳动，只有提供相当的报酬，师傅才愿意带徒弟。

　　一般而言，当农户或生产队需要服务时，直接到合作社来，合作社派师傅前往做工。报酬是由社员和农户协商决定的，通常都比合作社要高。但是当时手工业者去农村还是很复杂的，不是手艺好就有农户找你做，很多时候要靠私人关系。有些底分低的社员去农村给人做农具，完成不了时就需要请底分高的师傅一起去，底分高的师傅按照其正常报酬收取当日工资。如当日农户和底分低的社员商定 1.2 元/天，结果完成不了，那么就需要请一个师傅（1.5 元/天）来帮忙。底分低的社员要在自己 1.2 元/天的工资基础上，再贴上 0.3 元，而这 0.3 元是从这个底分低的社员那里抽取的。一般而言，社员去农村给人做工时都会带个新手徒弟，农户按照社员的工资给予双倍的报酬，比如社员的工资是 1.2 元/天，那农户就需要付给社员 2.4 元/天，农户给的活是两个人的活。师傅给徒弟正常的学徒工资，其他的归师傅所有。①

　　有的合作社对具有特种生产技术的师傅，以及生产上负重要技术责任、对生产有特殊贡献的技术人员，除了按照其技术情况合理评定工资外，还根据生产需要和合作社经济情况，发给相当其基本工资 5% ~ 20% 的技术津贴。② 对于国家而言，更希望采取第（1）、第（2）种形式，这样可以避免发生师傅随意支配学徒的情况，充分体现社会主义制

---

① 《对手工业者徐永煌的口述记录》，记录时间：2018 年 9 月，详见附录 C。
② 《关于手工业合作社分配工作的意见（草稿）》，杭州市档案馆藏，档案号：j054 - 001 - 041。

度的优越性。但对于师傅来说，第（3）种由师傅负责学徒生活，学徒协助师傅做工的劳动报酬为师傅所有的形式，更能刺激其传授技术的积极性。

生产技术的传授是长期性的，师徒关系因此必须具有固定形式，以社带徒的方法易流于无人负责的情况。因此，为了提高技术水平，以利于手工业生产，满足国家及人民需要，政府要求手工业结合各行业的情况和特点，订立师徒合同。

服装业×××师徒合同

1. 师徒双方均以教好、学好技术为光荣。师傅保证耐心教导技术，态度温和诚恳，做到"心到""手到""嘴到"，学徒保证努力学习技术，做到"虚心""专心""有信心"，达到在学期内学会做布制服等较完整的技术，并争取学习做棉衣与毛制品。

2. 学徒自觉遵守劳动纪律，工作时间内不随便外出游玩；师傅因事外出时，学徒应协助照顾业务。

3. 师傅爱护学徒，尽量给以学习技术的机会，少差学徒做与生产完全无关的杂活，并积极支持学徒在业余时间的政治与文化活动。

4. 学徒帮助师傅做好有关生产的杂活（如上落牌门、整理工具、扫地等）。

5. 工资与月规应按每月十五日、月底两次发清。如有特殊情况，由双方以团结互助精神协商解决之。

6. 学徒满师后，根据本店生产需要及双方自愿，可留店继续工作，工资按技术程度另行协商；如店内确不需要用人时，师傅应本团结互助精神，根据旧有习惯帮助学徒就业。[①]

事实上，一些合作社（组）通过改善师徒关系，生产效率得到明显提高，如温州市机械社采取包教包学的方式，让一个老社员带一个新社员，通过技术指导、操作示范等方法，使新社员快速地掌握生产技术；并且在传授过程中，师徒双方相互配合，不断改进生产工具，尝试新的

---

① 《胜兴服装店典型户工作小结》，杭州市档案馆藏，档案号：j001-009-038。

操作方法。① 部分合作社（组）为了提高师傅传授技术、徒弟学习技术的积极性，在给予师傅一定的额外报酬（此项报酬从学徒协助师傅的劳动收入中取得，或者由合作社支付）的同时，逐步提高学徒的生活津贴。如有的合作社规定，如果师傅津贴是合作社支付的，学徒津贴也由社方支付；如果师傅在学徒辅助劳动收入中获得报酬，则需从所得报酬中抽出一部分给学徒作为津贴。② 为了使学徒充分掌握技术，一些合作社还制定了满师条件和一般的学习期限，有的社在满师条件中规定"学徒必须学会整个过程的操作"，如乐清县黄杨木雕美术生产合作社规定，学徒学艺必须满一年，如有需要可以延长时间；同时师徒之间必须签订包教包学的合同，并在带徒方面开展竞赛活动，从而保证学徒的学习进度和质量。③

对于手工艺行业来说，它既包括满足社会需求的部分，又含有艺术创造的部分，因此，在生产操作方法、产品多样性、产品评价、日常业务经营管理以及艺人思想状况等方面，与一般的手工行业相比，都有其特殊的一面。如不加以区别，在生产上会出现盲目追求产量，忽视对作品技术、题材、质量等的钻研，致使题材内容贫乏，花色品种陈旧以及产品粗制滥造。④ 为此，1956 年 3 月 5 日，毛泽东在听取国务院有关部门汇报手工业工作情况时，要求各地在提升工艺美术品水平的基础上，继续生产王麻子、张小泉等著名手工业品，并相应保护杨士惠⑤这样的民间老艺人。⑥ 工艺美术制品除某些生产工具和个别工序，为了减轻繁重的体力劳动，需要进行技术革新外，手工操作的生产方式将会长期保存下来。作为传承性文化，它不单单只是简单的商品，更重要的是，它凝聚着几

---

① 《关于打稻机生产专业会议的情况报告》，浙江省档案馆藏，档案号：j112 - 003 - 018。

② 《关于手工业合作社生产管理和师徒关系问题的典型介绍》，浙江省档案馆藏，档案号：j112 - 004 - 002。

③ 《关于上报省工艺座谈会的准备资料》，浙江省档案馆藏，档案号：j112 - 004 - 028。

④ 《浙江工艺美术基本情况与今后工作意见》，浙江省档案馆藏，档案号：j112 - 004 - 028。

⑤ 杨士惠（1911.12—1987.11）：出身于北京老手工艺人世家。祖父杨启海、叔祖父杨启元，都是木雕、牙雕行业的雕刻能手。杨士惠 12 岁时随叔祖父杨启元学木雕，14 岁又拜曹斌、刘德良为师，改学牙雕。17 岁即独立创作了第一件立雕作品《猫蝶富贵花篮》。1942 年创作《蝈蝈白菜》一举成名。

⑥ 中共中央文献研究室编《毛泽东年谱（1949—1976）》（修订本），中央文献出版社，2013，第 542 页。

百年甚至几千年以来手工艺人智慧的结晶。盲目地用机器设备去批量生产，虽然能增加产量，但是对于这项技艺性较高的行业，大规模的机器采用会如前述那样，不仅导致学徒技艺水平的下降，甚至可能造成"人亡艺绝"的后果。师傅的创作技巧、设计理念等，是无法用金钱来衡量的。因此，大部分手工业经过技术革命，可以逐步发展成机械化工业，弥补国营大工业机器设备生产的不足；[①] 但还有一部分手工业仍旧需要继续保存下去，这就是机械化、半机械化与手工业之间矛盾中的统一。

第二节　所有制的转变

手工业作为国营工业的有力助手，一方面，发挥小而灵活、产品多样的特点，弥补国营工业生产不足；另一方面，在国家的帮助下，向半机械化、机械化方向发展，努力提高劳动生产率。在手工业社会主义改造高潮之后，国家根据社会供需关系、国民经济发展情况以及人民消费习惯，将部分集体所有制的合作社转为全民所有制的国营工厂，使生产关系逐步适合生产力发展的要求。

（一）适应形势发展要求

手工业从小生产发展成大生产，是一个重要的过程。除一小部分特种手工艺不能实现机械化生产外，大部分行业可以被机器工业逐步代替。机器工业替代手工业的方法主要有两种：一种是通过合作化的道路，逐步实现半机械化和机械化；另一种是部分行业逐步被淘汰，社员全部转到国营工业。

1. 技术改造已达到国营工厂的要求

手工业社会主义改造的目的是发展生产力，不仅要增加产品数量和花色品种，还必须提高产品质量。这就要求一方面积极引导生产小组、供销生产社向高级形式的手工业生产合作社过渡，逐步适应国家社会主义工业化建设，配合农业、资本主义工商业的社会主义改造；另一方面，在合作化基础上，开展对手工业的技术改造，逐步实现半机械化、机械

---

① 《手工业要进行技术革命——大部分手工业应向半机械化机械化发展》，《人民日报》1958 年 5 月 24 日。

化生产，从根本上改变手工业生产的落后状态。

在合作化高潮后，大部分行业产品出现供不应求的情况，生产业务比过去增多，分散零星的加工解决不了人民群众物资短缺的问题。因此，为了尽可能提高生产效率，弥补工业生产不足，国家对手工业提出新的要求：生产过程比较复杂、技术性高、协作性大，且以制造性为主的行业，如果领导骨干、厂房、设备等条件成熟，可以进行集中生产，以便于更好地分工合作，提高劳动生产率，为实现半机械化、机械化生产创造条件；如果条件不够，或者行业中辅助劳动力较多，集中生产后一时不好安排的，或者产品零星多样，协作性比较小的，也可以按工序、按品种逐步小规模地集中或暂时分散生产。① 因此，一些协作关系较为密切的行业，尝试通过转厂或并社的方式逐步过渡到机械化生产。对铁器业而言，机械化、半机械化程度发展较快，部分合作社不但在规模上比刚组织时扩大了不少，而且质量也有了明显的提升。如金华市机械修造社 1954 年底由个体铁业劳动者组织成立铁工修理小组，1956 年初转为合作社时仅有 18 人，股金 2700 元；1957 年上半年吸收了整个市的修理铁工，全社人员达到 39 人，比成立之初增加 116.7%，其中正式社员 31人。股金达 41200 元（其中固定资金 11500 元，流动资金 29700 元），比成立时增加 14 倍以上，另外市联社投入 10000 元用于扩建厂房。该社除能够承担汽车、抽水机、拖拉机等修理任务外，还能制造桥梁支架、喷粉机等 8 种新产品。② 铁器合作社与国营工业具备潜在的协作关系，国营工业一般以制造大型机械产品为主，而手工业则更易生产简单便捷的铁制农具和机械零部件，若彼此之间加强分工协作，有助于更好地提高生产效率，服务广大人民群众。

手工业合作社转厂的意义主要体现在两个方面。

（1）根据手工业生产能力和实际情况，选取技术性较强的行业进行改造，提高机械化、半机械化生产水平，进而向现代化工业发展。如杭州市手工业具有较强集中性的丝织、棉被、服装、木器家具、竹器五个行业的从业人数即占全市手工业从业人数的 46%。手工业组织起来以

---

① 《关于整顿集中生产与分散生产的意见》，杭州市档案馆馆藏，档案号：j054 - 001 - 040。
② 《关于改进机修社为市联社直属工厂方案》，浙江省档案馆馆藏，档案号：j112 - 004 -
　　034。

后，部分合作社通过学习国营工厂，逐步建立健全各种管理制度，不仅节省了生产原料和日常开销，而且提高了劳动生产率。对于行业内先进经验的推广，起到了很好的示范效应。

表 7 - 1 1955 年杭州市手工业个体户和合作社（组）每人平均年产值对比

行业	个体户每人平均年产值（元）	社（组）每人平均年产值（元）	合作社（组）比个体户提高比例（%）
织绸	2389	3322	39.05
棉布	2787	4307	54.54
铁器	831	1689	103.25
木器家具	804	1533	90.67
竹器	516	860	66.67
服装	2339	4658	99.14

资料来源：《关于杭州市手工业生产基本情况报告（草案）》，杭州市档案馆藏，档案号：j054 - 001 - 027。

（2）根据经济形式的改组，进一步发挥技术核心作用，达到有利于生产和为群众服务的目的。合作社成立初期经济基础较为薄弱，需要国家帮助。国家将替换下来的旧机器和公私合营并厂后多余的机器、厂房，低价拨给合作社，帮助合作社实现半机械化、机械化生产。在手工业系统中，这些合作社的器械修配技术相对较高，不仅能承担起为基层社修配各种工具和动力机械的工作，还可以指导和培养有关的修配工人，特别是能够培育动力引擎和农业机械修配方面的技术力量。

2. 适应市场需求的变化

人民生活水平逐步提高，以及国内外市场需求的增加，都对手工业品的数量与质量提出了更高的要求。如刺绣、花边等长期以来一直深受国外欢迎的产品，通过贸易洽谈会、物资展览会等形式，客户争相购买，需求量大幅增加。但由于货源紧张，客户的订购要求难以得到满足。又如温州刺绣划归丝绸公司后，一直要求扩大生产规模，但是组织发展进度很慢，产量始终没有显著提高。[①] 在政府的指导和安排下，一些原先

---

① 《关于温州市手工业生产合作总社所属两个刺绣社领导问题的报告》，浙江省档案馆藏，档案号：j112 - 004 - 040。

因产品质量下降、销路不畅而日渐衰退的行业，重新获得了恢复和发展。这些行业不仅在工具设备和操作技术方面有了改进和提高，开始运用自动扡边机、卷轴机等半机械化设备，还试制了一些新品种，以适应广大人民群众物质生活水平提高的需求。

这些行业涉及的合作社转为地方国营工厂后，供产销一般可以继续保持正常，且有一定的利润，是国家投资少、收益好的企业。在满足国内消费需求基础上，还可以通过出口创汇支援现代化建设。如永嘉县草席生产合作社，原有设备条件较为完整，只需由国家投资或银行贷款 4 万元即可适当进行扩建，年产值可达到 655763.68 元，以 15% 的利润率计算全年利润达 98364.55 元。① 从整体上看，从事农副业的手工业者的生产技术较为娴熟，在生产工具上大多使用成本低、便于操作的木制半自动工具；通过合理调配工人进行精细化生产，能够获得较高的利润。有的合作社从国营工厂引进淘汰的动力设备后，以自动化机械操作代替原来的木制半自动工具手工操作，产品质量和生产效率不断得到提高。

（二）合作社转厂的动因分析

手工业合作社组织起来后，在国家的领导和国营企业的大力扶持下，生产有了较快发展，资金积累不断增多，大部分手工业社的经济基础逐步稳固，这为转为地方国营企业打下基础。但在集体所有制的合作社内也产生了新的问题，主要表现在合作社的供产销关系、集体收入（积累）与社员个人收入（工资）之间的收入分配等方面。其具体表现在以下几个方面。

1. 社员对提高经济利益的要求。随着人民生活水平的提高，以及各地基建项目的增加，手工业整体处于快速发展状态。部分合作社积累多、利润高，社员收入也随之提高，根据杭州市 1956 年 8 月对丝织、棉织、剪刀、油布、纸伞等行业 12 个社、557 名社员的调查，70% 的社员收入比入社前增加。全市手工业合作社从业人员 1956 年上半年平均工资比 1955 年同期提高 5%。② 其中杭州制钉社 1956 年积累达到 16 万元以上，

---

① 《永嘉县草席生产合作社转为地方国营企业初步方案》，浙江省档案馆藏，档案号：j112 - 004 - 034。

② 《杭州市手工业生产合作社（组）调整工资意见（初稿）》，杭州市档案馆藏，档案号：j054 - 002 - 025。

按照"先工资、次福利救济、再积累"的原则进行分配后，全社性的工资提高幅度为 20%～30%，最高的甚至达 100% 以上，社员生活福利、劳动条件得到不小的改善。[①] 一般来说，手工业合作社工资水平的高低由生产发展水平决定。个别合作社的劳动生产率比地方国营企业高，社员收入也相应稍高一些。小集镇和农村手工业社的工资水平也略高于农民收入。但是由于手工业行业多、生产设备和技术条件不同，合作社的组织形式和经营管理水平也参差不齐，总体上手工业合作社的工资水平低于国营企业。[②]

表 7 - 2　1955 年杭州市手工业合作社（组）工资水平与其他部门对比

手工业合作社（组）工资水平	地方国营工厂工资水平	新公私合营工厂工资水平	老公私合营工厂工资水平	供销合作社工资水平	建筑业工资水平
35 元	46.37 元	48.42 元	45.57 元	41.73 元	42.26 元

注：（1）其中有些社（组）是修理性行业，1955 年供销情况不够正常，社员收入偏低。
（2）1956 年第一季度杭州市已经组织起来的 331 个生产社（组）的平均工资只有 31.89 元。
资料来源：《杭州市手工业铁器、木器、剪刀三个行业工资调查报告》，杭州市档案馆藏，档案号：j054－002－025。

造成杭州市手工业合作社工资水平整体偏低的各种原因中，既有供产销方面的问题，如因原料供应紧张、行业趋于没落等，造成停工待料、产品滞销，社员收入不稳定。也有劳动生产率方面的问题，如部分合作社只有单价没有定额，或虽有定额却不合实际；有的社在集中生产后，采取了简单的平均分配方式，不符合按劳分配原则，出现同一工种内工资等级多、标准混乱、同工不同酬、轻重倒置和长期不升级等不合理现象。合作社作为集体性质的经济组织，工资分配由自身的经济基础和生产特点决定。只有社内有了盈余和积累，才有增加社员劳动收入的可能。因此，手工业合作社的工资标准，根据生产设备、技术水平等条件，以不高于本市同类性质地方国营工业工资标准的原则制定。国营工厂被看作合作社的发展"样板"，在改变所有制之后，不仅社员的收入能有所

① 《关于手工业合作社分配工作的意见（草稿）》，杭州市档案馆藏，档案号：j054－001－041。

② 《杭州市手工业生产合作社（组）调整工资意见（初稿）》，杭州市档案馆藏，档案号：j054－002－025。

增加，而且合作社在保证生产正常的情况下，对已有的生产经营制度进行改进，从手工操作逐步发展成机械化、半机械化生产，实现对手工业的技术改造。

同时，部分社员对合作社的发展前途表达出悲观看法，迫切要求由手工业的集体所有制向全民所有制转变。对手工业而言，在现代化发展的过程中部分行业势必会面临淘汰，因此这些行业合作社社员希望在淘汰之前能够完成转厂，由国家将其"包下来"，解决他们的后顾之忧。"社会主义改造，政府给我们解决了一个穷包袱，换来了一个生、老、病、死的保障"①。如建筑材料所属的砖瓦业，虽然在各地基建项目新建、扩建中获益颇多，生产的砖瓦供不应求。但是在过渡为国营企业前夕，各生产社的理、监事干部均认为："手工业如果不发展，就会被淘汰。"② 通过转厂能获得上级联社及有关部门在售价、税费等方面的支持，这从根本上关系到每一个社员的切身利益。

虽然部分合作社转为国营工厂后，根据国营工厂的参考标准，社员的工资和福利待遇有所提高，但是之前合作社章程中的盈余却不再分配，这就使部分较富裕的独立劳动者在经济收入上吃亏，提出退社要求。尽管国务院在《关于私营工商业、手工业和运输业的社会主义改造中有关问题的指示》已对小业主要求退社如何处理的问题提出意见，但是在具体落实上仍有较大的差异，如浙江省手工业主管部门在处理手工业者退社时要求：坚持以说服教育的方法，劝其继续在社内工作，如果是经济上困难，适当予以帮助解决；至于以参加农业社为名，企图丢掉工人、抽出资产而要求退社的错误思想，给予适当地批判；对其资产尚未折价存社者，公平合理地折价归社，存社计息，分期还本。③

2. 解决合作社供产销困难。在手工业合作化中，国家积极贯彻"统筹兼顾、适当安排"的方针，通过加工订货的方式控制供销环节。手工业合作社与国营商业的关系日益密切，自由市场上的交易活动逐渐减少。1955 年 1~10 月，从杭州市 156 个合作社（组）商品推销情况

---

① 《关于永明布厂资本家情况的调查报告》，杭州市档案馆藏，档案号：j013-012-057。

② 《关于杭州县属手工业砖瓦业并入地方国营杭县砖瓦厂以后的情况报告》，浙江省档案馆藏，档案号：j101-008-215。

③ 《关于对小业主的处理意见》，浙江省档案馆藏，档案号：j112-003-035。

来看，营业总额 7895201 元，其中为国营商业加工订货 4332798 元，占 54.9％；为供销合作社加工订货 1568579 元，占 19.87％；为市联社经理处加工订货 414012 元，占 5.24％；为私营及其他加工订货 1579812 元，只占 20.01％。[①] 随着工业建设对原料需求的增加，国家对市场的管理日趋严格，合作社如需进行原料采购，要先将计划上报当地计委，然后再转报省计委批准后方可供应。许多合作社时常面临原料物资短缺的问题，影响了生产任务的完成。如机械制造修配行业，平时所使用的大多是国营工厂淘汰的陈旧设备，因而生产时经常发生损坏，必须及时购买金属零部件进行修理，但合作社所需金属原料大多受到国家严格控制，向上级主管部门申请也不能完全得到解决，造成长时间停工待料。[②] 此类情况在当时是一种较为普遍的现象。随着时间的推移，不仅金属类原料，木材、竹子等其他原料均出现了不同程度的供应紧张，以至于政府对个体户生产采取限制配售的措施，以此保证国防和工业建设之需。正如当时有的干部向上级主管领导汇报工作时常说的"挂上号、有个庙、给点料"，手工业需要"政治上一视同仁，经济上平等对待[③]"。

因此，不少合作社希望转厂之后得到更多的国家投资和供销安排。如嘉兴专区海盐县武原造纸生产社，在请求转为联社直属厂的报告中明确提出："1957 年贷款限额已足，但还需场地扩建、人员增加等事项，故希望省社能够解决资金不足。"[④] 手工业劳动者参加合作社带有明确的目的性，"销路总要靠政府来解决安排，自己怎么解决得了"[⑤]。在合作社订立产销合同后，劳动者只需埋头生产即可。即使在生产淡季销路困难时，也不用担心成品销售的问题。有的县联社甚至还主动帮助解决资金困难，如余杭县县联社拿 2000 元资金代替当地铁业社归还银行贷款，

---

① 《关于杭州市手工业生产基本情况报告（草案）》，杭州市档案馆藏，档案号：j054-001-027。

② 《湖州市计委关于请示解决铜的供应问题的报告》，浙江省档案馆藏，档案号：j125-010-152。

③ 王元涛：《手工业合作联社：一支不容忽视的改革力量——专访省级老领导、现中华全国手工业合作总社名誉理事、吉林省手工业合作联社名誉主任高文》，《中国集体经济》2004 年第 6 期。

④ 《对电力锯板厂的意见》，浙江省档案馆藏，档案号：j112-004-034。

⑤ 《关于春耕生产中加强手工业生产领导及时供应农具问题的意见》，浙江省档案馆藏，档案号：j007-004-009。

并出资 1400 元购买制成品。这对激发社员的生产热情起到了很大的作用，社员表示，"我们有镇政府领导，县联社推销、银行贷款，这样帮助我们，如再不好好生产，不要说对不起政府，也对不起自己"；"我打铁二十多年，还没有看到过这样的年份，真是自己也不相信，共产党真好"①。

部分手工业合作社在转厂之后，虽然"满心欢喜"地被纳入了国家计划经济之中，但在供销上却并不是"统筹兼顾、全面安排、一视同仁"，而是被另眼看待。如销售方面，国家对合作社与公私合营采取不同的态度，公私合营的产品可以外销，也可以自产自销；而合作社的产品必须经由国营商业收购后再行外销。这不仅耗费人力物力，而且减少了合作社的积累，阻碍了合作社的发展，多出来的商业环节也增加了消费者的负担。②

（三）转厂并社过程中的政策调整

手工业合作社转厂并社既是重大的经济改组问题，也是所有制的改革问题。根据手工业社会主义改造中"部分合作组织在适当的条件下将发展成为国营企业或并入国营企业"的政策精神，各地手工业生产合作社直接转为地方国营企业或正在计划要求转厂的情况，屡有发生。一部分手工业合作社在适当条件下直接过渡为国营企业或并入国营企业，有利于资源的整合和行业的发展。但部分地区由于没有慎重考虑过渡条件，转厂后产生了一些问题，如转厂后资金短缺、供产销失衡等，影响国家资金的集中使用，给国家增添了经济负担，在手工业中造成了不良影响。

由于在转变所有制后的经济政策处理问题上缺乏经验，浙江省手工业主管部门在指导转厂工作时，给各地的意见如下。

1. 除个别手工业合作社具备国家切实需要、供产销正常、技术性比较复杂（如已经机械化或半机械化）、积累多而快、社员自愿等条件，可以有领导、有准备地个别过渡外，一般不应随便转为地方国营企业。

2. 为过渡到国营企业创造条件，各市、县先试办一两个联社合作工厂。联社合作工厂，只是由小集体转为大集体，还不能转变为全民所有

---

① 《余杭县在城镇铁业生产小组总结报告》，浙江省档案馆藏，档案号：j027 - 003 - 094。
② 《关于要求从速解决归口合社后社内部混乱问题的联合报告》，杭州市档案馆藏，档案号：j054 - 001 - 040。

制。在继续保留和发扬合作社的优点、保持合作社原先服务方式的基础上，吸收工业生产中先进且可行的东西，要做到转厂后更进一步。经过联社合作工厂这一过渡形式的整顿改造，再有计划有领导地转变为地方国营企业，比较妥当。

3. 直接过渡为地方国营企业或并入国营企业，经当地党委审查同意后，上报省人委批准；转为联社合作工厂，上报省手工业管理局和省手工业生产联社批准。①

在合作社转移领导关系和改变所有制的试点工作中，社员的情绪大多比较急躁。其中工人要求立即改为地方国营工厂，从而改善工资福利待遇；独立劳动者要求将折价入社的资金在改变所有制时，按照社章规定归还给他们，并在政治待遇上要求改变成分，能够参加工会组织。合作社主要技术由独立劳动者掌握，工会若没有将其纳入组织之中，会影响他们积极性的发挥；家庭工则担心以后"劳（动者）不劳、资（本家）不资"，要求参加工会去掉"尾巴"。②

但是各地在开展试点工作时，基本上采取较为稳妥、谨慎的态度，大多从实际需要出发，并非一味地支持地方合作社的转厂。由于时间太短、组织任务过重，不仅各级手工业主管部门未做好充足准备，有关供产销的安排、合作社的组织领导等各项工作也来不及进行。从国家层面上看，大体也是如此。因此，1956 年 2 月国务院颁布《关于目前私营工商业和手工业的社会主义改造中若干事项的决定》，对手工业经济改组问题进行调整，"参加合作社的个体手工业户，必须保持他们原有的供销关系，一般应该在一定的时间内暂时在原地生产，不要过早过急地集中生产和统一经营"。③ 浙江省大部分地区在 3 月底基本停止了盲目集中生产，对部分阻碍生产的合作社进行了拆分，增添或恢复门市部。④

显然当面对大规模的手工业经济改组任务时，各级基层干部都承受

①　《关于手工业生产合作社转为地方国营企业的意见》，浙江省档案馆藏，档案号：j112 - 004 - 034。

②　《关于铁器三社转移领导关系和改变所有制的典试工作的报告》，杭州市档案馆藏，档案号：j054 - 001 - 027。

③　中共中央文献研究室编《建国以来重要文献选编》（第八册），中央文献出版社，1994，第 121 页。

④　《关于手工业合作社经济改组的意见》，杭州市档案馆藏，档案号：j054 - 001 - 027。

着巨大的压力，任何不恰当的做法都会给生产经营造成不良的影响。他们不仅需要完成对数量庞大的个体手工业者的组织工作，还要协调好合作社的供产销关系。尽管如此，各地在进行手工业隶属关系划分、并社过程中，依旧不断发生强迫命令、违反自愿互利原则的情况，甚至还发生手工业者与农业社社员集体斗殴、手工业者自杀等严重事件，这些问题也使省委决定暂停对手工业隶属关系的划分，以避免造成更大的混乱。

　　与此同时，政府在如何处理部分社员（独立劳动者，特别是其中较富裕的）在入社时缴存的多余资金问题上，陷入了左右为难的困境。事实上，这部分资金是否退还，对合作社或工厂的影响并不大，但政府顾虑的主要是抽取之后会对其他合作社造成影响。若明确规定退还，可能会引起工商业的波动，同时这部分资金在市场上将产生不良后果，如出现私人购买机器设备、放高利贷，或开地下工厂等状况。①因此，在社员存社资金处理方面，根据中央手工业管理局、全国手工业合作总社筹委会关于全国手工业改造工作汇报会议的报告和国务院1956年12月13日补充指示精神，"手工业合作社转向全民所有制的时候，社员的股金应全部退还，但入社费不退，合作社全部资财除按规定上缴上级社的基金和管理费以及福利基金用于解决社员困难的以外，其余应随企业移交"②。中共浙江省委在给省手工业管理局的批复中要求，对于手工业独立劳动者的存社资财，一律还本付息；对于存社较多的少数户，如资金大、雇工多（4人以上）、本人不参加劳动，完全靠剥削生活，资本主义性质明显，还本后对生产或其他方面影响较大的，可以采取定息办法；对于雇用工人虽在4人以上，但其本身掌握主要技术，参加主要劳动，生活困难，资本主义性质不甚明显者，可以不做定息户处理，必要时把归还期适当延长。③各地在实际执行相关政策过程中，还是存有较大的选择空间，如杭州市要求"社员入社所缴纳的股金、入社费和按社章规定应分配的劳动分红都必须逐步发还"④，"资本家入社前的生产资料可采取与

---

① 《关于改进机修社为市联社直属工厂方案》，浙江省档案馆藏，档案号：j112 - 004 - 034。

② 《关于萧山县桃源纺布社并入杭州市纺织公司后资金处理问题的函覆》，浙江省档案馆藏，档案号：j112 - 004 - 034。

③ 《批复机械修造社转为你社直属工厂》，浙江省档案馆藏，档案号：j112 - 004 - 034。

④ 《关于调整手工业管辖范围的联合报告》，杭州市档案馆藏，档案号：j054 - 001 - 040。

手工业者相同的定期分批还款的办法处理，但归还的期限可以适当地延长"①。地方有时在执行中共中央和上级的指示时会打一些"擦边球"，虽然国家明确做出了"入社费不予退还"的指示，但是地方却依旧选择了"退还"，甚至对待资本家入社前的生产资料，也在省委"模棱两可"的态度下予以发还。对于基层干部而言，一方面作为国家经济政策的执行者，需要努力完成工作任务，赢得上级的政治信任；另一方面，他们也会在相对可控范围内，尽可能地为群众争取利益，降低来自各方面的思想障碍和抵触情绪，树立起威信和良好形象。基层干部作为重要的"社会能人"，在这之后的各类社会政治运动中扮演着重要角色。②

1958 年随着人民公社化运动的开始，手工业过渡转厂逐渐进入高潮。中共中央北戴河会议对"人民公社问题"做出了决议，规定社员股金、工具折价存款仍分别记在个人名下，将来随着生产的发展、收入的增加和社员觉悟的提高，自然地变为公有③。显然国家在社员股金、工具折价存款等私人资产是否"退还"的问题上留有空间，从当时的手工业发展情况来看，这个过程会相当长。手工业社（组）过渡转厂的时间短、单位多、变化大，情况比较复杂；这一工作又是政策性很强、群众十分关心的重大问题，做不好会影响生产，因此采取一种相对宽松、稳妥的形式，在确保个人利益不受损害的基础上，逐步提高他们的政治觉悟和生产积极性。忙于改变原有的分配制度，将对手工业产生不利的影响。

中共八届六中全会关于人民公社若干问题的决议第四部分中要求，人民公社成立以前遗留下来的债务，不论是个人互相间的债务，还是公社和个人互相间的债务，一律不要废除。对于这些债务，凡有条件偿还的应该照旧偿还，没有条件偿还的暂时保留；中华全国手工业合作总社党组提出，手工业社转为合作工厂或国营工厂或并入人民公社，对于社员个人所有的股金和资财折价存款，按社章草案规定，社员的股金应该

---

① 《关于手工业合作社经济改组的意见》，杭州市档案馆，档案号：j054 - 001 - 040。

② 刘明兴、张冬、钱滔、章奇：《地方政府的非正式权力结构及其经济影响》，《社会学研究》2013 年第 5 期。

③ 《中共中央关于在农村建立人民公社问题的决议》，《建国以来重要文献选编》（第十一册），中央文献出版社，1995，第 446 ~ 450 页。

在不影响生产的前提下，一次或分期发还；公积金除拿出一些作为集体福利基金，解决社员困难外，其余都应该随社转厂，不能分掉。① 相对于手工业劳动者，业主和资本家对政府所做之事猜疑顾虑甚多。在平日生活中尽管他们保持"三不"（不表态、不问政治、不管他事），安分守己；但是，当涉及私人资财时却表现得格外关切，"怕公社拿他们的财物不还，怕取消分红定息"②，各地均不断出现手工业社（组）员提出退还股金和工具折价存款的情况。

1958 年下半年部分工厂取消了计件工资制和整顿了奖励、津贴后，工人的收入有所下降。为此，中共中央适时地决定发给职工跃进奖金，使之实际收入不降反升，这不仅在生产上有促进作用，而且在政治上也有重要影响。中共中央和国务院在《关于发给职工 1959 年跃进奖金有关事项的通知》中规定："各单位发给生产工人的最高奖金不超过本人月标准工资的 50%，在同一企业中，其他人员所得奖金一般应低于生产工人的奖金标准。"③ 参照工厂跃进奖金标准，合作社（组）在进行 1958 年的盈余分配时，"凡没有过渡或交到人民公社的社（组），不论归口到工业或商业部门，仍按照原规定比例进行盈余分配，但劳动返还的数额应与国务院颁发的跃进奖金的数额取得一致，一般可不超过其全年平均的半月工资。已过渡为地方国营工厂或转为合作工厂的单位，按国务院规定与国营工厂一样，发给跃进奖金。交给人民公社的手工业社（组），按人民公社的规定执行"④。

合作社的转厂并社，有利于政府加强计划经济下的组织模式，在垂直管理的方式下，各合作社之间由相对独立、存在一定竞争的外部组织关系变成了内部协作关系。从通过市场竞争和正式制度去约束各种社会关系，向依靠网络内部交换信息进行监督转变。虽然在此过程中合作组织减少了市场寻租费用，但是非市场机制下会直接导致一个严重后果：

---

① 中共中央文献研究室编《建国以来重要文献选编》（第十册），中央文献出版社，1994，第 546~547 页。

② 《关于永明布厂资本家情况的调查报告》，杭州市档案馆藏，档案号：j013-012-057。

③ 《中共湖南省委员会、湖南省人民委员会对执行中共中央和国务院关于发给职工 1959 年跃进奖金有关事项的通知》，《湖南政报》1960 年第 1 期。

④ 《河北省手工业生产联社关于对手工业社（组）"过渡转厂"时社（组）员的股金、工具折价存款、社内投资的处理意见》，浙江省档案馆藏，档案号：j112-003-035。

较高的运营成本和生产效率低下。这在之后很长一段时期内相当普遍，在缺乏竞争的环境下，企业失去了参考标准，完全依靠政府的计划指标，"中央两本帐，一本是必成的计划，这一本公布；第二本是期成的计划，这一本不公布。地方也有两本帐。地方的第一本就是中央的第二本，这在地方是必成的；第二本在地方是期成的。评比以中央的第二本帐为标准"①。地方政府为了完成指标考核，往往会出现不计后果的非理性行为，造成生产资料的极大浪费。

第三节　社办工业

新中国成立后，我国手工业经历了由社会主义经济领导下的个体所有制向集体所有制，继而向全民所有制的转变。为了调动手工业者的生产积极性，提高劳动生产率，适应和满足国内外市场需求，弥补工业生产不足，部分合作社根据实际情况，发展成全民所有制的国营工厂。在一定程度上它有利于增加产品品种和数量、提高产品质量；有利于节约原材料、降低成本；有利于在发展生产的基础上通过"各尽所能、按劳分配"，逐步增加手工业者的收入。但合作组织的技术改造、经营管理制度等方面还需逐步建立健全。集体所有制下的手工业组织形式，不仅有合作化期间的手工业生产合作小组、供销生产社、合作社，而且还有人民公社化期间的合作工厂、社办工业单位。1958年全国10万多个手工业合作社中，过渡为地方国营工厂的占37.8%，转为联社经营的合作工厂的占13.6%，转为人民公社领导的工厂的占35.3%，保留原来合作社形式的占13.3%。②从全国范围来说，集体所有制的手工业合作组织仍是手工业的主要组织形式，它在大多数情况下，能较好地适应生产力的发展水平和手工业劳动者的思想觉悟。

（一）社办工业的兴起

1958年1月中共中央先后召开了杭州会议和南宁会议，会议通过的

---

① 中共中央文献研究室编《建国以来重要文献选编》（第十一册），中央文献出版社，1995，第42页。

② 中共中央文献研究室编《建国以来重要文献选编》（第十二册），中央文献出版社，1996，第487页。

《工业方法六十条（草案）》要求："各地方的工业产值（包括中央下放的厂矿、原来的地方国营工业和手工业的产值，不包括中央直属厂矿的产值），争取在五年内，或者七年内，或者十年内，超过当地的农业产值。"① 这是在超额完成第一个五年建设计划的基础上提出的，意在鼓舞全国人民在生产战线上发挥积极性和创造性。中央和地方为了适应这种新的生产"高潮"，在"大跃进"运动中领导生产（大）队、人民公社努力大办工业。社办工业既包括城市人民公社所办的，也包括农村人民公社所办的。它是人民公社化运动的一项重要内容，也是国民经济中一支重要的新生力量，在贯彻执行为农业服务、为人民生活服务、为大工业服务、为出口服务的"四为"方针中起着越来越大的作用。1958 年中共八大二次会议制定了"鼓足干劲、力争上游、多快好省地建设社会主义"的总路线。从下半年起，全国掀起"大跃进"和人民公社化运动，不仅广大农村地区相继出现联乡并社转公社的热潮，北京、上海、天津、武汉、广州等大城市也开始试办以大工厂、街道、机关或学校为中心的城市人民公社。② 1960 年 1 月中央政治局扩大会议提出八年完成人民公社从基本队有制到基本社有制过渡的设想后，各省纷纷大办县、社工业。2 月 27 日至 3 月 25 日中共浙江省委先后召开四级干部会议和六级干部会议，会议集中讨论了农村形势及人民公社由生产队所有制向公社所有制过渡的问题。③ 4 月 13 日，中共浙江省委召开了杭州、宁波、嘉兴、吴兴、金华、绍兴六个市县委书记座谈会，讨论了城市人民公社运动问题。关于建立城市人民公社的规划中提到：对于国营工厂、企业和国家机关、学校等全民所有制的集体单位，在参加公社后，其经济性质不变，与集体所有制实现两本账。在党的关系上，国营工厂受市委和公社党委的双重领导，生产计划和方针政策方面的重大问题，由市委直接指示，公社党委起保证和监督作用。经常性和地区性的工作，由公社党委统一领导。大

---

① 中共中央文献研究室编《建国以来重要文献选编》（第十一册），中央文献出版社，1995，第 42 页。
② 中共中央党史研究室：《中国共产党历史（第二卷）》（上册），中共党史出版社，2011，第 497 页。
③ 金延锋主编《历史新篇——中国共产党在浙江（1949—1978）》，浙江人民出版社，2011，第 515 页。

厂在行政上仍受上级主管部门领导，管理体制不变。[①]

事实上，不管是手工业合作化运动，还是人民公社化运动，其根本目的在于彻底消灭生产资料私有制，巩固和发展社会主义基本经济制度。通过对手工业的社会主义改造，虽然实现了把生产资料私有制转变为社会主义公有制的任务，但是改造后出现的新问题，使中共中央不得不重新投入精力去解决。

首先，"黑户问题"。在合作化高潮之后，国家完成了对大部分个体手工业者的组织任务。但是在社会市场需求下，各地个体手工业者又有了新的发展。除了部分是正式的开业户外，大部分都是所谓的"黑户"和临时工。据1956年10月的统计，杭州市个体手工业者由2885人增至4562人，新增1677人，增加58.1%。宁波市个体手工业者在一个月内就由1965人增至2700余人。[②] 虽然个体手工业具有经营灵活、方便为消费者服务的特点，同时又可以弥补工业生产不足，以及解决部分失业人员的就业问题。但是个体手工业有它的自发性和盲目性，特别是在市场供不应求的情况下，自发资本主义倾向更易滋长。"在私人所有个体经济与集体所有合作社同时并存的二元格局下，后者的生产经营状况快速式微"[③]。部分社员，特别是业主出身的社员思想容易动摇，严重影响合作社的巩固与提高；也导致邻县的社员和手工业者纷纷流入当地，破坏地区之间劳动力的平衡。以至于政府在处理相关问题时也产生了畏难情绪："有的民办工业工资超过地方国营工厂。哪种形式支付工资为宜？计件还是计时？还是计时加奖励？"[④] 因此，政府要加强对手工业的管理和领导，通过利用、限制和改造的方式，进一步消灭生产资料私有制的"残余"。

其次，生产协作方面。合作化运动在某种程度上改善了手工业的经营管理制度，调整了生产中的劳动关系，以及提高了劳动者生产收入。虽然合作社内部逐步形成了一定协作关系，通过实行大流水作业或小型

---

① 《关于建立城市人民公社规划》，杭州市档案馆藏，档案号：j017 - 001 - 017。

② 《浙江省个体手工业的发展情况与管理意见》，浙江省档案馆藏，档案号：j112 - 004 - 036。

③ 严宇鸣：《国民经济调整时期基层手工业所有制问题研究——以浙江省慈溪县为例（1961—1964）》，《中共党史研究》2015年第8期。

④ 《城市人民公社运动情况》，浙江省档案馆藏，档案号：j002 - 60年18卷 - 035。

分工合作，提高了生产效率，但这种协作关系却不够稳定。过去手工业多为流动服务、上门加工的铁、木、竹、泥水等几个行业，生产上主要是师徒之间的协作关系；合作化以后，这种协作关系变为合作关系。要适应这种新的经济形式与产销关系，还需要一个长期过程。同时，工农之间、工商之间以及行业内部等还没有全面地进行统筹规划，在归口改造中甚至把某些原本属于一个经济整体的行业割裂开来，打乱了供产销协作关系，造成一些不必要的人为紧张。如杭州市有密切协作的纹工、炼染、织绸三个行业，纹工归手工业部门改造，炼染归工业部门改造，织绸四人以上的归工业部门改造，三人及以下的归手工业部门改造，致使各行业生产协作关系脱节，互相争夺原材料的现象时有发生。① 为人民群众生产生活服务的行业比重不断下降，许多地区由于修配力量不足和配件、材料缺乏，拖拉机失修停用。另外，对农村手工业的改造面过广，加之改造中缺乏对劳力、生产等的合理安排，打乱了原来的产销关系，专业与副业之间、外地流动工与本地工之间的矛盾，比合作化之前更为严重。

再次，劳动力方面。由于生产分工细化和社会主义事业建设对劳动力需求的增加，尤其是"大跃进"开始后，不管是城市还是农村都需要大量的劳动力，如果仅靠农村供给是不可能满足需求的。全国农村公社工业人员平均占农村整、半劳动力的3%，部分地区达到4%甚至更多，而且绝大部分是常年固定工人。季节性的社办企业本应作为副业，却常年集中经营；某些本可使用半劳力、女劳力的工作，却使用了整劳力、男劳力；许多公社工业还存在着停工窝工、时断时续、劳力组织不合理的现象。② 在以发展重工业为中心，发展工业与发展农业并举的方针指导下，国家一方面提高了农业方面包括对兴修水利、防涝防旱、化肥和农业贷款等的投入，另一方面要求国民经济的各个方面加强对农业发展的支援。手工业在支援农村大规模兴修水利过程中，需要有计划地保证

---

① 《浙江省手工业基本情况、存在问题及今后意见的报告》，浙江省档案馆藏，档案号：j112 - 003 - 004。

② 《关于城乡人民公社工业的情况和整顿意见的报告》，宁波市档案馆藏，档案号：j002 - 012 - 036。

工具的生产和供应。① 这就要求更广泛地动员城市的妇女和闲散的劳动力就业，参加社会劳动。在合作化运动中，一些轻便行业实行计件工资制后②，妇女工资水平有了大幅度增长。由于妇女做工细心，质量较好，在技术门槛较低、工作相对轻松的行业，往往比男性更加具有优势。如杭州市火柴业男工全年薪资（包含生产奖金）487.7元，而拣料工种的女工也有413.95元。③ 这无疑增强了家庭妇女走出家门、参加合作社的决心。

最后，基层组织形式。合作组织虽然将个体劳动者纳入集体生产之中，但是从上而下集中管理还是存在较多困难。尤其是手工业者与农民的矛盾，更是制约了手工业生产的发展。农村中的个体手工业者和兼营手工业的农民，一般可以根据自愿原则，参加农业合作社，组成农业合作社的副业生产队（组），而不需要单独建立手工业生产合作社。农村中已经组织起来的手工业合作社（组），也可以根据自愿原则同农业生产合作社合并，作为农业合作社的副业生产组织，而不再作为县以上手工业联社的基层组织。④ 这就导致农业合作社在安排副业的原料供给和产品销售时，与手工业合作社发生矛盾。

以上这些问题的存在，使国家在完成社会主义改造之后，尝试建立一个融合性、综合性、政社合一的基层组织单位，充分发挥其"一大二公"的优越性，彻底消除生产发展过程的制约因素。"除原有全民所有制之外，集体所有制和个体所有制要逐步过渡"⑤。在关于公社方针任务和组织领导中，重点是为大工业服务，利用人民公社，充分调动现有劳动力进行生产活动，成为改造旧城市和建设社会主义新城市的工具，成为生产、交换、分配和人民生活福利的统一组织者。"发展生活福利事业

---

① 《关于编制一九五七年手工业计划草案的补充意见》，浙江省档案馆藏，档案号：j112-004-004。
② 由于男女性别差异，"同工不同酬"的现象始终存在。追求绝对平等之下的"同工同酬"，超负荷的强体力劳动让妇女身心受到伤害。李金铮、刘洁：《劳力·平等·性别：集体化时期太行山区的男女"同工同酬"》，《中共党史研究》2012年第7期。
③ 《杭州市轻工业工资调查情况》，杭州市档案馆藏，档案号：j125-002-126。
④ 《国务院关于统一管理农村副业生产的通知》，浙江省档案馆藏，档案号：j112-004-036。
⑤ 《城市人民公社运动座谈会纪要》，浙江省档案馆藏，档案号：j002-60年18卷-029。

应贯彻为生产服务，为彻底解放家庭妇女劳动力，实现家务劳动社会化的原则。重点应以发展公共食堂为中心来组织福利事业和服务事业，逐步达到公社管生活，工厂管生产，使大工厂更集中精力搞好生产"①。由此可见，建立人民公社能极大地提高城市的组织程度，在行使社会管理职能的基础上，组织动员广大人民群众投身于社会主义事业。

（二）社办企业的整顿和发展

"大跃进"开始以后，经过整风运动、社会主义教育运动和全民办工业运动，人民群众的政治觉悟有了很大提高，部分地区进行了人民公社的试点工作，各个街道普遍兴办了民办工业。②公社工业通过就地取材、土洋并举、因陋就简、艰苦奋斗，"工厂遍城乡，机器到处响"的美好希望正在逐步实现。它对于充分利用地方资源，吸收城市妇女和闲散劳动力，进一步改变城乡人民的精神面貌起了重要的作用，对于逐步缩小城乡差别和工农差别也有着深远的意义。据1960年上半年统计，全国城乡公社工业单位共有30.3万个（不包括生产队的经营单位），共有1072万名从业人员（农村750万人，城市322万人），约占全部工业职工（3388万）人数的约1/3（不包括生产队）。产值为168亿元，约占同期全国工业总产值（1300亿元）的约1/8。③从浙江全省情况来看，至1960年4月，杭州、宁波、温州、金华4个城市兴办社办工业单位1082个，职工81103人，4月总产值达到5831万元。杭州、嘉兴、湖州、绍兴4个城市街办工业单位891个，职工16321人，4月总产值达到469万元。④

---

① 《杭州市关于组织城市人民公社规划（草案）》，杭州市档案馆藏，档案号：j017 - 001 - 002。

② 社办工业在不同类型的公社中有不同名称和形式。如在以国营企业、厂矿为主体组织起来的公社里称为"卫星工厂"，主要任务是接受工业企业的加工任务，并利用国营企业的废料进行生产；在以街道居民为主体组织起来的公社里则称为"街办工厂"，主要从事加工、修理和服务性的生产。李端祥：《城市人民公社运动研究》，湖南人民出版社，2006，第150~151页。

③ 《关于城乡人民公社工业的情况和整顿意见的报告》，宁波市档案馆藏，档案号：j002 - 012 - 036。

④ 《一九六〇年浙江省统计局调查统计报告第四号》，浙江省档案馆藏，档案号：j013 - 012 - 060。

表 7 - 3　1960 年 4 月浙江省主要城市社办工业发展情况统计

	合计				公社一级所有制				公社一级以下所有制			
	单位数（个）	人数（人）	产值（万元）		位数（个）	人数（人）	产值（万元）		单位数（个）	人数（人）	产值（万元）	
			1959年12月	1960年4月			1959年12月	1960年4月			1959年12月	1960年4月
社办工业总计	1082	81103	3490	5831	368	52917	2705	4533	714	28186	785	1298
杭州	472	26905	972	1571	71	8501	475	559	401	18404	496	1012
宁波	428	17158	820	1871	162	10855	608	1760	266	6303	213	111
温州	144	33747	1601	2171	126	32078	1564	2088	18	1669	37	83
金华	38	3293	97	218	9	1483	58	126	29	1810	39	92
街办工业总计	891	16321	234	469								
杭州	64	2659	118	225								
嘉兴	146	2410	7	19								
湖州	210	1621	5	14								
绍兴	471	9631	104	211								

资料来源：《一九六〇年浙江省统计局调查统计报告第四号》，浙江省档案馆藏，档案号：j013 - 012 - 060。

　　正如《浙江日报》上所描述的社办工业的"繁荣"景象，"大街小巷工厂星罗棋布，生产遍地开花"，"产品琳琅满目，产品品种多达三百多种"。[1] 随着社办工业的大量兴起，小商品的生产也呈现"百花齐放"的繁荣。据报道，杭州市在 1960 年第三季度以来，小商品的质量、品种和产量都有了大幅度的增长。其中花色品种比 1959 年增加了 600 种；107 种可比产品的产量比 1959 年同期增长了 68%。[2] 在人民公社化运动中所展现出的繁荣"景象"尚待进一步探讨。社办工业在初建时普遍具有的特点是技术水平低、手工操作比重大、工作效率不高等，[3] 这在其

[1]　《杭市上城区街道工业欣欣向荣》，《浙江日报》1960 年 4 月 16 日。

[2]　《杭州市新增小商品六百种》，《浙江日报》1960 年 11 月 18 日。

[3]　《宁波市江北人民公社巩固和发展情况的报告》，浙江省档案馆藏，档案号：j013 - 012 - 057。

他省份也较为普遍，有的社办工业将社员集中起来以后，不能正常开工，停工待料，工人没事做，结果就造成了巨大浪费。[1] 有学者就认为，从国家和大中型企业得到资金支持的社办工业，始终缺乏合适的工人，也没有相应的技术手段；社办工业只能是一些低端的、低效的工业，生产低质量的工业品；在城市人民公社的运行过程中，国家资金就被不断消耗，而这对于中国工业化是十分不利的。[2]

但是政府对基层组织的控制却无疑得到显著加强。各地经过"三大改造"后，确立了社会主义制度，实现了中国历史上最深刻、最伟大的社会变革，为中国的社会主义现代化建设奠定了基础。由于改造过急、过快，一些小业主、小商贩等并未完全接受改造，不管是在乡镇还是在城市街道，都还遗留着新民主主义革命的"尾巴"。事实上，基层组织在历次政治运动中一直都是薄弱环节。因工作需要有相当一部分基层骨干被抽调到国营工矿、企业和国家机关工作的同时，有部分被"清洗"出来的人员却陆续转入街道基层组织；再加上街道党组织不够健全、党员人数很少，街道基层组织中的"日公夜私、半公半私、懒公勤私"，跳厂、跳店、跳社，黑市贩卖、牟取暴利的行为，"地下"工厂、企业等经济组织日益增加，基层管理和领导问题愈发突出。人民公社化运动可以说延续了社会主义改造遗留下来的消灭资产阶级私有制残余和进一步加强无产阶级专政的任务。

在人民公社化运动初期，各级领导虽都表现出较强的决心，试图在短期内集中力量完成挂牌组建的工作，但是实际运动发展水平与上级所要求的相距甚远，不平衡、不深入，很多事情拖沓不办，最为期待的"场面"迟迟没有出现。特别是中共中央将《北京市委关于城市人民公社工作问题的报告》转发各地以供参照执行之后[3]，中共浙江省委做出

---

① 柳森：《20 世纪 60 年代初江苏省社办工业调整述论》，《江苏社会科学》2014 年第 2 期。

② 王斌：《石家庄市城市人民公社化运动研究》，硕士学位论文，河北师范大学，2010，第 59 页。

③ 中央转批北京市委的报告中已经明确指出："首先组织生产，然后组织生活……发展生产，是城市人民公社的中心任务，没有生产就不可能巩固和发展公社……"《中央批转北京市委关于城市人民公社工作问题的报告》，宁波市档案馆藏，档案号：j002 - 012 - 033。

"必须认真做好实际工作，积极创造条件，不要急于挂牌"的指示，大部分干部都选择了较为稳妥的方式，如有的地区在办社干部大会上讲道："不入社的人是暂时现象，是觉悟问题，是人民内部问题，不要怕，应该要不断教育，等待觉悟。到何时进来？当我们把公社办好时，他会进来，会自我检查的。只要我们把阵地占领了，巩固了，办好了，他自己也会进来。如果办不好，即使进来了，也会出去的。"① 不少地区因片面的理解而放松了对运动的领导，不少地委书记放开不抓，有的带有"名义挂了帅、实际不出牌""想草草收兵、班师回营"的松懈思想。② 之所以会出现上述情况，主要是因为以下几方面的因素，如社办工业干部短缺、原料供应紧张等，不少干部畏难思想严重，感到"没有原料供给，发展社办工业，巧妇难做无米之炊""走投无路，没有前途"。大部分社办工业被定义为"工业战线上为大工业拾遗补阙的新生力量"。通过自力更生、就地取材，充分利用大厂下脚料，大搞综合利用、多种经营，使社办工业的原材料由过去大部分依靠外地采购转变为面向当地。但是由于社办工业的产品大多未列入国家计划，国家很少分配原材料，因而有的专门接受外地来料加工，有的以物易物，有的抢购、套购，有的甚至不择手段进行买空卖空，严重破坏国家计划。③ 有的社办工业"贪大求洋，片面追求产值、追求利润，与国营工厂争原料、抢任务，挖社会主义墙脚"④。

因此，为了保证运动的快速发展，一方面，政府加强了对残存私营工业、个体手工业合小商小贩的监督和管理，"不允许他们未经登记进行非法经营，取缔他们的投机违法行为"⑤；另一方面，各地普遍开展了大

---

① 《葛仲昌同志在全市办社干部大会上的总结报告（记录稿）》，宁波市档案馆藏，档案号：j002 - 012 - 034。

② 《关于七市城市人民公社化运动进展情况的简报》，浙江省档案馆藏，档案号：J013 - 012 - 058。

③ 《关于城市人民公社运动的基本情况的总结》，浙江省档案馆藏，档案号：j013 - 012 - 059。

④ 《杭州市城市人民公社一年工作总结（草稿）》，1961 年 5 月 27 日，杭州市档案馆藏，j017 - 001 - 002。

⑤ 中国人民解放军政治学院党史教研室编《中共中央关于继续加强对残存的私营工业、个体手工业和对小商小贩进行社会主义改造的指示》，《中共党史教学参考资料》（第二十二册），国防大学出版社，1986，第 425～426 页。

规模自下而上的群众性运动。通过大字报、大辩论等形式，由浅及深地启发和提高群众的思想觉悟，在政治上彻底把资本主义"搞臭"。"大量揭露坏人坏事，划清是非界限"，政治气氛大大增强，"反坏分子完全陷入孤立，并已低头认罪"①。1960 年仅杭州市一地就收到揭露坏人坏事的意见 30 多万条，揭发出坏分子 1500 多人，有 70% 的社办工业做出了整顿，中共杭州市委专门召集基层干部讨论了"两个阶级、两条道路"斗争、若干阶级政策和领导作风等问题。广大人民群众的参与积极性不断被激发，"过去我们认为没有本领、不敢干工作；他们能说会道，本事不小，就让他们多干些。这次我们一定要把领导权夺回来，掌握在工人阶级自己手里"。② 随着社会主义教育运动的深入发展，越来越多的人在群众性的大辩论中被认定为重点批判"对象"，据 1960 年 7 月底的统计，浙江省重点批判"对象"总计 778 人，其中来自生产单位的 385 人，占 49.5%；作为典型试点的杭州市，重点批判"对象"401 人，来自生产单位的 242 人，占 60.3%。③ 加强个体的责任意识、净化职工队伍、推动社办工业快速发展，这是发起"两条路线"斗争运动的目的所在。杭州市在建立城市人民公社的规划中要求，社办工业 1960 年的总产值提高至 1959 年的 15～20 倍，即由 1959 年的 400 万元增加到 6000 万～8000 万元。并广泛开展以技术改革为中心的增产节约运动，在社办企业内机械化程度达到 80%，基本消灭笨重的体力劳动和落后的手工操作。④ 面对如此艰巨的任务指标，要想在生产力水平并不高的情况下得以实现，需要尽可能地发挥个人的无私奉献精神。在相对紧张的社会舆论氛围下，大部分重点批判"对象"基本上都交代了"问题"，承认和检查了自己的"错误"，有的还揭发了"同伙"的"问题"，如花牌楼动力机械厂的一位职工在连续经过三次辩论之后，不仅承认和检查了自己思想上存在的"错误"，而且还改变了过去工作中迟到早退的问题，积极投入搞技

---

① 《中共嘉兴市委关于一九六〇年工作总结》，浙江省档案馆藏，档案号：j013 - 012 - 059。

② 《关于七市城市人民公社化运动进展情况的简报》，浙江省档案馆藏，档案号：j013 - 012 - 058。

③ 《全省七市两条道路斗争中被重点批判对象情况》，浙江省档案馆藏，档案号：j013 - 012 - 060。

④ 《关于建立城市人民公社规划》，杭州市档案馆藏，档案号：j017 - 001 - 017。

术革新。群众在事后监督反馈中提到："通过社会主义教育运动，'黄鱼'不摸了，生产积极性提高了。"[1] 而对"五类分子"的改造，主要采取了"十红夹一黑""三包一保证"等办法，[2] 把分散的"五类分子"，有计划地编入生产单位，使他们在群众监督下，进行劳动改造。

表 7－4　1960 年 7 月浙江省主要城市"两条道路"斗争运动中被重点批判对象情况统计

| | 总数 | | | 公社、分社的书记、社长、主任 | | | 生产单位 | | | | | | | | |
| | | | | | | | 正副厂长或负责人 | | | 行政人员 | | | 生产人员 | | |
	总计人数（人）	重点批判对象（人）	占比（%）	共有人数（人）	重点批判对象（人）	占比（%）	共有人数（人）	重点批判对象（人）	占比（%）	共有人数（人）	重点批判对象（人）	占比（%）	共有人数（人）	重点批判对象（人）	占比（%）
总计	380790	778	0.2	352	7	1.99	2163	68	3.14	3257	94	2.89	67102	223	0.33
杭州	94780	401	0.4	142	5	3.5	554	42	7.58	889	50	5.62	17938	150	0.84
宁波	48321	239	0.5	123	1	0.81	734	8	1.09	774	28	3.62	15881	51	0.32
温州	86074	45	0.05	38			508	1	0.2	1088	1	0.09	19600	10	0.05
嘉兴	69117	1		11			133			81			3034		
吴兴	14599	8	0.05	18			87	2	2.3	60	1	1.67	1748		
绍兴	33472	71	0.21				98	13	13.26	287	11	3.83	6169	11	0.18
金华	34454	13	0.04	20	1	5	49	2	4.08	78	3	3.85	2732	1	0.04

资料来源：《全省七市两条道路斗争中被重点批判对象情况》，浙江省档案馆藏，档案号：j013－012－060。

在政治运动的影响下，各地社办工业取得了"空前"的发展。不合乎"六主""四为"[3] 方针的社办工业，经过整顿后全部并入为农业服

---

[1] 《关于各公社"三反"和社会主义教育运动中重点批判对象的思想动态》，杭州市档案馆藏，档案号：j017－001－004。

[2] 《中共湖州市迁移阶段人民公社运动的总结和今后意见》，浙江省档案馆藏，档案号：j013－012－059。

[3] "六主"指以本身积累资金为主、以自有原料为主、以综合利用原料为主、以现有技术为主、以自制设备为主、以小型为主；"四为"是指为大工业服务、为农业生产服务、为人民生活服务、为出口服务。

务、为大厂服务、为人民生活服务的组织，遏制了资本主义活动。有些地方的公社社员劳动工资已实行基本工资加奖励制度，90%的社办工业为国营大厂加工，生产国营工厂委托产品和由国营商业订货、包销。①从某种程度上讲，城市公社的经济实质是社会主义全民所有制，在体制管理和机构设置上实行以公社为主、分社为辅的办法。在统一规划和合理布局之下，把能够参加生产劳动的人都组织起来，实现了居民职工化、街道工厂化。

同时，为了更加充分地发挥生产、交换、分配及人民生活福利的统一组织者的作用，把所有企业组成一个团结互助、相互支援、共同发展的生产协作网络，中共浙江省委发函省工会联合会，要求将有关城市人民公社的各项工作移交省委办公厅直接管理。②通过采取"扩、并、转、放"的办法，对现有公社工业不断进行调整改组，使社办工业巩固地向前发展。"扩"就是对发展工农业生产有利或为市场及出口需要的产品，根据实际可能加以扩大，这样能使新解放出来的劳动力马上投入生产，解决原有工厂劳动力不足的困难，充分利用原有工厂的设备、原材料和技术力量，迅速发展生产。仅金华市的工厂就由建社前的30个发展到135个，扩建了21个车间。从业人员由1500人增加到2859人。产品品种也由300多种增加到502种。这些社办工厂的特点是：规模小、装备简单，除16个工厂有50人以外，一般都只有20人左右；参加生产的人员中家庭妇女占72%，生产经营方式灵活多样，适应家庭妇女的特点和要求；大多数工厂从事加工修理和服务性生产，成为国营经济的助手。③"并"是指把性质相似、行业相同、生产联系密切并不能有效便利群众的工厂进行合并，以便集中领导，减少管理人员，合理使用原材料，充分发挥设备、技术潜力。如宁波海曙区五金机械系统，由原先公社及分社所属的14个单位并成四大成型工厂，下辖的农业机械修配厂主要生产打稻机、插秧机、抽水机、轧米车等；机械修配厂主要生产电动机、发动机等动

---

① 《关于城市人民公社运动的基本情况的总结》，浙江省档案馆藏，档案号：j013－012－059。

② 《关于移交城市人民公社工作通知》，浙江省档案馆藏，档案号：j013－013－018。

③ 《关于金华市人民公社工作简况和今后意见的报告》，浙江省档案馆藏，档案号：j013－012－059。

力机械以及承担柴油机、汽车引擎、内燃机等的修配；五金厂利用大厂所有下脚料制造小商品、五金零部件等；通用电机厂进行相关的材料加工。① "转"就是对分散使用国家已感到不足的原料设备和产品销路呆滞、技术无法解决、没有发展前途的工厂转业生产其他供产销没有问题、有发展前途的产品。如宁波海曙区月湖分社手工仪表厂，由于原材料无着落，加之手工操作产品质量不合规格，生产处于停顿状态；后转为专业生产螺丝，并与月湖螺丝厂合并，生产趋于正常，产值增加8倍。② "放"就是把某些零星服务修理性的工厂，由集中到分散，下放给服务站，增加服务网点，扩大修理范围，更好地为人民生产需要服务。据宁波市1961年2月底的统计，全市服务站和社办工业单位旧有修理服务项目42个，修理服务网点174个，修理服务人员2608人。③ 这些修理服务单位在以修理为中心的基础上，奔走于大街小巷，为广大人民群众进行缝补衣服、修鞋、磨剪刀等服务。

有的地区进行了国营企业与社办工业进一步合作的试点工作。如宁波江北槐树分社的党组织是由动力机、农业机械、阀门拉丝等四个国营大厂组建而成的，基本上实行了党对厂、社工作的统一领导，在生产上改变过去厂、社之间的协作关系，实现了国营大厂对社办工业的直接领导（除有关生产计划、物资劳力等之外），使社办工业在大厂的带动下获得更快的发展。集体福利和服务事业根据便利群众、有利于生产和不降低职工福利享受的原则，实行了由分社统一领导管理；在经济上由于所有制不同，国营大厂与分社仍自行核算，各负盈亏，职工和社员的集体福利经费由国营大厂和公社按议定比例各提出一部分，由分社掌握使用。④ 这样进一步组织大中小企业之间相互支援，使过去生产上一部分分散的外部协作逐步变为分社内部的协作，社办工业实际上已成为国营大厂的加工性、辅助性和服务性的生产部门。

---

① 《海曙工业股海曙公社工业关于布局并改组计划（草案）》，宁波市档案馆藏，档案号：j048－001－013。

② 《宁波市城市人民公社街道工业发展情况（初稿）》，宁波市档案馆藏，档案号：j048－001－008。

③ 《关于当前修理服务情况》，宁波市档案馆藏，档案号：j048－001－010。

④ 《关于城市人民公社运动的基本情况的总结》，浙江省档案馆藏，档案号：j013－012－059。

　　随着人民公社化运动的不断深入，围绕社办工业的组织架构也逐渐形成。为了彻底消灭商品流动领域内的资本主义市场，调整供应组织效率，更好地为生产、消费服务。原来一家一户的生产方式已为集体生活方式所代替。除保留大型的、高级的专业商店由各市直接领导外，对其余零售店分别按地区设置国营综合商店，以一两个街道委员会为单位，设置国营综合商店门市部；并在各街道食堂、服务站和大型工厂中建立代销点，初步形成一套比较完整的商品供应网络。公社积极举办各种集体福利事业、服务事业，促进生活集体化，解决劳动力不足的问题。原先绝大部分家庭妇女都受到家务牵连，即便是已经参加生产的妇女，也有一部分人仍有较为繁重的家务负担，精力分散，出勤率低。公共食堂、托儿所、幼儿园和服务站的兴办迅速促进了家务劳动力的解放，家庭妇女由消费者变成了生产者，不仅提高了城市组织程度，而且还促进了生产的发展，如有的妇女所说："过去我如笼中鸟，想要自由自在地往外飞，但有家务牵累不可能；现在办起了食堂、托儿所和幼儿园，摆脱了家务牵累，真正得到了彻底解放。"① 1958 年人民公社化后，浙江省杭州、宁波、温州、金华、绍兴、湖州、嘉兴七个主要地区总共解放妇女劳动力 17.8 万人，占 16～60 岁（女性 16～55 岁）没有职业的街道居民总数的 71.1%；入伙公共食堂人数 12.9 万人，占全部食堂入伙人数 66.8 万人的 19.3%；托儿所、幼儿园 614 个，受托儿童 29588 人。② 人民公社化运动是中国共产党在探索社会主义建设道路上的一次伟大变革，尽管公共食堂、幼儿园、服务站以及商业网等在发展过程中不断暴露出一些问题，但是在培养和加强人民的集体主义思想、巩固社会主义制度等方面却有着积极深远的意义。

（三）社办工业的评价

　　从合作化伊始，国家对手工业就有明确的定位和目标，即通过组织关系的调整，消除生产资料私有制发展的空间。在社会主义改造完成之后，手工业割断了与资本主义之间的联系，各地纷纷开始为下一阶段迈

---

① 《中共湖州市迁移阶段人民公社运动的总结和今后意见》，浙江省档案馆藏，档案号：j013 - 012 - 059。
② 《本省城市人民公社情况》，浙江省档案馆藏，档案号：j013 - 012 - 060。

向全民所有制国营工厂做准备。但是，在转厂过渡和实行按行业分工管理过程中，有的地区联社机构撤销或与其他工业部门合并后，出现无人管理手工业工作的情况；在按行业分工管理上，有些地区未能做到交好、接好、管好，行业分工也不完全恰当；还有些地区手工业领导机构对原有手工业生产灵活多样、适应社会需求的特点认识不足，以至于出现手工业供产销失衡、经营管理混乱的现象。因而，1959 年 6 月中共中央就城乡手工业、人民公社所存在的问题提出系列整改意见，在《关于城乡手工业若干政策问题的规定》（即"手工业三十五条"）中指出：将手工业生产剥离出人民公社组织、国营工厂管理范畴，允许合作社重新采用计件工资制；并且还要求各地重新建立手工业管理机构，加强对社办工业的组织和领导；通过对社队企业的整顿、巩固和提高的工作，解决生产建设中的问题。①

对于社办工业而言，一方面，需要适应和服从计划经济的安排，发挥国营工业助手的作用。国家对社办工业提出的任务是：为城市工业服务；利用城市的零料、废料、废气等，为城乡人民生活需要服务；为农业生产和社会主义市场服务。发展步骤必须和本公社可能提供的劳动力、资金、原料和社会需要相适应，不能和国家争原料、材料和燃料。② 以国营工业为中心，逐步发展为经常的、有组织的、有计划的大协作，形成大厂带小厂、大厂帮小厂的格局。社办工业在国营工厂的支持下，开展技术革新运动，改善提高劳动生产率，如金华市国营工厂为社办工业培训了 93 名技术工人，在设备上给了 8 台电动机，各种土、洋机器 61 台，使社办工业的劳动生产率提高了 16%。③ 工业化带来了技术上的变革，以大型现代企业的一体化分工生产来提高生产效率。但是这些新技术的推广和普及是以机器设备、人员素质、企业管理等为基础，它需要大量的资金投入和基础设施建设，这对于 20 世纪 50 年代的中国

---

① 中共中央文献研究室编《中共中央文件选集》（第三十七册），人民出版社，2013，第 98 页；中共中央文献研究室编《建国以来重要文献选编》（第十二册），1996，第 385 页。

② 《关于整顿提高城市公社工业的意见（草稿）》，浙江省档案馆藏，档案号：j111 - 001 - 093。

③ 《关于金华市人民公社工作简况和今后意见的报告》，浙江省档案馆藏，档案号：j013 - 012 - 059。

来说，显然是不现实的。同时，技术研发需要大量资金投入，巨额资金投入将分摊到产品的量产之中，这些又都是大企业才能实现的。在政府主管部门的协调下，体制内技术无偿扩散悄然无声地进行着，如派遣技术人员对落后社办工业进行辅导，在会议上交流经验、分发资料，以"典型示范"的方式将技术要点进行扩散，解决原先产业发展中遇到的技术瓶颈。

另一方面，实行"亦工亦农"的政策，精简劳动力，支援农业生产建设。在"大跃进"前期，政府寄希望于通过行政化手段，将手工业合作社整体下拨至基层公社，以此发展和壮大地方工业。但之后整体环境发生了实质性的变化，严重的自然灾害使全国相当大的一部分地区农业遭灾歉收，农村人民公社化中产生"一平二调"的"共产风"，不仅制约了农民的生产积极性，还破坏了以生产队为基础的公社三级所有制，阻碍了农业生产力的发展。为了保证农业生产第一线有足够的劳动力，国家要求城乡各部门都必须精简和压缩劳动力，充实农业生产的力量。1959 年中共中央指出："用于农业（包括农林牧副渔各业）的劳动力一般太少，而用于工业、服务业和行政的人员一般太多。这后面三种人员必须加以缩减。"[①] 1961 年 3 月通过的《农村人民公社工作条例》（即"六十条"）规定"一切社办企业的举办，都不能妨碍农业生产"；"大队办企业应该遵守农闲多办、农忙少办或者不办的原则"。[②] 浙江省委要求农村社办工业的劳动力，除一部分技术工人和管理人员是固定的正式职工外，其余所需的劳动力，主要以分期分批、亦工亦农的方式提供，农业小忙大搞，大忙小搞或不搞。但实际上有的地区用于社办工业和交通运输的劳动力，依旧占农村劳动力的 8% ~ 10%[③]。在运动中为了支援农业生产建设，动员大批干部和群众回到农村投入生产，如金华专署要求社办工业"砍掉三分之二"，金华县抽调 2832 人去支援农业生产，占社

---

① 中共中央文献研究室编《建国以来重要文献选编》（第十二册），中央文献出版社，1997，第 132 页。

② 中华人民共和国国家农业委员会办公厅编《农业集体化重要文件汇编（1958—1981）》（下），中共中央党校出版社，1981，第 457、460 页。

③ 《中共浙江省委关于积极发展公社工业的指示》，宁波市档案馆藏，档案号：j002 - 012 - 079。

办工业职工总数的 49%。① 由于这一工作涉及农业公社的资源分配，或多或少侵害了农民的经济利益，造成农业公社和手工业社社员之间的矛盾。1958 年城乡户籍确定以后，部分手工业者被划为城市居民，消费国家商品粮，而农副业生产的手工业者则不能享有。因此，当大规模的精简人员回乡之后，势必增加了农业合作社口粮供应上的压力。

从组织或群体层面来看，传统行会的作用在于约束成员在行动中的"随意性"，而在合作化运动开始后，大多数个体劳动者被固定在封闭的组织单位中，有的学者认为封闭的环境形成了较强的社会规范和行为准则，使得组织成员不会轻易地做出违规行为。② 同时它还促进了社会信任的产生，减少了机会主义行为。③ 因此，对于劳动者来说，内心对获得稳定经济收入的渴望，推动他们积极参与合作生产，通过彼此的协调和交流，解决集体行动的困境。但是中国传统文化中"以家为主"的观念，使他们对融合的恐慌和对财产的担忧远比西方社会的要强烈得多。不管是合作社，还是社办工业，在某种程度上迎合了基层个体的愿望。国家作为其背后重要的经济"实体"，所展示出来的信任不是中间商可以媲美的，稳定的营生也确保了劳动者在面对部分利益损失时选择忍让。政府在分配政策上规定："公社工业的工资水平，应当低于地方国营企业，略高于农民的收入水平，主要采用计时工资加奖励制。原来的手工业工人，一般应该维持原来的工资水平，个别偏高偏低的，适当调整。"④ 但是当劳动者的生活所需受到威胁时，他们必然会中断之前的"顺从"。如上虞县手工业工人被划归农业后每天只发 0.4 元（原先为 1.2 元），工人生产不积极，有的在生产队搞副业；有的按照农业社一样评工记分，参加食堂搭伙时饭菜却要用现钱买，工人没有钱，只能向原

---

① 《关于整顿农村公社工业情况的报告》，浙江省档案馆藏，档案号：j111 - 001 - 093。

② 〔美〕詹姆斯·S. 科尔曼：《社会理论的基础》，社会科学文献出版社，1999，第 366 页；Yamagishi, T.; Cook, K. S. & Watabe, M. Uncertainty, "Trust, and Commitment formation in the United States and Japan". *American Journal of Sociology*, 1998, 104 (1), pp. 165 - 194。

③ Putnam, Robert D. "The Prosperous Community: Social Capital and Public Life." *American Prospect*, 1993, 13. pp. 25 - 42.

④ 《中共浙江省委关于积极发展公社工业的指示》，宁波市档案馆藏，档案号：002 - 012 - 079。

工厂去借，有的甚至跑到公社去吵，生产不安心。① 在这种社会环境下，部分手工业者干脆选择外出自谋出路，或从事零散的生产加工，部分具有相同情况的下放手工业者也逐渐出现"自流"的现象。据上虞县手工业科统计，该县小越公社手工业者没有参加农业生产的191人，占全部抽调人数的25%；其中在家、在社会上的35人，流动挑担的4人，开店的1人，单干的8人，加工出售成品的20人，读书的4人，外流的18人，做小贩的1人，生产队安排搞副业的100人。② 自此之后，手工业合作社和个体手工业者并存的局面一直存在。

作为一种诞生于计划经济体制下的企业形式，乡镇企业的发展与之前的社办工业发展具有延续性。实际上，乡镇企业蓬勃发展的地区，往往是那些过去社办工业发展较快的地区。20世纪70年代国民经济运行政策机制被打乱，国营企业停工停产，市场商品供应严重不足，有些地区的农村干部、农民和知识青年，利用"厂社挂钩"的有利条件，依托城市大工业发展办农村小工业，见效较快；甚至一些城镇懂技术、善管理的人员，也纷纷下乡找关系，帮助农村办工业。这些新办的乡镇企业大多规模小、技术落后、产品档次低、发展速度慢，还经常受政治运动的冲击，被当作"地下工厂"。可以说乡镇企业是在"夹缝"中顽强生存下来的。1979年10月邓小平在《关于经济工作的几点意见》中指出："经济工作是当前最大的政治，经济问题是压倒一切的政治问题。不只是当前，恐怕今后长期的工作重点都要放在经济工作上面。……有些需要下放的，需要给地方上……扩大企业自主权，这一条无论如何要坚持，这有利于发展生产。"③ 在改革、开放、搞活的方针下，各地乡镇企业在原有基础上迅速发展。温州地区60%的劳动力从耕地上转移出来，从事第二、三产业；1985年与1980年相比，国营工业产值增长53%，集体工业产值增长163%，个体工业产值增长19.6倍，④ 形成一种多层次、多渠道、多形式的独特经济格局。国营工业和乡镇企业在市场上不存在

---

① 《关于整顿农村公社工业情况的报告》，浙江省档案馆藏，档案号：j111 - 001 - 093。
② 《关于整顿农村公社工业情况的报告》，浙江省档案馆藏，档案号：j111 - 001 - 093。
③ 《关于经济工作的几点意见》，《邓小平文选》（第二卷），人民出版社，1994，第194、199、200页。
④ 《当代中国》丛书编辑委员会编《当代中国的浙江》（下），中国社会科学出版社，1988，第309~310页。

完全竞争和产品替代关系，这不但使乡镇企业能够生存，还能与国营工业保持相互依存的"协调发展"关系。

"浙江模式"是一种内生的由民营化和市场化推动工业化和城市化的区域经济制度变迁和区域经济发展的模式。① 改革开放以后，浙江乡镇企业的发展演进，对区域经济产业结构的变迁有着深刻影响。新型的农村家庭经济是社会主义制度下商品经济的一种形式。由于农村实行家庭联产承包责任制，一部分农民从原来的集体经济中分离出来独立经营。随着农村商品经济的发展，许多家庭工商业超越一家一户的规模，开始出现多种形式的协作和联合。如温州徽章产业，分设计、刻模、冲型、点漆、穿针等七八个工序，而一个家庭只负责其中一两个工序。新的生产技术和机械设备的添置，生产环节不断延展、工序不断细化、产业规模不断增大，资本也随之呈几何式扩张，逐步实现了生产社会化和专业化、产品系列化和行业再生化，以及服务环节协作化和服务内容配套化。"分工网络的扩大表现为中间投入品和最终产品的多样化，这种多样化生产格局使得微观主体间的经济关联日益紧密和复杂，经济活动的外部性得以增强，整个经济体乃至微观主体都因为外部规模经济的强化而呈现收益递增，这又进一步刺激了分工网络的扩大，由此经济体进入一个自我强化的循环累积过程。"② 新型的服务业极大地促进了信息技术的交流，活跃了资本市场。而商品经济的发展则推动了社会分工的不断提高，把千家万户的商品生产与千变万化的社会需求紧密地交织在一起，发挥出"小商品、大市场"的作用。从经济组织结构上看，从家庭手工业向工场手工业发展，进而再发展成现代化企业；从市场结构上看，分割的小市场向统一的大市场转变。在此过程中规范制度不断完善，市场内部各要素之间的联系逐渐加强。这一切变化都得益于专业分工的不断深化。从合作社到社办工业，虽然将整个社会组织进行了专业化分工，实现生产社会化，是对经济制度新的尝试，但是它也对既有的制度体系造成了

---

①　史晋川、汪炜、钱滔等：《民营经济与制度创新：台州现象研究》，浙江大学出版社，2004；史晋川：《制度变迁与经济发展："浙江模式"研究》，《浙江社会科学》2005年第5期。

②　李皓、杨海燕：《区域空间结构演进机制再认识》，《西南民族大学学报》（人文社科版）2008年第2期。

一定压力，且这种经济组织的调整带有强制性，在国家政策约束下，社会组织分工和制度创新受阻。"制度本是社会诸多各方博弈的结果，或者更规范地说，它们是一些人为设计的、形塑人们互动关系的约束。"① 正式制度能够减少交易中的不确定性，降低交易成本。国家运用政治权力过分干预市场经济，必然产生巨大的交易费用，也不可避免地导致社会结构的固化。

① 〔美〕道格拉斯·诺斯：《制度、制度变迁与经济绩效》，格致出版社、上海三联书店、上海人民出版社，2008，第 3 页。

结 语

中华人民共和国成立以后，对执政的中国共产党来说，有两项亟须完成的任务，一项是巩固和捍卫新生政权，另一项是对经济基础进行彻底的改造，实现从新民主主义向社会主义的转变。从三年国民经济的恢复和发展情况来看，新中国稳固的政权，为之后的国家工业化以及对农业、手工业和资本主义工商业的社会主义改造奠定了政治基础。而对包括手工业在内的各种经济形态的社会主义改造，反过来又在极大程度上加强了国家的经济基础。这可以从以下两个方面来理解。

第一，强组织化背景下的改造与变革。20 世纪 50 年代，中国的小生产者尽管没有像毛泽东所断言的有"巨大的社会主义积极性"，但他们也并未表现出捍卫"小私有"的坚决意志。① 相比苏联集体化过程中的有产者，中国的"小私有者"显得更加温和，也更易被集体化。苏联为了让村社社员接受集体化付出了巨大代价，仅 1930 年卷入反抗的暴动农民就达 70 多万人，"全盘集体化运动"耗时四年之久；同时，在农民被迫进入集体农社时，他们杀掉了半数以上的牲畜。② 而中国在集体化过程中遇到的阻力就小得多。据近年来披露的资料可知，抵制集体化的风潮主要集中在广东、浙江等东南沿海省份，如事态最严重的浙江省仙居县，"数千农民进城围攻领导，将县政府和公安局的门窗都砸烂了，呼喊着退社，退回耕畜、农具和土地"，在处理方式上，浙江省当局也仅仅逮捕 9 人，拘留 42 人。③ 长期以来，包括青年团、妇女会等基层组织建设、运作在内的苏联模式，都是中共学习和借鉴的对象，但为何中共在

① 秦晖：《传统十论——本土社会的制度、文化及其变革》，复旦大学出版社，2013，第 297 页。
② 沈志华：《新经济政策与苏联农业社会化道路》，中国社会科学出版社，1994，第 422 ~ 432 页。
③ 中华人民共和国国家农业委员会办公厅编《农业集体化重要文件汇编（1949—1957）》（上），中共中央党校出版社，1981，第 691 ~ 696 页。

引导小生产者进行合作化过程中所遇到的阻力，会和苏共有如此大的反差？为何"私有"的中国小生产者在合作化中的表现会比拥有一定"公有"生产基础的苏联村社社员"驯服"得多？

新中国成立后，改变了"皇权不下县"的传统，将自己的组织机构扩大到乡一级，甚至将每个村都置于政府的管理之下。曾经"山高皇帝远"的传统乡村社会，在结构层次上被彻底打碎。同时，新政权的基层干部中，大部分十分适应"地方服从中央"的行政命令，这为国家加强基层管理提供了条件。1956年社会主义改造完成之后，国家不仅有效地控制了国营工厂（私营工厂通过公私合营方式转为国营工厂），而且对城镇个体私有者采取"合作经济"，也使其彻底地纳入了政府统一管理之下。①

不可否认，以强大的行政力量推动并整合社会资源，时效更短，成本更小，并且对一些阻碍经济发展的不稳定因素，清扫得更为彻底。②对于手工业而言，自治组织和自由市场被完全取消之后，计划经济体制把手工业者基本上都纳入合作社的管辖范围内，手工业者失去自由选择的机会。国家通过对他们进行阶级划分，改造后提高了手工业工人的地位，这无疑给长期处于劣势的手工业者一个强烈的"心理暗示"；手工业合作社的管理干部，由于其脱离生产成为专职的领导者，其工资收入不再依靠自己的劳动，而是依赖于其他手工业工人的供给，因此在意愿上也更倾向于手工业集体化的发展方向。手工业合作社取代传统行会组织，还被国家赋予了后者不具备的官方正式权力，在宣传舆论的鼓动下，面对一个能够帮助其解决生产问题，提高经济收入的合作组织，手工业者的内心还是有所期待的。

第二，超经济的资源提取和积累能力。从世界各国工业化的历史来看，国家对剩余价值的获取方式主要为：储蓄、赋税和统购统销。③从

---

① 与国营工厂相比，集体经济在工资、福利等方面主要依靠自身；从某种程度上说，国家对其控制、支配，但却不直接承担财务方面的责任。

② 〔美〕R. 科斯、A. 阿尔钦、D. 诺思等：《财产权利与制度变迁——产权学派与新制度学派译文集》，刘守英译，上海三联书店、上海三联书店，1994。

③ 戴维·罗默认为，只有在取得技术进步的前提下，才会取得现代经济的增长，其他因素的变化都会取得水平效应。〔美〕戴维·罗默：《高级宏观经济学》（第三版），上海财经大学出版社，2004，第18~19页。

索洛模型中可知，在粗放型增长过程中，通过不断地提高"资本—产出"比率的增长速度，人均产出会实现一定的增长。[1] 新中国成立以后，政府主要通过统购统销的办法来获取个体私有者的剩余价值。这样做的好处在于：对初级形式的生产资料采取国家定价的形式后，可以直接且较为容易地从农村低价收购，转而低价出售给城市居民和国营工厂，以保障工业所需的低工资和低成本。对国家来说，由超额工业利润所形成的税收，是积累起国家工业化建设所急需庞大资金的重要来源。统购统销政策在保证国家粮食、棉花、油料作物等农产品充足供应的同时，通过国家控制农产品收购价格和工业品销售价格，维持相当比重的工农业产品剪刀差，借此实现从农业剩余[2]向工业生产领域的转移，完成工业化的资金积累。从实质上讲，这是用价格"剪刀差"的积累方式来完成农业剩余向工业领域的转移。[3] 以 1949～1951 年的平均值计算，农业总产值在社会总产值中所占的比重在 65% 以上，农业净产值在国民收入中所占的比重在 80% 以上，农业净产值在工农业净产值中所占的比重在 80% 以上；以农产品为原料的轻工业产值在轻工业总产值中所占的比重接近 90%，农副产品及其加工品出口额在出口总额中所占的比重在 85% 左右；农业劳动力在全社会劳动力中所占的比重超过了 85%。[4] 这种社会经济结构相当程度上借鉴了苏联工业化模式，即国家工业化建设所需要的资金积累由农业部门提供，实行农产品"义务交售制"的方式，为

[1] 张军：《资本形成、工业化与经济增长：中国的转轨特征》，《经济研究》2002 年第6 期。

[2] 武力认为，新中国成立初期农民所提供的剩余农产品实际上只是一种相对剩余，是勒紧裤腰带的剩余。武力：《试论建国以来农业剩余及其分配制度的变化》，《福建师范大学学报》（哲学社会科学版）2004 年第 3 期。

[3] 焦金波：《统购统销：中国工业化资本积累的主要形式》，《南都学坛》（人文社会科学学报）2002 年第 6 期。

[4] 冯海发、李微：《农业剩余与工业化发展》，《当代经济科学》1993 年第 6 期。严瑞珍、龚道广等认为，1955～1978 年，虽然农产品价格的提高比工业品快，剪刀差缩小 44.06%；但由于工业劳动生产率的增长快于农业，剪刀差扩大 166.04%，正负抵消后，其剪刀差扩大 44.93%。严瑞珍、龚道广等：《中国工农业产品价格剪刀差的现状、发展趋势及对策》，《经济研究》1990 年第 2 期。叶善蓬认为，1952～1977 年农产品收购价格提高了 72.4%，农村工业品零售价格上升 0.1%；而同期工业劳动生产率提高 161.5%，农业劳动生产率只提高 24.8%，因此剪刀差扩大 20%。叶善蓬编著《新中国价格简史》，中国物价出版社，1993，第 178～179 页。

国家的工业化筹措资金、原料以及劳动力。从表 8-1 中不难看出，在第一个五年计划中，除了国内生产总值（GDP）、固定资本存量和科技资本存量之外，其他几个重要指标都未发生明显变化。

表 8-1　国家在"一五"计划中社会资源投入使用情况

年份	GDP（亿元）（1978价格）	就业人数（万人）	固定资本存量（亿元）（1978价格）	科技资本存量（亿元）（1978价格）	人力资本存量（万人·年）	人均教育水平标准（年/人）	非国有经济占工业总产值比重	城市化率	行政管理费占GDP比例	最终消费占GDP比例	外贸依存度
1952	773	20729	700	3.00	99735	2.929	0.585	0.125	0.0214	0.7892	0.095
1953	894	21364	852	3.33	99167	2.867	0.570	0.133	0.0213	0.7723	0.098
1954	931	21832	1020	4.33	99018	2.812	0.529	0.137	0.0213	0.7447	0.099
1955	995	22328	1195	6.23	99927	2.801	0.487	0.135	0.0206	0.7726	0.121
1956	1145	23018	1424	11.41	100630	2.785	0.455	0.146	0.0235	0.7471	0.106
1957	1203	23771	1636	16.02	102243	2.771	0.462	0.154	0.0203	0.7409	0.098

资料来源：王小鲁、樊纲等《中国经济增长方式转换和增长可持续性》，《经济研究》2009年第 1 期。

　　尽管我国并没有像苏联一样，对小生产者采取高负担的赋税，但是"为了获得完成国家工业化和农业技术改造所需要的大量资金，其中有一个相当大的部分是要从农业方面积累起来的"。[1] 对于国家的"索取"，小农阶层还是显示出抗争的一面，如在统购统销中因粮食供应紧张，浙江省有些地区的农民质疑政策，认为统购的太多；有的富农采取消极方式进行对抗，据衢县 5 个乡统计，富农放荒土地 180 余亩；而中共龙游县委看到农民套购粮食，召开会议决定停止预购，引起农民的不满。[2] 此时，中共之前所建立的基层组织体系，则充分保证了能将社会资源尽可能多地满足工业建设所需。通过对集体化早期粮食价格的研究，Perkins 发现国家的收购价格通常要比市场价格低 20% ~30%，即使之后略

---

[1]　毛泽东：《毛泽东文集》（第六卷），人民出版社，1999，第 432 页。

[2]　《吴部长在全省农村工作会议上总结报告记录稿》，浙江省档案馆藏，档案号：j112-001-002。

有提高，一般来说仍要比市场平均价格低。[①] 同样，此种情况在手工业中也依然存在，国家将小生产者组织起来，对原料和产品实行统购统销，从表面上看，这是国家为了垄断原料供给和产品收购，对中间捐客自由买卖的限制行为；但实际上，在小生产者更倾向于把自己的产品通过市场来获利的情况下，仅仅通过垄断产品收购是远远不够的，特别是国家收购价格又可能低于市场价格，就更不能刺激小生产者把产品卖给国家了。因此，国家的"统购统销"政策其实是通过"强制性"来完成的。合作化过程中，国家将几千万名个体手工业者直接组成几十万个手工业合作社、组，因此，政府不再需要跟个体手工业者发生直接关系，收购产品任务转交给合作社、组来完成。这对加快产品收购进度、简化购销手段、推行合同预购带来了便利。[②] 同时，国家不直接与手工业者发生关系，也减缓了两者之间的紧张对立情绪，有助于社会的稳定。

在合作化过程中，手工业者的个人权利加速丧失，例如小生产者需要按照生产指标完成合作社（组）交付的产品数量；合作化完成之后，手工业者将包括工具、资金、原料等个人私有财物，或明或暗地全部"上缴"集体，完成公私合二为一的过程。事实上，这种增长方式是不可能长期持续的，当资源从低收益率部门向高收益率部门转移时，虽然短期内资本得到迅速增加，但这种静态效益的增长方式却过于单一，且缺乏持续稳定性，易受到其他动态变量的制约。[③] 武力直接指出："倒定额提取制（统购统销）无异于'竭泽而渔'，它虽然最大限度地提取了经济剩余，但是为了保证这种提取，必然导致国家对小生产者生产经营活动的干预，以及对他们的严厉控制（因为小生产者会以各种各样的方式抵制）。"[④] 这种在行政上的经济干预活动，一定程度上压抑了小生产

① 〔美〕Perkins Dwight H.，*Market control and Planning in Communist China*，Cambridge，Massachusetts：Harvard University Press，1966；转引自陆云航《对减轻农民负担问题的一个贡献——统购统销对粮食生产影响的实证研究：1953—1982》，《南开经济研究》2005年第4期。

② 薄一波：《若干重大决策与事件的回顾》（上），中共党史出版社，2008，第195页。

③ A. Young，"lessons from the East Asian NICs：A Cintrarian View，" *NBER Working paper* No. 4482，1994；转引自张军《资本形成、工业化与经济增长：中国的转轨特征》，《经济研究》2002年第6期。

④ 武力：《试论建国以来农业剩余及其分配制度的变化》，《福建师范大学学报》（哲学社会科学版）2004年第3期。

者的生产热情，导致手工业生产活动处于一种低效益状态。国家对经济剩余获取能力的降低，反过来又导致国家进一步强化和扩大了对手工业生产的干预。部分手工业者对这种制度也抱以默许或支持态度，因为按照国家的分配方式，可以实行产品价格上的垄断和维持较高的经济福利待遇。即使有部分手工业者对经济收入降低表示出不满情绪，但是他们只是将注意力集中于个体间工资差异上，而不是对合作化政策的抵触和反对。矛盾焦点的转移，有利于社会稳定。

随着时间的推移，过分集中的计划经济体制开始出现一系列的问题：中央和地方的利益分配，政府和生产单位的权力之争，以及市场和计划的衔接等。一些合作社过分强调集中统一，不仅影响了生产效率的提高，而且在处理利益关系上，采取简单的"一刀切"方式，直接伤害了生产者的积极性。相对于资金密集型的重工业，浙江省的比较优势是有充足的劳动力资源，有利于劳动密集型的手工业发展。国家虽然试图从劳动分工上，对手工业进行结构优化，并在合作化过程中，提供一些动力型的机械设备，促进其劳动生产率的提高。但是在以重工业为核心的规划下，手工业注定只能维持有限的发展。为了解决生产中的问题，缓和紧张的生产关系，国家在一些方面做了适当的退让。毛泽东指出，合作社经济要服从国家统一经济计划的领导，同时在不违背国家的统一计划和政策法令下，保持自己一定的灵活性和独立性；不能像苏联那样把什么都集中到中央，把地方卡得死死的，一点机动权也没有。[①] 他进一步指出："应当在巩固中央统一领导的前提下，扩大一点地方的权力，给地方更多的独立性，让地方办更多的事情。这对我们建设强大的社会主义国家比较有利。我们的国家这样大，人口这样多，情况这样复杂，有中央和地方两个积极性，比只有一个积极性好得多。"[②] 但是，在当时的政治经济大环境下，手工业在集体化的道路上越走越远，逐渐向国营工厂靠拢。缺乏市场导向的生产机制、生产资料的短缺、资金不足造成大规模基建项目停滞等问题，将原本劳动分工、工具改进所积累起来的优势摊平。

---

① 毛泽东：《毛泽东文集》（第七卷），人民出版社，1999，第221页；毛泽东：《毛泽东选集》（第五卷），人民出版社，1977，第275页。

② 毛泽东：《毛泽东文集》（第七卷），人民出版社，1999，第31页。

改革开放以后，以家庭手工业作坊为主的乡镇企业异军突起，为浙江区域经济的快速发展注入了强大的活力。对于浙江的乡镇企业而言，真正具有决定性意义是"小商品、大市场"的发展模式。与苏南乡镇企业依托区位条件、大力发展集体工业不同，浙江个体私营经济并未依靠单一的集体经济的发展路径，而是根据市场需求进行生产上的劳动分工。通过产业规模效益，降低了技术制造成本，在本小利微、市场竞争力较弱的乡镇工业中产生了显著效果。这种"集群"模式下的"社会化小生产"形式，与国营工业在类型上形成了并列、互补的关系。① 同时，市场开放使得私营经济可以充分利用省外甚至是国外资源，获取加快工业发展的生产要素，形成生产原料与产品市场"两头在外、大进大出"的发展格局。② 此外，妨碍经济效益提升的过剩劳动力被乡镇私营经济吸收，市场资源配置得到重新优化。正如马克思所说："工人阶级的一部分就这样被机器转化为过剩的人口，也就是对资本主义剥削的暂时需要来说成了无用的人口，他们或者在机器生产反对旧的手工业和工场手工业生产的力量悬殊的斗争中毁灭，或者大量涌向所有比较容易进去的行业，从而使那里的劳动力的价格降低。"③ 这也意味着，在以市场为取向的渐进式改革的推动下，个体私营经济的快速发展，不但激发了民间的创造力，而且在"帕累托改进"的社会福利状态下，人民生活水平得到提升。

从上我们可以发现一个有趣的现象：中国共产党所致力于的社会经济革命，在耗费大量时间、精力之后，到头来却又重新回到了当初混合经济的"起点"——有计划的商品经济。虽然国民经济总量在不断地增加，但是伴随着的是人民生活的"平均贫困"，这种现象不禁让人想到黄宗智所谓的"悖论现象"。④ 从手工业社会主义改造中看到，对手工业者的阶级改造、劳动分工，虽然在一定程度上解决了人身束缚和经济压

① 楼大伟认为，虽然集群是一种集体无意识、无约定的经济组织，但对于数以万计的个体生产者来说，它是一种契合"社会化小生产"的有序协作形式。参见包伟民主编《浙江区域史研究：1000—1900》，杭州出版社，2003，第558页。

② 陈一新：《浙江现象·浙江模式·浙江经验·浙江精神》，《宁波经济》（三江论坛）2009年第3期。

③ 马克思：《资本论》（第一卷），人民出版社，1953，第523~524页。

④ 商品化的蓬勃发展与小农生产停留于糊口水平两个现象的同时发生。黄宗智：《中国经济史中的悖论现象与当前的规范认识危机》，《史学理论研究》1993年第1期。

迫问题，但是对提高劳动生产率的帮助十分有限，在合作化高潮后反而出现了退社单干的"逆向发展"。从改革开放后的历史经验中更可以看到，真正促进手工业发展的是市场的扩大，它直接容纳了人口的快速增长，并从"人口压力"向"人口红利"转变，带动了区域经济的发展。因此，与其说合作化运动是生产力发展的内在需求，倒不如说是国家为了维持社会稳定，扩大资源汲取能力的政治需要，通过合作化这一"工具"，有效、彻底地消除现实中的障碍——在姻亲血缘基础上建立起来的传统家庭社会关系网络，将个人从家庭中"解放"出来，变成"社会人"，"家不再是共同生产的场所，而是共同消费的地方"①。手工业社会主义改造的顺利完成，标志着传统分散生产的小生产者被集中起来，个体私有制被集体所有制所取代，中共的社会意识形态在改造过程中被逐步接受和认同，这也被视为能取得生产高效率的一种潜在动力。对于那些"异类者"，等待他们的要么是逐步地被同化、吸收，要么就是被当作"对立面"进行批判，政治压力所带来的严重后果，是一般家庭所无法承受的。

---

① 〔德〕韦伯：《经济与社会》，商务印书馆，1997，第421页。

附　录

附录 A　相关图表资料

表 A-1　1956 年浙江省手工业基本建设资金来源情况

单位：元

单位	基建投资总额	基建资金来源				说明
		自有资金	合作事业建设资金	长期贷款	其他	
合计	4548977	2533547	249600	1360830	405000	
省联社本部	557600	120000	137600	100000	200000	1. 浙江省 1956 年国家给予手工业基建长期贷款为 1600000 元（包括 1955 年留下来的长期贷款 400000 元，生产基建投资 1360830 元，尚余 239170 元）。 2. 其他项的资金来源包括基层社自身调剂的多余流动资金和全国总社直接下拨项款。
杭州市	736395	356895		229500	150000	
温州市	1065998	503498	30000	532500		
宁波市	310372	270372	10000	30000		
嘉兴专区	748174	596344	50000	101830		
温州专区	346384	248384		43000	55000	
金华专区	382367	99367		283000		
萧山县	219984	201984	7000	11000		
舟山专区	181703	136703	15000	30000		

资料来源：《一九五六年度基本建设计划任务书》，浙江省档案馆，档案号：j112-003-029。

表 A - 2　浙江省手工业生产合作社 1956 年生产性基本建设及机械
装备的投资情况

社名	社数（个）	人数（人）	1956 年投资额（万元）			说明
			合计	其中：社内自有资金	其中：基建款投资及银行贷款	
杭州机器生产合作工厂	1	200	40		40	制造小型机床、动力设备及各种机械，满足手工业社进行技术改造的需要。上半年在原有基础上进行改建，装备新式设备
海门造船合作工厂	1	250	30		30	制造和修理大型渔船，年产大船 400 只，共 10000 吨
杭州纸浆合作工厂	1	240	40		40	为全国造纸生产社建立原料基地，年产竹浆 5000 吨，在原杭州纸浆实验工厂基础上，吸收一部分上海私人游资和全套纸浆设备，全部投资为 120 万，吸收一部分造纸工人，重新建造
义乌制糖合作工厂	1	400	60		60	利用当地糖杆原料，年产赤砂糖 5000 吨，纸浆 2500 吨，1957 年投入生产
沈家门修理社	1	135	5	1	4	修理捕鱼机帆船、汽车等，在原沈家门铁器社基础上装备扩大
杭州市修理社	1	150	5		5	修理工业及手工业社机器，并生产一部分新式农具。在原有铁器社、翻砂社上扩大
宁波市修理社	1	150	5	0.5	4.5	修理工业及手工业社机器、汽车，国防任务，并生产一部分新式农具。在原有机修社设备上扩大
温州市修理社	1	150	5	0.5	4.5	修理工业及手工业社机器，国防任务，并生产一部分新式农具。在原有机修社设备上扩大

社名	社数（个）	人数（人）	1956 年投资额（万元）			说明
			合计	其中：社内自有资金	其中：基建款投资及银行贷款	
机械装具生产合作社	18	1800	54	27	27	担负大部分新式农具的生产任务，并兼做修理业务；在金华、衢州等 18 个县市铁器社基础上扩大，全部实现机械化生产，每社 100 人，投资 3 万元，自有资金负担一半
机械装具修配中心站	95	5700	95	95		分别建立在全省各县；450 个区修配站担负修配任务及制造部分新式农具配件，大部分装备为半机械化的社，一部分机械化生产
杭州市剪刀生产合作社	1	1000	12	12		年产剪刀 400 万把左右，在原有剪刀社的基础上合并地方国营剪刀厂，并吸收剪刀店及其生产工人，投资主要是厂房建筑及一部分机械设备
杭州市制钉生产合作社	1	150	8	8		将原第一、第二、第三三个制钉社合并，投资建筑厂房及全部手工部分装备为机器生产
温州市制钉生产合作社	1	50	1	1		将原有制钉社装备一部分动力及机器
杭州市电镀生产合作社	1	200	1	1		修建厂房，扩大生产，除承担剪刀电镀外，逐步接受各种工业品电镀任务
杭州市锉刀生产合作社	1	50	1	1		购置一部分动力和机器，增加合金钢锉刀生产，以满足工业需要
温州市五金生产合作社	1	300	4	2	2	装备机器设备，扩建厂房，除生产锁以外，逐步增加建筑小五金生产

续表

社名	社数（个）	人数（人）	1956 年投资额（万元）			说明
			合计	其中：社内自有资金	其中：基建款投资及银行贷款	
平湖船舶修造合作社	1	100	1		1	装置机器动力，主要任务是制造与修理农船
嘉善船舶修造合作社	1	100	1.5	0.35	1.15	基建及购置机器设备，主要任务是制造和修理农船
温州船舶修造合作社	2（？）	300	4	2	2	以制造和修理农船为主，同时修造小型渔船
沈家门修船合作社	4（？）	1200	2	0.2	1.8	修理小型渔船，并制造一部分小型渔船，逐步向修理大型渔船发展，将原有几个修船社合并，进行厂房建设，添置部分机器设备
木器生产合作社	4	700	2	2		装备杭、宁、温三个市及建德县木器社为机械化生产，三个市木器社主要承担建筑单位的家具设备任务，建德县木器社装备后投入新安江水电站工程任务的生产
淳安煤灰生产合作社	1	1000	6	2	4	装备为机械化生产，年产煤灰15000 吨
煤灰生产合作社	4	2000	14	10	4	装备寿昌、浦江、兰溪、金华共4个煤灰社为机械化生产，每社500人，各投资3.5 万元，自有资金解决2.54 万元，每社年产煤灰7000 吨
乐清蛳壳生产合作社	1	900	6	3	3	购置机帆船
青田腊石生产合作社	1	130	2.5	0.5	2	装备机械化生产

续表

社名	社数（个）	人数（人）	1956 年投资额（万元）			说明
			合计	其中：社内自有资金	其中：基建款投资及银行贷款	
龙泉陶瓷生产合作社	1	1000	10	3	7	维修道路，改进窑灶，装备动力，进行机械化生产
富阳造纸生产合作社	1	100	6		6	装备机械，改造手工文化用纸
杭州丝织生产合作社	1	1500	32	10	22	将原有一部分丝织社合并，建造 500 人规模的厂房并改装较大的动力设备，实行三班倒生产，暂不增加从业人员，淘汰一部分落后设备
湖州丝织生产合作社	1	450	8.7	1	7.7	从吴兴县织绸手工业中吸收 300 人，与湖州织绸社合并，兴建 150 人的厂房，实行三班倒电力机生产，淘汰手拉机，增加电力织绸生产任务，维持吴兴丝织总产量，相对增加每人生产任务
杭州市棉织生产合作社	1	1200	20		20	合并兴建 400 人厂房，实行三班倒生产，不增加原有产业人员，淘汰一部分落后设备
嘉兴市针织生产合作社	1	60	2	0.5	1.5	装备动力设备，改装一部分电力机器，淘汰落后设备
印刷生产合作社	8	240	16	4	12	装备宁、温等 8 个印刷社进行机械化生产所需的动力设备，以满足排印报刊和农村文化推广对印刷品的需要
总计	160	21905	499.7	187.55	312.15	

资料来源：《关于请对本省手工业生产社一九五六年生产性基本建设及机械安装主要项目草案提出修改和补充意见的函》，浙江省档案馆藏，档案号：j112 - 003 - 002。

表 A－3　手工业合作化过程中全国手工业生产的发展情况

	单位	1952 年	1953 年	1954 年	1955 年	1956 年	1957 年
手工业从业人员数	万人	736.4	778.9	891	820.2	658.3	652.8
合作化手工业	万人	22.8	30.1	121.3	220.6	603.9	588.8
其中：手工业生产合作社	万人	21.8	27.1	59.6	97.62	484.9	474.1
个体手工业	万人	713.6	748.8	769.7	599.6	54.4	64.0
手工业总产值	亿元	73.12	91.19	104.62	101.23	117.03	133.67
合作化手工业	亿元	2.55	5.06	11.70	20.16	108.76	127.22
其中：手工业生产合作社	亿元	2.46	4.86	8.56	13.01	100.93	118.74
个体手工业	亿元	70.57	86.13	92.92	81.07	8.27	6.45
劳动生产率	元/人	992.9	1170.8	1174.2	1234.2	1777.8	2047.6
合作化手工业	元/人	1118.4	1681.1	964.6	913.9	1801.0	2160.7
其中：手工业生产合作社	元/人	1128.4	1793.4	1436.2	1333.0	2851.5	2504.5
个体手工业	元/人	988.9	1150.2	1207.2	1352.1	1520.2	1007.8

资料来源：王海波《从我国社会主义工业产生和发展的过程看社会主义生产关系的优越性》，《财经问题研究》1982 年第 4 期。

附录 B　相关文件资料

手工业劳动者协会组织通则（草案）[①]

（1955 年中央手工业管理局办法试行）

第一章　总　则

第一条　手工业劳动者协会（以下简称劳协）是手工业劳动者通过互相协商，克服生产困难，调节劳动者个人或阶级间的利益，以实现手工业生产的繁荣和走上合作化道路的共同愿望而自愿结合的群众性组织。

第二条　劳协的基本任务：（一）在党和政府的领导下，团结教育手工业劳动者，积极地执行政府政策、法令；（二）加强对手工业劳动

---

① 《手工业劳动者协会组织通则（草案）》，引自富阳县二轻工业总公司编《富阳县二轻工业志（初稿）》，内部资料，浙江省图书馆藏，1990。

者的政治思想教育，提高其社会主义觉悟，逐步引导其走向互助合作道路；（三）调节和改善手工业劳动者内部关系，以发挥其生产经营的积极性；（四）指导手工业者，按照国家和人民需要，改进生产管理和业务经营，协助解决其供产销困难；（五）代表手工业劳动者的合法利益，向人民政府及其有关部门反映意见，提出建议；（六）根据经济条件，逐步办理会员的各种知识教育及其他文化福利事业，以提高其物质、文化生活水平；（七）了解手工业内部情况，对工作提出安排和改进意见。

第三条　劳协受同级人民政府的监督与指导。

第二章　会　员

第四条　凡是专门从事手工业生产的劳动人民，包括工人、学徒、独立劳动者等各种手工业劳动者，承认当地劳协会章，均可申请参加劳协。

第五条　会员权利：（一）在会内有选举权和被选举权；（二）对劳协组织有提出改进的工作意见与建议之权；（三）在劳协的会议上，有批评任何工作人员之权；（四）享受劳协所举办的各种集体的经济文化、福利事业之权。

第六条　会员义务：（一）遵守国家法令与劳动纪律；（二）遵守会章，执行决议、服从组织，按时缴纳会费；（三）努力学习政治、文化、技术，提高政治觉悟，经济上参加社会主义建设；（四）发扬劳动人民间的团结、友爱，互助协商搞好生产，尊师爱徒，学好技术。

第七条　凡会员有破坏会章、劳动纪律的行为，经教育不改者，分别轻重给予劝告、警告、当众警告，甚至开除会籍的处分。会员无故不缴纳会费连续六个月以上者，作为自动退会处理。

第三章　组织机构

第八条　手工业劳动者协会的组织原则为民主集中制。

第九条　劳协以市、县为单位建立，省及全国不建立。

第十条　劳协的分支机构，可依行业性质或区、镇行政区域建立劳协分会、劳协小组，在手工业比较集中的大、中城市，得在区设立区劳协办事处或区分会，直接受市劳协领导，区以下可按行业为主，适当照顾地区的精神，建立基层委员会、小组。

第十一条　劳协的最高权力机关是会员大会或会员代表大会（以下简称代表会），会员代表应由行业或地区选举产生。

会员大会的职权：（一）制定或修改会章；（二）确定工作方针任务；（三）听取、审查、通过工作报告及预、决算；（四）选举和罢免劳协委员及主席；（五）议决其他有关的重要事项。

第十二条　各级会员大会闭会期间，贯彻执行大会的决议和上级指示，领导所属劳协组织的工作，对会员和上级负责，并定期向会员大会和上级报告工作。委员会得按工作需要，分别设立秘书、组织、宣教、生产指导、调解、财务等若干工作部门。

第十三条　市、县劳协委员会得选主席一人，副主席及常务委员若干人组成常务委员会，办理日常工作。

第十四条　劳协未经选举正式成立前，可暂时成立筹备委员会进行工作，代行劳协职权。会员发展到一定数量后，即可召集会员代表大会通过会章、选举委员会正式成立，同时须将会章、委员名册呈报当地政府主管机关备案。

第十五条　各地劳协应订立会章，按本通则精神，结合当地情况订定之，但必须具体说明：（一）名称；（二）工作任务；（三）会员；（四）组织机构；（五）经费的来源与用途。

第四章　经　费

第十六条　经济来源：（一）新会员的入会费；（二）会员的会费；（三）其他收入。

第十七条　劳协会费的交纳及经费开支办法，由会员大会确定，并征得当地政府手工业管理机构同意后执行。

第十八条　劳协经费须有专人负责管理，收支账目应向会员大会定期报告并公布之。

第五章　附　则

第十九条　本通则（草案）颁发前已经成立劳协者，其所制定的会章，如与本通则有抵触者，可根据本通则修正之。

第二十条　本通则（草案）在试行期间，解释权、修改权属于中央手工业管理局。

中华人民共和国手工业生产合作社暂行条例草案（修正稿）①

（1956 年 3 月）

第一章　总　则

第一条　手工业生产合作社（以下简称手工业合作社）是手工业劳动者在共产党和人民政府的领导下，按照自愿互利的原则，组织起来的集体经济组织，它是生产资料集体所有、有计划地进行共同生产、实现按劳计酬的社会主义性质的经济。

第二条　手工业合作社的基本任务是消除手工业劳动者所受的剥削、改变个体经济的生产关系，用生产资料的劳动群众集体所有制代替生产资料的个体私有制，逐步地用半机械化、机械化的大生产代替手工操作的小生产，以适应国家工业化和人民日益增长的物质、文化生活的需要，并在发展生产的基础上，逐步地提高社员的物质、文化生活水平。

第三条　手工业合作社是手工业劳动者互助互利的组织，不许进行任何剥削。手工业合作社需要的行政管理人员（包括会计、统计、营业员和技术人员等），应该吸收他们入社，如果他们暂时不愿入社，可以雇请；但雇请人数不能超过社员总数的 10%。

手工业合作社可以根据生产情况和发展前途招收学徒。学徒合乎社员条件的，应该吸收为社员。

手工业合作社对于被雇请的人员和招收的学徒，要给以合理待遇。

第四条　手工业合作社对于社员劳动的报酬，采取按劳取酬的原则。

第五条　手工业合作社的组成，在城市至少需有社员 20 人，在农村至少需有社员 11 人。从业人员少的地区，可以根据具体情况，组织多行业的综合社；行业相同或相类似的手工业合作社，可以组成专业联社。手工业合作社得以县（包括市、自治县、旗，下同）为单位，可以组成县联社，县联社以省（包括自治区、直辖市，下同）为单位，可以组成省联社。各省联社组成中华全国手工业合作总社。

第六条　中华全国手工业合作总社（以下简称全国总社）是全国手

①　《中华人民共和国手工业生产合作社暂行条例草案（修正稿）》，浙江省档案馆藏，档案号：j112 - 003 - 003。

工业合作的最高领导机构，手工业合作社和联社都是在上级社领导下进行工作。专业联社的领导关系由上级社决定。

第七条 为了明确手工业改造的任务，手工业合作社的全国领导机构，称为"中华全国手工业生产合作总社"，各省、县所属范围内的手工业合作社，经过改进生产工艺，半机械化、机械化的比重达到30％以上者，省、县手工业合作社联合社的名称，可以改为省、县工艺合作社联合社。

第八条 全国总社和联社的生产计划应该根据国家经济计划制订。手工业合作社必须根据上级社的生产计划和本社的业务情况编制自己的生产计划。手工业合作社、联社和全国总社，要同国家企业、供销合作社、农业生产合作社建立密切联系，以便实现自己的生产计划和业务计划，并且共同实现国家的经济计划。

第九条 手工业合作社应该根据社会需要和生产情况，宜于集中生产的，应该集中生产，不宜于集中生产的，应该保持分散生产的形式。

第十条 流动的服务性手工业劳动者组织起来以后，必须保持原有的分散、流动的生产方式。

第十一条 手工业合作社必须发挥潜力、改进技术、提高劳动生产率，增加产量，并且要厉行节约，降低成本，供给群众品质优良、价钱公道的产品。手工业合作社应该注意公共积累，以便扩大再生产。

第十二条 手工业合作社必须生产符合于国家和人民需要的产品，并且不断增产新品种，对原有品种不能随便减少，质量应该不断地提高。

第十三条 手工业合作社根据生产需要，应该充分注意原材料供应和产品推销工作。

第十四条 手工业合作社的内部生活制度，必须发扬民主，依靠群众办社，一切管理人员要和社员密切结合，遇事充分协商，不许滥用职权，压制民主。手工业合作社要不断加强团结，发扬社员之间的互助友爱，任何社员都不许歧视新社员、女社员、外来社员和少数民族社员。

第十五条 手工业合作社必须积极地团结社外的手工业劳动者，有计划地用多种多样的方式引导他们走上合作化的道路；帮助半社会主义性质的供销生产社和供销生产小组向手工业合作社过渡。

第十六条 手工业合作社、联社和全国总社在经营业务中必须不断地克服和防止资本主义的经营思想，并开展对于资本主义经营思想与经营作风的斗争。

第二章　手工业合作社社员

第十七条　凡是年满十六岁的男女手工业劳动者，或者能够参加手工业合作社劳动的别的劳动者（如会计、统计、营业员、技术人员等），自愿申请入社，经社员大会审查批准，就成为社员。联营手工业生产的农业生产合作社社员，可以申请加入手工业合作社，经社员大会审查批准，就成为社员。手工业合作社要注意吸收老艺人入社，并团结和尊重老艺人，发挥老艺人的特长。

第十八条　社员入社时，须交纳相当于本人一个月工资（按三个月的工资平均计算）的股金和相当于股金10%的入社费。经济确实困难不能一次缴纳股金的社员，经过社员大会决定，可先缴入社费，股金逐月在所得工资中扣交；但最迟不能超过一年。

特殊贫苦的社员，股金的缴纳，由上级联社按照具体情况确定。服务性的手工业合作社社员，经过上级联社同意，可以只缴入社费，不缴股金。

手工业合作社因业务需要，经社员大会讨论通过，可以酌量增加社员应缴纳的股金额。

第十九条　每个社员在社内都有以下权利：（一）选举权、被选举权和讨论、表决各项问题的权利；（二）参加社务活动，提出有关社务的建议、批评，并监督、检举违法失职人员；（三）要求理事会召开临时社员大会；（四）参加劳动，取得应得的报酬，享受劳动分红和各种福利待遇，并参加文化活动。

第二十条　每个社员在社内都有以下义务：（一）遵守社章，执行社员大会和理事会的决议；（二）遵守劳动纪律和各种制度，按时完成所分配的任务；（三）爱护国家的财产、合作社的公共财产；（四）加强全社的团结，同一切破坏合作社的活动作坚决的斗争。

第二十一条　社员有退社的自由。社员退社时必须向理事会提出申请。社员退社，不退还入社费，原缴的股金在年终决算后三个月内退还，应得的劳动分红仍应分配。社员因服兵役、调动工作或死亡等，股金退回应不受上述期限的限制，分配劳动分红的金额和时间由理事会酌情处理。手工业合作社的年终决算，如有亏损，以基本基金弥补不足的时候，退社社员须按照他的股金比例，扣除应缴金额，但不得超过本人的股金总额。

第二十二条　社员违反社章，不执行决议，不遵守劳动纪律，理事会按照情节轻重，给以批评教育，或给以记过、赔偿损失或者撤销职务的处分。如果屡教不改或使合作社遭受重大损失，理事会应该提请社员大会通过开除社籍或者依法起诉。被开除的社员如果不服，可以向上级联社提出申诉，上级联社未决定前，开除社员的决议暂不生效。被开除的社员，除股金同退社社员一样处理外，入社费不退，劳动分红也不分配。

第三章　生产资料和劳动报酬

第二十三条　手工业合作社生产资料有以下几种：（一）电动机具，如各种车床、电动织布机、电钻、电炉、电锯、电锤和电镀灯；其他动力机具，如柴油机等；（二）手工操作机具，如印刷机、切纸机、打字机等；（三）共同使用的工具和设备，如整经轮车、木织机、红炉、石灰窑、烤炉等；（四）各种手工工具，如刀、锯、锤等。上述生产资料，属于第一项的都应该集体所有；属于第二项、第三项的，应该基本上集体所有；属于第四项的，可以集体所有，也可以私有。

手工业合作社的厂房应该集体所有，厂房不足可以租赁，手工业合作社有了公共积累后，应该积极地建立集体所有的厂房。

第二十四条　社员以生产资料折价入股时，必须根据社内需要，按照互利原则，经民主评议决定价格，除扣应缴股金与入社费外，多余部分可以作为存款分期付息还本。

第二十五条　手工业合作社以共有资金购置的生产资料和社员折价入股的生产资料，都是合作社的公共财产。合作社的公共财产不经社员大会通过和上级联社的批准，不许出售和转让。

第二十六条　手工业合作社对于生产的社员、职工的劳动报酬，实行个人计件工资制或小组计件工资制，不能实现计件工资制的可以实现合理的计时工资制，使社员能够按照自己劳动的数量和质量获得劳动报酬。

手工业合作社的工作人员如主任、会计、统计、营业员、保管员等应该实现计时工资制。但原来是参加生产的社员转为工作人员时，根据其具体工作评定工资，一般的不能少于原来参加时全年的平均工资。

第二十七条 手工业合作社实行劳动分红制。劳动分红是在年终决算后有盈余时，按照本条例第四十五条的规定，在盈余内提取。劳动分红应该按照合作社全体人员的工资总数比例计算。社员按照自己的工资比例领取劳动分红。不是社员的职工和学徒不能领取劳动分红，按其工资比例所分配的劳动分红归入合作社的公共积累。

第四章 生产管理和技术改进

第二十八条 手工业合作社应该根据社会需要和生产情况组织集中生产或分散生产。分散生产各种类型的手工业合作社，应该根据不同的情况，进行统一经营、统一计算盈亏，有的也可以分散经营，各计盈亏。

第二十九条 手工业合作社要根据上级联社布置任务和自己的条件来制订生产计划，按照计划进行生产。还要根据生产计划的需要制订原材料供应、产品推销、产品质量、劳动力调配、劳动工资等计划，规定各种责任制度。

第三十条 手工业合作社必须不断地提高生产量和产品质量，因此应该进行下列工作和规定下列制度：（一）根据生产工序与技术程度、劳动条件，调配劳动组织，实行分工协作；（二）经常不断地组织与开展组与组之间、车间与车间之间、社员与社员之间、合作社与合作社之间的劳动竞赛；（三）建立劳动纪律，手工业合作社的劳动纪律包括：有事要请假，无故不旷工，遵守下班制度，遵守操作规程等；（四）制定产品标准，在制定产品标准时，应该吸收消费者的意见，为了提高产品质量，每个工序或每一产品的半成品都必须规定出适当标准；（五）建立生产定额制度，手工业合作社的生产定额，要由经验统计定额提高到平均先进定额，并且制定原材料消耗定额；（六）建立严格的产品检验制度和生产责任制，手工业合作社必须按照产品标准对产品进行检验，并规定未达到产品标准的产品处理办法；（七）手工业合作社对社员生产任务的检查时，既要检查数量又要检查质量。

第三十一条 手工业合作社应该不断地研究改进生产技术，节约原材料和燃料，并且根据需要与可能，由手工工具生产发展到半机械化、机械化生产。手工业合作社应该尽先利用原有设备、机具，并发挥其潜在力量；对影响生产和产品质量的陈旧设备、机具，应该根据经济条件进行改进。手工业合作社对于大工业替换下来的机器，应该争取改装和利用。

第三十二条　手工业合作社为了适应技术改进的要求，应该不断地培养技术人才，团结老艺人和熟练技术工人，贯彻互教互学、尊师爱徒的教育，订立师徒合同，用包教包学的办法培养青年工人。

手工业合作社要成立技术研究会，交流生产技术，提高社员的技术水平，研究改进生产设备、生产工具，试制新产品，改进产品花样，推广先进经验。

第三十三条　手工业合作社的社员有技术改进、发明创造或对于手工业合作社有重大贡献的，应该依据《有关生产发明、技术改进及合理化建议的暂行条例》给予奖励。

手工业合作社必须经常地鼓励和帮助生产落后的工序与车间，赶上先进的工序与车间，以保证生产的均衡进行。

第三十四条　手工业合作社要经常地注意生产安全、清洁卫生工作，特别是女社员、女职工的安全保护工作，根据上级联社的规定，制定安全保护和清洁卫生的办法，并且加强社员、职工的安全生产和清洁卫生的教育。

第三十五条　手工业合作社要组织安全保护委员会（或组）经常检查车间的操作规程，工作地的通风、照明、取暖和其他安全、卫生设备，消防设施以及清洁卫生的工作。

第五章　供应与推销业务

第三十六条　手工业合作社的原料供应，根据国家物资分配计划和采购计划，按照上级联社的指示，购买机器设备、原料、燃料；并且积极接受国家和其他部门的加工订货任务。

手工业合作社应该积极采购地方原材料、燃料、废品废料、半成品、代用品等。

第三十七条　手工业合作社的产品推销，除由国家和其他部门进行加工、订货及选购以外，其余产品由手工业合作社自行推销，并且将推销计划逐步纳入国家或地方计划。

第三十八条　手工业合作社报请上级联社同意，可以设立自己的门市部，经营批发和零售业务。手工业合作社还可以根据社会需要，积极地有计划地设立各种修配站。

第三十九条　手工业合作社为了宣传自己的产品、吸收消费者的意见、改进生产，可以举办产品交流会和展览会，并可以参加国营工商业部门和供销合作社所举办的物资交流会。

第六章　财务管理和盈余分配

第四十条　手工业合作社的自有资金由股金、基本基金（包括社员入社费、公积金、国家优待、不返还的收入等）、特种基金和折旧基金组成。手工业的股金，可以用于业务周转或购置固定资产；基本基金是合作社的公共积累，可以用于进行基本建设、购置工具设备和扩充业务；特种基金（包括教育、福利、劳动奖励、长期信贷等），按照规定实行专款专用；折旧基金用于购置新的工具和设备。

第四十一条　手工业合作社必须逐步实现经济核算制。为了加强财务管理，应该编制下列计划：（一）财务收支计划；（二）利润计划；（三）产品成本计划；（四）一般生产费用计划；（五）流动资金定额及银行短期借款计划。

第四十二条　手工业合作社应该充分利用自备流动资金，加速流动资金的周转。自备流动资金不能满足生产需要时，可向银行申请借款。向银行借款的手工业合作社，应该接受银行的监督。

第四十三条　手工业合作社的一切公共财产必须有专人负责，设立账册予以记载，并且订出收发、保管和按时清点的办法。手工业合作社的会计和出纳工作必须逐步地做到分人负责；会计员管账不管钱，出纳员管钱不管账，但出纳员无权自行支付任何款项。

手工业合作社的一切收支必须要有单据凭证，会计员必须根据合乎规定的凭单记账。对一切不合制度和手续的开支，主管会计人员有权拒绝支付。

第四十四条　手工业合作社实行年终决算。并且在季度、年度终了时向社员公布账目。

第四十五条　手工业合作社年终决算有盈余时，应该先行提缴所得税和剔除上年度的亏损、国家优待（如减税、免税、优价），将剔除的国家优待转入基本基金，余额由理事会按下列比例作出分配：（一）公积金：不得少于40%；（二）劳动分红：不得少于20%；（三）教育基金：10%；（四）福利基金、奖励基金：不得超过10%；（五）长期信贷基金：20%。

手工业合作社年终决算有亏损时，可以留置账面以下年度的盈余弥补。

第四十六条　手工业合作社应当教育和监督自己的社员和职工，在使用资金时厉行节约，爱护公共财产。合作社职工由于不负责任，使公共财产遭受损失，理事会按情节轻重，给予批评教育或予以应得的处分；如对公共财产有贪污、盗窃、破坏等犯罪行为，交由司法机关处理。

第七章　政治工作和文化福利事业

第四十七条　手工业合作社应该在共产党和人民政府的领导下，在青年团和妇女联合会的协作下，进行以下的政治工作：（一）向社员、职工讲解国内外时事、宣传共产党的主张和人民政府的政策，特别是着重宣传对手工业社会主义改造的方针、政策，号召社员、职工热爱祖国，积极地参加社会主义建设；（二）提倡爱护公共财产，勤俭办社，爱社如家；（三）教育社员、职工自觉地遵守劳动纪律，反对破坏劳动纪律的行为；（四）开展劳动竞赛，提倡钻研业务和改进生产技术，鼓励社员、职工的劳动积极性和创造性；（五）发扬社内民主，鼓励社员、职工积极地参加社务管理；（六）进行集体主义的教育，加强社内、外的团结，提倡互助互济、团结友爱的优良作风；（七）反对资本主义经营思想和作风；（八）提倡社员、职工的革命警惕性，加强合作社的保卫工作。

第四十八条　手工业合作社应该积极地动员、组织和帮助社员、职工扫除文盲，学习文化和科学，并按照需要组织文化委员会，在女社员人数多的社，可以组织妇女委员会。文化委员会和妇女委员会在理事会的领导下进行工作。为了提高社员、职工的政治、文化水平，可以组织业余剧团、俱乐部、阅览室等。

第四十九条　手工业合作社为了保证社员、职工的身体健康，应该贯彻劳动与卫国的教育，开展体育运动。

第五十条　手工业合作社为了保护社员、职工的健康，减轻他们生活中的困难，应该根据合作社的经济力量，逐步举办互助保险。

第五十一条　手工业合作社在未举办互助保险之前，要随着生产的发展，逐步举办以下福利事业：（一）对因公负伤的社员设法医治和给以帮助；（二）对因公负伤的社员，根据残废情况，在生活上给以适当的照顾；（三）对因公牺牲的社员，除给安葬费外，要抚恤他的家属；（四）对疾病确实无力医治，或者因病使生活上发生重大困难的社员，给以补助；（五）有女社员的合作社，尽可能举办托儿所或托儿站；在女社员生孩子的时候，除适当地规定产前产后假期外，对特别困难的，酌情给以帮助。

第八章　手工业合作社的组织机构

第五十二条　手工业合作社的最高管理机关是社员大会，社员大会的职权是：（一）通过或者修改社章，审查、批准合作社的生产、供销、财务等计划和劳动纪律的规章；（二）选举或者罢免理事、监事和出席上级联社社员代表大会的代表；（三）批准社员入社，决定对于社员的重大奖励、重大处罚和决定开除社员；（四）审查批准理事会、监事会的工作报告；（五）审查批准各项基金拨款计划、年终决算的盈余分配案或弥补亏损案和重要财产的购置或转让；（六）决定合作社的解散、分支机构的设立或同其他合作社的合并；（七）审查社员对理、监事不法行为的检举；（八）批准合作社重要负责人员的任免；（九）关于其他重要问题的条例和决议。

第五十三条　社员大会每季召开一次，由理事会召集；如果有下列情形的一种，可以召开临时社员大会：（一）理事会认为必要；（二）四分之一以上的社员要求；（三）监事会的建议；（四）上级联社的指示。

第五十四条　社员大会须有全体社员过半数出席才能开会，但是在通过或者修改社章、选举或者罢免理（监）事、分配盈余、开除社员以及解散合作社时，须有三分之二的社员出席，出席社员半数通过，才能做出决议。

第五十五条　社员大会按照实际需要，选出理事 3—13 人，组成理事会。理事任期一年，可以连选连任。理事会设主任一人，副主任若干人，由理事互选。

第五十六条　理事会对社员大会负责，它的职责是：（一）执行社员大会的决议和上级联社的指示；（二）按照社员大会通过的、经上级联社批准的计划进行工作；（三）对外代表合作社进行贷款、发出委托书、签订合同等；（四）保护合作社财产，每季向社员公布账目；（五）任免合作社工作人员，但对合作社重要负责人员的任免，须提请社员大会批准；（六）按照本条例第二十二条的规定，处罚违反社章、不执行决议、不遵守劳动纪律的社员；（七）按照上级联社的规定，编制各种计划、统计财务等报表和报告；（八）领导社员学习，提高社员的文化、技术水平和社会主义觉悟。

第五十七条　理事会每月至少开会两次，由理事会主任召集；会议须有过半数理事出席，才能开会；出席理事过半数通过，才能做出决议。会议记录须由理事会主任和出席理事签名，个别理事对决议有不同意见，须一并记录。

理事会开会时，须通知监事会派监事列席，列席监事只有发言权，没有表决权。

第五十八条　理事会要有明确的分工，理事主任主持全面工作，副主任和其他理事则按照工作需要进行分工。

第五十九条　社员大会按照实际需要，选出监事3—7人，组成监事会。监事任期一年，可以连选连任。监事会设主任一名，副主任若干人，由监事互选。合作社理事、会计、出纳、营业员、保管员等，不能兼任监事会的职务。

第六十条　监事会在上级联社理事会的领导下进行工作，它的职责是：（一）监察理事会是否执行社章、社员大会决议和上级联社的指示；（二）检查理事会和所属企业的业务活动；（三）检查合作社的生产、供销、财务等计划的执行情况；（四）检查社内公共财产有没有贪污、盗窃、破坏、浪费、损失等情形；（五）向社员大会提出对理事会工作报告的意见和检查工作报告。

第六十一条　监事会每月开会一次，由监事会主任召集；会议须有全体监事过半数出席，才能开会；出席监事过半数同意，才能做出决议。会议记录须有监事会主任和出席监事签字，个别监事对决议有不同意见，须一并记入。

第六十二条　监事会进行检查后，可以根据情况，向理事会提出书面建议。理事会应该在接到书面建议15日内，召开会议讨论，是否按照监事会的建议执行。

第九章　手工业合作社联社和总社

第六十三条　县、省联社是所辖区域内各手工业合作社的领导机构，其主要任务是：（一）根据国家和上级社的要求，按照当地情况，制订对手工业社会主义改造的规划，审查下级社的计划，并对其进行监督；（二）组织并领导所属手工业合作社、联社的生产，解决原料供应和产品推销的困难；（三）指导所属手工业合作社、联社改进生产、技术，推广先进经验，开展合理化建议，组织劳动竞赛，并对模范的手工业合作社给予表扬、奖励；（四）训练培养干部，帮助并指导干部与社员的政治、业务、文化学习，提高集体主义的思想，巩固合作社的组织。

第六十四条　全国手工业合作总社是全国手工业合作社的最高领导机构，它的主要任务是：（一）领导全国手工业社会主义改造的工作，制订全国手工业改造的全面规划；（二）编制全国手工业合作社的年度计划、长期计划，并审查、批准所属省联社的年度计划、长期计划；（三）领导和检查全国手工业合作社和联社的组织发展、生产、供应、推销、财务和统计工作；（四）制定全国性的各项规章，并对手工业合作社和联社违反国家政策、法规的错误措施，有权修改和撤销；（五）加强手工业科学技术的研究工作，可以设立科学研究机构和实验室；（六）培养和训练干部。

第六十五条　全国手工业合作总社代表全国手工业合作社参加有关的国家团体活动。

第六十六条　手工业合作社申请加入县联社，经批准后，就成为县联社的社员；县联社申请加入省联社，经批准后，就成为省联社的社员；生产联社申请加入全国总社，经批准后，就成为全国总社的社员。

第六十七条　社员应向所加入的联社或总社交纳股金。手工业合作社应提取该社股金总数的5%作为上缴股金；县联社应提取该联社股金总数的10%作为上缴股金；省联社应该提取该联社股金总数的20%作为上缴股金。手工业合作社除按照交纳规定股金外，还应上缴相对于股金10%的入社费。

手工业合作社和县、省联社除按照规定缴纳股金外，还应按照全国总社的规定缴纳管理费（手工业合作社最多不得超过销售货款的0.5%，此项费用列入成本）。

第六十八条　联社或总社的社员都有以下权利：（一）选举出席上级社社员代表大会代表；（二）享用联社或总社的生产设备或其他方面的设备；（三）委托联社或总社推销产品或采购原材料、设备和工具；（四）对联社或总社的工作提出批评和建议。

第六十九条　联社或总社的社员都有以下的义务：（一）遵守社章，执行联社或总社社员代表大会、委员会的决议和理事会的指示；（二）按照联社或总社的规定，定期提出各项工作报告；（三）按照全国总社的规定，上缴各项特种基金和管理费。

第七十条　联社或总社的社员，根据各该社社员大会或社员代表大会的决议，可以书面申请退出。对退社社员只退还股金，股金在联社或总社年终结算三个月内退还，有亏损时应扣除应摊金额。

第七十一条　联社或总社理事会对于社员违反社章、不执行决议，情节严重的，可以令它改组，必要时可以提请社员代表大会通过，开除社籍。被开除的社员所缴纳的股金和各项基金的处理办法，和前条同。

第七十二条　联社的最高管理机关是社员代表大会，代表由手工业合作社的社员大会或者县联社社员代表大会选举产生。代表由各级联社提出，报上级社批准。全国总社的最高管理机关是全国社员代表大会，代表由省联社社员代表大会选举产生，代表名额由全国总社决定。联社或总社的理事或监事当选为社员代表大会代表的，可以列席社员代表大会。在联社或总社未正式成立前，由筹备委员会办理选举代表事务，并负责召开首次社员代表大会。

第七十三条　为了在社员代表大会闭会期间执行社员代表大会的职权，省和全国社员代表大会各选出委员若干人，组成省联合社委员会和全国总社委员会。省联合社委员会委员任期二年，全国总社委员会委员任期四年，都可以连选连任。省联社和全国总社的理、监事是省联合社委员会和全国总社委员会的当然委员，理事会主任是委员会的当然主席。省联合社委员会和全国总社委员会没有修改社章、开除社员和解散联社或总社的职权。

第七十四条　县联社社员代表大会每一年举行一次，省联社社员代表大会每二年举行一次，全国总社社员代表大会每四年举行一次。由联社或总社理事会召集，在必要时，经过委员会同意（县级经理、监事联席会议通过），可以提前或推迟召开。

第七十五条 省联合社委员会每年召开会议两次，全国总社委员会每年召开一次，但可以根据理事会的决议、监事会或五分之一以上社员的建议召开临时会议。省联合社委员会和全国总社委员会必须有全体委员过半数出席，才能开会；出席委员过半数通过，才能做出决定。

第七十六条 联社或总社社员代表大会选举理事若干人组成理事会。理事会设主任一人和副主任若干人，由理事互选。联社理事任期二年，全国总社理事任期四年，可以连选连任。

第七十七条 联社或总社理事会根据本条例、社章的规定和社员代表大会的决议管理社务。省联社和全国总社的理事会，还要执行委员会的决议。

第七十八条 联社或总社的社员代表大会选出监事若干人组成监事会，监事会设主任一人和副主任若干人，由监事互选。联社监事任期二年，全国总社监事任期四年，可以连选连任。

第七十九条 联社或总社的监事会根据本条例和社章的规定，监督全社和理事会的工作。监事会进行检查后，应该根据情况，向同级理事会提出建议。联社和理事会应在接到建议的 15 日内，全国总社理事会在接到建议的 30 日内，召开有监事列席的会议讨论，否则即须按照监事会的建议执行。

第十章 合并和解散

第八十条 手工业合作社经社员大会通过和县联社批准，可以同其他社合并。合并后要开社员大会，选举新的理事会和监事会，各社的全部公共财产，仍旧归集体所有。

第八十一条 手工业合作社和县、省联社如果有正当原因必须解散，要经社员大会或社员代表大会的决议和上级社的批准。全国总社解散，要经过全国社员代表大会的决议。解散清理后财产的盈余或亏损，要按照全国社员代表大会的决议处理。

手工业合作社和县、省联社解散清理后，如果财产有盈余，除退还社员股金外，余下部分完全移交上级社作为长期信贷资金，如果有亏损，依次以基本基金、股金弥补。上级社不负补偿亏损责任。

第十一章　附则

第八十二条　手工业合作社、联社和总社，根据本条例制定章程。

第八十三条　本条例自颁发之日施行。

浙江省手工业生产合作社（组）、生产联社批准登记暂行办法（草案）①

（1957 年 1 月 3 日）

第一条　根据《中华人民共和国宪法》第七条的规定，为了保护手工业生产合作社（组）的利益，帮助指导其改善经营管理，发展生产，并逐步纳入国家计划轨道，完成对手工业的社会主义改造，特制订本办法。

第二条　手工业生产合作社、供销生产合作社、供销生产小组，均需经县、市手工业生产联社批准同意，方可开始筹备并正式成立。负责批准机关应抄报税务、银行等部门备案，以便享受优待。

第三条　手工业生产合作社（组）、生产联社及其分支机构（如经理部、加工厂）在正式成立之后三个月内，均需办理登记。在本办法公布前成立的生产社（组）一律据需办理登记工作；凡已按浙江省手工业管理局1954年10月份颁发的《浙江省手工业生产合作社登记暂时办法（草案）》办理登记者，仍应重新办理换发登记证。

第四条　县、市生产联社及跨县的专业联社，报省手工业管理局登记。在上报办理登记时，同时抄致专署手工业管理科，在补办登记时同。生产合作社、供销生产合作社、供销生产小组，县、市联社的分支机构（如经理部、加工厂）以及所属专业联社的登记事宜由各县市手工业管理局、科办理。

第五条　手工业生产合作社、组、联社以及分支机构申请登记时，应提交并填报下列书表：（一）登记申请书及联社的审核意见书，社章（简则）二份，社（组）员大会或社（组）员代表大会通过社章（简则）的记录副本，监理事（小组长）名单，并填报企业所在地，社、组员人数、资金总额等；（二）生产社的分支机构应报送机构名称，负责

---

① 《浙江省手工业生产合作社（组）、生产联社批准登记暂行办法（草案）》，浙江省档案馆藏，档案号：j112 - 004 - 002。

人名称、地址、资金、估计年产值或经营额，加工厂应增报主要产品名称；（三）生产联社应报送合作社代表大会通过的社章和理监事名单。以上书表按办理登记机关规定样式自行拟定。

第六条　手工业管理部门收到申请登记的文件后，经审查，至迟在一个月内做出批准或拒绝登记的决定，并通知申请单位。

第七条　如有下列情况，不予以批准登记：（一）社章（简则）的内容与政府所规定的政策法令有抵触者；（二）所报文件与事实、规定不符者。

第八条　办理登记机关批准申请社（组）登记时，除发给规定格式的登记证外，并在其社章（简则）上注明"批准"及批准日期，加盖办理登记机关的公章，一份存查，一份连同登记证发给申请单位。

第九条　手工业生产合作社（组）从批准登记日起即享有法人权。

第十条　手工业合作社（组）机构经上级社批准进行合并或分设新社时，均须根据本办法第三条规定重新进行登记，同时撤销原登记证；社（组）如更换名称、迁移地址应向原办理登记机关换领登记证（迁移地址在同乡、镇、市区内可不必换领）。

第十一条　手工业合作社（组）经核准解散时，应撤销其登记证，并通知当地银行、税务等机关。

第十二条　手工业供销生产社、供销生产小组提高为生产合作社或供销生产社时，应视同新成立之生产合作社根据本办法第三条办理登记手续，同时撤销原发登记证。

第十三条　本办法批准实施之日起，浙江省手工业管理局 1954 年 10 月颁发之《浙江省手工业生产合作社登记暂行办法（草案）》同时废止。

附录 C　调查采访记录

采访记录一：

被采访人：郑定淳，20 世纪 30 年代生人

职业：铁匠

调查（采访）时间：2018 年 10 月

问：你原来的单位是哪里？中间是否出现过变化？

答：20 世纪 50 年代我参加铁业合作社，那时浦江县玄鹿区（现在的郑宅镇）还有木业社、桶业社、篾业社、缝业社等。到 1958 年合并为联合工厂，后来改名为"浦东机械厂"。以上各单位分别改为车间：铸工车间、金工车间……再过几年改为"浦江马铁厂"，一直经营到改制。

问：你从事手工业的什么职业？具体负责做什么？

答：铁匠，1954 年至 1982 年一直在打铁，1989 年 1 月就任单位人事科长，9 月退休。

问：你的成分是？什么时候开始从事该项职业？

答：我的父亲是黄埔生，担任过国民党军官；少年时候家庭条件较为优渥，8 岁有专人负责教授英文，9 岁学习诗文。新中国成立之后，（地主家庭）资产被查没，一贫如洗，家贫出艺。（19 岁时）选择了最辛苦的铁匠。

问：在合作社里的收入如何？是怎么分配的？

答：工资是每月 6 元。铁业合作社实行师徒制，徒弟每月劳动所得，除了 6 元工资以外，不论多少，其余全归师傅所有。如果两人一组，伙计和师傅的分成是四六开；再加一个徒弟，成为三人一组，扣除徒弟每月 6 元工资，其余所得，伙计和师傅也是四六开。每组每年在社里干一个月的活，其余时间走街串巷，上门加工，每月向社里上交 16 元管理费。

问：可以聊聊你的学徒生涯吗？

答：铁匠学徒是很辛苦的，在夏天每天要做 14 小时。炉子高温闷热，夜晚蚊子纷飞。天刚亮起床砌炉点火。做锄头、勾刀、菜刀等农用物件。朝夕劬劳，汗流浃背。每天直到天黑休工。没有星期天。

问：师傅对你们怎么样？平时怎么要求你们？你们私下的关系如何？

答：师傅很疼爱我，但工作要求严格，关系相处得较为融洽。

问：你是否参与了手工业合作化？是否自愿加入？

答：自愿加入合作社的，1957 年 7 月 1 号转为城镇居民户口，在当时户口无所谓，但是后来就珍贵了。

问：你对合作化的看法如何？能不能具体地谈一谈？

答：当年政府还是比较重视和关心手工业的，积极组织手工业者走集体化道路，在方式上给予指导和帮助。

问：国家要求的和实际之间有没有差异？生产指标能不能完成？

答：合作化开始时国家并没有明确的要求和指标，但是有时候会出现一些指派的生产！到了"大跃进"期间，各种生产任务就开始增加了。

问：你们合作社的具体结构是怎么样的？

答：在手工业合作社的时候主要是师傅带着我做（学徒阶段）；联合工厂时是分点做的（比方说木桶，分点做，工资由厂部结算）；马铁厂时内部就有规范的设置了，如人事科、财务科、销售科、生产科等。

问：合作社的领导是不是国家指派的？

答：合作社的领导主要是大家自己推选出来的，后来到联合工厂时才由手工业管理局（二轻局）指派，工人只管做工。科层领导是由厂部推荐，经二轻局同意后任命的。

问：在平时工作中是否存在偷懒的情况？是否会出现损人利己的问题？

答：合作社在分配时是按件计酬的，所以没有什么偷懒的人，也不会有损人利己的事情。

问：是否会抱怨工资低？

答：不会抱怨，销售科有任务和奖金，其他科没有。人人都喜欢科室，不喜欢又脏又累的基层。

问：当时合作社或工厂有没有发生过工人拿厂里东西（如原料、工具等）回家，或以自家损坏的物品换合作社、工厂好的物品的情况？或者说发生更严重"侵吞工厂财务"的事情？

答：那时合作社里也很穷，也没有像样的工具，因此，偷换的现象一般倒是没有。我只记得有个出纳，他掌管整个社的财政大权。全社的资金是 37 元人民币，他就偷了全部的钱逃往东北，在那边讨生活，一直没有回来。听说他后来又跑了好多地方，后来生活倒还好。

问：当时那位出纳年纪多大？家里生活困难？还是什么原因？

答：当年他 21 岁，也是地主家庭出身，生活真的困难。当时没钱买盐（盐是 7 分钱一斤），只能用淡的菜叶填饱肚子（不是一天两天）。麦子尚未成熟，一粒一粒拿回家充饥。

问：当时国家为什么要选择他当出纳呢？

答：他和我一样是铁匠学徒工，因为全社没有识字的人，老师傅们都是文盲，而在社里只有几个人识字，所以让他兼职出纳。（我更喜欢去农村，可以挣更多的钱，但是去农村也需要门路，不是任何人都可以去的。）

问：合作社对老同志是否尊重？你觉得老同志和你们相处愉快吗？

答：新中国成立之前，老师傅对徒弟是比较凶的，存在谩骂和殴打徒弟的事情，但是之后师傅对徒弟的态度发生了明显改变。我师傅对我是不凶的，我们一般对年长的都很尊重。平时也是各做各的，相处还好。

问：你带过徒弟吗？平时如何同徒弟交流？与徒弟的关系如何？

答：带过好几个徒弟，对徒弟的要求比较严格。但是与徒弟的关系很好，一直有往来。

问：你对徒弟的要求是什么？

答：手艺学成，能够糊口。

问：合作社是如何运作的？包括任务布置、产品生产、产品销售、工资分配等环节。是否有分红？

答：合作化期间，在铁业社就是二人一张炉（单人不好做，木工、篾匠、桶匠、裁缝、泥水匠都可以单个做），在农村加工的，1.3元为一天的工资，由户主付给手工业者，每月上交社里16元（上交的钱款作为合作社的公积金，用于添置设备，扩大再生产）。其余所得二人依底分分账（师傅几分，伙计几分，由开会时评底分）。社内的主要为计件工资，二人按底分分账。产品运到门市部去卖。

由于是计件发工资的，大家都喜欢下乡干活（僧多粥少，不是经常有活干的），留在厂里干活的都是一些没有门路的工人（在社里木工、泥水工、铁匠都是计件工资，木工、泥水工每天工资1.3元，而铁匠是1.4元）。

问：假如遇到农村没有需求，农户不给你1.3元，是否就由合作社给你发工资？

答：那时我们的收入是没有保证的。有时也会出现没有活干的情况，这个有季节之分，农忙的时候收入会高点儿，没有活儿干了，就没有工资了。所以说铁匠的生活还是不稳定的，比较艰苦的（作为对比，2018年一个木工的每天工资都要260元）。

问：当时有哪些手工业产品你印象比较深？

答：在政府建火葬场之前，人死都要用棺材。但是那时木材购买比较困难，泥水匠等就用水泥作为原料来制造棺材，做了很长一段时间。缺点就是太笨重。

联合工厂时期，（新产品）篾壳热水瓶和铁壳热水瓶相比，物美价廉，红极一时，很快就占领了市场。但是后来因为塑料壳热水瓶出世，没人买篾壳的了，从此销声匿迹。

浦东机械厂时期，二轻局分配做木制插秧机，又强行分配卖给农业合作社。实际上，插秧机效果不好，最后以失败告终。

问：刚才您提到二轻局强迫农业社购买木制插秧机，农业社是因为使用不习惯，还是插秧效果不好而不用的？

原本政府是一片好心，不仅使农业提高生产效益，而且让机械厂工人有活干。因为农业合业社没有多余资金，所以不想买。但由于机械厂已做好，只能强迫分配购买。如果插秧机效果好的话，还是皆大欢喜。但是事与愿违，以失败告终。

问：当时你们在合作社是以手工形式生产打稻机的，还是有机器设备的辅助？

答：手工作业的方式。

问：手工业社和农业社之间的关系如何？

答：基本上保持一种良好的关系，但是也会因为厂房、土地问题发生矛盾，如当时我们没有房子，占用了当地的祠堂，结果闹到区政府，才得以解决。

问：你觉得转厂是否有必要？

答：小集体每年都会有利润积累，扩大再生产，逐渐壮大，必须发展。

问：在工厂（合作社）你的收入是一个什么样的水平？你的收入水平是否逐步增长？能否满足家庭生产生活需求？

答：20世纪五六十年代是按件计酬，比农村要好得多。之前的事情我记不太清楚了，但是我记得70年代有的教师27元一月，我们铁匠一般45元一月，基本可以维持一家人的生活，那时可比农村好得多。

问：改革开放后，你的工作有什么变化？

答：1983年到铸工车间做工（之后各县都纷纷开始改制，浦江马铁厂也进行了改制），1987 年开始做锁，增加锁芯车间和锁匙车间。1988 年承包锁芯车间。

问：你对政府在合作化过程中角色有什么看法？

答：旧社会底子太差，政府想让手工业者有饭吃、有衣穿、有房住，因此积极将他们组织起来，想让他们富起来，但是进程是很慢的。所以后来也就出现了大炼钢铁、"文化大革命"等问题，这些都影响了包括手工业者在内的整个农村的生活水平。手工业者一般都生活在农村，农村穷了，手工业者基本上没活干了，跟着一起穷。

问：你如何看待你自己的工艺传承问题？

答：一般工厂都私营了，机器生产下的工人不需要学习手艺了，只要会操作机器就好了。学手艺的人越来越少了。

问：你现在生活如何？是否拿退休工资？

答：1989 年后退休了。每个月拿 4000 多元的退休金。生活无忧，平时基本就是锻炼身体、种点蔬菜。

采访记录二：

被采访人：项小游，20 世纪 30 年代生人

职业：木匠

调查（采访）时间：2018 年 9 月

问：你原来从事什么行业？中间是否出现过变化？

答：22 岁时开始木工学徒的生活，到退休时木业社（当时已转厂）共有 80 多人。20 世纪 50 年代末为了响应国家号召，将裁缝、泥工、木工、篾匠、铁匠、桶匠等 6 个行业进行合并，合并之后我们拿到居民户口，成为吃"国家粮食"的人，我是 1959 年户口迁移，成为城镇户口的，从那年之后国家就不迁户口了。那时候居民户口可以拿到国家供应的三十六七斤粮票，和农村完全脱钩。

问：当时有些手工业者还是更加愿意回农业社？

答：是的，尤其是 1958 年大炼钢铁，所有的人都不种田了，结果基本上大家都吃不上饭，粮食供应非常紧张。很多同事都选择主动退出木业合作社，回家种地去了。当时有句话是这样："工人、工人，不如农民

的一块田埂。"

问：你具体负责做什么？

答：负责做犁、耙等农业生产工具。

问：为什么会从事该项职业？因为收入？还是因为别的？

答：我是贫农出身（父母务农），父母在我 13 岁时就去世了，因为年纪小，和哥哥嫂嫂一起生活，帮哥哥做点田间活，解决吃饭问题。过了几年之后，哥哥嫂嫂开始对我不是很友善，特别是嫂嫂，经常对我加以谩骂。偶然一次我们村里请了一个木匠来修缮农具器械，我就开口和木匠师傅说：能否收我为徒？师傅看了我一眼，就答应了。当时觉得有门手艺可以养活自己，且有手艺的人还是比较受尊敬的。

问：你是什么学历？

答：初小毕业（三年级），当时合作社里面的人基本上都没什么文化的（那时高小毕业都可以教书了）。我们合作社的会计是高小毕业的。

问：师傅对你们怎么样？平时怎么要求你们？私下你们的关系如何？

答：师徒关系很好，平时都是和和气气的（学徒第一年工资 0.4 元/天）。

当时有些师傅是很凶的，有的徒弟老是学不会师傅教的东西，木工活老是做错，师傅也是要打他们的。

问：你觉得手工业合作社怎么样？

答：我觉得合作化对我们来说还是好的，但是对农村来说有些地方做得不够好。比如合作化之后分配粮食都是按照工分来进行的，没有劳动力的就很吃亏了，只能分到余下来的那点口粮，那点口粮根本就不够吃（当时根本没有什么油水的，像我当时是 20 多岁的小伙子，一顿要吃四五两米饭）。一般的壮年男子按照工分得到的粮食就比较多。

问：政府与合作社的关系是怎么样的？

答：当时加入合作社主要是听从国家安排，按照国家的文件执行（在后期大合并之后，虽然 7 个行业在一个合作社里面，但是各自行业单独做自己的活儿，互不影响）。当政府有事情需要办了，直接找到合作社的负责人。比如说，修水库过程中需要木匠、篾匠了，政府就直接让合作社派人过去服务，木匠在工地维修、做工具，篾匠编制各种竹筐、畚箕等。又如大炼钢铁时高炉熔铁时需要大型风箱，就让我们木匠去做这些。有时候我们白天黑夜加班加点地做，给我们的工作任务是必须要完成的。但是工资是不允许超额给个人发的，合作社从积蓄中抽出一笔钱，给予每个人 0.4 元/天的补贴（不算在工资里面的）。但是有人还是会去上级反映的，上级对合作社进行批评教育。

单干时，政府让你去参加指派的活儿，你可以直接拒绝。但是合作化加入集体生产之后情况就不一样了，政府只需要一个通知，就可以从每个合作社抽几个人出来，调派去服务修水库、修路等大型工程项目。有合作社这个组织之后，国家抽人就变得容易了。

问：那时候你们被抽调去干活有没有出现偷懒的现象呢？

答： 那时候的人都比较忠厚老实，没有那些耍滑头的现象，大家都是听毛主席的话。那时候商店里东西价格定下来之后不会随意地涨价的，像猪肉当时定价 0.6 元/斤，就是 0.6 元/斤，不准你涨价，一旦涨价，就要被处理的。

问：（刚才提到）粮食紧张的问题出在哪里？

答： 那时候根本不允许你自己去种地，由于大炼钢铁中大部分人都去炼钢铁、烧炭了，很多地就是这样荒着的。农村很多时候都是这一年吃上一年的粮食，如果一年不好，粮食马上就紧张起来。直到刘少奇"三自一包、四大自由"的文件下来之后才好起来，可以去荒地上种点粮食，之前我们在山坡上种的南瓜马上要成熟了，都被全部连根拔除，不允许你种。

问：当时是否存在"黑市"？

答： 去"黑市"买米就非常贵了。"黑市"基本上是偷摸进行的。当时政府其实也没怎么管理"黑市"，因为政府也知道市场上物资紧张，有些人仅仅依靠那点粮食根本不够。可以说当时样样东西都是很紧俏的。当时买点糖，要说明情况，经批准才能去供销社购买。如果你当时自己烧点酒或私自售卖东西，不仅税务局要罚你的款，严重的还要被抓去坐牢。

问：在此过程中国家是否征收粮食？

答： 有的，以农业税的形式征收，田地多的另外还得交纳余粮（附近三个村中，我们村地主多，土地也多，相对比较富裕。新中国成立初期在土改过程中，考虑到实际情况，给予地主土地份额适当放宽，比如原先一共只给 5 顷田地的，给我们村 6 顷。其余的全部分给没有田地的农民）。

问：合作化过程中，你觉得发生的最大变化是什么？

答：1955 年、1956 年在商店开始公私合营后，泥水、木匠等行业也开始合并了。在农村逐步地把所有的田地都集中起来，大家一起去干活，一起分配。

问：合作社的领导是不是国家指派的？你对领导是否满意？

答：当时我们的领导都是我们自己选出来的，但是也要报上去，要上级批准的。

问：当时合作社由于有不同的行业组成，会不会出现自己行业的选自己人的情况？

答：当时我们合作社没有什么派系的，完全看有没有能力。我们选出来的领导一般是在资历、经验方面都能服众的。

问：在平时工作中是否存在偷懒的情况？

答：不会的，当时大家思想还是非常好的，如果被人说"闲话"，会非常不好意思。合作社采取多劳多得的方式（即不劳动就没有收入），在此基础上进行分红；但是这主要是针对工作量的，不是指时间的。现在是一天工作 8 小时计算的，我们当时去农村给农户做，基本上就是天刚亮就去，天黑了回来。

问：合作社是如何生产、运作的？能不能具体地谈一下？

答：我们合作社的原材料是由国家直接分配的，由林业局或森工站负责提供。各个合作社根据分配指标获得原料（树木按照立方计算）。除了国家在特殊时期给我们布置生产任务（修水库、造桥、修路）之外，我们基本上根据订单任务进行生产，如有些单位或供销社需要办公桌、椅子之类的，价格由双方商量好。合作社卖掉产品之后，扣除我们的工资，就是合作社的公共积累部分。

生产时按照各自分工，木工组 10 人，任务由木工组长下达。当时没有什么机器，都是手工制作，我们每人有一袋工具、材料。

产品价格是我们合作社的会计核算的，如一张桌子需要多少立方米的树木、人工费多少……然后在此基础之上增加几个点的利润，算出这张桌子的售价。

平时农村修修补补的活儿还是很多的，特别是农忙时我们基本上都要去农村做（按工作量给报酬），所以不用为找不到活儿犯愁。如果我们出去干活，每天的收入归自己个人所有，算作报酬（合作社不发工资）；但是需要向合作社缴纳一定金额（有百分比的，折算下来几角钱吧）。合作社的会计、出纳、社长等这些人的收入从我们缴纳的资金里提取，有时社里需要用钱了，也是在这里面花销的。

1956 年 7 个行业合并之后，我们合作社主要任务就变成为农业生产服务。裁缝、篾匠到农村去给农户服务，我们木匠则以生产犁、耙、水车为主，同时还要为农业社进行日常修理工作。在大炼钢铁时，我们就更加忙碌了，有许多房子需要修建或拆除。

问：国家是否会要求你们生产一些打稻机、插秧机等呢？

答：这种任务性的生产，基本上都是城镇里的合作社负责完成的。每年根据农村里的实际需求来完成相应的任务量（农业社将数字估计出来上报）。但是事实上有些东西做出来是亏本的，比如插秧机，农民就不是很喜欢，基本上没人会去使用的。但是国家直接下达任务（当时政府有奖励技术创新、发明的文件），要手工业社进行生产，要农业社按指标购买。农业社买去之后没用几次就将它闲置在一边。要是农业社不买，有些合作社就要亏损了。对于打稻机，农民还是比较喜欢的，使用起来比较可靠，还能节省体力。那时候国家对于购买打稻机、插秧机等新设备好像有一定的资金支持。

当时在生产打稻机时，国家也派技术员来指导我们。有时候我们生产出样品了，也拿到农村去让农民去试用，对存在的问题进行改进。我们生产出来的打稻机质量不错的，很少出问题。

问：你们合作社内部的工资分配如何进行呢？

答：我们合作社给工人的工资标准是由国家制定的，不准任意改变（维持了相当长的时期）。铜匠最高，1.4 元/天；木匠是 1.3 元/天，篾匠、裁缝是 1.2 元/天。合作社依据按劳分配、多劳多得的原则进行分配，并且还需要上缴一部分钱作为公积金，公积金是固定的，不管你自己的收入如何，都是要上缴的。工资是按月发放的（每月 28 号）。当时出师之后的工资是 36～38 元/月，要做 25.5 天活儿，少一天就扣一天的钱，如果你不干活就没有工资的。如果你超额完成，就给你加上相应天数的报酬。

问：合作化后是否转厂了？

答：转了。我 22 岁到 32 岁在木业社，32 岁时转为开关厂，一直到 42 岁，工厂改为耐火纤维厂。48 岁时耐火纤维厂倒闭，改为机械厂。

问：你觉得转厂是否有必要？具体的生产与之前是否有差别？

答：是的，主要是自负盈亏。办开关厂主要是通过县里组织的参观学习，经验交流之后决定办的。我们开始做的时候很挣钱的，后来乡里看到我们这么挣钱之后，让乡办集体企业也做，效益就不好了，主要是因为当时大家都办开关厂，当然这里面也有质量的因素。之后又办耐火纤维厂，效益就变得很好，一车一车地往外运，产品供不应求。我们这里有生产原料，所以比较方便生产，生产出来的耐火纤维当时价格就要 20 元/斤。那时候周围的厂房都是靠该厂的利润造起来的（当时利润都有每年十多万元，非常了不起），但是后来也倒闭了！

问：什么原因致使其倒闭的？

答：原先我们厂里请了一个专业的技术人才，大学毕业生，发明了一种新的制造技术，提高了耐火纤维的产量。后来为了解决他爱人的工作问题，随后将其爱人转入了厂里，这时厂里有些人看到可以安排人进来，都去领导那里吵着要名额。那位技术员看到这情况，就离开了我们厂，去了别的耐火材料厂（报纸刊登了他的技术）。我们厂没有了技术员，生产出现了问题，就慢慢不行了。这里主要是我们本地人私心太重，思想太差了，有时候还故意去找人家的麻烦。

问：改革开放后，你所在的单位为何要进行改制？

答：我 50 岁那年，二轻局也将我们的工厂与其他工厂合并了。当时厂里领导首先考虑怎么挣钱，就派人外出去参观、考察，寻找商机。我们机械厂根据市场需求和实际情况，开始试制锁芯，获得大卖之后，整个地区都开始学习和模仿我们。

问：当时政府是否在产业发展方面有所指导？

答：没有的，制造什么东西都是靠我们的，但是业务员在此过程中作用还是很关键的。二轻局的工作人员也经常来我们厂里参观，我们也经常去开会的，作为典型进行经验介绍。

问：改制后单位的生产是否有变化呢？包括管理部门的构成、机器设备、人员结构等等？

答：我感觉集体经济还是不如个体私人经济的，集体经济发展壮大之后，每个人都想从中捞一笔。特别在允许发展私营经济之后，一些人的做法明显影响了企业的经营效益。比方说业务员，在不允许搞个人私营的时候，在接到外面订单后直接交给厂里，但是之后就不是这样了，往往在订单交接过程中"耍滑头"，搞阴阳合同，挣差价。我们私下有一句牢骚话："小猪吃得精壮，母猪饿得干瘦。"

按道理来说应该是集体发展得好一些，但是因为这过程中存在一些私人利益，所以集体企业弄不好。

问：你对政府在合作化过程中的角色有什么看法？

答：20 世纪五六十年代政府对整个社会的管理明显要好于后面，比如说经常搞"三反""五反"等政治运动，不要说企业领导贪污这样的事情了，哪怕你迟到一下都要受到点名批评。当时整个社会基本上不敢做违法乱纪的事情。

问：你对手艺活儿的传承怎么看？对徒弟的要求是什么？

答：有徒弟传承的，大部分徒弟都开办了木器加工厂（做家具）。

问：你如何看待你自己的工艺传承问题？手工艺是否可以被代替？

答：现在基本上不用手工制造了，像桌子、凳子什么的都是家具厂里成批用机器制造了，人家给你全套生产好的，质量还好。但是还是有些手工艺是需要手工的，比如说雕刻、装潢，这些东西是要根据个人喜好的。

再比如篾匠，肯定是不能发展下去了。因为现在人们都用塑料代替竹制品了，去街上买东西谁还会提这种篮子去的？你买个塑料篮子才十几块钱，但是你现在去买个竹编篮子就要好几百块钱。

问：你是否还有什么记忆深刻的事情可以分享一下的？

答：当时在运动过程中，有些老师傅因为成分不好（地主、伪保长、当过国民党的参议员），被拉出来批评教育。那些挨批的老师傅必须做深刻的检讨，写保证书才能过关。同时这些老师傅在社里不能被选做领导，其中一些人不能进合作社，只能做农民。原来我带了一个徒弟是地主的儿子，刚刚带了一两个月，我就被大队干部拉去谈话，说不能带成分不好的徒弟，所以只能算了。

当时更多的是因为运动的缘故，很多人只是表面上进行简单的应付性"教育帮助",并未对其进行人身侮辱,白天上班大家依旧一起工作。

采访记录三:

被采访人:徐永煌,20世纪30年代生人

职业:篾匠

调查(采访)时间:2018年9月

问:你原来的单位是哪里?中间是否出现过变化?

答:我起先是加入篾业组(1953年),1954年篾业组改成了篾业合作社,1955年5月开始大规模的合作化运动,将铁业、木业、篾业、桶业、裁缝、针织、泥工等七大类行业分别进行合并。

问:你具体负责做什么?

答:我主要是制造、修缮农业用具。

问:你是什么时候从事这项职业的?

答:我是12岁开始当学徒的。

问:为什么从事该项职业?

答:因为家里生活困难。

问:你是什么学历?是否觉得自己做的手艺有技术要求?

答:相比木匠来说,我们篾匠门槛比较低,不需要读过书。那时候木匠学徒都是十七八岁的,读完书找不到工作了就学点木工活,我没有读过书,后来读了两年夜校。

问:你可以聊聊你的学徒生涯吗?

答:我从12岁就开始拜师学艺了,一直到15岁,做过学徒,出师后还做了几年伙计(上手伙计和下手伙计,上手伙计比下手伙计技术要好,但是工资只有0.7元/天)。当时拜师时规矩很多的,得写拜师帖的,开头写上:自幼家贫,拜师学艺……

问:师傅对你们怎么样?平时怎么要求你们?

答:师傅虽然对我们没有什么要求,但是性格比较差,且抱有"不打不出师"的思想,因此我们经常挨打。在学徒三年中,师傅还是喜欢那些学得快的徒弟,可以多帮他做点活儿,反过来你做得多,师傅教新的东西也多。所以徒弟之间也有手艺高低之分。师傅那时候带徒弟去农村干活儿是有明确分工的，不会随便让你去代替他完成的，他只是让我们做些力所能及的活儿。学徒的工资是三年 3 担米，前两年总共是 150 斤，后一年是 150 斤。

三年学徒期满后，因为师傅是我的表叔（以前学手艺基本上是跟亲戚或朋友学），就和他合伙走街串巷，修补竹篾物品。同时他们也制造和贩卖一些竹篾器件，维持一家人的生活。合作化开始之后，我就和师傅一起参加合作社了。

问：你是否参与了手工业合作化？是否自愿加入？

答：我是自愿参加合作社（组）的，在当时的情况下，加入合作社后有相对稳定的工作，不用担心没活干。篾匠这个行业有其特殊的季节性，不能像其他手工业那样一年四季都做。一般来说，春耕秋收比较忙碌一些，工资也比较高，冬天的活就比较少，波动性很大。我和我师傅一起入社的主要原因就是活不够我们做。在加入合作社之后，可以说完全解决我们的生计问题了。当时我们附近村的石灰生产社对竹制品有很大的需求。有一次石灰社的社长和我说："如果你们不加入合作社，以后我们的活你们不能干了，我们的都交给合作社了。"

问：你对合作化的看法如何？能不能具体地谈一谈？

答：当时国家有口号的，"自愿入社、自愿退社"，如果半年之后你觉得不满意，打个报告之后就可以退出，合作社不会阻拦你，入社时缴纳的费用、工具也一并退还。大部分人都是选择自愿、分门别类地加入合作社，想得比较简单，就是为了有口饭吃。但是，社会上还是存在个体手工业者的。刚开始合作社之间都差不多，比如说我们村隔壁还有一个石灰生产合作社，后面性质就变了，1958 年石灰厂发展成了地方国营企业，我们则属于集体性质。待遇什么的也都发生了改变，他们比我们要高一些了。石灰厂的职工粮价上涨补贴是每月 5 个人补 2 份（一份 2.5 元），而我们手工业合作社则是 10 个人补 1 份。

问：是否有社员在加入后退出的？

答：有好几个，其主要原因有以下几个：有的社员原先想加入合作社之后当领导的，结果社员投票后落选了；有几个社员是因为和合作社领导的理念不合选择退社的。当时合作社里面的问题还是很多的，比如说两个人技术水平差不多，但是收入不一样，就闹矛盾了。

当时个体手工业者也是可以生产的，生产的东西可以拿到集市上去卖，但是政府要进行征税的，一天征收一次。在外面单干的工资比在合作社时要高，同时可以"东家"（老主顾）管饭。社员不退社的原因主要是因为没有"东家"。

1959年、1960年也有一些人离开了合作社，因为湖州、嘉兴地区的工资高（1.7元/天），还能管饭，所以跑到那边去做了。

问：社会上单干的手工业者为什么不参加合作社？

答：有些是因为"半吊子"，手艺不行；有些手艺好的是跑在外地，给"东家"做；有些更想参加农业社，只是把手工业当成副业。

问：合作化过程中，你觉得发生的最大变化是什么？

答：当时的开会次数真的变多了，白天晚上连着开。刚刚成立合作社的时候，每个晚上规定要开两次会，其他临时的会还不算，包括工作汇报、思想学习等等，如果几次不到就要被批评、处分。这样经常开会，很耽误我们生产。

问：合作社的领导是你们选的吗？

答：当时国家领导我们的主要是手工业管理局（后面是二轻局）和劳协会。手工业管理局有专人负责一个区的合作社，但是他们很少来。加入合作社就是为了"有钱赚、有饭吃、有活做"，不管是合作社的领导，还是上级的领导，我们都没有太在意的，其他情况我们也没心思去想，自己做自己的活，分工明确，人比较简单。

我们篾业社有社长、理事、监事、会计、组长、委员等，都是我们自己选出来的，主要是那些德高望重的老师傅。社长不是脱产的干部，和我们一样是按劳分配的。职责就是将上级的文件读给我们听，布置任务。当时我们社长的会议很多，他出去开会时就不用干活了，照常给他算工资的，但是晚上开会的话，白天需要照旧工作。我们有个会计是局里派来的，平时待在我们合作社里面，去别的地方学习过程中的开支都是我们负担。

问：合作社内是否会出现"损人利己"的问题？

答：那时候没有这种事情的，我们自己家里需要竹篮了也是掏钱买的，价格是一样的，没有便宜的。当时也不会说从合作社拿点材料回来自己偷偷地编制一个。

问：你带过徒弟吗？平时如何同徒弟交流？与徒弟的关系如何？

答：我带过两个徒弟，其中一个就是我的四弟，都是亲戚，所以关系比较密切。1964 年我弟当学徒也是要向合作社提出，由生产大队开具证明，经过镇政府的同意，报县二轻局、劳动局的审批，才能进合作社当学徒。

问：合作社是如何生产、运作的？

答：合作社的工资标准（底分）需要通过社员集体评定，比如说一个篮子，10 分底分的，半天就完成了，而 9 分的社员可能就要干到下午 2 点，5 分的社员可能要两天。技术好的社员，工资就高；工资中所提的公积金也随着工资的增加而增长。当时合作社有技能比赛，评定时大家都是服气的。

而当社员选择外出去农村干活时，这时工资不再由合作社发放了，由农户直接给社员。这时底分就发挥作用了，底分是 10 分的，只需要从工资中拿出 0.1 元缴纳给合作社，底分是 9 分的，就要缴纳 0.15 元给合作社了。

一般而言，当农户或生产队需要服务时，直接到合作社来，合作社派师傅前往进行做工。价格是由社员和"东家"协商决定的，通常都比合作社的要高。但是当时手工业者去农村还是很复杂的，不是手艺好的人就有"东家"想找你做的，很多时候找活干要依靠私人关系，这样的情况在当时还是很普遍的。有些底分低的社员去农村给人做农具，有时候完成不了怎么办呢？这个时候就需要请底分高的师傅一同前往，底分高的师傅按照其正常报酬收取当日工资。如当日农户和底分低的社员商定 1.2 元/天的，结果完成不了，那么就需要请一个师傅（1.5 元/天）来帮忙。底分低的社员要在自己 1.2 元/天的工资基础上，再贴上 0.3 元，而这 0.3 元也是从这个底分低的社员那里抽取的。习惯上社员去农村给人做工时都会带个新手徒弟，"东家"按照社员的工资给予双倍的报酬，比如社员的工资是 1.2 元/天，那"东家"就需要付给社员 2.4 元/天，但是"东家"给的活是两个人的活。师傅给徒弟正常的学徒工资，其他的归师傅所有。

农忙期间给农业社修理农具时，按件收费，比如说修一只损坏的篮子，需要多少两竹条、多少人工（按照底分来进行计算，2 分就是 0.2

元），大致估算成本。如果成本估低了就亏本了，如果成本估高了就算额外收入。但是我们也不会随意估算的，因为这个大家大致还是心里清楚的。

做生活用品主要面向农户个体，而修理农具主要面向生产社，后者稍微轻松点，集体不会和你斤斤计较，工资也高点。

问：那对徒弟很不公平，他们没有意见吗？

答：这个就是这样的，一个学徒没有好的手艺，如果不跟师傅出来，就没有任何人请他做，你完成不了农户给你的活，社里也不会派他出去。如果不多给师傅一点钱，师傅也不会带学徒的，两个人的活儿大部分都要一个人完成，很累的。

问：那在生产过程中，你们使用机器生产吗？

答：先前没有，后来逐步添加了。劈篾有时候还是手工的好，因为机器生产的粗细不均匀。

问：那在合作社里你们是怎么运作的呢？

答：合作社工作基本上由组长分配给我们，按劳计酬，多劳多得，任务白天完不成，晚上继续干。合作社还有奖惩措施，正常情况下如果一个工人的工资 30 元/月，当月只做了 29 天（每月按 30 天算），那就要扣 0.4 元，如果多做一天，就要按 0.6 元/天奖励给他，我们当时称这个为"奖六扣四"。

问：合作社是如何购买原材料的？

答：当时的原材料主要靠国家供给，政府根据计划派车送来，由于原材料缺乏，也需要从"黑市"购买。

问：合作社是如何进行销售的？

答：我们大批生产的竹篮、竹椅等产品都是卖给供销社的，一般都是供不应求的。节前的竹篮 1.05 元/个都买不到。个体手工业者一则没有原料，二则成本较高，所以生产社生产的产品具有绝对优势。供销社收取 5% 的手续费。我们私下是不允许买卖的，如果被查到了就要被罚款。我们制造的农具则是分配给生产队使用。

问：你们可以在夏天多做些过节要用的竹篮，这样不就可以多挣点利润？

答：那不行的，我们生产是有安排的，每个季节都有相应的工作要做的，比如春秋要为农忙服务，专门维修生产队送来的损坏农具。这个时候任何人不允许请假或单独去农户家做，而要统一集中到合作社里。冬天要为人民生活服务，制造生活物件。遇到修水库这样的大型工程，（国家会来通知）我们要生产相应的东西。

问：你们合作社在之后有没有和其他生产社进行合并？

答：合并了，1959 年那年合并的，过了没多久又重新分开了。其主要原因就是合并之后大家搞大集体下的平均主义，吃大锅饭（只发工资），不干活了。每人都发 6 元/月，不管你干不干活。有些人在你干活的时候站在后面说风凉话："你这么累干吗，我不做也拿 6 元。"但是到 1960 年 3 月，合作社将半年的生产情况、财务状况公布了。对平时没有认真工作的社员进行处罚扣钱，从之后的工资中扣除之前每月所发工资。当时那些被罚的人内心也是有抵触情绪的。这件事之后将原先剃头、修鞋、油漆、泥水等行业拆开了。

问：之后合作社是否有合并情况？

答：那没有了，篾业社 1976 年还同时办过小五金，篾业一直亏损，这样才有盈余。一直到改革开放之后，1981 年我们的合作社整体转到地方集体工厂里面去了（厂名叫××县××锁厂）。当时二轻局要求木业社也合并到地方的工厂中去，通过合并精简来提高效益。

问：你觉得转厂是否有必要？

答：我觉得转厂还是有必要的，效益比原来要好，而且工资也比原先要高（在转厂前经过了一轮岗位评定，我在厂里属于比较高的）。篾业社可以说到后面效益越来越差，人也越来越少了，只有十五六个人（1980 年国家有文件规定，年满 60 周岁、不愿退休的要动员其退休）。国家只负责安排那些正式的社员，至于学徒工基本都是自谋出路了。当时篾业社基本没人愿意接收的，我们是二轻局指定的。合作社有原料供应、领导管理、产品销售等方面的问题，其中还有一个主要原因是社办企业的竞争。

问：你的收入水平是否逐步增长？能否满足家庭生产生活需求？

答：那时候虽然工资不高，但是生活基本没有问题，因为物价稳定，比如说大米是 0.101 元/斤，面粉是 0.18 元/斤。当时从山东、河南等省调运来的糯米，单单运费都要 0.3 元/斤（那时候的运输十分不方便，有的需要通过火车，再用船，最后用汽车运，所以周期比较长），但是卖给我们的价格却是 0.08~0.09 元/斤，价格是全国统一的，从这方面来说，政府对我们来说真的很好。又比如说我们去饭店吃碗肉丝面，全国任何地方都是 0.27 元/碗（付粮票是 2 两半）。

采访记录四：

被采访人：吴金福，20 世纪 30 年代生人

职业：木匠

调查（采访）时间：2018 年 11 月

问：你从事手工业的什么职业？

答：木匠。

问：你什么时候开始从事该项职业？喜欢自己的职业吗？

答：我 19 岁当学徒，但是对加入合作社并没有什么限制，基本都是穷人参加的，"穷出手艺、富出官"。

我还是很喜欢自己的工作的，相比农民的话还是很好的。1958 年农民洗铁砂、造水库、大办食堂，忙得昏天暗地的。我们饿是不会饿着的，每个月有 40 斤米可以供应。如果在生产队里，歉收的话就要挨饿了。

问：你可以聊聊你的学徒生涯吗？

答：我师傅在带我前 7 年多都不想带徒弟，因为徒弟要批评师傅、提意见，认为师傅带徒弟是"雇工剥削"行为。直到合作化之后，整个社里只有我这么一个徒弟。

做学徒时也是很可怜的，全社琐碎的事情都要我干，比如蒸饭，全社的饭盒都交给我，我每天凌晨两点就得起来。当时学徒地位虽然好了很多，但是还是有点像新中国成立前的形式。

学徒期间前一年半的工资是 0.4 元/天，后面一年半的工资是 0.75 元/天。出师了 0.8~0.9 元/天。

问：师傅平时怎么要求你们？私下你们的关系如何？

答：我的师傅是姐夫，对我还是不错的，在集体生产的环境下，不让我为他做私活。但是我当时听说有的徒弟要给师傅家洗尿布、拖地等。

问：你是否自愿参加手工业合作化？

答：那肯定的，合作化运动主要是国家主导（有文件的）、基层自由组织的。假如没有国家层面支持，我们自己组织起来也是不被承认的。当时参加合作社都是自己报名的。

问：当时社会氛围如何？

答：不光是手工业，工商业、农业也要求组织起来。1958年以后，更是要求在原有的基础上越办越大。

问：你们的合作社或组的具体结构怎么样？

答：1958年后把篾业、铁业、木业都合并起来，成为一个合作社。

问：合作社的领导是不是国家指派的？你对领导是否满意？

答：刚开始的时候我们的领导是自己选出来的，但是到后来基本上上级主管部门指派的。1958年之前基本上以民主选举的多，1958年之后基本上指派的多。

问：在平时工作中是否存在偷懒的情况？

答：我们是按日计酬的，假如你去农户家干活，原先两天的活如果你一天完成了，农户肯定喜欢的；相反如果你两天的活，拖到了三天，估计下次就没人叫你了。在合作社也是如此，你做得慢了，那效率就低了。那时候我们做农具，每天基本都有定额的，你规定时间完不成，那就只能加班加点继续做了。

问：合作社内任务布置、产品销售、工资分配等是如何进行的？

答：我们合作社是按劳分配的。工资1.3元/天，基本上不会出现空档的问题。1958年前主要是做一些农具，帮农民修修补补；1958年后则开始大规模地修水库、造食堂了，我们就做水车、蒸笼等。那时候农具制造已经不多了。家具、柜子等这些"高级点"的东西是不生产的，直到1961年、1962年生活条件才开始慢慢好起来，这个时候市面上家具需求量才增加。

当时上级给我们布置的生产任务也是有的，但是不会像国营企业执行得那么严格，基本上是能完成就好，完不成嘛也就算了。

我们做出来的产品主要卖给农户和农业社的，供销社一般都是订购为主。当时农户直接到合作社来购买，我们生产的凳子、桌子都是紧俏货。其中的原因是自由市场被取消了，更重要的原因则是原料被国家控制了。

我们生产所需要的原料主要是森工站直接供应的。

问：为什么 1961 年、1962 年条件会好起来呢？

答：1958 年、1959 年、1960 年那三年最苦。1961 年、1962 年逐步好起来。一方面因为粮食丰收，另一方面，农村分田单干了（由大统一分成生产队）。1963 年那年最好，我们的工资都从 1.3 元/天提高到了 1.8 元/天。其中最重要的是对人民公社过程中的错误进行了纠正。

问：合作化后是否转厂了？

答：后来我们合作社改为机械厂，虽然名称上有机械两个字，但是机械化水平很低的，基本上还是沿用了过去的生产方式。

问：生产过程中你们是否有分工合作？

答：这个还没有。如果出现大批量的订单或加工任务了，那肯定是分工合作的好些，因为专门做一样，动作肯定熟练，效率也就高了；但是我们平时没有那么大的订单，基本上都是我单独完成的。

问：你的收入水平是否逐步增长？能否满足家庭生产生活需求？

答：相当长的一个时期，我的工资都是保持不变的（1.3 元/天），直到 1963 年后才加到 1.8 元/天。我的工资仅够糊口，直到 1963 年我才娶到妻，因为我还要照顾我弟弟和母亲。

问：后来你一直在机械厂工作吗？

答：我在 1963 年回农村待了好几年，当时觉得离开手工业合作社回到农业社也没什么不好的，起码还有粮食吃。回到农村家里之后，生产队里的会计、出纳、粮食保管员、生产队长，什么活都干过了。当时生产队的领导为了不让我随便出去做（木匠），加之我是党员，所以选我做这么个生产队长。当时我心里是这么想的：不当队长的时候，让你们随便地摆布、指手画脚，我当队长了肯定很多事由我决定了。所以当选队长的时候我就直接问：你们是真的还是假的让我当队长？如果真的让我当，那就要我说话算数（笑）。这样我当了三年的生产队长。

当时这个生产队长真的不好当，平日里吃的那种苦，现在想想都后怕。一个 20 多岁的小伙子，以前是做手工业的，现在让我带着大家去种地，并不懂怎么去安排生产。所以开始的时候都是亲力亲为，样样事情都是多做一点（干部带头）。

问：那你的工分是否比人家高？

答：这个并没有的。

问：后来你有没有重操旧业？

答：当了三年生产队长之后不当了，在农闲时候做点木匠活，还带了几个徒弟（平时忙的时候，让徒弟给我做），主要在家里弄点东西，有时也去农户家做点。直到 20 世纪 70 年代乡政府才让我去另外一个新成立的木业合作社（因为当地公社如果有木业合作社的话，可以拥有十几个立方米木材的处置权，如果没有的话，该地方的木材原料要搬到其他乡）。但是一直不承认我们是社办企业，只能算手工业合作社。当时木材根本不够用，同时由于国家管制，市场上又买不到，只能去山区偷偷购买木材，有次我们半夜开着手扶拖拉机去买木材，拉回来的路上被当地政府的工作人员扣下了，结果着急地回到社所在的镇政府开具购买木材的证明，马不停蹄地骑着自行车回去，当地政府让我们再买一次。

问：你提到你们合作社的性质不是社办企业，能不能详细谈一下？

答：当时我们的木业合作社是镇政府牵头办的，但实际上政府只给我们一张空头支票，那时候政府也没有资金，只能自食其力，我们的合作社都是我们自己借一点、攒一点办起来的，政府没有给我们一分钱。当时我们去采购原料，价格是"估计"出来的，并不是称重或根据长度来计算的，在此过程中很讲究经验的，我们把树木买回来之后进行转卖挣差价。这些树木里面有部分是我们原来储藏的材料。1962 年我们几个人曾合伙出资办过一个木业合作社，通过倒卖树木的方式来获利，那个时候为了避免成为私营经济，我们就挂着集体经济的名号。但是没过多久就解体了，主要是因为没有人管理了（我被安排回生产队）。我们把那些剩余的树木悄悄地放到一个厂的仓库里面。

说实话，到现在我还是很不明白，合作社明明是乡镇办的集体企业，但是就是不被认可，当时我们也去问了领导（本地人，比较强势，在当地乡镇工作十余年，有很好的口碑，为地方社会做了很多实事，如铺光缆、修水库等。在"文革"期间依旧保持很高的支持率。当时乡镇所辖只有一个社办企业——电机厂），事实上，不管社办企业还是合作社，政府都不给予资金支持，但是社办企业大多"以产定销"，在政策上给予支持。但是领导说不是，那就没办法了。

问：后来你们的木业合作社怎么样了？

答：当时好多木业合作社生产的产品都卖不出去，生产经营十分困难，全县二轻系统里只剩下我们一个木业合作社还在生产。我们生产的东西和人家不一样，我们生产纺纱使用的"木模"（生产工具），当时我们的工资是 1.3 元/天，但是"木模"的价格是 10 元/工，翻了好几倍。我们还派人去杭州、绍兴等地区接订单。我们把挣到的钱都用在建厂房上面，刚好这时候开始企业改制了。我们被政府拍卖了。原来我们想去投标的，但是后来想想还是算了。

问：你觉得合作化的目的是什么呢？

答：我个人认为就是政府为了加强控制和管理，在当时那个年代，如何稳定社会秩序和提高生产效益，是首要考虑的问题。就像现在的企业一样，要去安排人员进行合作，协调整体利益和个人利益的关系。就像人游泳时一样，要全身协调一致才能游得快的，不然就要沉下去了。

问：你把合作化比喻成"游泳"还是很形象的，当时的确在生产方面带有国家的一些引导成分。

答：事实上，我们手工业基本上都是"以销定产"的，这都是在国家的引导下有秩序地发展，"大跃进"过程中盲目地加工生产，不就最终被纠正过来了吗？所以学行当一定要学得"好"，只有"好"了才能有稳定的收入。

问：市场经济环境下你的生活发生了何种变化？

答：个人觉得从积极性的调动上，肯定私营经济更好些。大家在一起的时候，积极性总会受到影响。就像我们一个家庭，为什么要分家，就是为了提高积极性。

问：你如何看待你自己的工艺传承问题？手工艺是否可以被代替？

答：任何一个时代都没法缺少手工业，如装修、加工、雕刻等。要发扬"工匠精神"，"活到老、学到老"，不断地创新，像工厂里的职工其实就是手工业啊，用自己的双手改进产品。

问：你是否还有什么记忆深刻的事情可以分享一下？

答：那时候的企业基本上不存在贪污问题。一是社会风气比较好；

二是合作社资金比较少，多少钱大家心里其实都知道的；三是假如你想伸手拿了，大家也不会选你当领导了，因为你也不可能把事情做好。

附录 D　手工业民谚和民谣[①]

流传在手工业的民谚和民谣相当丰富，其内容大多反映手工业者的社会地位、生活水平等，也有反映手工业的技术行话。以下选择其中一部分，从一个侧面反映手工业的发展。

（一）铁器业

邋遢泥水臭漆匠，没爹没娘学铁匠。

天下三件苦：打铁、摇船、磨豆腐。

冬不暖，夏不凉；炉烤胸前热，风吹背后凉。

菜花黄，打铁忙；菜籽结落，打铁歇落。

饭店要烧，铁店要敲；处处叮当，生意兴旺。

好铁要打钉，好男要当兵。

生铁不打不成钢。

刀子要快加钢。

打铁勿论炭，养儿不论饭。

（二）木器业

木屑两头出，歇落没饭吃。

锯榫到晚腰背痛，刨板两天不能动。

木匠不到号，手艺未学到。

木匠怕油漆，漆匠怕照亮。

（三）竹器业

毛竹节节空，到老一世穷。

脚踏青石头，手捏小竹头；捧的二钵头，到老吃苦头，一世不出头。

油菜花儿黄，竹器师傅做大王；一过八月半，油漆师傅死一半。

---

① 《杭州市二轻工业志》编纂委员会编《杭州市二轻工业志》，浙江人民出版社，1991，第 603 页。富阳县二轻工业总公司编《富阳县二轻工业志（草稿）》（内部资料），浙江省图书馆藏，1990，第 67～69 页。

今世做篾匠，讨不起老婆养不起娘。

一把竹刀一只竹，夏吃鱼肉冬赤膊。

竹匠若要技术高，劈篾一寸过三刀，一根竹要劈千刀。

（四）缝纫业

养车剥落笃，歇落吃水粥；缝纫做到老，不及一根草。

春瞎子，夏郎中；秋和尚，冬裁缝。

晚上做到鬼叫，早上做到鸡叫。

七死八活九还魂（缝纫业七月是淡季，八月逐渐好转，九月天气冷了，生意又兴隆了）。

糖炒栗子，好过日子（为糖炒栗子上市，约在八月半以后天气逐渐凉了，生意又要忙了）。

有女不嫁缝纫郎，熬更守夜命不长。

吃过中秋酒，夜夜不离手。

量体裁衣，心中有数。

佛靠金装，人靠衣装。

（五）剪刀业

剪刀工人真辛苦，吃的煤灰饭，睡在炉灶间；夏天炉火胸前灼，冬天冷风刺入骨；鸡叫做到鬼叫，还养不活家小，生病年老要回报，死掉用草包。

背来棉被学生意，学会生意盖棉絮，做了师傅盖袋皮。

一只风箱一把锤，一块磨石一只盆，一把锉刀一条凳。

（六）制伞业

三月桃花一时红，风吹雨打一场空；淡季失业吃尽穷，做伞工人一世穷。

锯料躬背，手酸脚软；削骨捏刀，满手起茧；冬天油伞，皮裂出血。

（七）刺绣业

难做女工，一世命穷。

（八）综合

木器：一把斧头一张刨。

竹器：一张锯条一把刀。

制锁：日晒雨淋整天跑。

油漆：赤膊流汗日夜敲。

泥水：泥水是个泥钵头，做到老来吃苦头。

一行服一行，豆腐服米汤。

老人不传古，后生失了谱。

徒弟徒弟，三年奴隶；日日三壶（菜壶、酒壶、便壶），得罪老板；屁股打烂，还要滚蛋。

教会徒弟，饿死师傅。

住的是凉亭和破庙，身上无件破棉袄，死掉无材稻草包。

手工业，手工业，停手就停口。

三年不请匠，家里不像样。

时逢运来吃顿饱，没有生活饿老小。

旺季三家叫，淡季无人要；一年十八家，年夜断粮草。

同行三分亲，内心七分恨。

手编草帽，脚踏宝宝；耳听猪叫，眼看锅灶。

多艺多师不精，一专一艺可成名。

计时工，磨洋工，太阳下山算一工。

（九）新中国成立之后流传的顺口溜和民谣

机器开动轰隆隆，从此摆脱笨手工；手摸机器心里笑，衷心感谢党领导。

过去榔头凿子当当敲，汗流浃背累坏腰；现在大小机器一整套，干活轻松快又巧。

人人争做巧裁缝，改旧翻新脑筋动；剪刀口下要棉布，边角边料尽利用。

男女老小闹革新，铁木竹服大翻新。

单干好像一朵花，一场风雨就打光；集体经济如松柏，风霜雨雪都不怕。

不学不比，坐井观天；一学一比，天外有天。

回忆过去一分苦，方知今日一分甜；回忆过去十分苦，方知今日十分甜。

吃官饭，打官鼓，官鼓打破有人补。

要名誉合作社好听，赚钞票单干有货。

参考文献

一 档案资料

1. 浦江县档案馆，建国后中共浦江县计委档案，全宗号：011。
2. 浦江县档案馆，建国后中共浦江县委档案，全宗号：002。
3. 杭州市档案馆，建国后杭州市工商联档案，全宗号：j124。
4. 杭州市档案馆，建国后杭州市手工业管理局档案，全宗号：j054。
5. 杭州市档案馆，建国后中共杭州市委档案，全宗号：j001。
6. 杭州市档案馆，建国后中共杭州市委手工业部档案，全宗号：j016。
7. 浙江省档案馆，建国后中共浙江省农委档案，全宗号：j007。
8. 浙江省档案馆，建国后中共浙江省委档案，全宗号：j002。
9. 浙江省档案馆，建国后浙江省供销合作社档案，全宗号：j126。
10. 浙江省档案馆，建国后浙江省手工业管理局档案，全宗号：j112。

二 资料汇编

1. 中央手工业管理局研究室、北京市手工业管理局合编《北京市手工业合作化调查资料》，财政经济出版社，1956。
2. 李文治、章有义：《中国近代农业史资料》，三联书店，1957。
3. 彭泽益编《中国近代手工业资料》（第一卷至第四卷），中华书局，1962。
4. 上海市手工业生产合作社联合社编《上海市手工业社会主义改造的伟大胜利：几个手工业合作社的典型调查》，上海人民出版社，1959。
5. 孙毓棠、汪敬虞主编《中国近代工业史资料》，科学出版社，1957。
6. 潍坊市手工业生产合作社联合社编著《潍坊手工业十年》，山东人民出版社，1959。
7. 严中平等编《中国近代经济史统计资料选辑》，科学出版社，1955。
8. 姚贤镐：《中国近代对外贸易史资料（1840—1895）》（第一册至

第三册），中华书局，1962。

9. 俞光编《温州古代经济史料汇编》，上海社会科学出版社，2005。

10. 中共天津市委党史研究室、天津市档案局、天津市第二轻工业局编《天津手工业的社会主义改造》，天津人民出版社，1998。

11. 中国科学院经济研究所编《手工业资料汇编（1950—1953）》，中国科学院，1954。

12. 中国科学院经济研究所手工业组编《一九五四年全国个体手工业调查资料》，三联书店，1957。

13. 中华全国总工会政策研究室编著《成都、鄂城、武汉手工业调查》，财政经济出版社，1955。

三 地方志书

1. 常山县志编纂委员会编《常山县志》，浙江人民出版社，1990。

2. 慈溪市地方志编纂委员会编《慈溪县志》，浙江人民出版社，1992。

3. 东阳市二轻工业局编《东阳市二轻工业志》（内部资料），浙江省图书馆藏，1990。

4. 富阳市二轻工业局编《富阳市二轻工业志》（内部资料），浙江省图书馆藏，1990。

5. 《杭州市二轻工业志》编纂委员会编《杭州市二轻工业志》，浙江人民出版社，1991。

6. 湖州市地方志编纂委员会编《湖州市志》，昆仑出版社，1999。

7. 嘉兴市志编纂委员会编《嘉兴市志》，中国书籍出版社，1997。

8. 江山市志编纂委员会编《江山市志》，浙江人民出版社，1990。

9. 金华市地方志编纂委员会编《金华市志》，浙江人民出版社，1992。

10. 金华市二轻工业志编审领导小组编《金华市二轻工业志》（内部资料），浙江省图书馆藏，1996。

11. 开化县志编纂委员会编《开化县志》，浙江人民出版社，1988。

12. 兰溪市二轻工业志编志组编《兰溪市二轻工业志》（内部资料），浙江省图书馆藏，1987。

13. 兰溪市志编纂委员会编《兰溪市志》，浙江人民出版社，1988。

14. 丽水地区地方志编纂委员会编《丽水地区志》，浙江人民出版社，1993。

15. 浙江省龙泉县志编纂委员会编《龙泉县志》，汉语大词典出版社，1994。

16. 浙江省龙游县志编纂委员会编《龙游县志》，中华书局，1991。

17. 宁波市地方志编纂委员会编《宁波市志》，中华书局，1995。

18. 磐安县二轻工业局编《磐安二轻志》（内部资料），浙江省图书馆藏，1992。

19. 《衢州市志》编纂委员会编《衢州市志》，浙江人民出版社，1994。

20. 绍兴市地方志编纂委员会编《绍兴市志》，浙江人民出版社，1996。

21. 嵊县二轻工业局编《嵊县二轻工业志》（内部资料），浙江省图书馆藏，1986。

22. 台州地区地方志编纂委员会编《台州地区志》，浙江人民出版社，1995。

23. 天台县二轻工业局编《天台县二轻工业志》（内部资料），浙江省图书馆藏，1990。

24. 温州市志编纂委员会编《温州市志》，中华书局，1998。

25. 武义县志编纂委员会编《武义县志》，浙江人民出版社，1990。

26. 义乌市二轻工业局编《义乌市二轻工业志》（内部资料），浙江省图书馆藏，1988。

27. 义乌县志编纂委员会编《义乌县志》，浙江人民出版社，1987。

28. 永康县志编纂委员会编《永康县志》，浙江人民出版社，1991。

29. 乐清县二轻工业局编《乐清县二轻工业志》，当代中国出版社，1994。

30. 浙江省二轻工业志编纂委员会编《浙江省二轻工业志》，浙江人民出版社，1998。

四　典籍、文集、文件

1. 《陈云文选》（第二卷），人民出版社，1995。

2. 《刘少奇选集》（上卷），人民出版社，1981。

3. 《马克思恩格斯选集》（第一卷至第四卷），人民出版社，1995。

4. 《毛泽东选集》（第五卷），人民出版社，1977。

5. 《毛泽东选集》（第一卷至第四卷），人民出版社，1991。

6. 中共浙江省委党史资料征集研究委员会编《中共浙江省委文件选编（1953 年 1 月—1956 年 12 月）》，浙出书临（89）第 162 号，1989。

7. 中共浙江省委党史资料征集研究委员会编《中共浙江省委文件选编（1957 年 1 月—1960 年 12 月）》，浙出书临（91）第 72 号，1991。

8. 中共中央文献研究室编《关于建国以来党的若干历史问题的决议注释本》，人民出版社，1983。

9. 中共中央文献研究室、中央档案馆编《建国以来刘少奇文稿》（第一册至第四册），中央文献出版社，2005。

10. 中共中央文献研究室编《建国以来毛泽东文稿》（第一册至第七册），中央文献出版社，1987 ~ 1992。

11. 中共中央文献研究室编《刘少奇论新中国经济建设》，中央文献出版社，1993。

12. 中共中央文献研究室编《毛泽东年谱（1949—1976）》（修订本），中央文献出版社，2013。

13. 《中国手工业合作化和城镇集体工业的发展》（第一卷），中共党史出版社，1992。

14. 《周恩来选集》（下卷），人民出版社，1984。

五 著作

1. 班仲：《手工业改造中的几个问题》，通俗读物出版社，1956。

2. 薄一波：《若干重大决策与事件的回顾》，中共党史出版社，2008。

3. 陈庆德：《商品经济与中国近代民族经济进程》，人民出版社，2010。

4. 陈元方：《怎么对手工业进行社会主义改造》，陕西人民出版社，1954。

5. 邓洁：《中国手工业社会主义改造的初步总结》，人民出版社，1958。

6. 丁为民：《西方合作社的制度分析》，经济管理出版社，1998。

7. 段本洛、张祈福：《苏州手工业史》，江苏古籍出版社，1986。

8. 费孝通：《江村经济》，商务印书馆，2001。

9. 冯飞主编《迈向工业大国——30 年工业改革与发展回顾》，中国发展出版社，2008。

10. 傅石霞：《我国手工业社会主义改造》，中国青年出版社，1956。

11. 傅衣凌：《明清社会经济史论文集》，中华书局，2010。

12. 龚关主编《中华人民共和国经济史》，经济管理出版社，2010。

13. 顾龙生主编《中国共产党经济思想史（1921—1997）》，山西经济出版社，1999。

14. 郭德宏主编《中国共产党的历程》（第二卷），河南人民出版社，2001。

15. 胡瑞梁：《论手工业生产供销合作社——关于一种过渡性的经济形式的初步研究》，科学出版社，1959。

16. 胡绳主编《中国共产党的七十年》，中共党史出版社，1991。

17. 季如讯编著《中国手工业简史》，当代中国出版社，1998。

18. 米鸿才、邱文祥、陈乾梓编著《合作社发展简史》，中共中央党校出版社，1988。

19. 李伯重：《理论、方法、发展趋势：中国经济史新探》（修订版），浙江大学出版社，2013。

20. 李成瑞主编《陈云经济思想发展史》，当代中国出版社，2005。

21. 李端祥：《城市人民公社运动研究》，湖南人民出版社，2006。

22. 刘乐庆：《权力、利益与信念——新制度主义视角下的人民公社研究》，中国社会科学出版社，2010。

23. 彭南生：《半工业化：近代中国乡村手工业的发展与社会变迁》，中华书局，2007。

24. 彭泽益：《十九世纪后半期的中国财政与经济》，中国人民大学出版社，2010。

25. 彭泽益主编《中国社会经济变迁》，中国财政经济出版社，1990。

26. 苏星：《新中国经济史》，中共中央党校出版社，1999。

27. 童书业：《中国手工业商业发展史》（校订本），中华书局，2005。

28. 秦晖：《传统十论——本土社会的制度、文化及其变革》，复旦大学出版社，2013。

29. 屈茂辉等：《合作社法律制度研究》，中国工商出版社，2007。

30. 汪海波等：《中国现代产业经济史》，山西经济出版社，2010。

31. 汪海波：《中华人民共和国工业经济史》，山西经济出版社，1998。

32. 王若波辑注《积极办好手工业生产合作社：〈人民日报〉评论选辑》，中国财政经济出版社，1964。

33. 王翔：《中国近代手工业的经济学考察》，中国经济出版社，2002。

34. 王翔：《中国近代手工业史稿》，上海人民出版社，2012。

35. 王鑫：《社会主义建设的基本经验研究》，中国社会科学出版社，2003。

36. 王一胜：《宋代以来金衢地区经济史研究》，社会科学文献出版社，2007。

37. 吴承明：《经济史理论与实证》，浙江大学出版社，2012。

38. 吴承明、董志凯主编《中华人民共和国经济史（1949—1952)》，中国财政经济出版社，2001。

39. 辛鸣：《制度论——关于制度哲学的理论构建》，人民出版社，2005。

40. 徐东升：《宋代手工业组织研究》，人民出版社，2012。

41. 许涤新、吴承明主编《中国资本主义发展史》（第一卷），人民出版社，2005。

42. 严中平主编《中国近代经济史 1840—1894》，经济管理出版社，2007

43. 严中平：《中国棉纺织史稿》，商务印书馆，2011。

44. 杨德才：《中国经济史新论》（1949～2009）（上册），经济科学出版社，2009。

45. 张英洪：《农民、公民权与国家：1949—2009 年的湘西农村》，中央编译出版社，2013。

46. 赵春霖、凌德慧编著《手工业合作化问题》，湖北人民出版社，1955。

47. 中共淳安县委党史研究室编著《中国共产党淳安历史（1949—1978)》，中共党史出版社，2010。

48. 海宁市史志办公室：《中国共产党海宁历史（1949—1978)》，中共党史出版社，2013。

49. 中共杭州市委党史研究室：《中国共产党杭州历史》（第二卷）(1949—1978)，中共党史出版社，2012。

50. 中共嘉兴市委党史研究室：《中国共产党嘉兴历史》（第二卷）（1949—1978），中共党史出版社，2013。

51. 中共新昌县委党史研究室：《中国共产党新昌历史》（第二卷）（1949—1978），中共党史出版社，2011。

52. 中共浙江省委党史研究室：《中国共产党浙江历史》（第二卷）（1949—1978），中共党史出版社，2011。

53. 赵艺文：《我国手工业的发展和改造》，财政经济出版社，1956。

54. 朱佳木：《中国工业化与中国当代史》，中国社会科学出版社，2009。

55. 〔美〕道格拉斯·诺斯：《理解经济变迁过程》，中国人民大学出版社，2013。

56. 〔美〕道格拉斯·诺斯、罗伯斯·托马斯：《西方世界的兴起》，厉以平、蔡磊译，华夏出版社，2009。

57. 〔美〕道格拉斯·诺斯：《制度、制度变迁与经济绩效》，杭行译，格致出版社、上海三联书店、上海人民出版社，2008。

58. 〔德〕弗里德里希·李斯特：《政治经济学的国民体系》，陈万煦译，商务印书馆，1997。

59. 〔日〕顾琳：《中国的经济革命——二十世纪的乡村工业》，王玉茹、张玮、李进霞译，江苏人民出版社，2009。

60. 〔美〕黄宗智主编《长江三角洲的小农家庭与乡村发展》，中华书局，1992。

61. 〔美〕吉尔伯特·罗兹曼主编《中国的现代化》，国家社会科学基金"比较现代化"课题组译，江苏人民出版社，2010。

62. 〔美〕杰弗里·巴勒克拉夫：《当代史学的主要趋势》，杨豫译，北京大学出版社，2006。

63. 〔美〕孔飞力：《中国现代国家的起源》，陈兼、陈之宏译，生活·读书·新知三联书店，2013。

64. 〔美〕李丹：《理解中国农民》，张天虹、张洪云、张胜波译，江苏人民出版社，2009。

65. 〔美〕麦克法夸尔、费正清编《剑桥中华人民共和国史（1949—1965)》，谢亮生等译，中国社会科学出版社，1998。

66. 〔美〕彭慕兰：《大分流：欧洲、中国以及现代世界经济的发展》，史建云译，江苏人民出版社，2008。

67.〔日〕斯波义信：《宋代江南经济史研究》，方健、何忠礼译，江苏人民出版社，2012。

68.〔美〕舒尔茨：《改造传统农业》，梁小民译，商务印书馆，2006。

69.〔美〕王国斌：《转变的中国——历史变迁与欧洲经验的局限》，李伯重、连玲玲译，江苏人民出版社，2010。

六　论文

1. 常明明：《新中国成立初期的城乡手工业发展》，《当代中国史研究》2010 年第 4 期。

2. 陈立英、杨乃坤：《沈阳市个体手工业社会主义改造的回顾与思考》，《辽宁大学学报》（哲学社会科学版）2009 年第 4 期。

3. 陈明：《社会主义三大改造对中国的实际影响及认识》，《忻州师范学院学报》2008 年第 4 期。

4. 陈永亮、王宁：《朱德手工业社会主义改造与发展谋略研究》，《怀化学院学报》（社会科学版）2006 年第 4 期。

5. 成文、中煌：《彬州市手工业社会主义改造探析》，《湖南党史月刊》1991 年第 3 期。

6. 杜士勇：《解放后梧州市手工业的发展历程》，《广西党史》2000 年第 4 期。

7. 范友磊：《石家庄市手工业社会主义改造研究》，硕士学位论文，河北大学，2010。

8. 高秉坤：《试论城市手工业生产合作社的工资水平问题》，《江汉学报》1963 年第 6 期。

9. 高维峰：《中国手工业社会主义改造研究：以北京为中心》，硕士学位论文，河北大学，2008。

10. 高文选：《中国手工业社会主义改造研究——以江浙地区为样本》，硕士学位论文，安徽师范大学，2012。

11. 顾龙生：《中国手工业改造的理论与实践》，《中共党史研究》1990 年第 1 期。

12. 胡瑞梁、袁代绪：《论手工业和手工业的经济形式》，《经济研究》1962 年第 7 期。

13. 黄喜生：《朱德手工业社会主义改造的论述及其意义》，《中共山西省委党校学报》2010 年第 6 期。

14. 季龙：《陈云与手工业的社会主义改造》，《上海党史与党建》2000 年第 3 期。

15. 孔泾源：《手工业与中国经济变迁》，博士学位论文，中国社会科学院，1988。

16. 李力安：《对中国社会主义改造问题再认识的认识》，《当代中国史研究》1999 年第 Z1 期。

17. 李伟、常利兵：《被改造的剃头匠——以山西临汾为民理发社为例》，《山西大学学报》（哲学社会科学版）2008 年第 3 期。

18. 刘殿臣：《关于发展农村手工业生产的几个问题》，《前线》1961 年第 16 期。

19. 刘胜男：《北京城市手工业研究（1949—1966）》，博士学位论文，首都师范大学，2011。

20. 刘素新：《试论对手工业的社会主义改造问题》，《北京党史》2003 年第 5 期。

21. 刘巍、苏荣誉：《手工业改造时期的徽墨业》，《广西民族大学学报》（自然科学版）2008 年第 2 期。

22. 柳兆铭：《关于社会主义三大改造的历史必然性》，硕士学位论文，中国社会科学院研究生院，2005。

23. 柳作林：《湖北手工业的社会主义改造研究》，硕士学位论文，三峡大学，2010。

24. 娄宝根：《改进手工业计件工资制的几个问题》，《劳动》1962 年第 16 期。

25. 马赛：《列宁的合作社思想与中国农业的"两个飞跃"》，硕士学位论文，中南大学，2007。

26. 戎文佐：《手工业社会主义改造的历史经验与教训——纪念手工业社会主义改造基本完成 40 周年》，《经济科学》1997 年第 1 期。

27. 沙健孙：《关于社会主义改造的几个问题》，《思想理论教育导刊》2002 年第 1 期。

28. 沙建孙：《对社会主义改造问题的再评价》，《当代中国史研究》2005 年第 1 期。

29. 寿进文：《手工业合作化后生产关系的变化》，《学术月刊》1957 年第 1 期。

30. 唐培吉：《社会主义改造的再认识》，《党史研究与教学》1999 年第 6 期。

31. 田坪：《对当前手工业宣传的几点意见》，《新闻战线》1959 年第 13 期。

32. 王爱珠：《集镇手工业生产要进一步面向农村》，《学术月刊》1966 年第 4 期。

33. 王雷平：《山西手工业社会主义改造评述》，《党史文汇》2003 年第 3 期。

34. 巫海燕：《临安县手工业社会主义改造研究》，硕士学位论文，浙江大学，2012。

35. 邢丽雅、于耀洲：《试分析社会主义改造的历史经验教训》，《理论探讨》2002 年第 6 期。

36. 叶继红：《从建国后苏绣业的发展看手工业的政策和管理》，《当代中国史研究》2004 年第 6 期。

37. 易新涛：《试论湖北个体手工业社会主义改造的基本完成》，《当代中国史研究》2002 年第 6 期。

38. 严宇鸣：《手工业社会主义改造与合作社管理的政治化转型——以慈溪县为例（1953—1956）》，《史林》2004 年第 1 期。

39. 杨小燕：《程子华与手工业的社会主义改造》，《辽宁师范大学学报》（社会科学版）2001 年第 4 期。

40 姚会元：《中国个体手工业社会主义改造的历史回溯》，《经济问题探索》1986 年第 2 期。

41. 姚建平：《风雨八十年（1912—1992）——白如冰回忆录（选摘)》，《中国集体经济》2004 年第 8 期。

42. 姚建平：《逐步实现手工业社会主义改造——季龙回忆录（选摘)》，《中国集体经济》2004 年第 10 期。

43. 周尚万、杨敏：《对社会主义改造必然性的再认识》，《社会主研究》2006 年第 6 期。

　　44. 朱矩萍：《对手工业改造的多种经济形式所引起的思考》，《中南财经大学学报》1986 年第 2 期。

图书在版编目（CIP）数据

组织、技术与效率：浙江省手工业社会主义改造研
究／陈麟著． -- 北京：社会科学文献出版社，2020.10
国家社科基金后期资助项目
ISBN 978 - 7 - 5201 - 7055 - 0

Ⅰ.①组…　Ⅱ.①陈…　Ⅲ.①手工业史 - 研究 - 中国
- 近代　Ⅳ.①F426.899

中国版本图书馆 CIP 数据核字（2020）第 150053 号

国家社科基金后期资助项目
组织、技术与效率：浙江省手工业社会主义改造研究

著　　者／陈　麟

出 版 人／谢寿光
组稿编辑／任文武
责任编辑／李　淼　杜文婕

出　　版／社会科学文献出版社·城市和绿色发展分社（010）59367143
　　　　　　地址：北京市北三环中路甲 29 号院华龙大厦　邮编：100029
　　　　　　网址：www.ssap.com.cn
发　　行／市场营销中心（010）59367081　59367083
印　　装／三河市龙林印务有限公司

规　　格／开　本：787mm×1092mm　1/16
　　　　　　印　张：25.25　字　数：400 千字
版　　次／2020 年 10 月第 1 版　2020 年 10 月第 1 次印刷
书　　号／ISBN 978 - 7 - 5201 - 7055 - 0
定　　价／98.00 元

本书如有印装质量问题，请与读者服务中心（010 - 59367028）联系